桑塔纳、帕萨特系列轿车故障诊断与检修实例

（发动机部分）

刘文举 主 编
赵景海 刘西海 副主编

金盾出版社

内 容 提 要

本书以问答的形式系统地介绍了桑塔纳、帕萨特系列轿车发动机部分故障诊断与检修实例。主要内容包括气缸体与曲轴箱、活塞连杆及曲轴、配气机构、电喷燃料供给系统、冷却系统、润滑系统的故障诊断与检修，以及发动机综合类故障诊断与检修实例和汽车维修基础知识。

通过阅读本书，读者不仅可以正确掌握轿车的使用与日常保养技术，而且能够较快地掌握疑难杂症的故障诊断与检修技术，是汽车驾驶员和修理人员必备的工具书，也可作为汽车修理培训和大专院校的教学辅导教材。

图书在版编目(CIP)数据

桑塔纳、帕萨特系列轿车故障诊断与检修实例·发动机部分/刘文举主编. -- 北京：金盾出版社，2012.7
ISBN 978-7-5082-7584-0

Ⅰ.①桑… Ⅱ.①刘… Ⅲ.①轿车—发动机—故障诊断—问题解答②轿车—发动机—车辆修理—问题解答 Ⅳ.①U469.110.7-44

中国版本图书馆 CIP 数据核字(2012)第 083496 号

金盾出版社出版、总发行
北京太平路 5 号(地铁万寿路站往南)
邮政编码:100036 电话:68214039 83219215
传真:68276683 网址:www.jdcbs.cn
封面印刷:北京蓝迪彩色印务有限公司
正文印刷:北京金盾印刷厂
装订:永胜装订厂
各地新华书店经销
开本:850×1168 1/32 印张:16 字数:415 千字
2012 年 7 月第 1 版第 1 次印刷
印数:1～6 000 册 定价:39.00 元

前　言

桑塔纳、帕萨特系列轿车是上海大众汽车有限公司引进德国大众汽车有限公司制造技术生产的。该系列轿车技术先进、性能优良、外形美观、乘坐舒适、行驶安全，具有功率大、耗油低、寿命长、故障少、操作简单等特点，深受广大用户的青睐。常言道"衣食住行"，"行"就是车，当今建设小康社会、建设社会主义现代化，就是要快节奏，使用汽车能提高工作效率，降低劳动强度，获得更大的效益。

为了让广大读者更深入地了解轿车故障诊断与检修技术，作者将累积多年的修理经验编写了《桑塔纳、帕萨特系列轿车故障诊断与检修实例》一套三册（发动机部分、底盘部分、电系部分），以问答的形式把桑塔纳、桑塔纳 2000、帕萨特系列轿车的结构、工作原理、维修知识、疑难故障诊断与排除，由浅入深，举一反三地作了介绍。

《桑塔纳、帕萨特系列轿车故障诊断与检修实例（发动机部分）》，主要介绍了气缸与曲轴箱故障诊断与检修、活塞连杆曲轴故障诊断与检修、配气机构故障诊断与检修、电喷燃料供给系统故障诊断与检修、冷却系统故障诊断与检修、润滑系统故障诊断与检修、发动机综合类故障诊断与检修实例和汽车维修基础知识。

《桑塔纳、帕萨特系列轿车故障诊断与检修实例（底盘部分）》主要介绍了汽车使用与安全基础知识、离合器故障诊断与检修、变速器及自动变速器故障诊断与检修、驱动桥故障诊断与检修、行驶系统故障诊断与检修、转向系统故障诊断与检修、制动系统（ABS）故障诊断与检修、底盘综合类故障诊断与检修实例、车身结构与附件检修。

《桑塔纳、帕萨特系列轿车故障诊断与检修实例(电系部分)》主要介绍了电系修理基础知识、有触点点火系统故障诊断与检修、霍尔无触点电子点火系统故障诊断与检修、火花塞故障诊断与检修、起动机故障诊断与检修、交流发电机与调节器故障诊断与检修、蓄电池故障诊断与检修、灯光与仪表设备故障诊断与检修、空调装置故障诊断与检修、电系综合类故障诊断与检修实例。

本书由刘文举主编、赵景海、刘西海副主编,参加编写的有赵炳雨、刘世恩、张慧娟、徐文辉、王春融、张兆朵、杨瑞普、沈福永、王炳仁、刘文超、赵文志、刘克谦、王嘉录、孙加成、谢边恒、赵晖、刘博文等同志,在编写过程中得到惠中汽车配件修理有限公司的热情帮助,在此表示衷心的感谢。

由于本书编写时间仓促,虽经推敲,疏漏之处在所难免,敬请各位专家学者批评指正。

作　者

目　录

第一章　气缸体与曲轴箱故障诊断与检修

1. 桑塔纳发动机的结构是怎样的？

上海桑塔纳轿车发动机的结构，如图 1-1 所示。

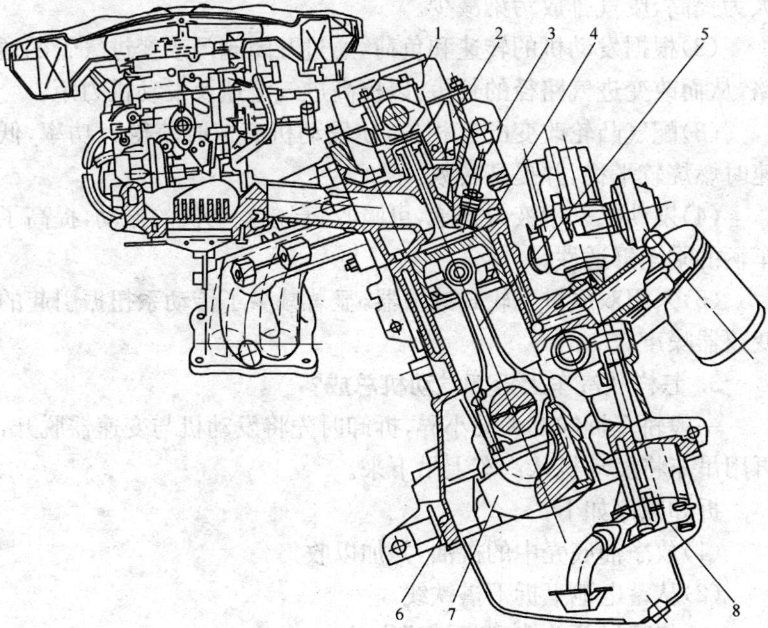

图 1-1　桑塔纳轿车发动机横剖面图

1. 冷却系统　2. 配气机构　3. 点火系统　4. 气缸盖总成　5. 活塞连杆机构　6. 气缸体　7. 曲轴飞轮总成　8. 润滑系统

它由气缸体、气缸盖总成、活塞连杆机构、曲轴飞轮总成、配气机构、供给系统、进气系统、排气系统、点火系统、起动机、润滑系统和冷却系统组成。其中，进气系统分为化油器进气和电子燃油喷射两种方式；点火系统分为蓄电池有触点点火、电子无触点点火和电脑点火三种方式。

2. 帕萨特发动机有什么结构特点?

本系列发动机采用了以下新技术,优化了发动机性能:

(1)在发动机进排气系统中采用五气门技术,每个气缸燃烧室采用3个进气门、2个排气门,充分利用燃烧室,增大进气量使混合气混合均匀加快,使排放更迅速彻底,使发动机动力性、经济性大为提高,废气排放污染减少。

(2)根据发动机的转速和负荷,通过开闭阀门改变进气管的通路,从而改变进气路径的长短,以提高进气流速及发动机力矩。

(3)配气凸轮改变配气相位,使发动机高速时获得大功率,低速时燃烧较平稳,并提高转数。

(4)发动机采用液力支承,可吸收、衰减发动机的振动,提高了车辆的乘坐舒适性。

(5)采用双质量飞轮式减振器,显著减少了传动系扭振引起的变速器噪声。

3. 怎样从汽车上拆卸发动机总成?

一般轿车拆卸都大同小异,拆卸时先将发动机与变速器脱开,再用吊车将发动机从汽车上吊下来。

拆卸顺序如下:

(1)放净油底壳中的机油,并加以收集。

(2)从蓄电池上拆下搭铁线。

(3)将暖风开关拨到“暖气”位置。

(4)打开散热器盖。

(5)水泵有三个进口:自散热器出水口来的称为大循环进口;自暖风出水口来进入水泵的第二进口;小循环时的水泵进口。将水泵大循环进口处拆开,放出冷却液,并用容器收好,以便以后使用。

(6)从气缸盖出水口处(通往散热器)拔掉冷却液软管。

(7)拆下热敏开关(在三通接头处)和电动冷却风扇上的连接电线。

(8)拆下散热器顶部左、右角上的固定支架，将散热器连同冷却风扇和护风罩整体一起取出。

(9)拔掉交流发电机接线插头，使其与导线脱开。

(10)拆下化油器的进油管、出油管及回油管。

(11)从分电器盖上拆下高压中心线、高压分线及其他接线插头。

(12)拆下空气滤清器，并用薄膜封住化油器上口。

(13)拆下化油器节气门操纵拉索和片簧插片。

(14)从真空罐上拔下真空管；从分电器真空提前装置上拔下真空管；从进气支管上拔下制动真空助力真空管。

(15)拆下热敏开关接线；拆下进气支管电预热塞接线；拆下电源接线柱上的导线。

(16)从化油器上拔下冷却液软管。

(17)拆下冷却液温度表传感器上的电线，拔下油压开关的电线。

(18)松开支架上的紧固螺栓，拆下离合器操纵钢丝绳。

(19)松开发动机左、右支架橡胶缓冲块上的固定螺栓，如图 1-2 所示。

(20)拆下空调压缩机 V 形带及发动机前部的支架，将压缩机与保持架一起拆下(接线仍保持连接)。然后再将压缩机固定在车身上，如图 1-3 所示。

(21)拆下发动机前支架固定螺栓；拆下排气管夹头的连接螺栓；拆下起动机的接线。

(22)拆下起动机的固定螺栓。

(23)松开发动机与变速器的连接螺栓，拆下飞轮罩壳固定螺栓。

(24)将吊座夹头放在发动机后端，旋紧连接螺栓。

(25)拆下同步带(齿形带)上的防护罩。

(26)如图 1-4 所示，放入吊架 2024A。在 V 形带轮端，对第 3

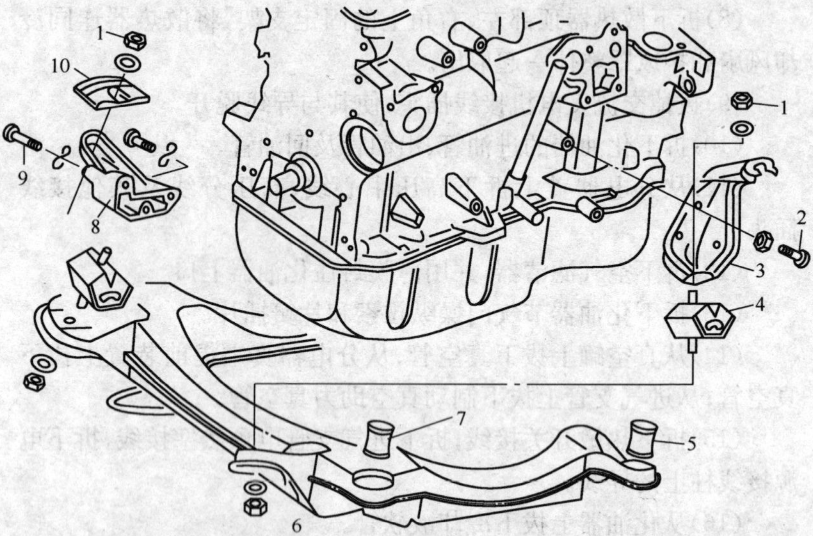

图 1-2　发动机的支承

1. 固定螺母　2. 支架固定螺栓　3. 发动机左支架　4. 橡胶缓冲块
5. 发动机悬架后橡胶支承　6. 发动机悬架　7. 发动机悬架前橡胶支承
8. 发动机右支架　9. 右支架固定螺栓　10. 垫板

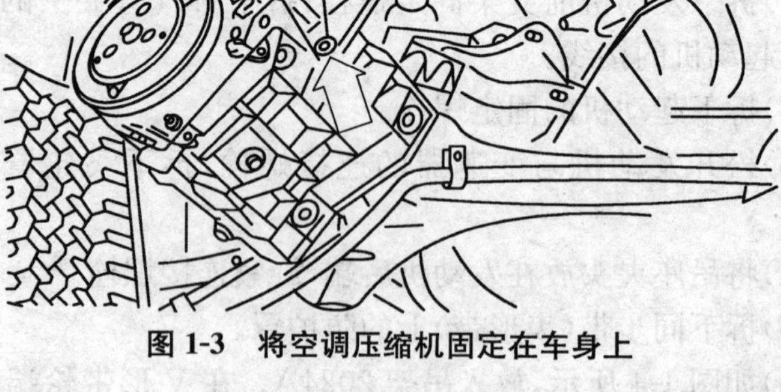

图 1-3　将空调压缩机固定在车身上

号位第3孔插入销子;在飞轮端,将销子插入8号位第2孔(标在吊架上的1~4号插孔,对着V形带轮方向,样板铁孔位从吊钩端数起)。插销与吊钩,均用弹簧开口销保险。

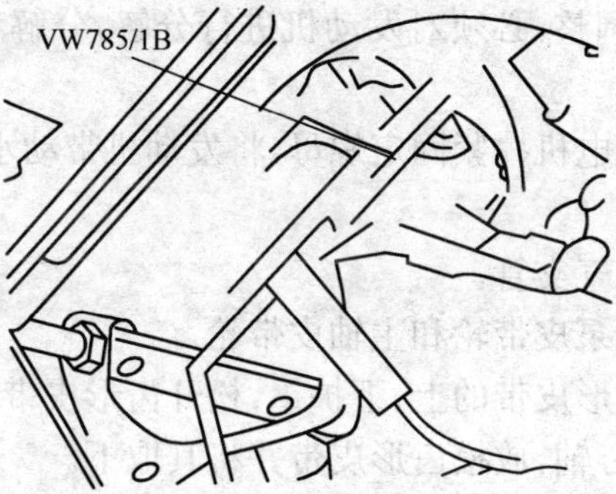

图1-4 安装吊架

(27)起吊发动机,使发动机脱离发动机支座。再次拧紧VW785/1B吊座夹头的支承螺栓。

(28)拔出发动机与变速器的连接螺栓,使发动机脱离变速器。转动发动机,并将发动机逐渐吊起。这时应十分细心,以免在吊起过程中碰坏有关结构件。

(29)用VW540托架(如图1-5所示),将发动机固定在装配架(旋转架)上。

图1-5 VW540型发动机托架

4. 怎样拆卸发动机外围附件?

(1)拆卸水泵上尚未拆下来的连接管,拆下水泵。

(2)拆卸发电机,拆卸起动机。

(3)拆卸分电器,拆卸燃油泵。

(4)拆卸机油滤清器支座。

(5)拆卸化油器总成,拆卸进、排气管及衬垫。

5. 怎样分解发动机?

为了检查发动机各零、部件的状况,修复或更换磨损的零件,并进行必要的调整,必须对发动机进行分解,分解程序如下(见图1-6和图1-7)

(1)松开发电机撑紧固定螺母,将发动机带动水泵的三角皮带卸下。

(2)拆下排气支管。

(3)拆下水泵皮带轮和主轴皮带轮。

(4)拆下齿形皮带的上、下护罩,松开齿形皮带张紧固定螺母,并转动该轮偏心轴,放松齿形皮带并将其取下。

(5)拆下主轴齿轮和中间轴齿轮,并拆下齿形皮带后护罩。

(6)拆下水泵上的连接管,然后拆下水泵。

(7)拆下发电机和起动机。

(8)拆下分电器。

(9)拆下燃油泵。

(10)拆下机油滤清器支座。

(11)拆下化油器总成。

(12)拆下进气支管。

(13)拆下油底壳,更换机油密封衬垫。

(14)拆下机油泵与机油滤清器。

(15)拆下气缸盖罩,更换密封衬垫。

(16)拆下气缸盖总成。

(17)拆下离合器总成。

6. 怎样拆装同步带及V形带?

(1)同步带及V形带的拆卸(如图1-7)。

①旋松发电机支承臂的紧固螺栓,拆下水泵、发动机V形带。

图 1-6 发动机的分解

1. 气门罩 2. 垫条 3. 半圆塞块 4. 缸盖螺栓 5. 气缸盖 6. 分电器 7. 燃油泵 8. 机油滤清器 9. 衬垫 10. 水泵紧固螺栓(20N·m) 11. 发动机左支架 12. 方头螺栓 13. 螺栓(20N·m) 14. 冷却液泵 15. 油底壳衬垫 16. 油底壳 17. 半圆键 18. 密封圈 19. 凸轮轴正时齿形带轮 20. 气缸盖罩衬垫 21. 加机油口盖

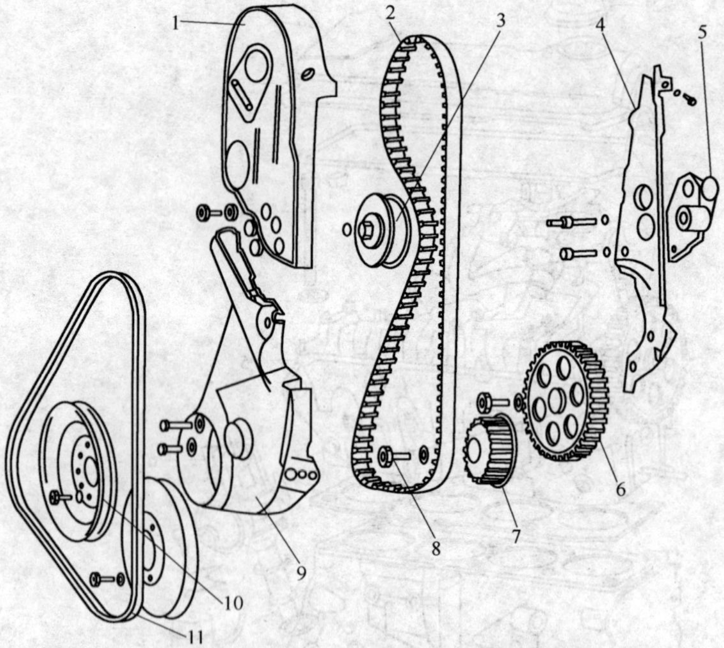

图 1-7　发动机齿形带前端零件的拆卸

1. 齿形带上护罩　2. 齿形带　3. 齿形带张紧轮　4. 齿形带后护罩　5. 塞盖　6. 中间轴齿轮　7. 曲轴齿轮　8. 曲轴齿轮紧固螺栓　9. 齿形带下护罩　10. 曲轴皮带轮　11. V 形带

②拆下水泵 V 形带轮，拆下曲轴 V 形带轮。两种带轮的紧固螺栓的拧紧力矩为 20N·m。

③拆下同步带上护罩，再拆下同步带下护罩。

④旋松同步带张紧轮紧固螺栓，转动张紧轮的偏心轴，使同步带松弛，取下同步带。

⑤拆下曲轴同步带轮，拆下中间轴同步带轮。

⑥拆下同步带后护罩。

(2)同步带及 V 形带的安装(如图 1-8 所示)。

同步带及 V 形带的安装，可按拆卸相反的顺序进行。

①将同步带套在曲轴和中间轴同步带轮上。

②用一只螺栓固定曲轴V形带轮，注意V形带轮的定位。

③使凸轮轴同步带轮上的标记与气门罩盖平面对齐，（如图1-9所示）。

注意：在转动凸轮轴时，曲轴不可位于上止点位置，以防气门可能碰坏活塞顶部。

④使曲轴V形带轮上的上止点记号和中间轴同步带轮上的记号对齐，如图1-10所示。

⑤将同步带装到凸轮轴同步带轮上。

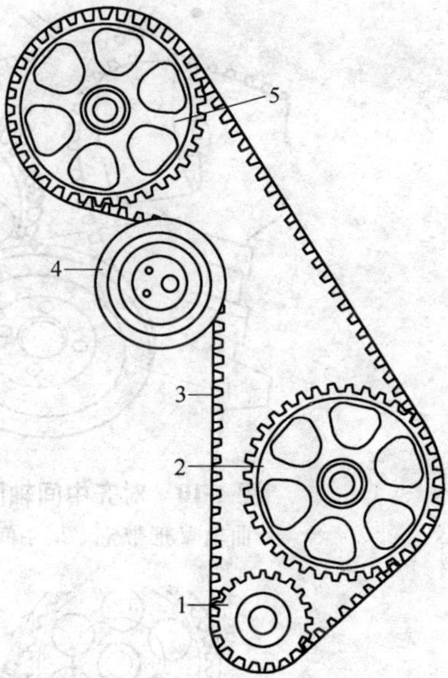

图1-8 同步带

1. 曲轴同步带轮 2. 中间轴同步带轮 3. 同步带 4. 张紧轮 5. 凸轮轴同步带轮

⑥按图1-11箭头方向转动张紧轮，以张紧同步带。

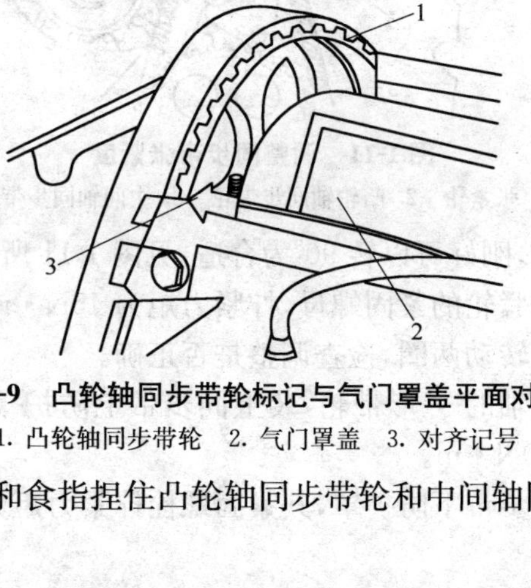

图1-9 凸轮轴同步带轮标记与气门罩盖平面对齐

1. 凸轮轴同步带轮 2. 气门罩盖 3. 对齐记号

⑦用拇指和食指捏住凸轮轴同步带轮和中间轴同步带轮之间

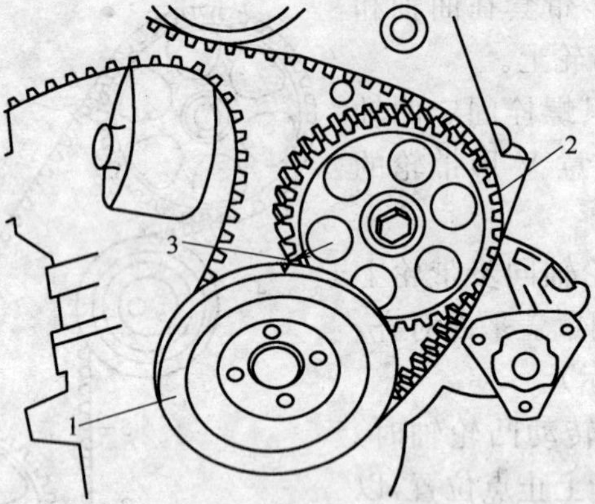

图 1-10　对齐中间轴同步带轮上的标记

1. 曲轴 V 形带轮　2. 中间轴齿轮　3. 对齐记号

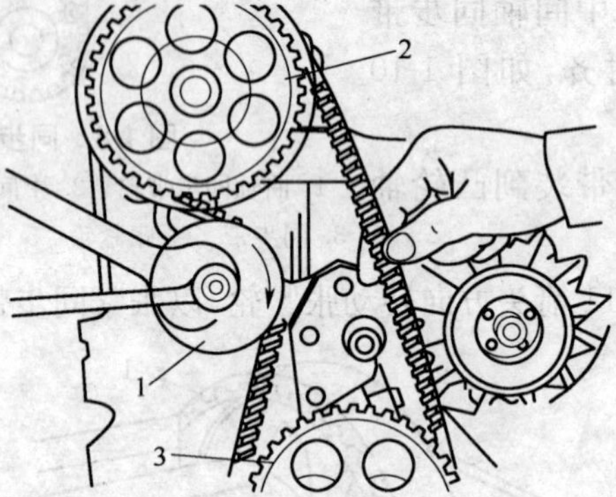

图 1-11　调整同步带张紧度

1. 张紧轮　2. 凸轮轴同步带轮　3. 中间轴同步带轮

的同步带中间,刚好可以转 90°为合适,见图 1-11 所示。

⑧拧紧张紧轮的紧固螺母,拧紧力矩为 45N · m。

⑨把曲轴转动两圈,检查调整是否正确。

⑩拆下曲轴的 V 形带轮,装上同步带上防护罩,其紧固螺栓拧紧力矩为 10N · m。

⑪装上同步带下防护罩,其紧固螺栓拧紧力矩为 10N · m,装

上 V 形带轮和 V 形带。

⑫检查 V 形带的张紧度,用拇指按下水泵与发电机之间的 V 形带,用 100N 力可按压 10～15mm。

⑬检查点火正时,必要时进行调整。

7. 分解发动机时应注意什么事项?

分解前应清洗外部。放出冷却水和所有部分的润滑油(油底壳、变速器壳、主减速器壳等)。遵守操作规程和合理顺序,并保持作业场地的清洁整齐。

汽车的分解,从工作本身的工艺来看,并不需要很高的技术,也不需要复杂的设备和精密的工具。往往为人们所忽视,粗心大意,因而在分解拆卸时,常常造成零件的损伤,有时甚至达到无法修复的程度。因此,分解工作的好坏,将直接影响到汽车的维修质量和维修时间,所以在拆卸时,应充分考虑到拆卸后的维修和装配。其注意事项为:

(1)汽车和总成分解时,应按分解顺序进行,先外后内,先附件后主体;对有公差配合要求和不能互换的机件(如气门、活塞、连杆与轴承盖、正时齿轮、离合器等),在拆卸时应检查有无记号,如无记号应作记号。

(2)应正确使用工具。

①钳子、扳手和旋具不能代替手锤和冲子用。各种扳手使用时,应注意受力方向。

②拆卸静配合的销、轴、衬套时,应用专用冲头或铜冲,不可直接敲打。

③拆卸齿轮、皮带论时,应用压床或拉器,如无此设备,可用软金属冲对称地冲击非工作面。

④拆卸带有调整垫片的机件(如转向机调整垫片、主减速器调整垫片和差速器高速垫片等)时,勿使垫片损坏。

⑤如遇机件锈蚀不易拆卸时,可用汽油浸润或加热后,再进行分解。

(3)拆下的螺母、螺栓,若是可用,在不影响修理加工时,可装回原位,勿使错乱散失;或者是分别放置,以利装复。

(4)为了零件清洗方便,在分解时,应将不同清洗方法的零件(如钢铁件、橡胶件、铝质件、皮质件等)分别放置。

8. 怎样用化学方法清洗汽车零件?

汽车分解或总成拆散为零件后,必须加以清洗。待清洗后才能进行检验、分类和修理。

(1)清除油污。

①金属零件的清洗。

热洗法:用碱溶液(配方见表 1-1)做清洗剂,加热至 70℃~90℃时,将零件浸煮 10~15 分钟后,取出用清水将碱溶液中洗干净,而后用压缩空气吹干。清洗时,不要将碱水溅到手脸等皮肤上,以免烫伤。用碱溶液清洗零件的效果和油相同,但价值低又不易发生火灾,因此广泛地被使用。

表 1-1　清洗汽车零件油污的溶液配方

零件材料	配方编号	溶液的组份							
		苛性钠(g)	碳酸钠(g)	磷酸三钠(g)	肥皂(g)	硅酸钠(水玻璃)(g)	重铬酸钾(g)	液态肥皂(g)	水(kg)
钢铁零件	配方一	100						20	1
	配方二	7.5	50	10	1.5				1
	配方三	20		50		30			1
铝质零件	配方一		10				0.5		1
	配方二		4			1.5			1
	配方三					1.5		2	1

为了防止铝合金零件被腐蚀,不可将含有大量苛性钠的溶液来清洗,所以清洗剂的配制与钢铁件有所不同(配方见表 1-1)。

②非金属零件的清洗。

橡胶类零件的清洗，如制动皮碗、皮圈等，应用酒精或制动液清洗。不得用煤油、汽油或碱溶液清洗，以防发胀变形。

离合器摩擦片和制动蹄摩擦片不能用碱溶液煮洗，应用少许汽油刷洗或擦干净。皮质零件（如油封的皮圈等）一般用干布擦净即可。

（2）清除积炭。可用机械和化学的方法清除，或者两种方法并用。

①用刮刀、铲刀（或用竹制）、金属刷等刮除；

②用化学溶液加热至 80℃～90℃，将积炭浸泡软化后，用毛刷或旧布擦拭干净，清除积炭后，铝合金零件还应用热水将化学溶液清洗干净，见表 1-2。

表 1-2　清洗汽车零件积炭的溶液配方

零件材料	配方编号	溶液的组份					
		苛性钠(g)	碳酸钠(g)	硅酸钠（水玻璃）(g)	肥皂(g)	重铬酸钾(g)	水(kg)
钢铁零件	配方一	25	33	1.5	8.5		1
	配方二	100				5	1
	配方三	25	31	10	8	5	1
铝质零件	配方一		18.5	8.5	10		1
	配方二		20	8	10	5	1
	配方三		10		10	5	1

9. 怎样把发动机装在汽车上？

发动机的安装顺序基本上与拆卸顺序相反，但应注意下列事项：

（1）检查离合器分离轴承的磨损情况，必要时更换。

（2）分离轴承、离合器从动盘和变速器输入轴花键上应涂一薄层二硫化钼润滑脂，但分离轴承的导套不涂。

（3）更换发动机支架橡胶缓冲块固定螺栓的自锁螺母。

(4)接起动机电线,但不要碰到发动机,以免蓄电池放电。

(5)将发动机装入支座,不拧紧螺栓。通过摇动发动机使其摆正位置。

(6)调整离合器踏板自由行程,使之保持在15mm左右。

(7)按规定加注冷却液。不拧紧螺栓调整排气管,调整节气门操纵拉索。

(8)发动机主要螺栓螺母拧紧力矩见表1-3。

表1-3　发动机主要螺栓螺母拧紧力矩

螺栓部位	拧紧力矩(N·m)
发动机与变速器盖板固定螺栓	10
变速器支架上的前排气管紧固螺栓	25
排气弯头处排气管连接螺栓	30
气缸体上前发动机支架固定螺栓	25
发动机支座与发动机支承固定螺栓	35
发动机与变速器的紧固螺栓M12	55
起动机紧固螺栓	20
散热器下支座固定螺栓	10

10. 气缸盖的作用是什么?

气缸盖的作用,是密封气缸并与活塞共同组成燃烧室,同时承受混合气的高压,因此强度要高,刚度要强,重量要轻,散热要好。L107轻质铸造铝合金能满足这些需求,且有利于提高压缩比,常作为制造气缸盖的材料,它可以适应高转速、高负荷、高压缩比的发动机。

11. 怎样拆卸气缸盖?

(1)断开蓄电池接线及相关电器线路。

(2)拆下气缸盖罩壳。

(3)拆下空气滤清器。

(4)拆下汽油管和油门拉索。

(5)拆下制动加力泵软管。

(6)标出与化油器相连接的软管位置,拆下化油器。

(7)拆下进、排气支管。

(8)拆下火花塞及密封垫。

(9)松开紧固件,拆下气缸盖,取出气缸垫。

12. 怎样分解气缸盖?

气缸盖总成拆下后,可按以下步骤进行分解。

(1)拆下加机油口盖。

(2)拆下气门罩盖,松开紧固件。

(3)取下气门罩盖密封条与衬垫。

(4)拆下机油反射罩和半圆塞。

(5)拆下凸轮轴前端齿形轮紧固件,并取下凸轮轴齿形轮及键。

(6)放松凸轮轴支承盖紧固件,并取下凸轮轴。

(7)拆下液压挺杆分总成。

(8)用专用压具直接压住气门锁夹座圈,将气门弹簧压下,取出气门锁夹、气门锁夹座圈和气门内外弹簧。

(9)拆下气门和油封。

13. 怎样安装气缸盖?

(1)将气缸体擦净放正,放上气缸垫。气缸垫在修理时一般要更新,气缸垫上标有字样的一面必须朝气缸盖。

(2)放好气缸垫后,将专用定位导向螺栓旋入缸体结合面一侧两端的螺栓孔中,再放上装好配气机构凸轮轴的气缸盖,这时曲轴不可置于上止点,否则气门和活塞顶部会损坏。

(3)一般先在上止点对准后,再倒转 1/4 圈;接着在气缸盖上其余 8 个孔中放入螺栓并随手拧紧;然后再将事先拧入的定位导向螺栓用销子扳手旋出,并拧入气缸盖螺栓。

(4)第一次冷发动机紧固的扭紧力矩为 40N·m,第二次为 60N·m,第三次为 75N·m,第四次为连续用扳手拧 1/4 圈(90°)。

14. 不易拆下气缸盖时怎么办?

气缸盖与气缸体长时间接合造成气缸盖不容易取下来,此时不允许用旋具(俗称改锥)硬撬气缸盖与气缸的接合处,以防气缸盖不能再与缸体密封,而造成使用时漏气。

拆卸气缸盖时,应将气缸盖螺母卸掉后,用木棒或木槌轻轻地在气缸盖四周围敲打几下,若还不能分开,可拆卸气缸螺栓,用两个气缸盖螺母上在一起,将气缸盖螺栓卸下后,再拆下气缸盖,若仍不能分开,可用开水浇气缸盖,也可用气焊枪烤气缸盖,再拆下气缸盖。

15. 气缸盖为什么翘曲变形? 变形后怎么办?

桑塔纳、帕萨特发动机气缸盖材料为轻质铝合金制造,由于各部分凝固不均匀,金属组织和硬度也各不相同。因此气缸盖的底平面部位存在着一种残余铸造应力。因此,气缸盖浇铸后一般都经时效处理。但是,机器在运转时,气缸盖承受很高的热负荷和机械负荷。当发动机工作时,气缸盖局部承受巨大的压力,气体燃烧时最高瞬时压力可达(60—70)$\times 10^5$ Pa,并且它的几何形状复杂,各部分受热不均。由于气缸盖内表面受炽热燃气的作用,外表面则受冷却水(对于水冷式发动机来说)的冲刷,因此在气缸盖中存在着较高的热应力,还有气体的作用力等原因将使气缸盖中部向上拱。如在使用中水箱缺水开锅,使气缸会翘曲变形。如果此时在维修保养中没有按照一定的顺序拧紧气缸盖螺母,且有的紧,有的松,或是因其长期处于高温情况下工作,则往往易使气缸平面发生翘曲变形。为了防止气缸盖变形,往往规定热车时不得拆卸气缸盖,而在冷车拆下的气缸盖也放在平整的地方。一般当其变形量在气缸盖的全部长计划内若超过 0.15mm 时,就应进行刮削或磨平。

翘曲的气缸盖与气缸体的上平面不能紧密地接合,这样气缸盖受热后就容易冲坏。如冲坏的气缸垫没有及时更换,仍继续使用,则容易造成气缸盖翘曲变形。

气缸盖平面刮削的方法是在钳工划线铸铁平台的工作面（或平板玻璃）上进行，先薄薄地涂上一层红丹油，然后将洗净的气缸盖平面轻轻放在平台上，使气缸盖平面和平台接触，并回转研磨4～5圈。最后取下气缸盖，查看平面，翘曲变形有的突出部分便显示出红丹油的印痕，然后用刮刀刮去印痕部分即可。印痕刮去后，再把气缸盖平面和检验平台清洗干净，再在平台上涂红丹油，重复加以检查直到满意为止。每次涂红丹油检查之后，刮削线痕的方向应当改变，使之互相交叉进行为好。至于刮削修复后的质量，一般是根据工件平面上印痕的匀分布的点数来检查，此时只要印痕点大小基本一致，且分布均匀即诊断良好。也可用磨床磨平气缸盖平面。

16. 怎样焊修铝气缸盖?

铝质气缸盖焊修时一般不需预热，但遇裂纹过长时，则需预热。焊口开单槽，坡口为30°～45°，并清除氧化铝及杂质。为防止焊接时变形，可用一废气缸盖，将两者用螺栓紧固在一起。预热温度为250℃～260℃，放平施焊。焊接工作应在清除焊缝杂质后尽快进行，避免金属重新氧化。焊补裂缝时，应按50～60mm长度分段，自裂纹中央开始，背向焊接（逆向焊接），使缸盖受热均匀并减低或防止变形。

铝质铸件焊接时，从熔池中充分清除氧化物的问题，是求得优质焊缝的基本问题。解决的办法是将焊条加热蘸上焊剂，加入熔池，再用火焰将焊条彻底熔化，滴入熔池。同时用焊条伸入熔池搅动，并再次加入焊剂，使熔池内氧化物与焊剂发生作用，使之熔解并上浮而除去，如此直至焊完。有时在熔池边缘有结合不良现象，这是因为温度不够或有氧化物所致，遇此种情况，可用铁条将边缘氧化物刮掉，再行加温，使熔池金属向外流，就可以得到良好的结合。

焊修铝缸盖，一般选用含硅5%，其余为纯铝，或铝—铜—硅焊条（如上焊—331号）。这种焊条其熔点较低，冷却时变形较小，能提高金属的流动性,效果较好。用废气缸盖熔化制成焊条,也是比较理想的。

此外,焊后应缓冷,并彻底清除熔渣,把其气缸平面磨平。

17. 气缸盖上的火花塞孔滑扣怎么办?

气缸盖上的火花塞孔滑扣后,可采用螺孔镶钢螺套的修复法,具体工序和要求如下:

(1)将气缸盖上火花塞旧螺孔用18mm的钻头钻孔;

(2)用车床加工一个外螺纹M20、内螺纹14×1.25的钢螺套;

(3)在气缸盖上用M20丝锥攻出内螺纹;

(4)将车好的钢螺套装在M20螺纹的气缸盖上,如图1-12所示;

(5)为了使钢螺套固定,防止镶上的钢螺套随火花塞转动,相互配合都要紧密,防止漏气在螺套和气缸盖之间镶入M4的固定销钉。

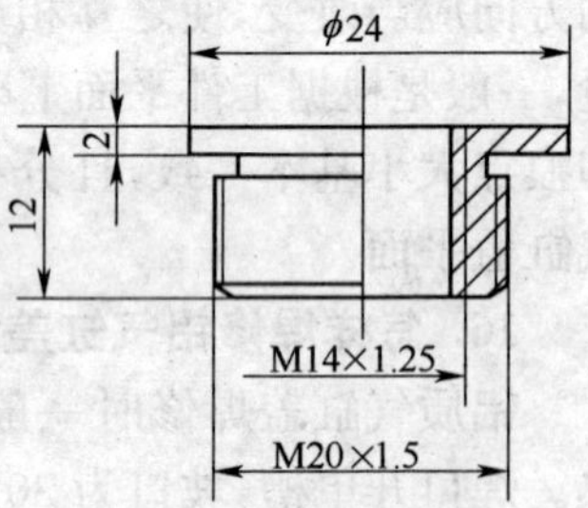

图1-12　车好的钢螺套

18. 气缸垫的作用是什么?

气缸垫安装在气缸盖和气缸体之间,其作用是保证气缸盖与气缸体接触面的密封,防止漏气、漏水和漏油。气缸垫的材料要有一定的弹性,能补偿结合面的不平度,以确保密封,同时要有好的耐热性和耐压性,在高温高压下不烧损、不变形。以前的汽车多用铜皮石棉结构的气缸垫,这种气缸垫翻边处有三层铜皮,压紧时石棉不易变形。新型普及型轿车气缸垫多采用冷轧钢片制成。有的发动机还采用中心用编织的钢丝网或有孔钢片为骨架,两面用石棉及橡胶粘结剂压成的气缸垫,如图1-13所示。

19. 怎样诊断气缸垫烧毁?

气缸垫损坏一般表现为漏气和漏水,该故障也属于发动机的恶性故障,发生时应及时处理,以免造成发动机更大的损坏。

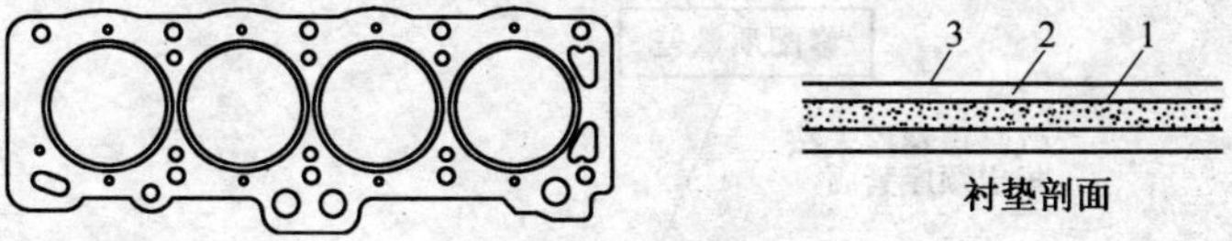

图 1-13　气缸垫

(1)故障现象。缸垫损坏时,会导致发动机功率下降和漏水、漏气等现象发生,该故障如果继续发展会导致缸盖烧熔等机件损坏直至报废的结果。缸垫漏气故障多发生在两气缸中间隔的位置,当该处缸垫损坏漏气时,发动机会出现个别气缸不工作(俗称“缺缸”),发出“突、突”的异响和缸体抖动、行驶无力等现象,有时还会出现放炮、回火等现象;如果缸垫损坏发生漏水时,会使冷却液流入气缸,破坏气缸工作和润滑,流入油底壳导致机油乳化,影响发动机润滑性能。

(2)故障原因。造成缸垫损坏的原因有:

发动机工作不正常出现过热或爆燃现象,导致缸垫烧蚀损坏;

缸垫装配不平整或装配方向错误,导致缸垫损坏;

缸盖在安装时,未按规定顺序和力矩进行装配,导致缸垫不密封;

缸垫在安装时,在其与缸盖、缸体间混有污物,使缸垫密封不严而损坏;

缸垫质量差,密封不严,导致损坏。

故障原因如图 1-14 所示。

(3)诊断方法及顺序。如果发动机出现“突、突”异响、行驶无力现象时,应首先检查发动机油路、电路是否正常。当确定油路、电路正常时,可以怀疑是缸垫损坏故障,可按以下步骤进行检测;

首先确定发动机产生“突、突”异响的气缸,缸垫损坏多导致相邻气缸不工作。如果确定相邻气缸不工作,可用气缸压力表测量不工作气缸的气缸压力,如果相邻两气缸的压力均比较低且很接近,则可以确定缸垫冲坏或缸盖变形损坏。

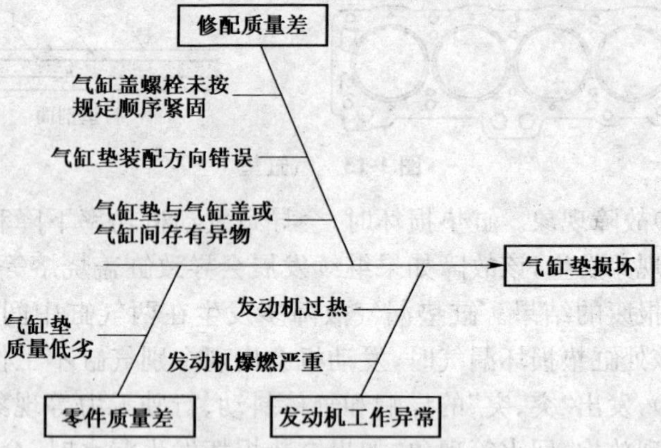

图 1-14　缸垫损坏原因

如果发现发动机结合面漏油、机油液面增加、机油中含有水分，散热器内的冷却液中含有油花或气泡时，如图 1-15 所示，应检查缸盖与缸垫结合处有无漏水、漏油现象，如有发生则为缸垫损坏导致泄漏。缸垫损坏故障判断过程如图 1-16 所示。

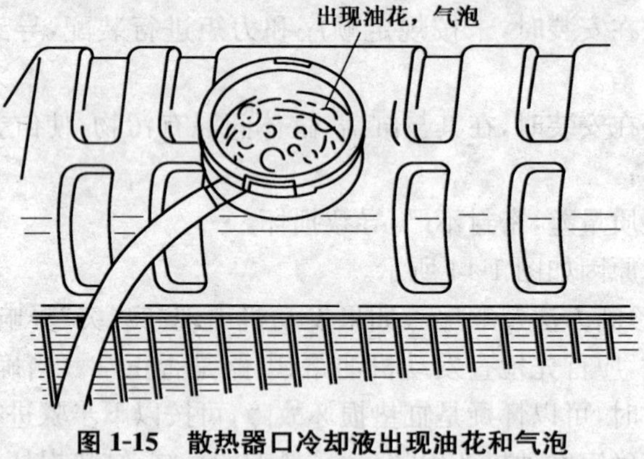

图 1-15　散热器口冷却液出现油花和气泡

(4)排除方法。当确定缸垫损坏时，应及时更换缸垫；如果缸垫未损坏，而机油里存有水分，应进一步拆检发动机，排除漏水、漏油故障。

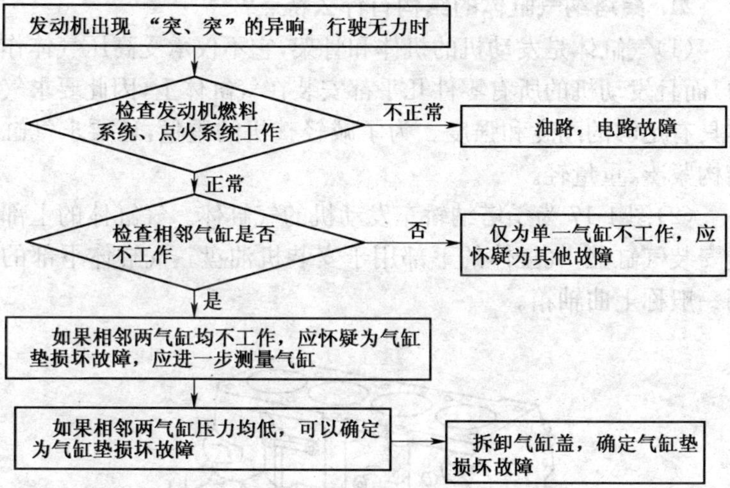

图 1-16　缸垫损坏故障判断框图

20. 拆装气缸盖、气缸垫应该注意什么?

为了保证发动机的装配质量，延长机件的使用寿命，拆装气缸盖、气缸垫时应注意以下几点：

(1)气缸垫的放置方向。气缸垫上有定位销孔或其他记号的按记号放置；气缸垫上一般有“OBENTOP”的字样，该字样应该朝上(即对着气缸盖)；无字样或标记时，可根据气缸体和气缸盖同为铸铁或铝合金时，气缸垫翻边应朝向气缸盖，当气缸体为铸铁，气缸盖为铝合金时，气缸垫翻边应朝向气缸体，以减少铝合金气缸盖的压痕。

(2)为保证装配质量，安装气缸盖螺栓时应分 2～3 次由中间向四周对称地拧紧，最后一次应用扭力扳手规定力矩拧紧。拆气缸盖时则相反，应从两边向中间几次逐渐松开气缸盖螺栓。

(3)铝合金气缸盖，冷态装配拧紧后，还需在发动机第一次走热完冷却后再拧紧一次。

(4)拆卸铝合金气缸盖时，必须在发动机冷却后进行，以减轻气缸盖的变形。

21. 桑塔纳气缸体的结构有什么特点?

(1)气缸体是发动机的机体和骨架,它不仅承受高压气体作用力,而且发动机的所有零件几乎都安装在气缸体上,因此要求气缸体具有足够的刚度和强度。为了减轻整机的重量,还要求气缸体结构紧凑、重量轻。

(2)图 1-17 为桑塔纳轿车发动机的气缸体。气缸体的上部用于安装气缸盖,气缸体的下部用于安装机油盘。气缸体下部的空间一般称上曲轴箱。

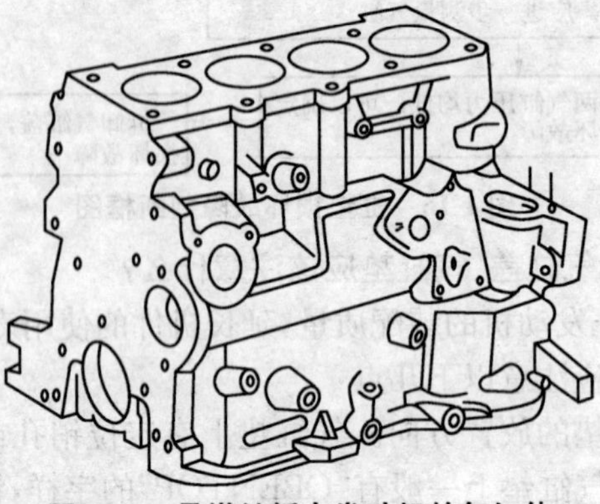

图 1-17　桑塔纳轿车发动机的气缸体

(3)桑塔纳轿车发动机的气缸是四缸、水冷、无缸套、等缸心距及龙门式的。龙门式是指曲轴的轴线在气缸体下平面(上曲轴箱的下表面)之上。这种结构可以使平面中的弯曲刚度和绕曲轴轴线的扭转刚度显著提高,同时底面能与机油盘完整相配,密封比较简单。其龙门架深度为 58mm,宽度为 98mm。在先期生产的 1.6L 汽油机中,气缸体的缸心距为 88mm,缸径×冲程为 79.5×86.4(mm),气缸之间有很窄的水道。在后来的 1.8L 汽油机中,其缸心距仍是 88mm,缸径×冲程为 81×86.4(mm),气缸与气缸之间共用壁只有 7mm。冷却水从气缸体左下方中部进入,再由气缸体两端进入右边,通过上平面分布的水孔进入缸盖。气缸体及气缸盖内均无布置水套之类的零件，完全依靠水泵的流量、扬程以及气缸体与气缸盖上孔的大小和布置，来实现发动机各部分冷却的需要。为使气缸体长度更紧凑，前后两端轴间的缸臂最薄处(局部)只有 5mm。气缸体的上下平面、前后端面、两侧的附件装接处都加厚并设置了加强筋，而其余臂厚则均为 5mm，但缸筒壁厚为 6mm。气缸体全长为 379mm，高度 278mm，相当小巧紧凑，重量只有 32.8kg。

(4)气缸体材料为合金铸铁，耐磨、耐腐蚀，由于气缸体结构复杂而壁薄，铸造和加工难度较大。

22. 帕萨特气缸体的结构有什么特点?

机体与曲柄连杆机构是发动机的主体，其作用是将燃烧的化学能转化为机械能(动力)，通过燃烧可燃混合气使活塞产生在气缸中的往复运动，由曲柄连杆机构转化为曲轴的旋转运动。它由机体组、活塞连杆及曲轴飞轮组三部分组成。

机体组是发动机的主体，是发动机各机构、系统及附件的安装基础。机体组包括：气缸盖、气缸体、气缸垫、曲轴箱及油底壳等(图 1-18、图 1-19、图 1-20)。ANG、AWL 发动机气缸体为直列四缸龙门式，材质为合金钛铸铁，刚度较好，便于油底壳密封。气缸盖材质为 ZL107 铸造铝合金。

活塞连杆组由活塞、活塞环、活塞销及连杆等组成。活塞上部装有 3 道活塞环(两道气环、一道油环)；活塞销在活塞中以全浮式安装；连杆安装时有方向性要求，B 侧朝向前方。

曲轴飞轮组主要由曲轴及飞轮等零部件组成。

23. 帕萨特与桑塔纳 2000 超人发动机哪些配件通用?

帕萨特与桑塔纳 2000 超人发动机通用的有气缸套、曲轴、轴曲瓦、活塞销、机油泵、机油集滤器、油底垫、链条、链条张紧器。

24. 发动机装配时应遵守哪些规则?

(1)装入的零件，必须符合技术要求，并应彻底清洁。

(2)拧紧螺栓、螺母应用适合的扳手，按一定顺序和力矩旋紧；

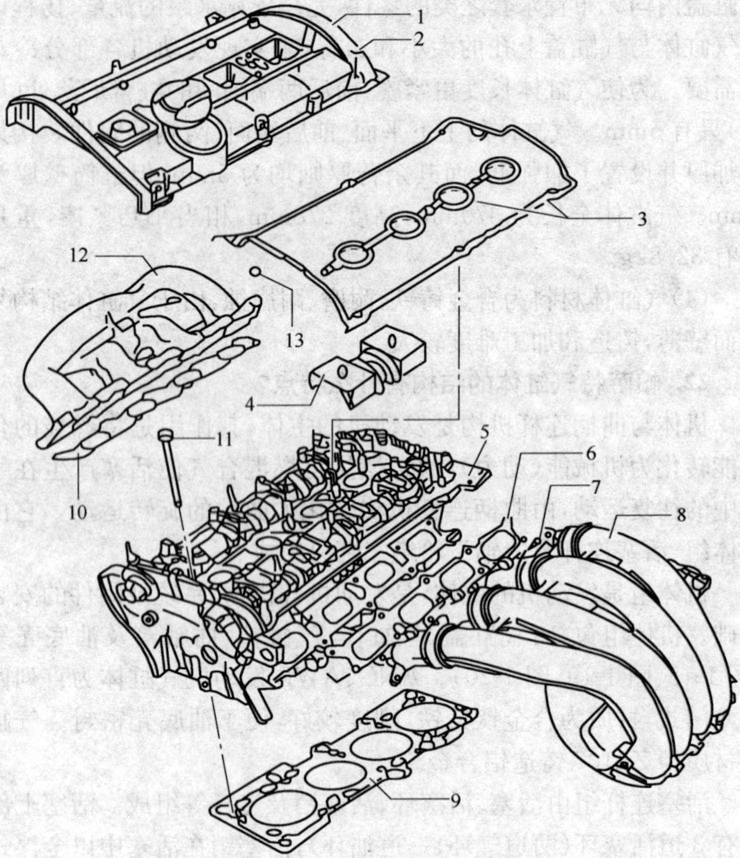

图 1-18　气缸盖

1. 气缸盖罩　2. 螺母　3. 气缸盖罩衬垫　4. 挡油罩　5. 气缸盖
6. 进气支管密封垫　7. 螺母　8. 进气支管　9. 气缸盖衬垫
10. 排气支管密封垫　11. 气缸盖螺栓　12. 排气支管　13. 螺母

对称接合的螺栓，应对称交叉地分 2～3 次旋紧。螺栓在螺母拧紧后，应露出 1～3 牙，对有规定力矩的螺栓或螺母，应用扭力扳手按规定的力矩旋紧。

(3)动配合的零件表面，在装合时应涂上润滑油。

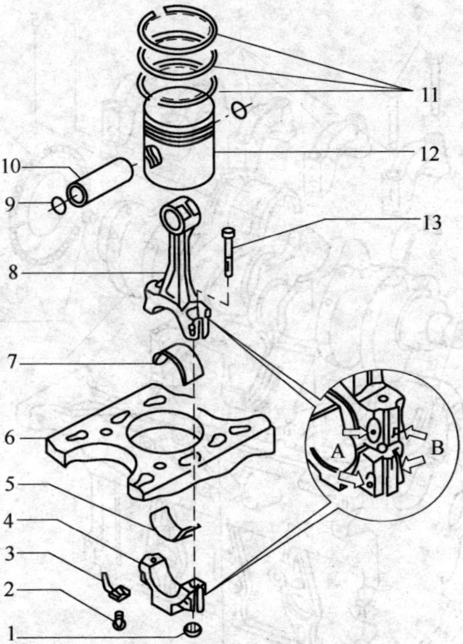

图 1-19 活塞连杆组与气缸体

1. 连杆螺母 2. 防松块 3. 螺栓 4. 连杆盖 5. 连杆轴瓦 6. 气缸体 7. 连杆轴瓦 8. 连杆 9. 活塞销卡环 10. 活塞销 11. 活塞环 12. 活塞 13. 连杆螺栓 A. 气缸号 B. 标记指向皮带轮侧

(4)压入配合的零件,在装合时,应使用压床或专用的压入工具进行。如需要在零件表面旋以压力或锤击时,必须垫以软金属块或使用铜冲头。

(5)对有装配记号的零件,须按记号装配。

(6)各部位的密封衬垫使用后应换用新品。

25. 怎样拆卸气缸体?

(1)拆下飞轮、离合器及曲轴前端的传动件,拆卸活塞连杆组,然后分解气缸体上的其他连接部件。

(2)将气缸体反转倒置在工作平台上。

(3)拆下中间轴密封凸缘和其中的油封,适时加以更换。

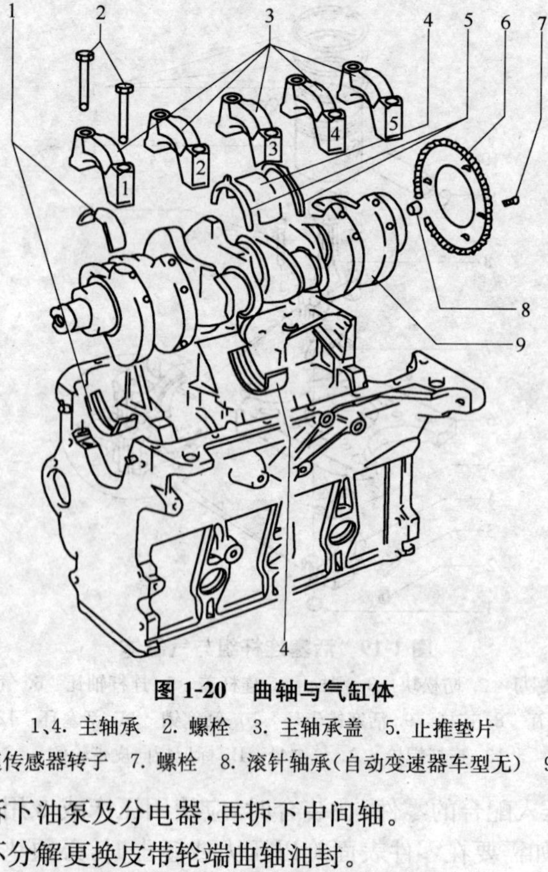

图 1-20　曲轴与气缸体

1、4. 主轴承　2. 螺栓　3. 主轴承盖　5. 止推垫片
6. 转速传感器转子　7. 螺栓　8. 滚针轴承(自动变速器车型无)　9. 曲轴

(4)拆下油泵及分电器,再拆下中间轴。

(5)不分解更换皮带轮端曲轴油封。

(6)拆下前油封凸缘及衬垫,安装时更换衬垫。

(7)从中间到两端逐步旋松主轴承盖紧固螺栓。

(8)拆下并更换轴承瓦,注意其开口及定位方向,以免组装时弄错。

26. 气缸不能密封有哪些原因?

(1)气缸不能密封,通常由气缸垫损坏造成。如有下列情况,诸如:紧定气缸盖螺栓未按规定操作,压紧力不均匀;气缸垫贴合不平整;长时间的点火过早造成爆燃;汽油标号低;气缸垫质量差等原因，都会造成气缸不能密封。此外，气缸盖变形、气缸上平面变形、气缸磨损、气缸裂纹也会引起此故障。

(2)气缸不能密封的排除方法如下：

①按操作规定紧定螺栓。

②调整好点火正时，防止爆燃。

③按规定标号使用汽油。

④更换气缸垫。

⑤修复变形的气缸盖、气缸上平面。

⑥修补气缸裂纹。

27. 气缸压力不足有哪些原因?

(1)气缸压力不足通常有以下原因：

①气缸损坏。

②进气门间隙不当。

③排气门间隙不当。

④未按原厂家规定安装活塞环。

⑤活塞环磨损严重。

⑥气缸损坏严重。

⑦活塞环在活塞环槽内卡死。

(2)气缸压力不足的排除方法如下：

①更换气缸垫。

②研磨或更换气门，保持进、排气门的密封。

③调整进、排气门间隙。

④按规定安装活塞环。

⑤更换活塞环。

⑥镗磨气缸后更换与之相配的活塞环(各自加大 0.25mm)。

⑦清理活塞环槽积垢、油污。

28. 为什么缸体和缸盖会破裂?

气缸盖的破裂，多发生在水套的薄壁部分，其造成的主要原因是严寒天气，没加防冻液，车辆停驶时，未放净发动机及散热器内的冷却水;或冷热急剧变化,而冰冻胀裂。拆装或搬运不慎,使机体严重受震、碰撞引起其他部分产生裂纹或破裂。

气缸体和气缸盖有严重破裂,一般容易发现,但对细小的裂纹,是难以观察出来的。因此,在发动机进行大修前,应对气缸体、气缸盖进行裂纹的检验。

29. 怎样检修缸体和缸盖裂纹?

发动机零件上出现裂纹,即表示损坏过程正在发生。如果出现裂纹的零件是个运动件,便有可能突然损坏。因此,必须尽早地检查出裂纹,分析其产生的原因并予以修理。

(1)裂纹产生的原因:

①由于铸件在浇铸时合金分布不均,使金属产生内应力。

②因冷却系统发生故障,致使发动机发生过热,此时在最大的冷却水空间区域和排气门座的周围容易发生裂纹。

③非常热的金属表面因受到急速流动的冷空气或冷却水的激冷而产生裂纹。

④零件因过度拧紧或居中不好而导致零件变形。

⑤由于交变或脉动的应力作用,导致出现疲劳裂纹。

⑥由于零件的刚度不够,容易产生裂纹。

(2)检测裂纹的几种方法。检查裂纹时,除了目测检查外,还有以下几种检测方法。

①荧光探伤检查法。荧光探伤的原理,是利用在紫外线的照射下能发光的物质作为悬浮液体,将它涂在被检查零件的表面上。当用水银灯照射零件时,在裂纹内的发光物质将更加明亮。因此,很容易发现裂纹。

操作时,将零件浸入荧光液中 10～15 分钟,取出后用 2 个大气压的冷水清洗零件表面的荧光液,吹干。将零件稍许加热,渗入零件裂纹内的液体便会向表面扩散,经紫外线照射,即可通过荧光物质发出的绿黄色光亮,找出裂纹的位置和形状。

荧光探伤与磁力探伤结合使用,能收到更好的效果。

②磁力探伤检查法。使磁力线通过被检查的零件，如果零件表面有裂纹，在裂纹部位磁力线会偏散而形成磁极，这就是磁力探伤的原理。磁力探伤是汽车厂家采用较为广泛的一种方法，因为其设备简单，测量裂纹准确、迅速。磁力探伤有纵磁化、环形磁化、联合磁化等方法。利用磁力探伤时，必须使磁力线垂直通过裂纹，否则裂纹便不可能被发现。同时在检查时，要估计裂纹可能产生的位置和方向，而采用不同的磁化方法。零件经磁化检查后，必须退磁，且磁力探伤不适用于有色金属。

③压力试验法。因磁力探伤只能发现外部裂纹，而不能探测到内部的裂纹及摇臂螺柱周围，气门导管、缸套和喷油器周围的泄漏。而压力试验能发现铸件上所有部位上的裂纹，因此是检测气缸盖、缸体和进、排气支管上有无裂纹最常用的方法。压力试验的步骤如下：

a. 将被测的铸件安装到专门的试验装置上，如图 1-21 所示。

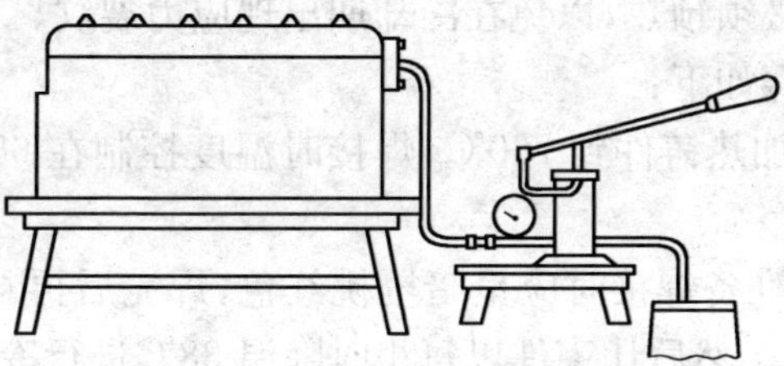

图 1-21　气缸体、气缸盖压力试验

b. 使用各种尺寸和形状的塞子将所测试铸件上的水口封闭。

c. 以 276～345kPa 的压力，通过空气压力调节器给气缸盖或缸体加压。

d. 在铸件表面喷上皂液或洗涤液，在渗漏处便会出现气泡。

e. 给发现的裂纹做上记号，一般要用粉笔标出裂纹的全长。

f. 铸件修复后，重新堵塞所有水口并加压，以检查裂纹是否已全部修好。

g. 也可以用热水代替空气加压，由于热水膨胀，可使试验更灵敏。但采取这种方法要求使用循环水箱和水泵。

除以上三种方法外,常用的还有超声波探伤法等,不再一一叙述。

(3)裂纹的修理:修理裂纹通常用销接法或焊接法,有时也用环氧树脂胶粘结法。

①销接法修理裂纹。在受力不大的部位,裂纹长度在 50mm 以下的铸件上常采用销接法修理。其操作如下:

a. 先在裂纹的两端各钻一个限制孔。

b. 沿裂纹钻孔数个,并保持孔与孔之间重叠 1/3 的孔径。

c. 在以上孔中攻出螺纹,并拧入已准备好的螺丝销,拧入部分涂上白漆;切断螺丝销,断处高出裂纹表面 1～1.5mm。

d. 在螺丝销间钻孔数个,按上述方法攻丝并拧入螺杆,使之填平裂纹,并用小锤在螺丝销之间轻轻敲打,最后用锉刀修平。

②铸件焊接法修理裂纹。用铸件焊接法修理裂纹时,在焊接前整个铸件必须预热,以免在冷却期出现应力裂纹。

修理步骤如下:

a. 缓慢加热铸件到 760℃,焊接时温度控制在 650℃～704℃之间为宜。

b. 铸件准备焊接时应呈暗樱桃红色,焊完后再补温到 760℃保温 30 分钟。然后让零件以每小时降温 38℃进行冷却。

c. 加热铸件时,为不使热量散发,应盖上石棉板,并在焊接部位的上方的石棉板上开一个孔,以便进行焊接。

d. 用乙炔焊时,要调至中性火焰。随着汽车铝合金件的增多,铝合金件的焊修已成了零件修理的一个重要内容,常采用铝合金气焊、电弧焊和氩弧焊。

③环氧树脂胶粘结法修理裂纹。较小的裂纹和铸件砂眼可用环氧树脂胶粘合修理。在粘补前必须将需粘合的零件进行表面机械加工、表面清洁和表面化学处理,以保证粘补的质量。涂胶时需先将粘合面加热,控制胶层厚度在 0.1mm 以内,且不可存在气

泡。涂胶后，稍冷即把两粘合面贴住，并用夹具夹牢。粘补气缸体时，可将胶涂得略高于缸体 1mm，以避免加热固化时胶的流失，然后进行烘干固化。

几种常用固化剂的技术参数，详见表 1-4。

表 1-4　常用固化剂的技术参数

名称		6101、634 实际使用量（%）	性　能	配制方法	固化条件	
					温度（℃）	时间（h）
胺类	乙二胺	6～8	液体，有刺激气味及毒性，固化快，使用期短	室温下混合，逐步加入，适当冷却，防止温度过高失效	室温、80	24、3
胺类	间苯二胺	14～16	淡黄色固体，溶点 63℃，受潮变黑色，耐热性和耐化学品性较好，机械强度较高	间苯二胺 14～16 份加入 15 份环氧树脂中，加热到 70℃熔解搅拌，冷到 30℃加入其余环氧树脂并混合搅匀	室温、80、120、150	24、4、2、2
酸酐类	顺丁烯酸酐	30～40	白色固体，熔点 53℃，使用期长，耐热性好	树脂加热至 60～70℃，加入固化剂搅匀（有升化现象）	160 或 200	4 或 2
酸酐类	邻苯二甲酸酐	35～45	白色固体，熔点 128℃，耐热性好	树脂加热至 130℃，加入固化剂搅匀	150	4
树脂类	650 聚酰胺树脂	40～100	液体，使用期长，毒性小，韧性好	在室温下与树脂调匀	室温、150	24、4
树脂类	酚醛树脂	30～40	液体，固化速度慢可加胺类催化剂，耐热性好	在室温下与树脂调匀	160 或 180	4 或 2

30. 怎样装配气缸体?

气缸体的装配可按拆卸相反的顺序进行,但注意以下事项:

(1)装配气缸体时应更换中间轴密封凸缘油封、曲轴前油封、曲轴前油封凸缘衬垫。

(2)安装曲轴前油封时,应在油封外圈和唇边上涂一层薄机油,减少曲轴前颈与油封的磨损,在曲轴颈上套上专用工具,通过装在导套上的压套将油封压到位。

(3)中间轴密封凸缘紧固螺栓拧紧力矩为 25N·m。

(4)装配中间轴时,中间轴最大轴向间隙应为 0.25mm。

(5)主轴承盖紧固螺栓拧紧力矩为 65N·m,拧紧顺序与拆卸顺序相反。

(6)曲轴 3 号主轴承为推力轴承,其两端有半圆形止推环。注意:定位及开口的安装必须朝向滑动轴承,各滑动轴承不能互换。

31. 怎样判断发动机敲缸?

敲缸是对活塞敲击缸壁故障现象的简称。这种故障属发动机的恶性故障,多发生在发动机缺少润滑油严重磨损或发动机大修之初修配不当时。当发动机出现该故障时,应及时排除。

(1)出现敲缸故障时,主要的特征是气缸内发出一种清脆而有节奏的金属敲击声,其响声随温度变化而不同。活塞敲缸响声主要表现为:发动机工作温度低时,响声明显,尤其在怠速时响声更清晰。温度升高时,响声随之减弱或消失。

冷车运行时出现轻微敲缸响声,热车时消失现象是正常的。产生敲缸时,活塞受力大。当活塞与气缸配合间隙过大或因磨损严重配合间隙过大时,活塞在压缩行程中受侧压力的一面偏向一侧,活塞经过上止点时,侧压力的作用方向改变,使活塞瞬时换向,从靠缸壁一侧迅速转变到靠向另一侧,与缸壁发生拍击,产生响声。

(2)造成敲缸故障的主要原因是活塞与气缸配合间隙过大。修配不当造成活塞与气缸配合间隙较大,或因气缸磨损严重造成间隙过大。因此，造成发动机在冷起动时，敲击声明显；热机后，响声减弱或消失；活塞方向装反或出现反椭圆现象，会造成敲缸响声；连杆轴承紧度不合适也会引起活塞运动中与缸壁产生撞击发出响声。

（3）为确定敲缸的气缸时，把发动机转速固定在敲击最响的位置上，采用"断火"的方法（用逐个切断各缸高压电的办法进行试验），当某缸"断火"后，声音明显减弱或消失，即为该缸响。进一步判断时，可用长嘴机油壶在活塞上方注入机油，然后起动发动机。在起动后的瞬间，若响声减弱或消失，过不久响声又出现，即为该缸敲缸。

（4）排除方法。当出现严重敲缸响声时，必须分解发动机，重新修理选配活塞与气缸间隙，才能彻底解除敲缸故障。

32. 怎样诊断拉缸？

拉缸是指缸壁沿活塞运动方向，出现深浅不一的沟痕。由于缸壁沟痕的存在，活塞在压缩和作功时，高压气体从沟痕处泄漏，产生响声。该故障导致发动机动力下降，机油消耗增加，拉缸严重时会导致活塞卡死在气缸内，使发动机不能运转。该故障属发动机的恶性故障，一经确定应立即排除，以免造成更大的损失。

（1）故障现象。气缸拉伤出现沟痕后，发动机在运转时会发生类似敲击的声响，声响随发动机转速变化；由于缸壁沟痕的出现，气缸密封状况变坏，机油窜入燃烧室燃烧，机油消耗量增加，发动机出现冒蓝烟现象。

（2）故障原因。气缸内存有异物，造成气缸拉伤；活塞与气缸配合间隙小，活塞环对缸壁压力过大；机油或汽油内含有杂质，导致缸壁润滑不良；发动机过热使机油油膜被破坏，出现干摩擦，使活塞过度膨胀，形成粘着磨损而拉缸；活塞销卡环脱出，拉伤缸壁。

（3）诊断方法及顺序。该故障使用断火的方法进行确定，效果不明显。当确定不了时，可使用气缸压力表检测缸压力，若单个某缸压力过低,则此缸可能拉缸(或气门烧熔),应分解检查确定。

(4)当确定发动机出现拉缸故障时,应拆检发动机,测量气缸尺寸,重新选配缸套和活塞。

33. 气缸磨损的原因是什么?如何延长发动机的使用寿命?

(1)气缸磨损的原因有如下几点:

①工作气体压力的影响。由于活塞环与环槽间有一定的间隙,工作过程中产生的高压气体通过此间隙窜入活塞环的背后,使环压向缸壁,第一道环承受气体压力最大,气缸上部磨损也最剧烈。

②工作温度的影响。正常工作时气缸上部温度最高,润滑油黏度随温度升高而下降,因此,气缸上部润滑条件较差,其磨损量也最大。

对于整个发动机来讲,如果工作温度过高,则会使润滑油的黏度下降,使磨损加剧。如果工作温度过低,汽油蒸发不好,又会冲刷缸壁,同样会破坏润滑条件,增大气缸的磨损。

③腐蚀性物质的影响。发动机承受着燃烧产物中含有的碳、硫和氮的氧化物、水蒸气和有机酸等腐蚀性物质的影响。这类物质有时直接与缸壁起化学反应,有时溶于水形成酸类,温度越低,酸性物质越易产生,腐蚀作用也就越大。

④润滑油中磨料物质的影响。润滑油中含有的磨料物质对气缸壁磨损的影响是很大的,磨料物质越多,体积越大,发动机转速越高,对气缸壁的磨损也就越大。磨料物质的来源包括发动机自身的磨损产物、燃烧中产生的固态粒子及来自空气中的尘土,固态粒子越大越多,磨损也就越剧烈。

⑤润滑油的影响。气缸工作条件比较恶劣,润滑油的质量对于能否形成润滑所需的油膜影响也比较大。

综上所述,发动机在正常工作当中其磨损是不可避免的,但可以通过努力尽量减少气缸的磨损,延长发动机的使用寿命。

(2)延长发动机使用寿命的方法:

①要使用符合厂家推荐标准的、优质的润滑油，并且要按要求定期更换润滑油，润滑油的数量要达到标准，既不要过多，也不要少。

②要按厂家保养要求定期更换三滤，对于工作条件恶劣的地区，要适当缩短保养里程。

③要按标准添加燃料，如果燃料在工作过程中不能完全蒸发，会冲刷气缸壁，破坏润滑油膜，增加磨损倾向。

④要保证发动机的正常工作温度，低温起动后，在达到正常工作温度前，发动机切不可大负荷、高转速。要经常检查冷却液的容量，避免发动机温度过高。

34. 发动机装配时有哪些要求?

发动机的装配工作是发动机修理过程中的一个重要环节。它每一部分装配质量的好坏，都直接影响整个发动机的修理质量。如果在工作中稍有疏忽或马虎装错，将导致一系列返工，甚至造成严重事故。如气缸中掉进沙粒，会使气缸和活塞拉伤，造成发动机早期损坏。装配工作基本要求如下：

(1)保证零件之间的配合适当。零件之间的配合，按其工作需要，有间隙配合和过盈配合两类。

①间隙配合。两相对运动零件之间，须有适当间隙，以保证能有正常运动和保持良好的润滑油膜，否则将产生润滑不良，使运转机件咬住、擦伤或产生冲击负荷，加速零件损坏。例如，曲轴轴承及连杆轴承间隙不当，易使轴承合金熔化脱落，尤其轴承间隙过大，可能造成曲轴、连杆等折断的严重事故。

②过盈配合。在紧固配合的零件之间应保持适当的盈量。盈量过小时，不能保证零件的紧固接合，工作中容易松动或位移，因而使零件磨损或机件发生故障；盈量过大，则在装配过程中易使零件遭到损伤、甚至破裂。盈量的大小，应根据配合机件的材料和工作条件而定。加热后装配的零件，盈量可稍大一些；在室温下装配或尺寸较小的零件，则盈量应小一些。

(2)保证零件之间的相对位置正确。在装配零件或各件总成时,必须保证它们之间应有正确的相对位置;否则将使有关零件的工作不正常,加速机件的磨损,有时甚至使装配工作发生困难。装配技术要求主要包括垂直度、平行度、同轴度等。

①垂直度。例如在镗缸时,应保证气缸中心线相垂直,否则会使活塞在气缸中的位置歪斜而形成单边磨损。又如飞轮平面与曲轴中心线不垂直,则工作时飞轮平面偏摆,会使离合器发抖。

②平行度。例如曲轴轴颈、连杆轴颈及活塞销三者轴线必须平行,否则气缸、活塞、轴承、轴颈等均将单边磨损。

③同轴度。例如飞轮与曲轴必须符合同轴度要求,否则运转不平衡,使发动机发抖。

在总成装配中,往往由于个别机件的位置不正确,而影响其他机件的装配关系;或因个别机件的故障而影响整个总成。例如连杆弯曲时,连杆本身与轴不垂直,活塞销与曲轴也就不能平行,使活塞在气缸中发生严重偏磨,气缸与曲轴的垂直也会很快遭到破坏。

(3)保持制造加工原有关系。发动机制造时,有些零件是装在一起加工的。在修理装配中,为了保证其加工面的正确关系或准确的几何形状,是不能互换的。例如曲轴轴承座与轴承盖、连杆与连杆轴承盖等。

(4)保持使用零件的磨合关系。总成装配中,多数零件是原来使用的,在过去工作中已经互相磨合,故装配时应保持其原有的磨合关系,以免在使用中重新磨合而增加磨损,或在工作中发生响声。装配时,要“对号入座”。凡是在拆卸时,已标记号的零部件,应根据记号顺序进行安装,并检查零件的安装是否符合规定。

(5)保证机件各部的密封装置良好。密封装置的作用,主要是防止漏油、漏气、漏水,并防止灰尘、湿气进入机器内部。在修理中往往由于密封装置不良,造成漏油、漏气和漏水的现象。例如气缸漏气时,气缸的密封性便被破坏,因而使发动机功率下降。又如曲轴油封作用不良时，不但缩短轴承的使用寿命，而且还会增加其他机件的磨损。故在装配时，必须更换所有的密封衬垫和“O”形圈及正确地安装油封，以确保密封可靠。

(6)搞好清洁、调整、紧定与润滑。

①清洁。进行装配时，零件必须彻底清洁。实践证明，零件的清洁程度，对修理质量有很大影响，但是这种影响常被人们忽视。润滑油道中污垢沉积不除净，就会减少油道的截面积，从而增加润滑油流动阻力，减少润滑油流量，恶化了运转机件的润滑条件。零件表面的灰尘混入润滑油中，便随润滑油循环，将会引起不同程度的磨料磨损。装配时，必须清洗干净，并用压缩空气吹干。使用软刷和溶剂彻底清洗活塞，并小心不要碰伤活塞。

发动机水套中的水垢，在修理中如不予以清洁，将会明显影响发动机散热工况。试验表明，大修发动机水套内积存的水垢，平均占冷却系容量的6%，这不仅减小了冷却系的容量，影响冷却水的循环，而且水垢的导热性极差，易使发动机过热。

②调整。有些机件在装配中是必须调整的。例如气门间隙过大，不仅会使发动机产生异响，而且还影响发动机动力性和经济性。只有通过调整，才能达到规定的装配要求。

③紧定。各部机件的正确关系主要是靠螺栓、螺母来固定的。如果螺栓与螺母松脱，将造成机件的位移和脱落。发动机各部机件，由于工作条件不同，对紧定的技术要求也不相同。有些要害部位，如曲轴轴承和连杆轴承的螺栓，要求按规定力矩拧紧。

多螺栓连接的零件，应注意按一定顺序拧紧，避免受力不均，造成零件翘曲变形，甚至破裂。合理的拧紧顺序是：从中央开始，然后左右对称拧紧。对于4、6、8个螺栓连接的零件，一般是分次对角拧紧。

④润滑。所有相对运动零件之间的摩擦表面，在装配时都应涂以润滑油，使零件在开始工作时，不致因干摩擦增加磨损。过盈配合的零件表面，也应涂油，以减少摩擦，易于压入，并避免压入时

引起擦伤,从而保证结合紧定可靠。

35. 怎样检测气缸磨损?

气缸磨损的程度,国内一般是用圆度和圆柱度两个指标来衡量的。而桑塔纳、帕萨特等引进车型则以标准尺寸与气缸最大尺寸的差值来衡量。

(1)量缸的部位。测量时用适当量程的量缸表按图1-22所示的部位和要求进行测量。即:在气缸上部距气缸上平面10mm处、气缸中部和气缸下部距缸套下部10mm处等三点,按A、B两个方向分别测量一次。注意不要在发动机修理台架上测量发动机气缸的内径,以防因缸体被夹紧变形而测量不准。

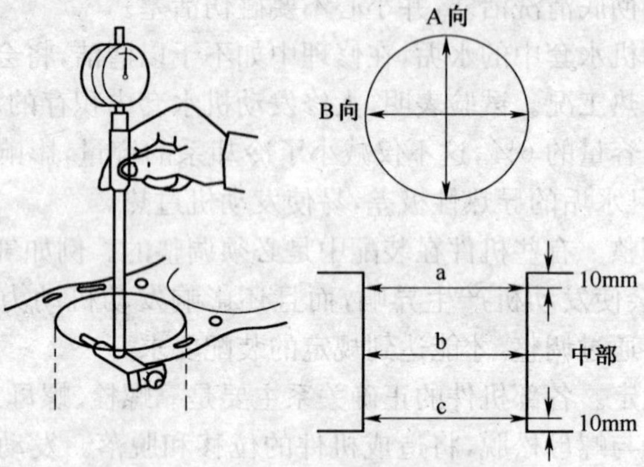

图1-22　气缸内径测量部位示意图

(2)量缸的方法。气缸测量时,先用千分尺按气缸标准尺寸将量缸表调整到指针对准刻度0处(应使量缸表测杆压缩1～2mm以留出测量余量),然后测量缸径。这样测出的读数加上气缸的公称尺寸,即为磨损后的气缸直径。

测量时,必须使测杆与气缸中心线垂直。测量时应稍微摆动表杆,量缸表指示的最小读数,即为正确的气缸直径。

用量缸表在A方向测量,记住表针所指刻度。旋转表面,使"0"对准表针所指刻度。这个刻度作为测量的基数,然后将测杆在此横截面上转动 90°,此时表针所指刻度与“0”位刻度之差的 1/2 即为该气缸的圆度误差。在量缸表测量上部之后,将测杆下移到气缸中部和下部,再次测量。

对于多缸发动机应取误差最大的一个缸为准。一般发动机前、后两缸磨损最大,测量时可重点测量这两只气缸。

桑塔纳、帕萨特车型气缸测量结果与标准尺寸的差值最大为 0.08mm。如果超过 0.08mm 则应进行镗、珩磨修理,使其与加大尺寸的活塞相配。

36. 怎样镗缸?

镗缸是对干式缸套过度磨损比较常见的修理方法。湿式缸套主要以更换活塞、缸套方式进行修理。

(1)镗削量的计算。当气缸的修理级数确定后,即可选配同级活塞,然后根据活塞直径和气缸直径计算镗削量。活塞与气缸配合间隙 0.03mm,磨缸余量为 0.03～0.05mm,镗削量可按下式进行计算:

镗削量=活塞裙部最大直径—气缸最小直径+
活塞与气缸配合间隙—磨缸余量

例如:轿车 1.6L 发动机气缸第一次需要镗、珩磨,第 1 级修理尺寸的活塞尺寸为 79.73mm,气缸最小直径为 79.51mm,活塞与气缸配合间隙 0.03mm,磨缸余量为 0.03～0.05mm,那么镗削量为:

镗削量=79.73−79.51+0.03−0.05=0.20mm

(2)镗缸机。镗缸所用的设备有两种,固定式镗缸机和移动式镗缸机,由于移动式镗缸机精度差,工作效率低,已被固定式镗缸机所替代。固定式镗缸机如图 1-23 所示。

(3)镗缸定位基准的选择。为了保证镗缸质量,在操作上应注意首先做好定位基准的选择。选择镗缸的定位基准的目的是:保证气缸镗削后,各缸中心线与曲轴主轴承座孔中心线在一个平面上并相互垂直。固定式镗缸机以缸体底面前后两主轴承座孔和气

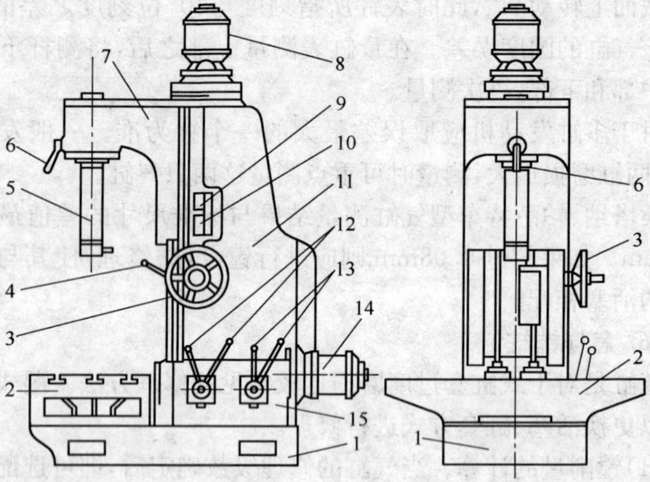

图 1-23　固定式镗缸机

1. 机座　2. 工作台　3. 进刀手轮　4. 自动进刀杆　5. 主轴　6. 主轴离合器手柄　7. 滑架　8. 辅助电机　9. 辅助电机电枢　10. 主动电机电钮　11. 机身　12. 进刀杆　13. 变速杆　14. 主动电机　15. 变速箱

缸上口作定位基准,其镗缸精度比较高。

(4)确定气缸镗削中心。定气缸中心有同心法和偏心法两种。同心法定中心是气缸未磨损部位定中心,镗削后的气缸中心线发生偏移。固定式镗缸机的定位方法是靠装在镗杆上的定心杆进行的。定心杆,如图 1-24 所示,由螺钉调整到与气缸直径相应的位置,然后将镗杆伸入到缸口未磨损的台阶部位(如缸口台阶被刮过,需以活塞环行程以下的气缸下部定位),使定心杆球端距离气缸顶面 3～4mm。转动镗杆检查定心杆与气缸表面接触的均匀情况。当定心杆与缸壁四周间隙相等时,即为已经对正中心。

在实际生产中,为减少每次镗缸的镗削量,也有采用偏心法来镗缸的。但只能适用于镶过缸套并在允许偏移范围内的气缸。这是因为,偏心法镗缸将使气缸中心偏离原有中心,当偏心过大时,连杆小头将压向活塞销座使活塞一面压向缸壁,增加了气缸的磨

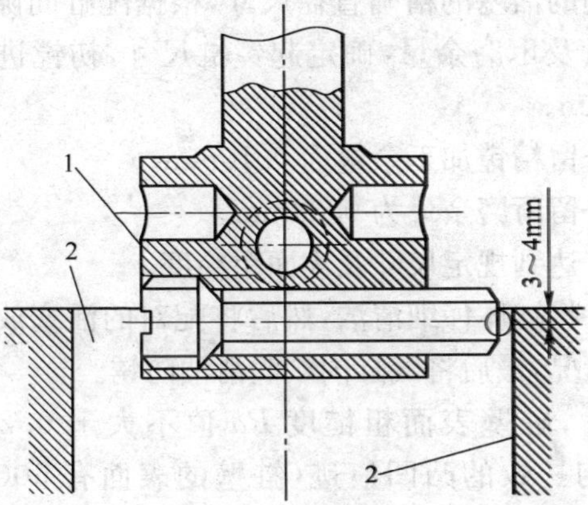

图 1-24 镗缸机定心杆

1. 镗缸机的定心杆 2. 气缸

损，反而会缩短发动机使用寿命。

(5)选择适当的吃刀量。镗削量确定后，应根据每次允许的吃刀量考虑镗削次数。一般铸铁气缸，第一刀切削深度应不大于0.05mm，因为气缸表面有硬化层和气缸磨损不均，吃刀量过大、切削刀过大会引起振动，加剧刀具的磨损。中间几次可以大一些，但不得超过镗缸机限制的最大允许吃刀量。最后一刀，切削深度应控制在0.03～0.05mm，以保证镗削的精度和表面粗糙度。

镗缸的切削要求：对于一般灰铸铁缸体硬度在180～230HB，采用YG6或YG8硬质合金刀具；切削速度为125～150m/min；走刀量为0.10～0.15mm/r；吃刀量如前所述。

气缸应隔缸镗削。镗缸后缸口应加工成75°倒角，以便活塞连杆机构的装配，并注意倒角宽度应符合规定。

(6)镗缸的工艺过程及技术要求。镗缸必须在缸体螺孔、焊补等其他作业完毕后，才可进行，镗缸工艺步骤如下：

根据量缸测量结果，确定加大扩缸修理尺寸。

根据修理尺寸选定同尺寸的活塞，同组的活塞质量、尺寸应一致，按公式计算确定气缸的镗削量。

测量选用的活塞的精确直径尺寸，根据配缸间隙，留出粗镗、精镗加工余量及珩磨余量，确定起镗缸尺寸，初镗进刀量一般在0.03～0.05mm。

粗镗——留精镗加工余量为0.10mm。

精镗——留珩磨余量为0.03mm。

珩磨——达到规定尺寸及表面粗糙度。

清洗——将缸体仔细清洁，然后将配对的活塞放进气缸中推行检查配合情况，最后将气缸内涂润滑油防锈。

在珩磨后，缸壁表面粗糙度 *Ra* 值不大于0.2μm，在缸套表面形成均匀一致的凸凹痕迹(缸壁的表面有600可见网纹，缸壁呈泛灰蓝色)，气缸的圆度误差应不大于0.005mm，圆柱度误差不大于0.015mm；同时要保证气缸与活塞之间0.03mm的配合间隙。

在珩磨过程中要随时注意检查气缸的尺寸。一般用量缸表或用活塞试配加工尺寸变化情况。但应注意，加工过程中所产生的切削热量，可能影响到气缸直径的变化，测量时要考虑这一因素，用活塞试配要在珩磨加工结束半小时以后进行。活塞与气缸配好后，应在活塞顶上打好缸号，以防装配时错乱。

37. 怎样磨缸?

磨缸的目的主要是提高气缸表面的光洁度。

气缸经镗削后，它的表面有螺旋形的细小刀痕，必须将这些刀痕磨掉，才能达到应有的光洁度，使活塞、活塞环与气缸壁有良好的配合面。

磨缸是气缸修理的最后一环，质量的好坏，直接影响着发动机的工作及其使用寿命。应充分发挥主观能动性，认真细致地进行操作。

磨缸设备在镗缸机一侧安装由齿轮油泵、油压机构及气缸珩磨头组成的磨缸部分，其镗缸部分与T—8014型镗缸机基本相同。

气缸珩磨头——一般称为磨缸头。它由珩磨体、珩磨转杆、砂石架、砂石条、弹簧圈等组成。在汽车修理中通常使用的孔径范围为:66～140mm。一般配备有 TL150ZR1 的粗砂条和 TLM40ZR2 的细砂条。

通常简单的磨缸工具是用功率为 0.245～0.368W,转速为 280r/min 的电钻做动力带动磨缸头来进行的。磨缸时,磨缸头不但要在气缸内转动,同时还需要上下移动。为了减轻劳动强度,一般用弹簧将电钻装在支架上,将磨缸架在气缸体上。

(1)磨缸工艺步骤:

①清洁——将已搪过的气缸加以清洁,并彻底清除气缸的铁屑,将缸体放在缸体架上,气缸下部放置铁皮盘,以供盛放润滑液剂。再将磨缸架装在气缸体上。

②选择砂条——根据需要选择合适的砂石条,装于磨缸头上,珩磨铸铁气缸的磨头砂条,一般采用:

磨料——碳化硅质(砂条代号为 T1 和 T 的绿、黑两种颜色);

硬度——中软(砂条代号 ZR、ZR2)或软(R1、R2、R3);

粒度——开始粗磨时选用 150 粒度的,细磨时选用 320 粒度的。

③安装砂条——砂条成套安装在磨缸头上以后,应检查不柱度,其不柱度超过 0.20mm 时,应在较低的砂条下面加垫片,或把较高的砂条磨低,否则,会使气缸磨成锥形。

④安装磨头——将磨头节头座和转杆装在磨缸机或改装的钻床和手动电钻上。

⑤调整砂条压力——砂条对气缸的压力,是决定缸壁光洁度的重要因素之一。压力大时,镗磨效率虽高,但粗糙度大,过大时还会造成砂条破碎;压力过小,会将气缸磨成“锥形”、“椭圆”。根据经验是:先将磨头放入气缸内,用手旋转调整盘,使砂条向外扩张,直到砂条紧贴气缸壁。松手后,磨头不能自由下落,上下移动时又没有很大阻力为合适。

(2)磨缸时的注意事项：

①打开冷却液开关，使冷却液注入与气缸壁之间。主要是用来冷却和冲刷磨屑的，所以压力和流量不应太小(冷却液是用煤油、柴油，或者在煤油中加入15～20%的机油)。

②接通电源，在磨头旋转的同时，必须作上下运动，以防气缸各部磨头旋转的同时，必须作上下运动，以防气缸各部磨削不匀。磨缸头的旋转速度和上下运动的速度，是决定气缸壁光洁度的又一重要因素。磨头的旋转速度和上下运动的速度，应有一定的比例(上下运动速度和旋转速度，多选用1∶13～1∶14的比例)，一般铸铁气缸，磨头的线速度为(60～75)m/min，往复运动为(10～20)m/min，根据气缸长度(一般为200mm左右)和磨头转速，磨头上下往复运动，每分钟约25～50次(细磨取下限，粗磨取上限)。上下运动的速度应均匀，切勿只有一段内移动或中途停、或快、慢。

③磨缸时，砂条上下露出的多少由砂条和气缸的长短而定。砂条在上下运动中露出的过多，会磨成喇叭口；如果重叠，又会磨成“腰鼓形”。根据砂条长度(一般为100mm)和气缸高度来确定。经验是：上下露出15～20mm左右为宜。

④在磨缸过程中必须经常用量缸表正确测量缸径，镗磨至所需尺寸的，不可再去转动调盘，只需往复几次，达到需要的精确尺寸为止。

⑤磨缸时，尽可能地使磨缸主轴，磨缸头和气缸在一直线上，以防磨偏。还应经常用活塞试配，以防磨大。目前磨缸大半采用基轴制，即应用磨缸的方式来保证气缸壁与活塞的配合间隙。

⑥粗砂条磨至一定程度时(一般为磨削量一半)换用细砂条光磨，当活塞与气缸配合间隙合适后可用“00”号砂布包在磨缸头上，将气缸壁抛光。

(3)检验磨缸质量及活塞与气缸的配合：

①气缸表面应光滑看不到磨痕，表面粗糙度$Ra0.2\mu m$。其检验方法是：气缸壁呈黑蓝色，看不到螺旋形磨痕，并能照出手指。

②气缸不柱度，椭圆度在直径为100mm或大于100mm者，不得大于0.035mm，小于100mm者，不得大于0.02mm（缸内允许有深度不大于0.03mm的局部凹痕）。

③活塞与气缸的配合间隙应符合要求。

④检查活塞与气缸配合的方法，除用量表测量外，多采用经验方法来判断。当磨缸完毕后，将各自相配的活塞倒置在气缸内，在活塞裙部未开槽的一面，来一规定厚度的塞尺片（塞尺片长度为200mm，宽度为13mm），用手推、拉活塞，而塞尺片不动，此时，活塞能随手移动，而没有过大的阻力，则配合间隙为合适。

38. 气缸套为什么单侧磨损？

气缸套单侧磨损必将引起活塞偏缸，造成此情况往往是由于发动机大修时质量不佳所致。此时常会发现活塞在气缸内位置侧偏一边（将活塞摇到上止点及下止点位置），侧偏部位均在活塞销两端的方向。

这种偏缸的检查方法，可以先将没有安装活塞环的活塞连杆组件装入气缸套内，按规定组力拧紧连杆轴承螺母。然后转动曲轴，在上、下止点及气缸中部检查活塞头部前后两方向与气缸壁的间隙。如果无偏缸的现象，上述三个部位活塞头部前后的间隙应该相等。否则即有偏缸的可能。

造成单侧磨损的原因：

①主轴瓦左右两边刮削不匀，曲轴安装在轴承座孔后出现不同心，造成曲轴中心线与气缸套中心线不垂直，迫使活塞压向气缸套的某一边，而形成气缸套偏磨。

②铰前连杆小头铜套时，铰刀倾斜而入（或用刮削时不均匀），造成连杆铜套孔偏斜，活塞销中心线与连杆小头中心线不平行，而迫使活塞压向气缸套的某一边。

39. 气缸套为什么短时间磨损很快？

气缸套短时间内很快磨损或起槽的原因一般有：

(1)活塞环表面太粗糙或弹力过大。

(2)活塞环的一部分被粘着,或气缸活塞配合间隙太大时,都会引起气缸受到活塞环或活塞边缘的刮磨而增加磨损。

(3)机油规格不对,过稀或过浓以及机油压力不足,致使气缸套得不到良好的润滑。

(4)加注机油时,尘土或杂质混入发动机油底壳内。

(5)空气滤清器作用不良,致使吸入空气时很多尘土进到气缸套内。

(6)气缸套镗缸或磨缸时较粗糙,气缸没有精磨或沙条太粗糙。

(7)连杆弯曲或曲轴端面间隙过大。

(8)气缸体或曲轴扭曲变形。

(9)气缸套本身质量不好或表面粗糙。

(10)冷车起动后立即带负荷,长时间不能保持正常的工作温度。

(11)机油滤清器过脏,而又未及时进行保养清洗。

(12)发动机经常温度过高,或经常发生爆燃现象。

(13)发动机运转速度不稳,经常性忽高忽低。

40. 怎样对大修后的发动机进行冷磨合?

(1)气缸盖主要零件和分电器、机油滤清器等有关附件装复后,应对发动机进行冷磨合。因为新加工的零件表面尚有微观的和宏观的缺陷,各配合零件的实际接触面积小于设计尺寸,在这种情况下进行热走合,由于配合零件表面单位面积负荷过大,因此配合零件表面容易损坏。在磨合中,摩擦表面负荷逐渐增加,零件表面凸起部分容易逐渐磨平,表面不致被损坏,因而可以延长使用寿命。

(2)影响发动机冷磨合的重要因素是发动机转速。转速过高,会使摩擦力增大,摩擦表面温度增高,磨损量增多;转速过低,润滑油供应不足,磨损量也会增加。因此,在冷磨合过程中,应对发动机转速进行合理选择。

(3)冷磨合时间的长短,应根据零件表面质量和配合情况而定。发动机冷磨合规范如表 1-5 所列。

表 1-5　发动机冷磨合规范

磨合阶段	曲轴转速(r/min)	冷磨时间(min)
1	200	50
2	400	50
3	800	30

41. 怎样对大修后的发动机进行热磨合?

(1)发动机冷磨合后,装上全部附件进行无负荷热磨合和试验,其目的在于进一步磨合,进行发动,检查排除发动机的故障。

(2)无负荷热试验时,先使发动机以低速运转约 1h。运转中观察发动机有无异常现象。发动机温度应保持在 80℃～90℃。开始时应控制在最低转速,待发动机温度达 75℃以后,再逐步提高转速。发动机热试规范如表 1-6 所列。检查发动机工况,必要时进行调整。

表 1-6　发动机热试规范

磨合阶段	曲轴转速(r/min)	工作时间(min)
1	700～900	30
2	1000～1200	30
3	1400～1500	30

①检查各部衬垫、油封、水封及油管接头处,如果漏油、漏水、漏气的现象,应查明原因,进行排除。

②检查机油压力表、水温表和电流表的读数是否正常。

③检查各缸工作是否良好,有无不正常的响声。必要时校正点火正时,调整油、电路。

④检查气缸压力,应符合原车规定,桑塔纳轿车发动机为 100～130kPa。

第二章 活塞、连杆及曲轴故障诊断与检修

1. 活塞由哪几部分组成?

根据其作用,活塞可分为顶部、环槽部和裙部,其中顶部和环槽部也通称为头部。

2. 活塞的作用是什么? 各部位有什么特点?

(1)活塞的作用主要是承受燃烧气体的作用力,将这个力通过活塞销传递给连杆以推动曲轴旋转,同时活塞顶与气缸盖、气缸垫共同构成燃烧室。因此要求活塞不仅具有足够的强度,而且重量要轻、导热 性要好和耐磨。

(2)桑塔纳轿车发动机的活塞用铝硅合金铸造而成,其形状如图 2-1 所示。活塞顶部有一线环形凹坑,用凹坑的深度可以调整发动机的压缩比。活塞顶的凹坑与气缸盖共同构成燃烧室,凹坑可以增强进气涡流,使混合气燃烧更加充分。活塞顶部打有箭头记号,安装时应将箭头指向前。活塞环槽部开有两道气环槽和一道油环槽,分别用以安装气环和油环。活塞裙部开有活塞销孔,用以安装活塞销。由于 1.8L 汽油机较 1.6L 汽油机活塞环岸高度缩短,使活塞销孔上移,活塞销孔也从 ϕ22mm 减为 ϕ20mm,活塞重量有所减轻。为防止活塞裙部冷敲热拉,活塞销座孔处镶有防胀钢片,用以活塞的受热膨胀。与活塞销孔垂直方向的活塞裙部表面粗糙度很小,便于活塞上下运动导向,防止拉缸。

(3)在 1.6L、63kW 的桑塔纳轿车发动机中为减轻活塞重量,活塞销长度 a 缩短为 55(其他是 63mm)。因此,这种活塞销孔周围已向愉内刮平一块,如图 2-2 所示。

3. 活塞的销座有什么技术要求?

活塞销座是活塞通过活塞销与连杆的连接部分,位于活塞裙部上部,为厚壁结构,用以安装活塞销。活塞所承受的气体压力、惯性力,都是通过销座传给活塞销的。为限制活塞销的轴向窜动,

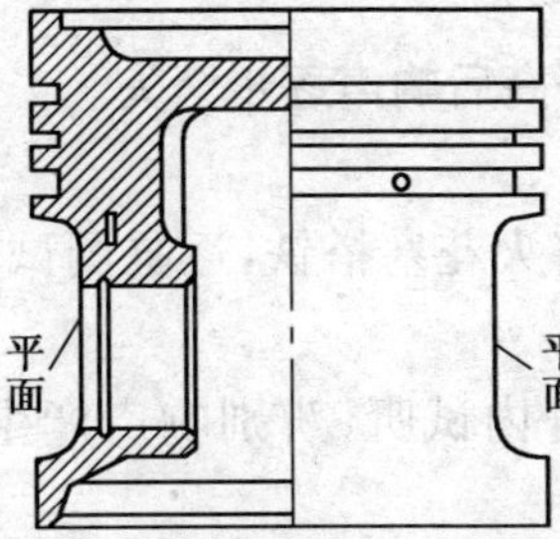

图 2-1　桑塔纳轿车发动机的活塞

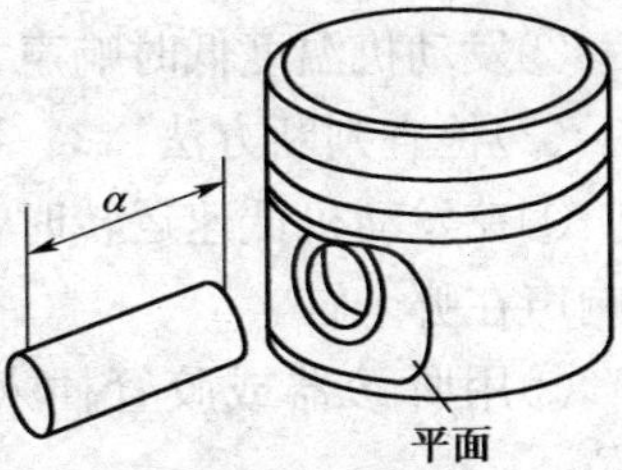

图 2-2　用短活塞销的活塞

大部分活塞在销座孔内接近外端面处，加工有卡环槽，用以装卡环，两卡环槽之间的距离大于活塞销的长度，使卡环与活塞销端面之间留有足够的间隙，以防冷却过程中，活塞的收缩大于活塞销的收缩而将卡环顶出。

销座孔有很高的加工精度，并且经分组与活塞销选配，以达到高精度的配合。销座孔的尺寸组，通常用色漆标于销座下方的外表面。

为了销座孔的润滑，有些销座上钻有收集润滑油的小孔。

4. 怎样清除活塞顶和活塞环槽内的积炭？

活塞顶或气缸顶上的积炭，可先用煤油沾湿浸透，再用刮刀或小钢锯条，予以清除。清除时，切忌留有刮痕。活塞外槽内的积炭，可用钢片制成的清除工具，安装在活塞环槽内，夹紧手柄，将它在环槽四周旋转，以此将槽内积炭清除。

5. 怎样确定活塞是否能使用？

活塞能否继续使用，主要取决于两个因素：一是活塞本身表面有无拉伤损坏，活塞环槽是否磨损过大。若活塞表面有明显的拉痕、活塞环槽磨损严重，则应更换活塞；二是活塞与缸壁的配合间隙。若气缸磨损在使用范围之内，间隙过大，则是活塞磨损过甚所致，应更换活塞。更换活塞时应对活塞进行严格的检查和测量。

6. 怎样判断活塞敲缸响声？

(1)故障现象：

①在发动机怠速运转时，能听到“哒、哒、哒”的连续不断的金

属敲击声。

②发动机温度低时响声大,温度升高后响声逐步消失。

(2)检查判断方法:

①在发动机低速运转时,用旋具将火花塞搭铁,逐缸测试,辨别响声在哪个缸。

②用听诊器或胶管插入润滑油管内试听,辨别响声产生的部位。

③将旋具抵在进、排气支管下面,触试有无振动感觉,辨别响声产生的部位。

④卸下火花塞,向气缸内注入少量机油,装回火花塞,起动发动机,如响声减小或消失,过一会儿又出现,则可判定是此缸敲缸响。

7. 新换活塞发动机为什么还窜机油?

在气缸和活塞环符合标准,活塞与缸壁间隙正常的情况下,导致发动机窜机油的原因有以下几点:

(1)气缸的圆度超过了规定值。

(2)活塞环与气缸壁密封不良,漏气严重。

(3)安装活塞环时,切口未按规定错开一定角度。

(4)活塞环背隙、侧隙、端隙过大。

(5)活塞环的上下面不平整光滑;活塞环弹力过小。

(6)机油压力或油底壳油平面过高。

(7)活塞环安装有误等。

8. 活塞环的作用是什么?各有什么特点?

(1)活塞环分为气环和油环两种。

①气环的作用是保证活塞与气缸壁之间的密封,防止气缸中的高温、高压燃气大量窜入曲轴箱。同时还将活塞顶部的大部分热量传给气缸壁,再由冷却水或空气带走。

②油环的作用是刮掉气缸壁上多余的机油,并在气缸壁上涂一层均匀的机油油膜,这样既可以防止机油窜入气缸燃烧,又可以

减小活塞及活塞环与气缸壁的磨损。

(2)活塞环一般用球墨铸铁制造。为减少与气缸壁的摩擦和磨损，气环外圆均镀 0.1mm 厚的铬，两端面都进行了磷化处理。

(3)桑塔纳轿车发动机的活塞上有两道气环、一道油环。

①头道气环断面形状为矩形，这种矩形制造简单。头道气环背面作用有高压气体，已基本能满足密封要求，但矩形环容易生产泵油作用。

②第二道气环断面形状为锥形，这种形状的环使密封性能和磨合性能都得到改善，同时可限制泵油作用。在 1.6L 汽油机中，第一环的厚度为 1.75mm，第二环厚度为 2mm，油环的厚度为 4mm。而在 1.8L 汽油机中，则分别减薄到 1.5mm、1.75mm 和 3mm，从而使环的径向压力分布有所改进。

③1.6L 发动机的油环有两刮片，1.8L 发动机的油环有三刮片。

9. 拆装活塞连杆组注意什么事项？

(1)对活塞做标记时，应从发动机前端向后打上气缸号，并打上指向发动机前端的箭头。

(2)拆卸连杆和连杆轴承盖时，应打上所属气缸号。安装连杆时，浇铸的标记须朝 V 形皮带轮方向(发动机前方)。

连杆螺母为 M8×1，拧紧连杆螺母的，应在接触面涂机油，用 30N·m 力拧紧，接着再转动 180°。

(3)拆装活塞时应使用专用工具，如图 2-3 所示。

安装活塞环时，应使活塞环开口错开 120°，有“TOP”记号的一面须朝活塞顶部。

(4)拆装活塞销时，应将活塞加热至 60℃，用拇指仅需较小的力就应能将涂有机油的活塞销压入活塞销座孔中如图 2-4 所示。而且在垂直状态时，活塞销不能在自重作用下从销座孔中自行滑出，用手晃动活塞销时应无间隙感，这表明活塞销与销座孔配合适宜。拆装活塞销卡簧时需用专用工具。

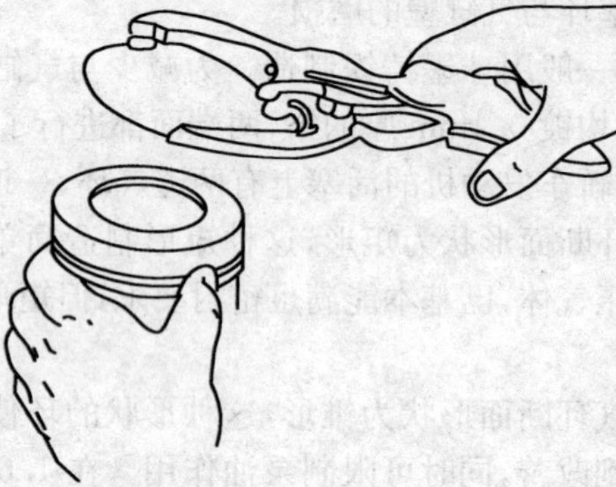

图 2-3　拆装活塞环

10. 活塞环间隙有几种？间隙过大或过小有什么不好？

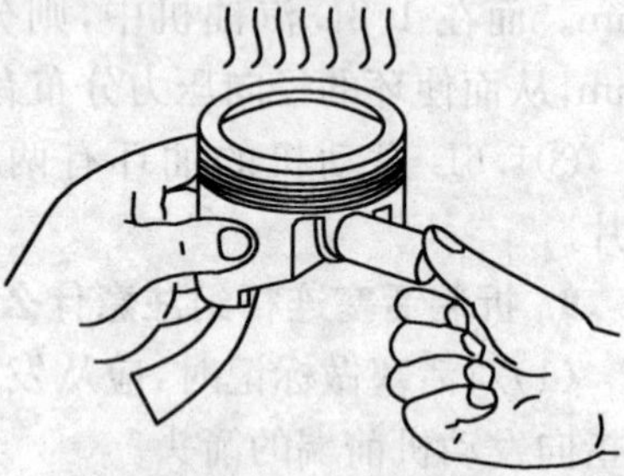

图 2-4　装配活塞销

活塞环间隙分为端隙、背隙和侧隙。活塞环端隙是指活塞环装入气缸后，在开口处两端之间的间隙。端隙的大小与气缸直径有关，气缸直径每 100mm，端隙为 0.25～0.40mm。端隙过大，则漏气严重，使发动机功率下降；端隙过小，活塞环受热后就可能卡死或折断。

活塞环背隙是指活塞环和活塞装入气缸后，活塞环内圆柱面与活塞环槽之间的间隙。背隙之值一般为 0.2～0.4mm。背隙过大，则漏气，窜油严重；背隙过小，会使环卡在槽内而失去活动能力，引起活塞环卡死甚至折断。

活塞环侧隙是指活塞环上下平面与环槽上下端面之间的间隙。侧隙值一般为 0.03～0.10mm。侧隙过大，会增加环对环槽端面的冲击力，使活塞环槽上下端面磨损加剧，活塞使用寿命缩短；同时还影响活塞环的密封作用，并使泵油作用加强。侧隙过小，则有可能使环在环槽中卡死，造成拉缸事故。

11. 怎样检查活塞环开口间隙?

活塞环端隙是指将活塞压入气缸后，活塞开口的间隙，测量时，将活塞环垂直压进气缸约 15mm 处，用塞尺检查活塞环间隙，如图 2-5 所示。

新环时，第一道气环开口间隙应为 0.30～0.45mm，第二道气环开口间隙应为 0.25～0.50mm，活塞环开口间隙磨损极限值为 1.00mm。

12. 怎样检查活塞环侧隙?

活塞环侧隙是指活塞环与环槽的间隙，用塞尺检查活塞环侧隙，如图 2-6 所示。新活塞环侧隙应为 0.02～0.05mm，磨损极限值为 0.15mm。

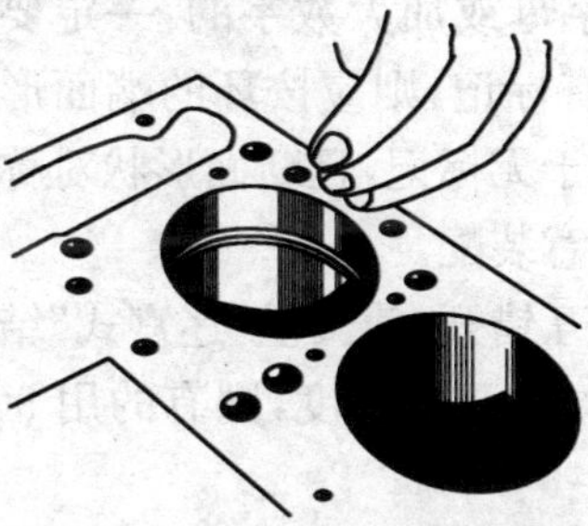

图 2-5　检查活塞环开口间隙

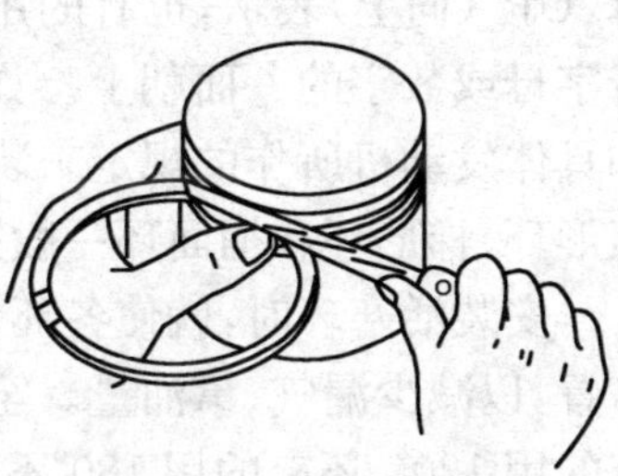

图 2-6　检查活塞环侧隙

13. 怎样检查活塞环背隙?

活塞环的背隙一般难于直接测得，在实际检查过程中，可用游标卡尺量出活塞环的径向厚度和环槽的深度，两数值之差即近似为活塞环的背隙值。一般气环为 0.2～0.3mm，油环为 0.3～0.4mm。如背隙过小，甚至活塞环在环槽内高出了环槽边缘，则应查明原因，高出时可将活塞环槽底适量加深。

14. 活塞环端隙与气缸直径有关系吗?

一般地讲，活塞环的开口间隙与气缸直径两者之间成正比例关系，即随气缸直径的增大，开口间隙也增大。其原因是：

物质有热胀冷缩的物理性，温度越高，膨胀得越多；如果同样材质，温度升高相同，但因原来长度不同，实际伸长量也不同，即在同一温度下，伸长率与其长成正比例。气缸直径越大，环周长就越长，那么预留的开口间隙亦应按比例增大，以便发热后有伸长余地，不致卡住。

活塞开口间隙的简单计算方法是：铝合金活塞为 0.0025D(D为气缸直径)。

15. 安装活塞环时有什么规定?

活塞环安装方向包括两个问题：一是哪一面朝上，二是环的开口位置如何确定。安装方向对环的作用有重要影响，所以应慎重对待，国外有些发动机活塞环端面上为此打有标记，一般用英文字母“UP”(向上)表示，也有的用其他字母或加大数字的，一定要把带字母或数字的一面朝上。如果没有标记，则应按环的端面形状和具体发动机所作的规定来装配；对于无标记，且断面形状对称的矩形环、梯形环和桶面环一般则可任意装配。

安装活塞环时，就使各环切口相互错开，使其呈“迷宫式”结构布置，以减少漏气、窜油量。至于相互错开的角度，则有的用 90°、有的用 120°，还有的用 180°不等。

16. 活塞环表面为什么镀铬?

活塞环所处的工作条件十分恶劣，除高温、高压、高速、废气腐蚀与污染外，其润滑也十分困难，特别是第一道尤为严重。为了提高活塞环的耐久性，常在第一道活塞环的工作表面进行多孔镀铬。镀铬层的优点是：硬度高，熔点高，有极好的耐腐蚀性，摩擦系数小、导热性好等，因而抗磨料磨损、熔着磨损和腐蚀磨损的综合性耐磨能力很高；而且表面有多孔，能储存少量的润滑油，可以改善润滑条件。实验证明，镀铬可以把环的耐久性提高 2～3 倍，而且还有效地保护了此环以下的其他环，使这些环的耐久性也相应提高 0.5～1 倍，此外，气缸的磨损也可减少20％～30％。但是，镀铬环的成本较高。我国关于活塞环技术标准中只对工作条件最严酷的第一道气环作了多孔性镀铬的规定，其铬层总厚度，当缸径不大于150mm时为0.10～0.15mm，研磨后的多孔性铬层厚度应不小于0.04mm。

17. 活塞环的装配要求是什么?

装配裙部带槽的活塞时，其防胀槽应位于发动机气缸壁右侧（面对发动机从前向后看）。

我们知道，当活塞下行作功时，活塞靠向气缸壁左侧，作用在活塞顶上的气压力 P 可以分解为两个力，即沿连杆方向的力 T 和垂直于气缸壁左侧的力 N，如图2-7a所示；当活塞上行压缩时，活塞靠向气缸壁右侧，作用在活塞顶上的气压力 P 仍可以分解为两个力，即沿连杆方向的力 T 和垂直于气缸左侧的力 N，如图2-7b所示。由于作功冲程作用的活塞顶上的气压力 P 远远大于压缩冲程作用在活塞顶上的气压力 P，所以作功冲程作用在气缸壁左侧的侧压力 N 也远远大于压缩冲程作用在气缸壁右侧的侧压力 N；又由于活塞裙部开槽一面刚度降低，承压面积减小，所以装配活塞时，裙部开防胀槽应位于侧压力小的一面，即面对发动机从前向后看应位于气缸壁右侧。

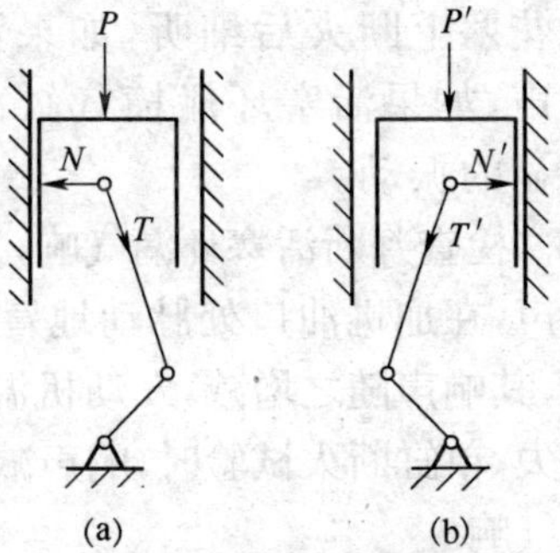

图2-7　活塞的受力分析

(a)作功冲程受力分析

(b)压缩冲程受力分析

18. 怎样判断活塞环的响声?

活塞环响声有两种。一种是活塞环敲击响：发动机工作时，有钝哑的“啪、啪”声，随着发动机转速的升高，声响也随之增大，并且变成较杂碎的声音；另一种是活塞环漏气响：其特征类似敲缸响，在机油加注口处听察明显。活塞环发响时，单缸断火只会减弱但不销失。

活塞环产生敲击声的原因是：活塞环折断；活塞环磨损，在环槽内松旷;由于缸壁磨损,顶部出现凸肩,重新调整连杆轴承后,使活塞环与缸壁凸肩相碰。

活塞环漏气的原因是:活塞与缸壁漏光度太大;活塞环端隙过大或各环的端隙重合;活塞环弹力过弱;气缸壁上拉出沟槽;活塞环卡死在活塞环槽内;活塞环质量不好或活塞失圆。

检查判断活塞环敲击声,常采用单缸断火法。把旋具放在火花塞上断火后细听,如果活塞环折断会发生"嘣、嘣、嘣"的响声;如果活塞环碰撞气缸凸肩响,用旋具抵触气缸盖时,有明显的振动。

检查判断活塞环漏气响,发动机温度低时,发出"嘣、嘣、嘣"的响声,在加机油口处脉动地冒蓝烟,频率与响声吻合。变换转速时,其响声随之增减,发动机温度逐渐升高后,其响声逐渐减弱或消失;单缸断火试验时,响声减弱,复火时响声明显增大,即可断定漏气响。

19. 活塞环槽为什么磨损?

气缸套磨损以后,气缸内径就不等。在这种情况下,活塞环除了随活塞作往复运动外,它自身在环槽中还发生一张一合的运动,从而使环槽的上下平面运动也随之加剧。环槽的磨损一般从矩形磨耗成梯形,这是由于活塞环在槽内沿径向移动的磨损、活塞上下换向时活塞环的冲撞作用以及腐蚀等原因造成的。实践证明,活塞上的头二道环槽磨损程度比其他环槽要快得多。在正常情况下,环槽高度每工作 1000 小时以后增加 0.01mm。

20. 活塞环为什么断裂?

(1)活塞环装配在气缸套内的开口间隙过小。因间隙太小,环在使用中受热膨胀后即将开口间隙顶死,此时往往会引起环在开口部位的折断。

(2)活塞环槽端面间隙过大,导致活塞环安装后在槽内颤振。既不利于气密,又有可能由于振动而使活塞环断裂。

(3)活塞上的环槽积炭严重,当活塞环安装于槽内后,因环槽同积炭的影响而造成的环槽不平直，必使活塞环在工作中由于受到交变的弯曲作用而断裂。

(4)活塞上的环槽磨蚀过多，呈喇叭形，导致活塞环在使用中因受扭转和弯曲作用而断裂。

(5)气缸壁顶部炭灰结成一圈突缘，或气缸壁上部由于磨损而形成台阶时，没有及时加以清除，以致当活塞运行到上止点位置时，第一环常与此台阶接触受到冲击而引起断裂。

(6)气缸套表面不圆滑或有波浪形。

(7)活塞环的尺寸式样不合规格。

21. 活塞环为什么咬在环槽内？

(1)机油太脏，油质低劣或规格不符合使用要求。

(2)点火时间过迟，导致燃烧不完全，环槽内积炭太多而粘牢，咬住活塞环。

(3)维修保养时，活塞环槽上的炭灰没有及时清除，又重新安装活塞环继续使用。

(4)活塞和气缸套位置偏斜不直，或气缸套磨损过度。

(5)质量太差，活塞环的弹力不足。

(6)活塞与气缸的配合间隙过大，燃烧气体在环和气缸壁之间有泄漏现象，也是促使活塞环粘牢咬死环槽的常见原因。

22. 活塞环为什么走对口？

活塞环在工作中由于振动而产生转动，这是正常现象。刚装新气缸套的发动机，在安装活塞连杆组件时只要活塞环按规定角度叉开，就不会产生各道活塞环开口转动到重叠在一起的情况。当气缸套由于活塞偏磨或磨损过大而产生椭圆和锥度时，就有可能使活塞环的各道开口转到同一方向，直至椭圆处为止。因为此时由于气缸套椭圆，活塞环开口外伸被阻止不转，造成各道环口逐渐重叠，燃气下漏，机油上窜而排出。

除了上述原因外，当连杆扭曲变形、活塞与气缸套装配间隙过大及活塞环的开口间隙过大时，也可能造成漏气，使活塞环产生位移而形成对口,这些都应在工作中随时注意才对。

23. 怎样判断因活塞环不良而造成的漏气?

为了查明气缸压缩力不足是否因活塞环不良而造成的,可将气缸中加入一些干净的良好机油。如机油加入后,气缸压缩力显著增强,就表明活塞环不良,气体是经过活塞与气缸壁之间的缝隙而漏入油底壳的。

如果加入机油后,气缸压缩力仍无明显的变化,这表明气缸压缩力不足与活塞环无关。而可能是气体经过进气门或排气门时漏掉的。

不良的活塞环可能因其磨损或与活塞环槽焦结后造成的漏气的情况有关。此时机器在使用过程中外部的征象,是经过活塞环漏入气缸体内的废气大量地从通气口(或加油口)处冒出来。在这种情况下可用断缸法依次使某一缸不工作进行判断。如果切断某一缸后,废气不再从加机油处或通气口冒出,就说明此缸活塞使用情况不良。

24. 在高原行车时气缸及活塞环为什么容易磨损?

汽车在高原行驶,气缸和活塞环容易磨损的理由有三:

(1)高原空气稀薄,影响发动机的充气系数,使发动机性能下降。在行驶中,使用的排挡就要比平原稍低,也就是说,同样的坡度在内地只要用三挡即可过去,而在高原就必须使用二挡,这样即增加了发动机的转数,相应地增加了磨耗。

(2)高原气候较冷,发动机的温度不易保持正常,而不正常的温度,对发动机的磨耗很大。根据实验,发动机在 30℃的水温时,配件磨损比 80℃～85℃时增大 5 倍,所以这也是一个增加磨耗的原因。

(3)高原行车空气稀薄,化油器若不缩小量孔,则混合比较浓,也就是有很多汽油燃烧不完全。结果在气缸中发生积炭,甚至还会有汽油蒸汽在气缸壁上凝结冲稀润滑油的现象发生,这也是影响气缸磨耗的因素。

25. 怎样测量活塞?

(1)检查活塞裙部的磨损。在与活塞销垂直的方向,用外径千分尺测量活塞裙部直径,如图 2-8 所示,与标准尺寸的最大偏差量为 0.04mm。超过标准时,在发动机大修时应更换全部活塞。

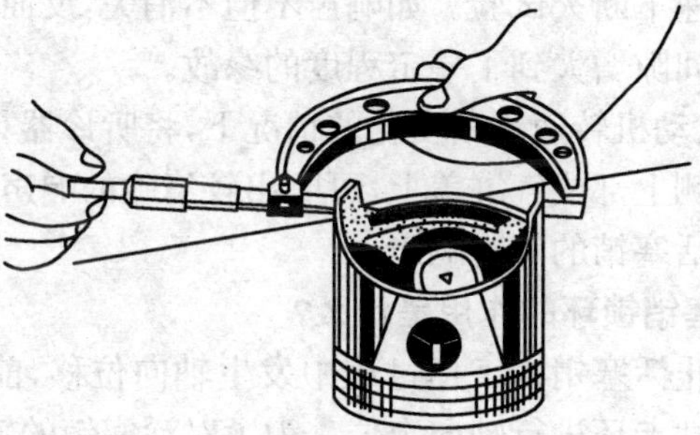

图 2-8 测量活塞裙部尺寸

(2)活塞更换时,只能用重量等级和尺寸相同的产品更换,其一台发动机上同组活塞的重量差不得大于标准规定。

26. 活塞销的作用是什么? 它有什么特点?

(1)活塞销的作用是连接活塞和连杆,把活塞所承受的力传给连杆。因此要求活塞销要有一定的刚度和较轻的重量。

(2)活塞销是用低碳钢制成中空的,表面镀锡。为进一步减轻重量,1.8L 发动机活塞销外径已由 1.6L 发动机活塞销的 ϕ22mm 减为 ϕ20mm。

(3)桑塔纳轿车发动机的活塞销为全浮式,即发动机工作时,活塞销在连杆小头铜套内和活塞的销座孔内均能转动。这样可使磨损均匀,延长使用寿命。

27. 怎样判断活塞销响声?

(1)抖动油门试验。将油门置于怠速位置,然后往下中速抖油门,响声灵活地随着变化,并且每抖一下油门,能听到突出的尖脆而连贯的“嗒嗒嗒”响声,则可能是活塞销响。

(2)断火试验时,响声上缸比较明显。可将发动机稳定在响声较强的转速下逐缸断火试验;当断开某缸后,响声明显减弱或消失,并在复火的瞬间,能灵敏而突出地恢复响声,可断定此缸活塞销响。

(3)如响声非常严重,并且发动机转速越高,响声越大,可在响声较大的转速下断火试验。如响声不但不消失,反而变得杂乱,这一般是由于间隙增大到了一定程度的缘故。

(4)在发动机转速不断变化的情况下,将听诊器具触及在发响气缸的缸体侧上部或气缸盖上,可听出较清脆的响声;也可在加机油口处听到活塞销的清脆响声。

28. 活塞销锁环的作用是什么?

为了防止活塞销在工作过程中发生轴向位移,前面已经介绍过可以用弹性卡环进行轴向定位。为了对活塞销的轴向定位更可靠起见,可采用"闷头"堵在活塞销的两端。

闷头是用重量较轻的铝合金或镁合金制造的,其外表面为球面,球的半径略小于气缸半径,它与气缸的接触区域极小,因而不会妨碍活塞销在销座孔内的转动,在闷头上钻有小孔,使装配较方便。闷头是以极小的过盈压入活塞销孔内。

用闷头定位的主要缺点是:提高活塞的制造成本;拆卸活塞销时麻烦。

29. 怎样安装活塞销锁环?

活塞销装入活塞销座孔后,必须在锁环槽内装以销环,以防止活塞销窜动,如环槽过浅,将使锁环脱出,造成拉缸事故。其具体要求是:

(1)锁环槽的深度应为锁环钢丝直径2/3或4/5。

(2)锁环装入槽内,应与环槽贴合,锁环与活塞销两端面相碰处应平整,其不平度允差为0.5mm,当活塞销发生轴向移动时,受力均匀而不致挠曲损坏;两端的间隙均应不小于0.10~0.25mm,使活塞销受热后有膨胀的余地。间隙过小或没有时,可将活塞销端磨短少许。

(3)销环安装时,应特别小心,可用尖嘴钳夹住锁环,妥当地装入槽内,用手试转,如转不动,就是装妥了。还应注意是否安全嵌在槽内。不论是装入或取出,都不可用旋具操作。

30. 连杆有哪些结构特点?

(1)连杆的功用是将活塞承受的力传给曲轴,推动曲轴转动,变活塞往复运动为曲轴的旋转运动。

(2)连杆在工作中要承受活塞销传来的气体压力、活塞连杆组往复运动的惯性力和连杆大头绕曲轴旋转产生的旋转惯性力作用,而且连杆本身又是一个较长的杆件,因此要求连杆要有足够的刚度和强度,重量尽量要轻。

(3)桑塔纳、帕萨特轿车发动机的连杆是中碳钢锻制而成的,杆身为工字形断面。连杆的小头装有衬套,衬套是用卷制的镀铜铅锌合金的钢衬套。连杆大头为分开式,上部为轴承座,下部为轴承盖,组装时用螺栓按规定力矩拧紧。

(4)早期生产的连杆轴承盖用两只 M9×1 的螺钉拧紧,无连杆螺母,在 1.8L 汽油机和高压缩比的 1.6L 汽油机中,已改为以连杆螺栓、螺母紧固,同时将螺纹改为 M8×1。另外又将连杆大头的直径从 ϕ46mm 放大到 ϕ47.8mm,与 1.8L 汽油机曲轴颈及轴瓦尺寸一致,从而达到通用的目的。

31. 怎样选配连杆衬套?

(1)连杆衬套的选配。发动机在大修时,在更换活塞、活塞销的同时,必须更换连杆衬套,以恢复其正常配合。

连杆衬套与连杆小头应有 0.6～0.10mm 的过盈量,以保证衬套在工作时不走外圆。分别测量连杆小头内径(如图 2-9 所示)和新衬套外径(如图 2-10 所示)其差值就是衬套的过盈量。

新衬套的压入可在台虎钳上进行。压入前,应检查连杆小头有无毛刺,以免擦伤衬套外圆。压入时,衬套倒角应朝向连杆小头倒角一侧,并将其放正,同时对正衬套的油孔和连杆小头油孔(如图 2-11 所示),确保润滑油畅通。

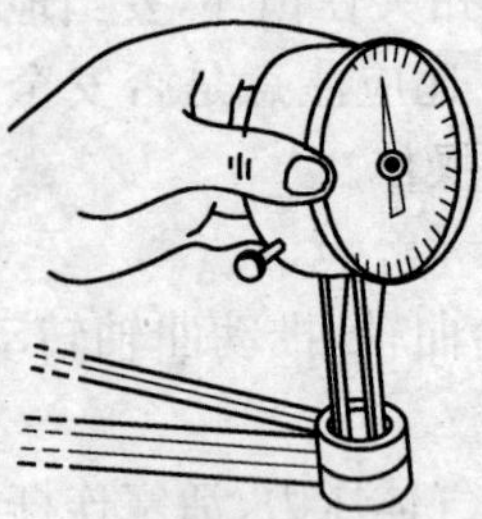
图 2-9 测量连杆小头内径

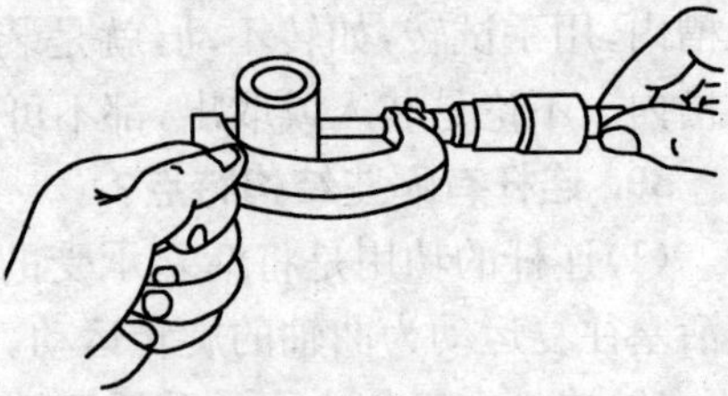
图 2-10 测量衬套外径

(2)连杆衬套的修配。活塞与连杆衬套的配合,在常温下应有 0.005~0.010mm 的间隙,接触面积应在 75%以上。配合间隙过小,可将连杆夹到内圆磨床上进行磨削,并留有研磨余量。再将活塞销插入连杆衬套内配对研磨,研磨时可加少量机油,将活塞销夹在台虎钳上,沿活塞销轴线方向扳动连杆,应无间隙感觉。加入机油扳动时无“气泡”产生,把连杆置于与水平面成 75°角时应停住,轻拍连杆徐徐下降如图 2-12 所示,此时配合间隙为合适。

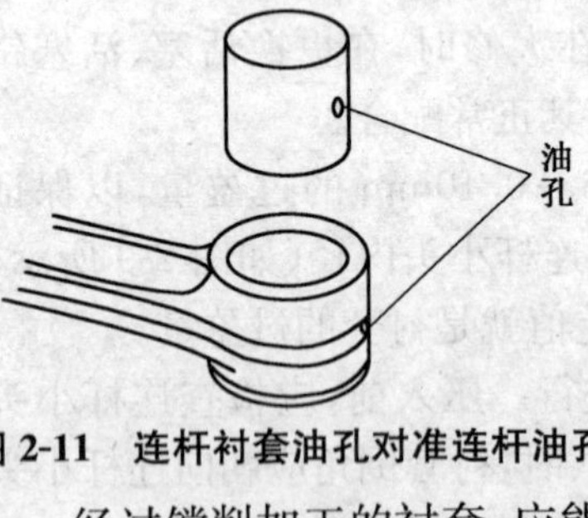

图 2-11 连杆衬套油孔对准连杆油孔

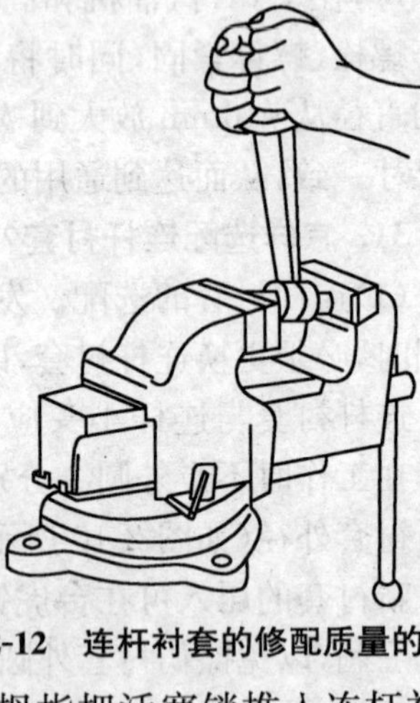
图 2-12 连杆衬套的修配质量的检验

经过镗削加工的衬套,应能用大拇指把活塞销推入连杆衬套内,并无间隙感觉,如图 2-13 所示。

32. 怎样检查校正连杆?

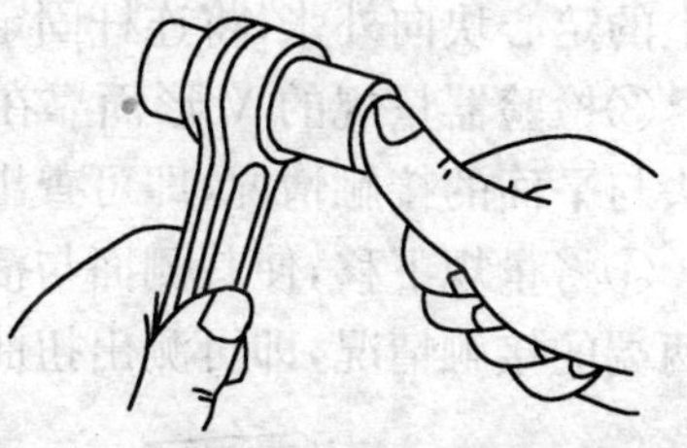

图 2-13　检查活塞销与连杆衬套的配合

连杆在工作中，由于受力较大，容易产生杆身的弯曲、扭曲或弯扭并存等现象。连杆弯曲或扭曲，会使活塞在气缸内歪斜，造成活塞与气缸及连杆轴承的偏磨、活塞组与气缸间漏气和窜油。因此，必须对连杆进行检查和校正。

(1)检查连杆弯曲和扭曲。连杆弯曲程度不得大于 0.05mm/100mm；连杆扭曲程度不得大于 0.05mm/100mm。

连杆弯曲，一般产生在大小端轴线所形成的平面内(前后弯)，弯曲后，连杆大小端轴承孔轴线不平行；而连杆扭曲将使大小端轴线不处在同一平面内。通常用连杆检验器来检验连杆的弯曲与扭曲变形，其步骤如下：

①将连杆盖装在连杆上，并用标准力矩拧紧，同时装上修配好的活塞销，如图 2-14 所示。

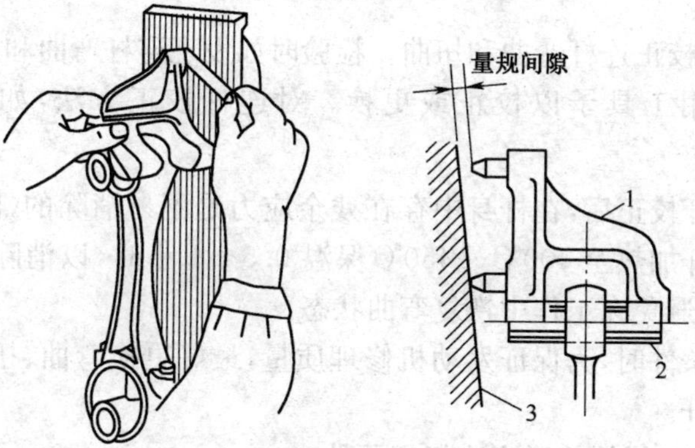

图 2-14　检查连杆的弯曲量

1. 量规　2. 活塞销　3. 检测器平面

②将连杆轴承孔套装在检验器的横轴上，转动轴端螺母，使横

轴上的定心块向外张,将连杆固定在检验器上。

③检验器量规的 V 形面靠在活塞销顶面上,观察小角铁三个爪头与平面的接触情况,即可查出连杆的弯曲方向和程度。

④将量规下移,使其侧面与活塞销侧面接触,观察量规与活塞销两端的接触情况,即可测出扭曲方向和扭曲量,如图 2-15 所示。

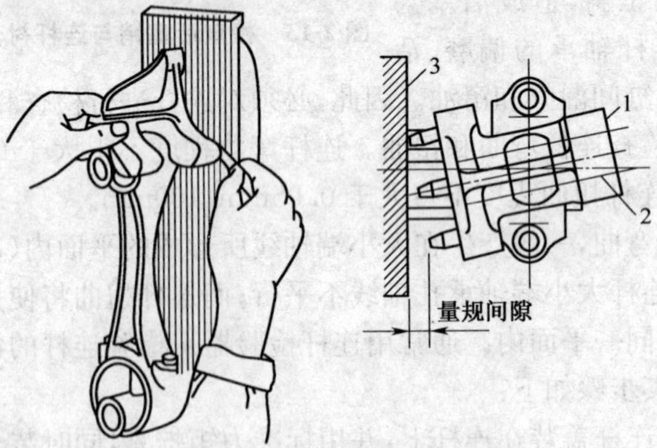

图 2-15　检查连杆的扭曲量

1. 量规　2. 活塞销　3. 检测器平面

(2)校正连杆弯曲和扭曲。检验时如发现连杆弯曲和扭曲,应使用专用工具予以校正或更换。对连杆校正方法,如图 2-16 所示。

连杆校正后,在杆身中存在残余应力是不易消除的,因此,必须将连杆加热至 400℃～450℃保温 0.5～1 小时,以消除残余应力,才能避免在工作中恢复弯曲状态。

有条件时,为保证发动机修理质量,最好更换弯曲、扭曲较严重的连杆。

33. 怎样检修活塞连杆组零件?

在发动机使用中,有时会发生个别气缸拉伤或活塞漏油、窜气等故障,此时需要对发动机进行小修。如果气缸磨损快接近使用极限尺寸,则需要镗缸修理,或大修发动机,否则不经济而且对汽

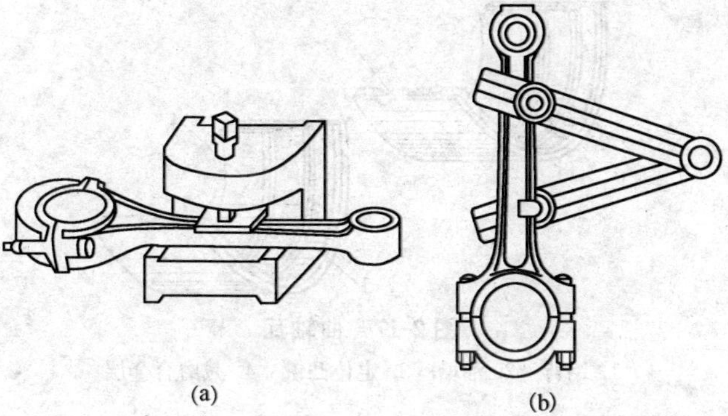

图 2-16 连杆的校正

车使用不利。

如果发动机出现漏油、窜气等现象，测量气缸尚未达到修理极限时，可对发动机做更换活塞、活塞环作业。如果单纯更换活塞环，漏油现象会很快再现，因为活塞环磨损时，活塞环槽也随之磨损甚至较活塞环更为严重，因此，应将活塞、活塞环共同更换为好。

34. 曲轴连杆瓦有什么结构特点？

为了减小摩擦阻力和曲轴连杆轴颈的磨损，连杆大头孔内装有瓦片式滑动轴承，简称连杆轴瓦。如图 2-17 所示，轴瓦由上、下两个半片组成。目前多采用薄壁钢背轴瓦，在其内表面浇铸有耐磨合金层，背面有很高的光洁度。耐磨合金层具有质软、容易保持油膜、磨合性好、摩擦阻力小及不易磨损等特点。常采用的耐磨合金有巴氏合金、铜铝合金和高锡铝合金。连杆轴瓦的半个轴瓦在自由状态下不是半圆形，当他们装入连杆大头孔内时，由于有过盈，故能均匀地紧贴在大头孔壁上，具有很好的承受载荷和导热的能力，并可以提高工作可靠性和延长使用寿命。

连杆轴瓦上制有定位凸键，供安装时嵌连杆大头和连杆盖的定位槽中，以防轴瓦前后移动或转动。有的轴瓦上还制有油孔，安装时应与连杆上相应的油孔对齐。

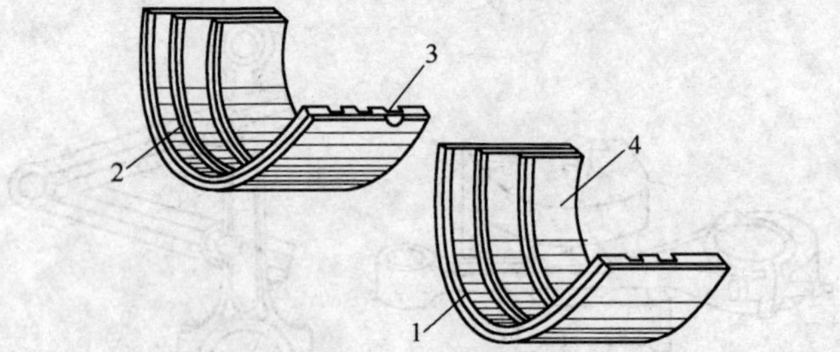

图 2-17　曲轴瓦

1. 钢背　2. 油槽　3. 定位凸键　4. 减磨合金层

35. 怎样判断连杆轴承响?

(1)故障现象:

①起动发动机后,有短促的“当、当、当”的敲击声。

②在发动机中速时,响声清楚;加速时,响声明显加剧。

③响声在曲轴箱侧面较大。

(2)检查方法:

①在发动机中速运转时,用旋具逐缸断火搭试,辨别响声产生的中位。

②加速时能听到响声的时候,固定加速踏板,用胶管插入加润滑油管内,用旋具逐缸搭试,辨别响声产生的部位。

③起动发动机,用旋具抵在曲轴箱的各缸位置,触试有无振动感觉。

④放出润滑油,逐缸检查轴承有无松旷。

36. 怎样检查连杆轴向间隙?

连杆的轴向间隙检查,如图 2-18 所示。连杆的轴向间隙磨损极限值为 0.37mm。

37. 怎样检查连杆的径向间隙?

检查连杆径向间隙时,可用塑料间隙测量片对装好的发动机进行检查。

(1)拆下连杆轴承盖,清洁连杆轴承和轴颈。

(2)将塑料间隙测量片沿着轴向置于轴颈和轴承上。

(3)装上连杆轴承盖,并用30N·m力矩紧固螺栓,不要转动曲轴。

(4)拆下连杆轴承盖,测量压扁后塑料间隙测量片的厚度,与规定值相比较。连杆径向间隙应为0.024～0.048mm,磨损极限值为0.12mm。

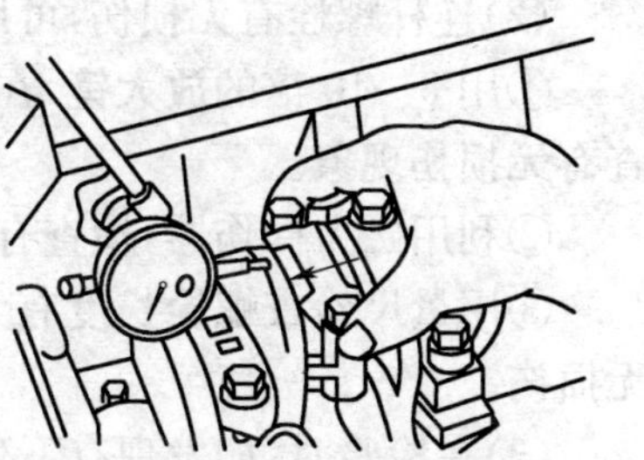

图 2-18　检查连杆轴向间隙

径向间隙在装配完毕的发动机上进行检查,则螺栓允许重复使用一次,但须在螺栓头上打标记,有此记号的螺栓下次必须更换。

安装轴承盖时,在轴承盖接触面涂机油,并用30N·m的力矩紧固,接着再转动180°。

38. 连杆螺栓和螺母损坏后怎样检验?

(1)连杆螺栓、螺母的损伤包括拉断、伸长、螺纹松旷和丝扣损伤等,产生的原因有以下几种:

①螺栓、螺母的质量不好。

②更换连杆螺栓或螺母时,未成套更换。

③螺栓与连杆大端的螺栓孔靠合不紧密,松旷间隙大。

④扭紧螺母时,用力过大;或在同一连杆上,两个螺母的扭力不一致。

⑤螺栓头和螺母与连杆的支承表面贴附得不平整,在螺栓和螺母装紧后,有歪斜现象。

⑥连杆轴瓦的间隙过大,或连杆轴颈的椭圆度过大。

在正常使用情况下,连杆螺栓、螺母不是一下子损伤的,而是由于以上某些原因长期存在未及时发现,引起材料疲劳而产生的。因此,修理时应仔细检验,并进行合理装配,以免因螺栓和螺母的损伤而发生机械事故。

(2)连杆螺栓有无损伤,可用下列方法进行检验:

①用5～10倍的放大镜,在螺栓的圆角处和螺纹附近,仔细检查有无损伤现象。

②利用磁力探伤器,检查有无裂纹。

③用量尺检查螺栓长度有无拉伸现象,用螺纹规检查螺纹有无损伤。

(3)在检验时,如发现有下列一种情况,应予以更换:

①螺纹有损坏现象的,或螺纹在二扣以上。

②螺栓有裂纹或明显的凹痕。

③螺栓伸长。

④螺母装在螺栓上,有明显的松旷现象。

39. 连杆螺栓为什么会折断?

当某一根连杆螺栓折断时,另一根连杆螺栓将随连杆拉伸应力,促使它更快断裂。两根螺栓折断后,连杆、活塞、缸体都将被打坏。

连杆螺栓折断的原因:连接连杆大端及连杆盖的连接螺栓是用螺母按规定力矩拧紧的,连杆螺栓本身受以预紧拉力的作用。此外,活塞自上止点运动时,因活塞连杆向上的惯性力,特别是上止点时,连杆盖同连杆轴颈下面接触,连杆螺栓受的拉应力最大。

此外,螺栓螺纹牙顶和牙底是非圆弧的话,将产生应力集中。材料的品质和热处理不当,也会影响它的寿命。连杆螺栓承受的交变拉伸载荷与发动机转速及载荷有关,属于疲劳损坏。

40. 曲轴的作用是什么?它有哪些结构特点?

(1)曲轴的作用是将活塞的往复运动转换为曲轴的旋转运动,在作功行程中,连续承受活塞连杆组传来的力并将其转变为力矩输送给底盘的传动部件。在其他行程中,带动活塞连杆组进行进气、压缩和排气等工作。此外还要驱动配气机构和其他辅助装置工作。

(2)曲轴是一根作高速旋转的长轴,工作时作用着不断变化的气体力和惯性力，所以为了保证工作可靠，要求曲轴必须具有足够的刚度和强度，各轴颈要耐磨及有良好的润滑，重量要轻，不平衡的旋转质量尽可能小。

(3)桑塔纳轿车发动机的曲轴采用优质50钢锻制而成。先正火后半精加工，经中频淬火后再精加工。无论是1.6L还是1.8L发动机，其曲轴主轴颈均为ϕ54mm，轴的表面硬度为HRC57～62，深度为3～4.5mm。在圆角过渡处不经淬火，采用冷滚压强化工艺，以提高疲劳强度。

(4)曲轴一般由主轴颈、连杆轴颈、曲轴臂、平衡块、前端轴和飞轮接合盘等组成，如图2-19所示。曲轴主轴颈用于支承曲轴，它装在气缸体主轴承座内，装配时装上轴承盖并按规定力矩拧紧。

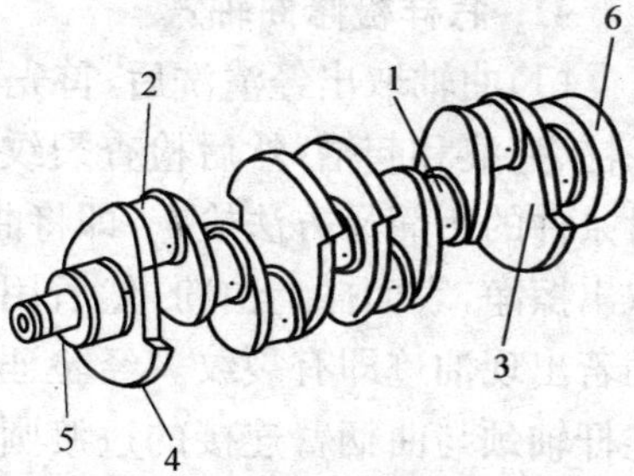

图2-19　曲轴构造

1. 主轴承颈　2. 连杆轴颈　3. 曲轴臂　4. 平衡块　5. 前端轴　6. 飞轮接合盘

连杆轴颈用于安装连杆，连杆轴颈的分布须满足发动机运转平稳和各缸工作顺序的要求。桑塔纳和帕萨特轿车四缸发动机的连杆颈配角为180°，一、四缸连杆轴颈在一平面内，二、三缸连杆轴颈在一平面内。曲轴臂用来连接主轴颈和连杆轴颈。主轴颈中心到连杆轴颈中心的距离为曲轴半径，它是活塞行程的一半。平衡块用于平衡连杆轴颈和曲轴臂等旋转时所产生的离心力，以使发动机磨损减轻和运转平稳。桑塔纳和帕萨特轿车发动机的曲轴为全支承曲轴，每一个连杆颈的两侧均有主轴颈的曲轴，即曲轴有4道连杆轴颈和5道主轴颈。全支承曲轴抗弯曲刚度高，主轴承负荷小，但曲轴较长，结构、工艺复杂。

(5)曲轴的前端装有齿轮，用齿形胶带来驱动配气机构凸轮轴齿轮。曲轴齿轮以前是用半圆键嵌槽的定位办法，现在改成曲轴颈向外开槽口，而在曲轴齿轮上加凸缘的办法，同时紧定螺钉的螺纹也从 M12×1.5(mm)改成 M14×1.5(mm)。曲轴的前端还装有带轮，用 V 带来驱动水泵和发电机。

(6)曲轴后端的飞轮结合盘用于安装飞轮。

(7)曲轴的轴向定位采用止推垫片或翻边止推轴承，现大部分采用翻边止推轴承。曲轴的轴瓦为钢背对开式，轴瓦钢背上镀有 3 层合金，底层镀铅锡铜，表层是巴氏合金，中间层为一层薄薄的镍，可防止巴合金渗入铅锡铜。

41. 怎样检修曲轴?

(1)曲轴取出经清洗后，首先检查主轴颈和连杆轴颈表面有无毛糙、疤痕和起槽，然后检查裂纹。有条件的用磁力探伤器检查，没条件的用简易方法检查，即将曲轴放在煤油里浸泡一会，把曲轴取出擦净，表面撒上白粉，然后用木工锤敲击曲轴非工作面，经振动若出现油迹即有裂纹。经验证明，曲轴裂纹多发生在主轴颈或连杆轴颈与曲柄臂连接的过渡圆角处以及轴颈中的油孔处，因为这些地方形状急剧变化，产生严重应力集中。

(2)对曲轴除检查裂纹外，更重要的是检查曲轴的变形和轴颈磨损。曲轴变形或磨损过大，会使轴颈与轴承间的间隙过大或无法获得规定间隙，使发动机无法正常工作。

(3)曲轴弯曲的检查一般用千分表在车床上或 V 形垫铁上进行。当偏差超过 0.05mm 时应予以校正。校正曲轴要在压床上进行，在无压床条件时也可在气缸体上校正：将气缸体倒放，在前后两轴承座上放好旧轴承，再放上曲轴；用千分表检查弯曲地方，在弯曲最大地方附近的轴颈上，安装旧轴承盖，用螺栓均匀宁紧轴承盖，并保持一定时间可达校正目的。

(4)曲轴磨损的检查是用千分卡测量曲轴的轴颈，轴颈磨损到一定程度后采用光磨修理。桑塔纳轿车发动机曲轴光磨修理，以缩小 0.25mm 为一级，共缩小三级，轴颈最大缩小量为 0.75mm。桑塔纳轿车发动机曲轴轴颈修理尺寸如表 2-1 所列。

表 2-1　桑塔纳轿车发动机曲轴轴颈修理尺寸　(mm)

机型	轴颈名称	轴颈尺寸			
		标准尺寸	第一次修理尺寸(−0.25)	第二次修理尺寸(−0.5)	第三次修理尺寸(−0.75)
YP (1.6L)	主轴颈	$54.00^{-0.022}_{-0.042}$	$53.75^{-0.022}_{-0.042}$	$53.50^{-0.022}_{-0.042}$	$53.25^{-0.022}_{-0.042}$
	连杆轴颈	$46.00^{-0.022}_{-0.042}$	$45.75^{-0.022}_{-0.042}$	$45.50^{-0.022}_{-0.042}$	$45.25^{-0.022}_{-0.042}$
JV (1.8L)	主轴颈	$54.00^{-0.022}_{-0.042}$	$53.75^{-0.022}_{-0.042}$	$53.50^{-0.022}_{-0.042}$	$53.25^{-0.022}_{-0.042}$
	连杆轴颈	$47.00^{-0.022}_{-0.042}$	$47.55^{-0.022}_{-0.042}$	$457.30^{-0.022}_{-0.042}$	$47.05^{-0.022}_{-0.042}$

42. 怎样检查曲轴轴向间隙？

(1)拆下曲轴轴承盖。

(2)清洗并擦净轴承和曲轴轴颈。

(3)根据轴承宽度沿轴向在曲轴轴颈与轴承之间放上等长的塑料塞尺(按图 2-20、2-21 所示方法操作)。

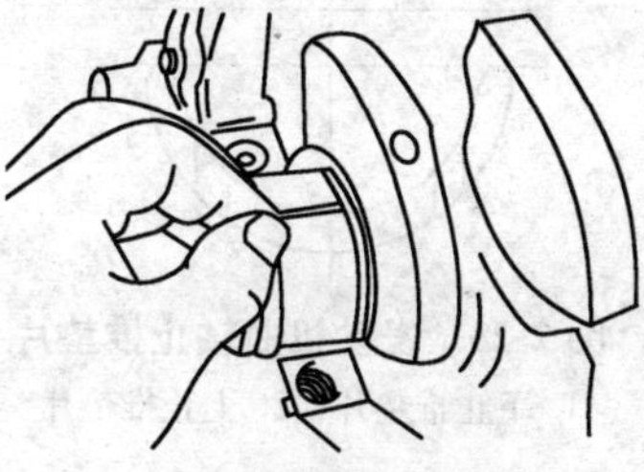

图 2-20　在被测量的轴颈上放置塑料间隙规

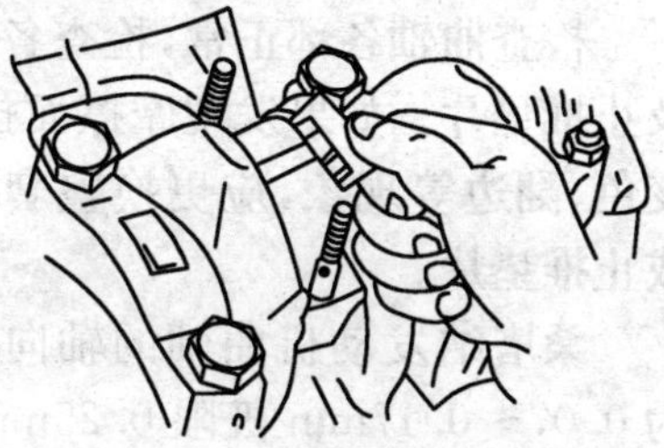

图 2-21　用印刷刻度查对轴承间隙

(4)安装轴承盖，并以 65N · m 的力矩拧紧。

(5)测量曲轴径向间隙时，不得转动曲轴。

(6)拆下轴承盖，将轴承盖与轴颈间被压扁的塑料塞尺取出，将其压扁的宽度与印刷的刻度相比较，就可得出曲轴轴承的径向间隙值。

(7)将主轴承盖按正常顺序装配到曲轴上，将百分表装在缸体上，如图 2-22 所示。用撬杆撬动曲轴，测量曲轴的轴向间隙，最大应不超过规定标准。如果此轴向间隙超差，应更换连杆或曲轴。

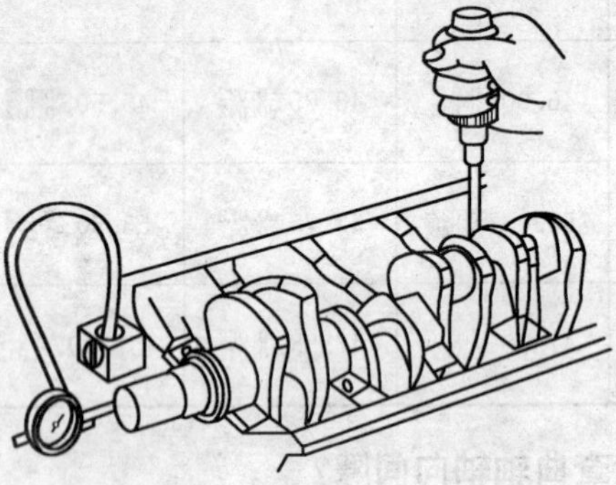

图 2-22　测量曲轴轴向间隙

发动机曲轴止推垫片如图 2-23 所示，垫片上有两条浅槽用来润滑用。

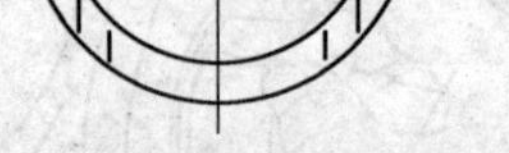

图 2-23　发动机曲轴止推垫片

1. 下止推垫片　2. 上止推垫片

检查曲轴各部正常，检查各轴承及止推垫片。如果发现摩擦面拉伤、变色、翻边等现象，应更换整套轴承或止推垫片。

桑塔纳发动机曲轴的轴向间隙为 0.07～0.17mm 极限 0.25mm，主轴承的径向间隙为 0.03～0.08mm 极限为 0.17mm，帕萨特曲轴的轴向间隙为 0.07～0.23mm 极限 0.30mm，主轴承的径向间隙为 0.02～0.06mm 极限 0.12mm。

43. 曲轴与缸体的拆装顺序是怎样的?

曲轴与缸体分解如图 2-24 所示，其拆卸顺序如下：

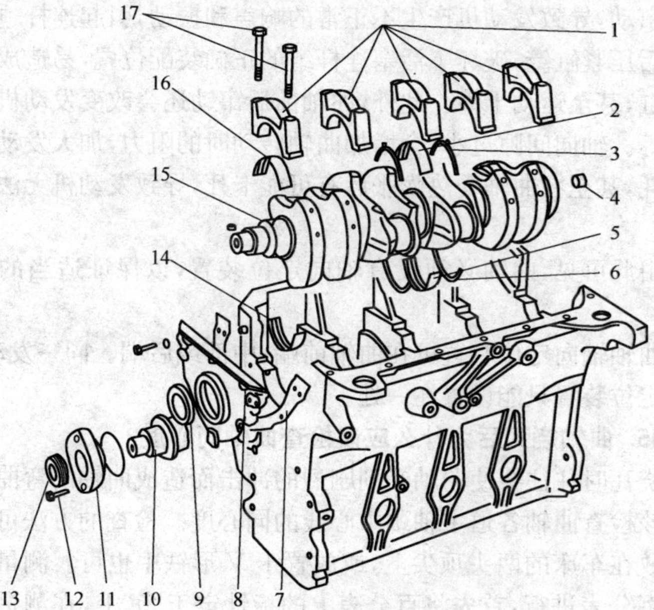

图 2-24　气缸体零、部件分解

1. 轴承盖　2. 轴瓦　3. 半圆止推环　4. 滚针轴承　5. 轴瓦　6. 半圆止推环　7. 衬垫　8. 前油封凸缘　9. 油封　10. 中间轴　11. 密封凸缘　12. 螺栓　13. 油封　14. 轴瓦　15. 曲轴　16. 轴瓦　17. 螺栓(65N·m)

(1)拆下曲轴主轴承盖螺栓,取下各道轴承盖并做好顺序记号。

(2)拆下中间轴油封凸缘螺栓后,取下中间轴的油封凸缘和中间轴。注意拆卸中间轴时必须先拆下汽油泵和分电器。

(3)拆下曲轴前油封凸缘螺栓后,取下前油封法兰;如果更换油封,必须拆下油封法兰。

(4)拆下滚针轴承。

(5)取下止推垫片。

(6)抬下曲轴,取下所有轴承。

44. 曲轴轴向间隙过大或过小有什么不好?

曲轴轴向间隙过大,在汽车上下坡道或使用离合器时,曲轴易前后窜动，导致发动机产生不正常的响声和振动，引起连杆迫使活塞前后压紧缸壁，破坏了活塞连杆组的正确装配位置，易造成发动机拉缸，甚至运动干涉。此外，曲轴前后窜动还会改变发动机配气正时等。轴向间隙过小，会增加曲轴转动时的阻力，加大发动机功率消耗，甚至在曲轴受热膨胀后有可能卡死，导致发动机无法正常运转。

由此可见，曲轴必须设有轴向定位装置，以保证适当的轴向间隙。

曲轴轴向定位装置可在曲轴前端、中部或后端。同一发动机，轴向定位装置只能设置在一处。

45. 曲轴烧瓦后为什么应该检查曲轴同心度?

烧瓦时往往会使曲轴受到剧烈的冲击而造成曲轴的弯曲。所以应该检查曲轴各道主轴颈中心线的同心度。检查的方法可将曲轴安放在车床的两头顶尖上，或放置于V形铁中也可。测量时应使用百分表进行，首先将百分表上的指针定于“0”上，在测量单数轴颈的曲轴时，应在中间一道轴颈上测量;测量双数轴颈的曲轴时，应在两道中间的轴颈上测量。

测量时应使百分表接触在轴颈的两端距离曲柄臂边缘5～6mm处，不应接触在轴颈的磨损面上。否则，曲轴由于椭圆度会使测量的弯曲数值不准确。曲轴回转过程中，表上反映出的数值即为曲轴的弯曲程度。但必须注意一点是，曲轴颈由于磨损不均匀，所发生的偏移或椭圆不能认为是曲轴的弯曲。为防止错误的发生，在开始检查曲轴颈中心线的同心度之前，应先检查一下曲轴的中心位置及二端顶尖孔内是否清洁。通常情况下，如同心度变形量在0.2mm以内时，将曲轴用砂布抛光即或装用。如果变形量超过0.2mm以上，按照要求应该进行校正，直到重新磨削曲轴，以保证同心。此时不可勉强使用，否则必将影响主轴颈与轴瓦的配合间隙，从而将会因曲轴同心度偏差过大而产生更严重的烧伤事故。

在曲轴弯曲的反方向对中间主轴颈施加压力。矫直时压力的大小应使曲轴沿着弯曲的方向压下变曲度的 4～5 倍，停留半小时或一小时左右。

46. 曲轴弯曲有哪些原因？

在下列情况下，曲轴由于受力不正常将会产生弯曲：

(1)曲轴承轴和连杆轴承之间的间隙过大，工作时会产生冲击。

(2)曲轴轴向间隙过大，工作时曲轴前后窜动。

(3)发动机超负荷工作或有爆燃现象。

(4)操作不慎，如行驶中紧急制动，上坡未及时换档，使曲轴承受过大的力矩。

(5)存放不当，长期横放而无支承。

(6)制造不精，曲轴主轴颈各轴承孔不在同一直线上。

不论由于什么因素引起的曲轴弯曲，都应先检测曲轴的弯曲度，若仅有轻微弯曲，可在曲轴磨床上研磨修整；若弯曲过度，则应更换新的曲轴。

47. 曲轴轴承为什么磨损不均？

各道轴承磨损不均是曲轴中心线产生挠曲的主要原因，各轴承磨损量不同则由于：

(1)各缸功率不一致。

(2)机油中含有固体杂质时，易使机油不能平均分布于各道主轴承。难免有多有少，杂质多的轴承磨损较大。

(3)个别主轴承过热，易引起合金表面熔化。

(4)维修时，个别轴承重新浇铸所用耐磨合金成分不同于其他各道主轴承，因此耐磨性各不一样。

48. 怎样检查主轴承的装配间隙？

新换的主轴承经过刮削，配合接触面积达到 75％以上时，将曲轴安置于轴承中。后盖上主轴承盖，并按规定的扭力拧紧螺母。此时用两手转动曲轴，能够不很吃力地转动大半圆圈，而且其轴向移动不超过 0.15～0.30mm 时,即可认为该主轴承的装配间隙较为合适。

对于使用过一段时期的发动机来检查主轴承的间隙,可以这样来进行检查。

首先把油底壳的机油放出,卸下油底壳然后把所需检查的主轴承盖卸下,把机油擦干净,再把一块厚为 0.16mm、长 25mm、宽 13mm 的软黄铜片沿曲轴轴线方向放在轴颈上,再把该轴承盖装上,用公斤扳手拧紧螺母,转动曲轴,如果曲轴能自由转动,就表示该轴承间隙太大;如果曲轴不能转动,或者不能完全转动,就表示该轴承间隙是比较恰当的。

更换轴承时应当更换全套,不允许更换单片或一副。

主轴承的装配间隙松旷,通常使机器起动运转时的机油压力在 1×10^5 Pa 以下,不容易升高。同时在运转时将会发出一种不正常的周期性沉重的闷击声,该响声一般在转速变化及有负荷时最响,且整个机器转运是不稳定的。当间隙很大时,自曲轴轴头部位观察,可明显看出其中心跳动量很大。当轴向间隙过大时,更可明显看出轴向窜动的情况。

49. 怎样安装曲轴?

(1)气缸体洗净倒置在工作台上,因下轴瓦都有油槽,所以将 5 道曲轴主轴承下轴瓦涂上少许润滑油放在轴承座上。把擦净的曲轴平放在轴瓦上,扣上对应的涂好油的上轴瓦及轴承盖,1、2、3、5 号上轴瓦无油槽,4 号上轴瓦有油槽,要与有油槽的 4 号轴承盖配用。3 号上下轴瓦为推力轴承,新的推力轴承为翻边轴瓦,两边设有半圆止推环,老式的推力轴承两侧另有半圆止推环,安装时开口必须朝轴瓦。用过的轴瓦都不能互换。曲轴主轴承盖螺栓分几次均匀拧紧,最后达 65N·m。轴承全部装好后,用手搬动曲轴臂,曲轴应能转动。

(2)为了适应发动机机件正常工作的需要,曲轴必须留有合适的轴向间隙。间隙过小,会使机件因受热膨胀而卡死;间隙过大,则给活塞连杆组机件带为不正常磨损。曲轴轴向间隙的检查方法可用千分表触杆顶在曲轴平衡铁上，前后撬动曲轴，观察表针摆动数值。也可用塞尺在3号止推轴承处直接检查。桑塔纳轿车发动机曲轴轴向正常间隙为0.07～0.017mm，磨损极限为0.25mm。轴向间隙过小或过大时，应更换或修刮止推垫圈进行调整。

(3)曲轴的径向也必须留有适当间隙，过小会使阻力增大，加重磨损，过大会使润滑油压力降低。曲轴的径向间隙可用塑料塞规检查，其方法如下：将主轴颈与主轴承擦干净；将塑料间隙条放在轴颈上或轴承上；装上轴承盖并按规定力矩拧紧螺母，曲轴不得转动；拆下轴承盖，用专用测量间隙规和间隙条宽度相对照，查得与测量间隙规宽度对应的间隙值即为径向间隙。桑塔纳轿车发动机测量规用颜色表示：绿色为0.025～0.076mm，红色为0.050～0.150mm，蓝色为0.100～0.230mm。曲轴标准径向间隙为0.03～0.08mm，磨损极限为0.17mm。

50. 怎样预防发动机烧瓦？

曲轴的主轴颈与轴承之间，或连杆与连杆轴承间因缺少机油润滑，或间隙过小而使油膜破坏，发生粘着甚至咬合现象叫烧轴瓦。造成烧轴瓦的原因有：机油泵失效，机油压力不足；机油道堵塞，集滤器和滤清器过脏、堵塞，旁通阀失效；轴瓦装配过紧或轴瓦过短，轴承座松动，将油道堵塞，轴承配合间隙过小，接触面积远小于规定值，而使摩擦热急剧升高等致使轴瓦烧毁。

预防烧轴瓦的方法，就是要从以上几种原因着手，保证润滑系工作良好，严格遵守技术标准和操作规定去装配轴瓦。

51. 曲轴使用时间不长，为什么磨损很厉害？

(1)使用的机油质量不好，含酸性物质过多，易使曲轴腐蚀而早期磨损。

(2)机油泵泵油不良或是机油油道有阻塞不畅的情况。

(3)空气滤清器作用效果不良，使尘土、灰砂浸入机油内。这种现象在活塞和活塞环间隙过大时发生较多。

(4)轴承间隙不符合标准。

(5)未按不同的季节使用相应规格牌号的机油。

(6)曲轴轴颈表面光洁度不够。

(7)发动机机温过高或加入机油量不足,使曲轴早期磨损。

52. 怎样判断曲轴轴承响声?

(1)故障现象:曲轴轴承响声沉重发闷。在改变发动机转速时响声明显。当突然开大油门时,响声更为明显,突然关小油门时,出现有沉重的“当、当、当”响声,发动机有振抖现象。

(2)检查判断方法:反复改变发动机转速,将相邻两缸火花塞同时“断火”,若响声明显减小,表明该道轴承松旷。发动机刚起动时,因轴承与轴承颈间的油膜黏度较大,所以响声较小,随着温度升高后,油膜黏度减小,响声则会增大。当曲轴轴承磨损严重时,润滑油压力明显下降。

53. 曲轴为什么会折断?

曲轴的折断常由最小裂纹处开始,产生裂纹断裂部位大部分是出现在头缸或末缸连杆轴颈圆角处与曲柄臂联结部位。在运转过程中,裂纹逐渐扩大,到达一定程度时突然折断。在折断面上观察时常会发现有褐色部分,这显然是旧裂纹,光泽发亮组织才是发展到后来突然折断的痕迹。实践证明,轴颈表层纵向裂纹经磨削后如果可以消除,还可继续使用。而横向裂纹在使用中由于受到较强的应力作用,裂纹将会逐渐扩大,当发现这种裂纹时应及时更换曲轴。曲轴引起折断的原因一般有:

(1)主轴承中心线的不同心,使曲轴受交变应力而早期疲劳,导致曲轴发生折断事故。造成主轴承不同心的原因除了机件本身变形所引起的以外,往往还由于在维修装配或刮瓦时,主轴承座孔的不同心所造成。

(2)机油油路不通,轴与轴瓦之间干摩擦。

(3)大修磨曲轴时,砂轮圆角修整不当,由于没有正确的圆角半径,则易使曲轴圆角处产生较大的应力集中,导致曲轴折断。

(4)装用有严重裂纹的曲轴。一般曲轴轴颈是经过表面淬硬的,若主轴承的合金组织因发热烧瓦而熔铸在曲轴颈上,时间长久后则曲轴颈易引起裂缝的产生。为避免这种情况的发生,应保证良好的润滑。

(5)曲轴轴心线偏移,使飞轮偏摆,在惯性力的作用下也易使曲轴产生疲劳折断。

(6)飞轮连接螺栓松动,运转时曲轴发生抖动,失去平衡,长时间后,曲轴极易由轴尾端折断。

(7)长期处于各缸点火不均的情况下运转,因而各缸爆发力有大小,也不一致,从而使曲轴各轴颈受力不均,当曲轴遭到振动撞击之后,也可能引起断轴的故障。

(8)主轴瓦或连杆瓦的装配间隙过大或合金脱落,引起冲击载荷加大,当曲轴转动之后,产生抖动现象,或机器经常发生飞车现象,造成受力过度,时间长久也能导致曲轴折断。

(9)曲轴轴颈磨损严重时,连杆轴颈或主轴颈的两端易形成尖角,产生很大的应力集中,这样就容易在尖角处产生裂纹,在工作中裂纹逐渐增大而导致曲轴折断。

(10)曲轴的飞轮锥孔没有很好地装牢固,若两者之间的贴合不是面接触,而是形成线接触,则当发动机工作时,飞轮就会松动,造成曲轴和飞轮之间的冲击。此时,由于飞轮受到两个方向的冲击,必将易使曲轴键槽两侧面很快出现裂纹,如继续使用,裂纹逐渐扩大,必导致曲轴断裂。

54. 喷镀曲轴为什么容易断裂?

(1)曲轴轴颈在喷镀修复之前,由于磨损过度,引起轴颈变细。当轴颈由于太细超过设计尺寸时,曲轴的机械强度就会显著下降,使曲轴弯曲变形,圆角处产生应力集中,引起轴承颈表面出现裂纹,从而导致曲轴折断。

(2)曲轴轴颈原先就存在裂缝,而在喷镀之间又没有及时发现。

(3)轴颈表面光洁度粗糙,此时如再加上润滑条件不良及轴瓦配合不当,易使轴颈表面出现沟痕,经过一定时间使用后,在沟痕截面附近会出现应力集中,导致该部位能引起微小的裂纹,使用日久,裂纹会逐渐增大,易引起曲轴折断。

(4)曲轴轴颈原先并不过细,但在喷镀前对曲轴轴颈进行车削加工处理不当,车削过多,导致车削后轴颈超过报废极限尺寸,且在车削过程中,破坏了曲轴圆角部分,在圆角处导致应力集中,促使曲轴在喷镀后的使用中加速疲劳破坏。

55. 轴瓦为什么会发生掉块?

(1)轴瓦和轴颈配合不良,此时易使局部压力增高,散热不良,从而轴瓦中部易产生轴向裂纹。在裂纹密集的地方,轴瓦合金容易引起成块不整齐的脱落。

(2)曲轴轴颈的椭圆度过大,以致运转时有强大的冲击力,时间长久必会引起轴瓦合金产生裂纹或掉块。

(3)自行制作轴瓦时,由于瓦底清除的不干净或温度不适当,使合金与底片粘片粘着不牢固。浇铸修复的轴瓦应用铁棒击轴瓦两边,听声音中否清脆音长,如果此时没有哑声或脱壳声等情况出现,即认为质量良好。

(4)轴瓦合金材料质量不好。

(5)轴瓦龟裂的原因是由于轴瓦不是在涂体润滑状态下工作,引起临界润滑或金属接触局部温度上升,从而发生裂纹。

点火时间过早,或发动机在“爆燃”情况下长期工作。

56. 为什么个别轴颈磨损很严重?

根据工作经验,引起曲轴个别轴颈磨损严重的原因有:

(1)轴承间隙过大。

(2)润滑油道局部堵塞。

(3)旋紧轴承盖时用的扭紧力矩不对。

(4)轴承盖垫片脱落、变动。

(5)曲轴弯曲变形。

57. 为什么发动机运转时振动很大?

(1)发动机机体支架固定螺丝松动。

(2)离合器轴与变速箱轴不同心。

(3)主轴承的配合间隙过大或轴向间隙过大,此时也将使发动机发生振动,并伴有连续的冲击声。

(4)装在发动机上各缸活塞连杆组件的重量差距大,也能导致多缸发动机在运转时发生振动。一般要求各缸活塞连杆组件的重量差不应大于20g。

(5)各缸气体压缩力不均匀,相差较大。

58. 曲轴有哪些损坏形式?

曲轴损坏形式主要有以下几种:

(1)各轴颈磨损。

(2)曲轴弯曲和扭曲。

(3)轴颈表面发生裂纹或曲轴折断。

(4)曲轴齿键槽及皮带轮键槽磨损。

59. 怎样更换曲轴后油封?

(1)拆下变速器,再拆下飞轮和压盘。

(2)用专用工具 VW 10.221 拆下曲轴后油封,如图 2-25 所示。

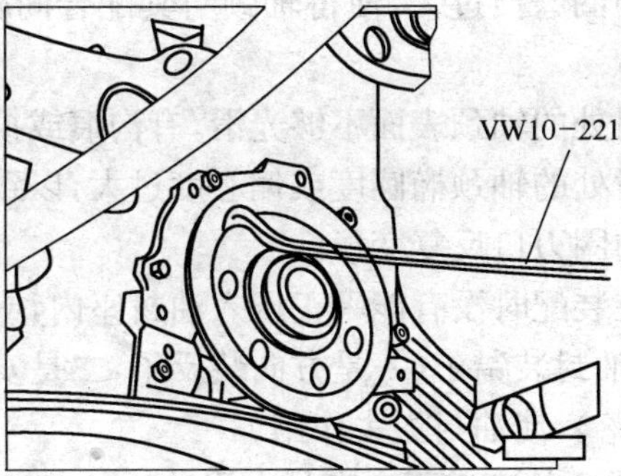

图 2-25　拆卸曲轴后油封

(3)安装油封时,在其外圈和唇边涂一层薄油,使用专用工具装上油封,并用专用工具将油封压到底。

60. 怎样更换曲轴前油封?

(1)拆下V形带,再拆下同步带轮。

(2)将油封取出器VW2085内件(图2-26 1所示)从外件中旋出2圈(约2mm),用滚花螺钉(图2-26 2所示)锁紧。

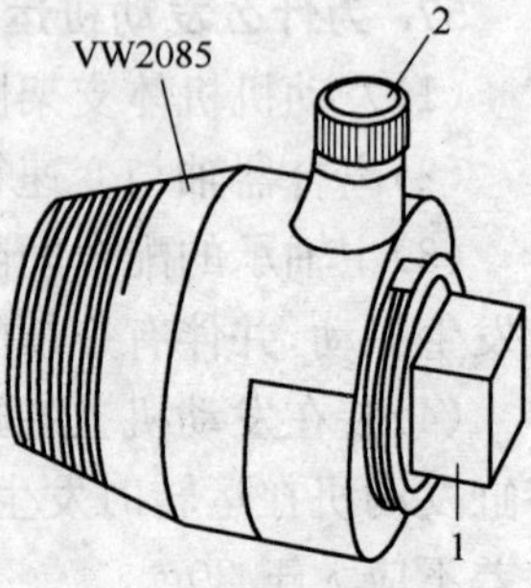

图2-26 油封取出器

1. 内件　2. 滚花螺钉

(3)旋出气缸螺栓,将油封取出器VW2085旋进曲轴,拆出油封。

(4)安装曲轴前油封时,在曲轴颈上套上导套,在油封外圈和唇边涂薄机油。

(5)经导套推入压套,用压套和气缸螺栓将油封压入到底。

61. 曲轴油封为什么失效?

引起曲轴油封失效而造成漏油的原因大致有下述几点:

(1)油封弹簧脱落或弹力不足。

(2)油封刃口有粗糙或损伤。

(3)油封内圈磨损过大,使得轴颈与其配合间隙也过大,不起密封作用。

(4)装油封处的轴颈表面不够光滑,有沟痕或损伤。

(5)装油封处的轴颈椭圆度或偏心度过大,以致当轴颈在旋转时,使得油封内圈刃口反复变形。

(6)油封在装配时没有能平正压入油封座内,或有时拆换油封时因疏忽而把油封装错了(一是方向装反了,二是安装时骨架自紧油封内弹簧脱落),使油封失去作用。

62. 曲轴或飞轮安装不良有什么影响?

曲轴安装不良,是由于安装时拧紧力矩不合规定,或紧或松,改变了曲轴的受力状态。既影响了曲轴正常旋转，又使曲轴在支承处磨损不均，此种情况应该避免。此外，如曲轴轴向定位不良，有可能使活塞连杆受到侧向推力而影响正常工作，也有可能使曲轴轴向窜动而使活塞连杆磨损加剧。

安装飞轮时由于拧紧力矩不合规定，而引起飞轮摆动从而使发动机产生振动，带来不良后果。因此，必须按照操作规范正确安装飞轮。

63. 怎样判断曲轴轴向窜动？

曲轴轴向间隙过大而引起轴向窜动时，会发出“当、当”异响，其响声与曲轴主轴承异响类似。

在判断曲轴向窜动时，可做如下实验：

踩下离合器踏板，如曲轴皮带轮向前窜动且声响减轻或消失，则可判定为这类故障。

排除方法是拆卸曲轴部分，并消除轴向间隙。

64. 怎样判断曲轴皮带轮异响？

发动机怠速运转时，如听到发动机前端间歇地发出低沉的“嘎、嘎”金属敲击声，同时看到曲轴皮带轮偏摆。在提高曲轴转速后，声响减弱或消失，此种响就是曲轴皮带轮敲击声，是由于曲轴皮带轮松动而引起的，紧固后异响即会消失。

65. 曲轴磨损的规律是什么？

发动机工作时，曲轴主轴颈和连杆轴颈因摩擦都会产生磨损。主轴颈和连杆轴颈的磨损与负荷有关。通常，直列式发动机连杆轴承的负荷比轴承负荷大，因而连杆轴颈磨损比主轴颈大。曲轴轴颈磨损的一般规律如下：

(1)连杆轴颈磨损的特点及原因。连杆轴颈的轴承和径向(圆周方向)磨损是不均匀的，轴颈的最大磨损发生在曲轴轴心的一侧，从曲柄轴线算起(顺曲轴旋转方向)45°～75°的扇形面内(如图2-27 所示)。产生这种不均匀磨损的原因在于，曲轴在旋转中，连杆轴颈上承受的合力主要集中在轴颈内侧(即面向主轴颈中心线的一面);由于上述区域受力大,因而轴承与连杆轴颈配合间隙最小,轴承温度最高,从而使轴承和轴颈的抗磨层强度受到削弱。此外机油中大多数的磨料粒子也是在这个区域与摩擦表面接触。因而使轴颈内侧磨损严重。

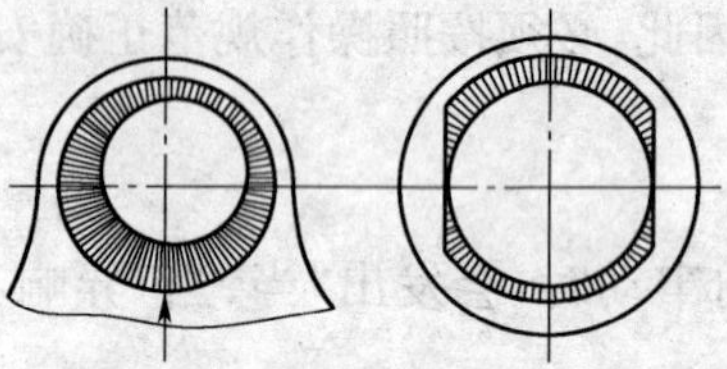

图 2-27　曲轴连杆颈的磨损特点

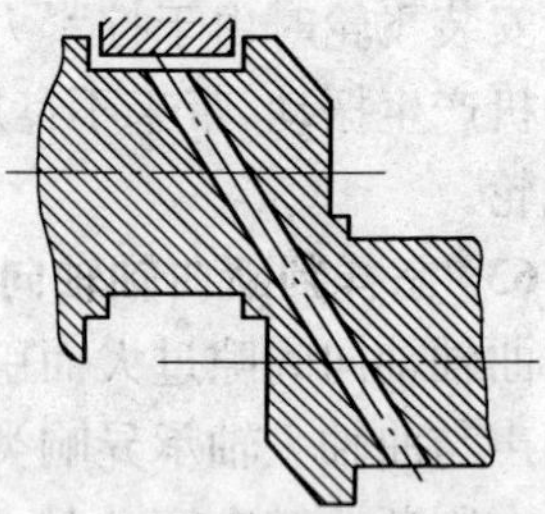

图 2-28　倾斜油道引起的杂质偏积

连杆轴颈沿轴线方向磨损成锥形不是普遍规律,这要看润滑条件和结构设计的特点。例如,通向连杆轴颈的油道是斜的,机油在油道中通过时,油中的机械杂质在曲轴旋转离心力的作用下,使机油中的杂质随机油上斜面流入轴承的一侧如图 2-28 所示,由于轴颈的载荷分布不均匀,如图 2-29 所示,所以,轴颈的半部磨损严重。此外,连杆弯曲也会引起轴承颈的锥形磨损。

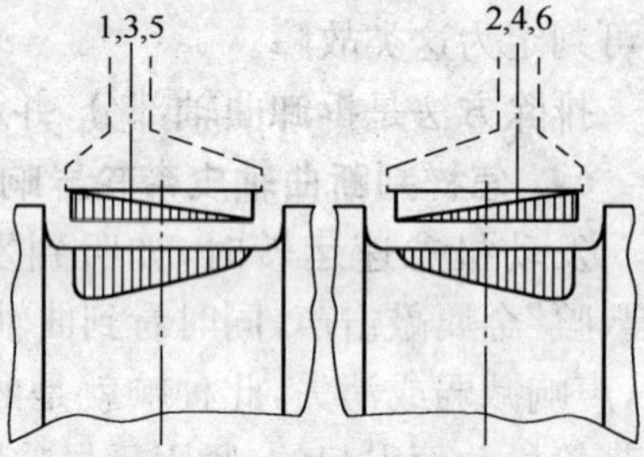

图 2-29　不对称连杆的载荷分布

(2)主轴颈的磨损特点及原因。主轴颈的磨损特点取决于曲轴的结构和受力情况,一般中间轴颈的磨损往往大于两端,这是由于中间受力大的缘故。

主轴颈的磨损与连杆轴颈一样,由于各点的载荷不均匀及摩擦的时间不同,沿径向的磨损是不均匀的。其最大磨损处与曲轴的支承形式,平衡重的配置位置等有关。

主轴颈沿轴线方向的磨损基本是均匀的，一般没有规律性的锥形出现。

66. 检查曲轴有无裂纹时，除了应用电磁探伤器以外，还可用其他方法吗？

检查曲轴有无裂纹时，除了电磁探伤法以外，还可以应用所谓的“石灰乳法”。

“石灰乳法”的主要内容是这样的：将要检查的曲轴浸在热的油中约两小时，目的是让油进入裂缝中。然后将曲轴放油浴中取出，仔细除去油质，用喷枪把“石灰乳液”喷到曲轴上去。“石灰乳液”是清洁的白垩和酒精的混合液，其比例为 1∶10～1∶12。用气焰将曲轴上的喷层加热至 70℃～80℃，使其干燥。这时白垩便吸收储在裂缝中的油液，这部分白垩变成暗色，显示出裂纹的形状。

67. 磁力探伤的原理怎样的？

电磁探伤的原理如图 2-30 所示，使磁力线通过被检验的零件，如果零件表面有裂纹，在裂纹部位磁力线会偏散而形成磁极力线偏散很少。所以检查时，要估计裂纹可能产生的位置和方向，而采用不同的磁化方法：纵向磁化或环形磁化。

纵向磁化是将被检查的零件置于马蹄形电磁铁的两极之间（如图 2-31 所示），当磁化线圈通电时，电磁铁产生磁通，经过零件封闭的磁路，在零件内产生平行于零件轴线的纵向磁场，这样便可以发现横向的裂纹。

环形磁化是利用电流通过导线时产生环形磁场的原理（如图 2-32 所示）使电流直接通过零件，在零件圆周表面产生环形横向磁场，当零件表面有平行轴线的纵向裂纹时，便可形成磁极，吸附磁性而被发现。

对于这两种磁化方法都成一定角度的裂纹，最好采用联合磁化法，即同时将零件进行纵向和横向磁化（如图 2-33 所示），纵向磁场向量 H_1，环形磁场向量 H_2，而合成磁场方向则为 H_0。

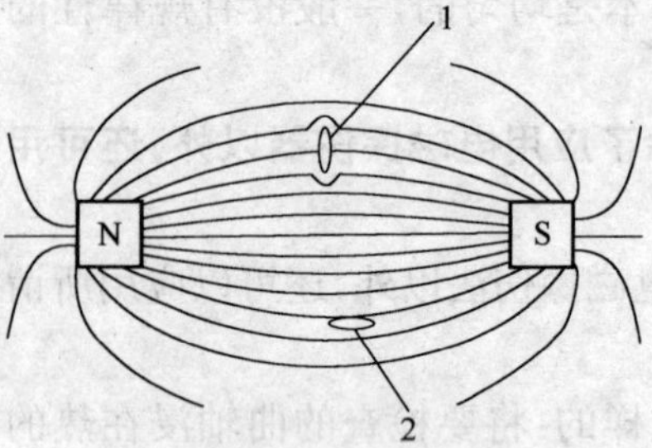

图 2-30　电磁探伤原理

a. 垂直于磁力线的裂纹
b. 平行于磁力线的裂纹

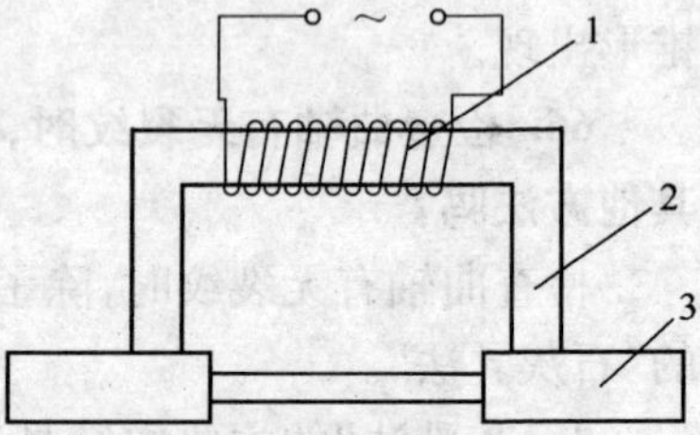

图 2-31　纵向磁化原理

1. 磁化线圈　2. 电枢　3. 被检零件

磁化电路可以采用直流或交流,主要是应该用低压高强度的电流。这样不但可以获得较强的磁场,而且不致发生触电事故。

必须指出,在联合磁化时,应该一个是交流,另一个是直流。这样将产生方向变化的联合磁场,有利于发现方向不同的裂纹。

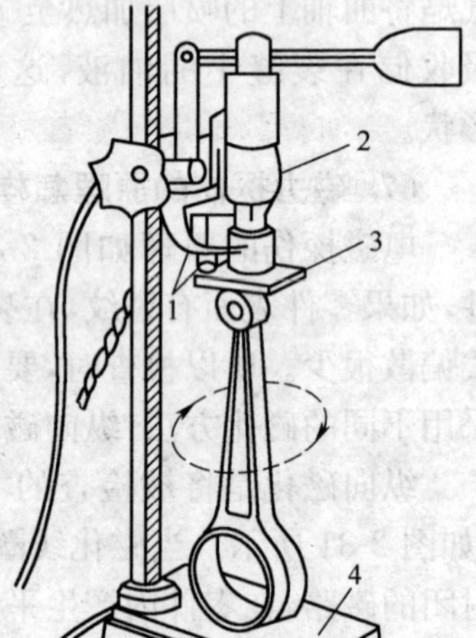

图 2-32　环形磁化探伤

1. 电开机　2. 活动头

磁化电流又可分为连续的脉冲的两种。连续法是将零件通过较长时间的电流,使其磁化后喷撒铁粉,这种方法灵敏度较高。脉冲法是以大电流在短时间内将零件磁化,断电后再喷撒磁粉,这种方法操作简便,但只适用于剩磁感应强度大于 0.06T(6000Gs)的材料(如经过热处理的结构钢所制成的零件)。

电磁探伤时,电流大小有重要影响。电流过大将难于鉴别真实缺陷;电流过小又不可能显露出缺陷。

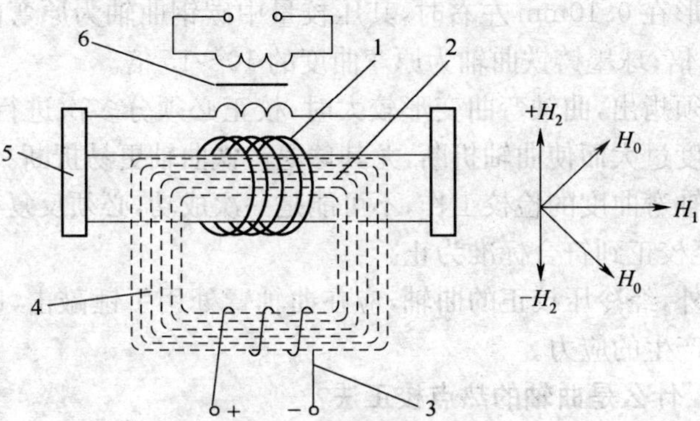

图 2-33　联合磁化原理

1. 低压交流环形磁化电路　2. 环形磁场　3. 纵向磁化直流电路
4. 纵向磁场　5. 被检零件　6. 变压器

68. 曲轴弯曲后怎样校正?

修理规定:曲轴中间轴颈中心弯度,如不超过 0.050mm 时,可不加修整。如超过 0.050 以上至 0.10mm 时,可以结合轴颈磨削一并予以修正,如超过 0.10mm 时,则须加以压正。

(1)用压床冷压校正。首先把曲轴安装在车床上,用微分表在装飞轮凸缘的一端和装曲轴齿轮根部的一端以及中间轴承颈分别测量,求得弯曲度,然后以装曲轴齿轮的轴颈及装飞轮的凸缘为基准在压床上多次反复地进行冷压校正。

(2)在气缸体上冷压校正。将气缸体倒放在平台上,在前后两轴承座上放置旧轴承(中间不放轴承),再放上曲轴,用微分表在中间轴颈测出弯曲的最大位置,并在这个位置上带有旧轴承的主轴承盖,然后根据需要均匀地扭紧螺栓进行校正。

在校压中,如压力只能使曲轴轴线达到直线状态。当压力消除后,由于弹性作用,曲轴可能又恢复原来的弯曲度。要使曲轴轴线校成直线状态,必须用压力使曲轴沿原弯曲度的相反方向上产生较大的弯曲变形。其压较弯曲度的大小,与曲轴的材料和弯曲变形的大小有关。因此,必须按曲轴的确定校量。经验证明,曲轴弯曲变形在 0.10mm 左右时,其压校量中碳钢曲轴为原弯曲度的 30～40 倍;球墨铸铁曲轴为原弯曲度的 10～15 倍。

必须指出,曲轴弯曲变形较大时,校正必须分多次进行,以防压校弯度过大而使曲轴折断,尤其球墨铸铁曲轴更易折断。而且,一般曲轴弯曲度的检校工作,不可能是一次成功,必须反复多次进行,直至校正到符合标准为止。

此外,经冷压校正的曲轴,应在曲轴臂处用手锤敲击,以减小冷压所产生的应力。

69. 什么是曲轴的热点校正法?

曲轴热点校正法是校正曲轴弯曲的方法之一。它是将氧一乙炔调整到高温火焰,在曲轴变形的凸面曲柄臂处,迅速加热一点或几点,然后在空气中冷却。由于热点局部金属热胀冷缩是在周围金属的约束下进行的,结果使凸面缩短,从而起到校正作用。

一般采用中号熔接器和 3 号焊枪为宜。氧气压力高速到 3～4 个大气压,气体的比例调整为 1∶1 的中性火焰,加热时利用温度最高的内焰效果显著。热点温度的高低和加热面积的大小,应按弯曲度的大小而定。弯曲度大,则加热温度可高一些,加热面积可大一些,但最高加热温度不宜超过 700℃～800℃,热点面积不应超过 20mm^2。否则,影响曲轴质量。加热速度越快,效果越显著。加热时,温度与变形是有一定关系的,因此,操作时一般利用千分表来检查变形的大小,间接控制热温度。

70. 修理时怎样防止曲轴折断?

为了防止曲轴折断,在修理时可以采取以下措施:

首先,在修理曲轴以前,要认真检查曲轴是否有裂纹,特别注意圆角过渡部位,如有裂纹曲轴应予报废。

光磨轴颈时,应使轴颈与曲柄臂保持一定的圆角半径,切不可任意缩小圆角半径尺寸,并应注意圆角部位的表面光洁度,否则将造成应力集中,而使曲轴断裂;

轴颈尺寸磨损超限时,要尽量选用对轴颈疲劳强度影响较小的方法予以恢复，如采用喷镀法对轴颈疲劳强度降低则较少，而采用堆焊法恢复时，则疲劳强度降低幅度较大。

各道轴颈与轴承的配合间隙和端隙要按标准。间隙过大，易因冲击而损坏曲轴；间隙过小则可能因抱轴而扭断曲轴。

在装配方面，点火时间要校得准确，不能过早或过迟，注意曲轴、飞轮和离合器的平衡。

71. 怎样喷镀曲轴轴颈？

金属喷镀分气喷镀、电喷镀、离子喷镀等多种，这里就常用的曲轴电喷镀工艺作一介绍：

第一步，除油，特别要注意曲轴油道中的油污，否则会降低镀层的结合强度。

第二步，表面拉毛，使用低压交流变压器作电源，以镍条作电极，曲轴作另一极不断地与曲轴轴颈相接触产生电火花，使镍成颗粒状熔化在轴颈表面上，目的是提高镀层结合强度。

注意：表面拉毛以后要及时进行喷镀，以防因锈蚀而降低结合强度。

第三步，堵油孔。用木块、铅块或炭块，以保护油孔。

第四步，预热至 90℃～150℃。

第五步，喷涂。用 SCDP—3 型金属电喷枪喷镀时规范如下：压缩空气压力应力 490～588kPa；电压 32～36V；电流 70～100A；喷射距离 150～200mm；零件旋转速度 10～15m/min；轴向移动速度 5mm/r。

72. 薄壁轴瓦怎样装配？

现代薄壁轴瓦，合金层比较薄，加工的尺寸精度很高，粗糙度很低，一般不允许修刮。为了适应这种情况，应采用轴瓦尺寸配合磨轴颈的方法，改变过去以轴配瓦的办法。

还有一种三层合金轴瓦，是以钢背—铜铅合金—表层所构成。表层合金厚度一般为 0.02～0.03mm，是用电镀方法覆在铜铅合金上的，它是为了改善铜铅合金轴承表面性能的，如果刮削将会丧失这一作用,破坏原有设计思想。

目前广泛使用的刮瓦与搪瓦等工艺应该逐渐向直接装配成品瓦方向过渡。

73. 什么是三层金属轴承合金?

近年来发动机压缩比和转速的不断提高,使活塞、连杆及其他零件的机械负荷、惯性力、离心力等随之增大,轴承的负荷也大大增加,因此,原来的单层(即钢背上覆盖一种减摩合金)或双层(即钢背上覆盖两种不同减磨合金)金属轴承合金已不能适应这种工作条件,这样研制出了三层金属轴承合金。

三层金属轴承合金是在钢背上覆盖两种不同减磨合金后,再在减磨层上镀一层金属(如镍、铅、锡等)。

采用三层金属轴承合金,其轴承不但有高的机械性能,以适应发动机负荷不断增加的需要,而且有良好的表面性能和抗腐蚀性能。

使用三层金属轴承合金轴承时应注意:由于第三层(即轴承表面)镀层很薄(仅 0.002mm 左右),因而不允许刮瓦,轴颈磨削到规定尺寸和精度后,与轴承直接装配即可。

74. 轴瓦背面有定位唇,为什么还会出现滚瓦?

轴瓦在工作时要求与轴瓦座可靠定位,即不允许转动,不允许移动,也不允许振动。大修时发现瓦背磨得很光滑,说明出现了松动现象。

但是,轴瓦可靠定位的关键措施是适当的过盈量,而不是定位唇的作用。定位唇的作用在于装配时初始定位。

75. 轴瓦背面为什么不允许垫纸片?

轴瓦与瓦座是两个零件,装配后工作时要像一个零件一样,由于轴瓦是薄壁的,为了保证工作时正确的几何形状,全靠瓦座座孔的几何形状,因此两者加工精度很高,粗糙度很低,如果在其间垫以纸片,势必破坏它们的正确配合,同时纸又是传热的不良导体,不利于轴瓦的散热作用,所以热纸又可能引起机油温度过高,甚至造成烧瓦事故。

同时，在瓦背下面垫铜皮也是不允许的。

另外，轴瓦装配后不允许松动，而在瓦背垫东西以后，很容易松动。从而破坏了轴瓦的正常工作条件。

76. 飞轮的作用是什么？

曲轴飞轮总成的功用，是将活塞的往复运动变为曲轴的旋转运动，并由飞轮储存功能；在作功冲程中承受活塞连杆机构传来的、不断变化着的惯性力与气体作用力，并将它们转变为力矩输送给底盘的传动系统；在非作功冲程中带动活塞连杆机构工作。此外，驱动配气机构正确完成配气工作。

77. 怎样组装曲轴飞轮总成？

曲轴飞轮总成的结构，如图 2-34 所示。

图中的曲轴装在气缸体主轴承座中，以两端中心孔的连线作为旋转中心线，连杆轴颈圆柱面的中心线与旋转中心线平行且相距活塞行程的一半，连杆头就装在轴颈处并可转动，这 4 个轴颈呈空间分布：一、四缸的连杆轴颈在一个平面内，二、三缸的连杆轴颈在一个平面内，转角为 180°。共有 4 个连杆轴颈和 5 个主轴颈，即每个连杆曲颈两侧都有主轴颈(称为全支承曲轴)。曲轴端装有正时齿轮，通过齿形带驱动配气机构。前端装有皮带轮驱动水泵和发电机，后端的飞轮结合盘用以安装飞轮，整个曲轴由优质钢锻造经精密加工而成。

飞轮是周边沉重的铸铁圆盘，靠螺栓紧在飞轮结合盘上，飞轮能将作功冲程中的能量储存起来，用于克服非作功冲程的阻力并将动力传递给底盘中的离合器。

(1)曲轴飞轮总成拆卸主要顺序如下(参见图 2-34、图 2-35)。

①拆下紧固螺栓(紧固力矩为 75N·m)。

②拆下飞轮内的滚针轴承。

③按顺序拆下飞轮及离合器。

④更换飞轮端面油封，拆下变速器和离合器压盘。

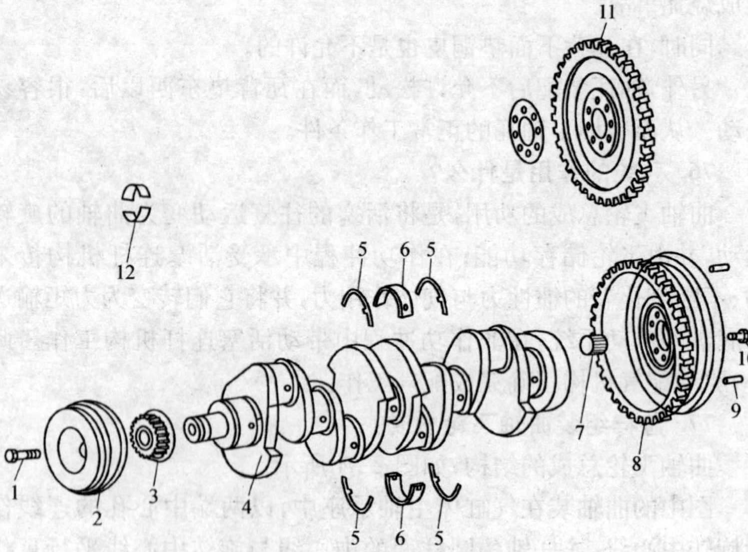

图 2-34 曲轴飞轮组的分解

1. 曲轴皮带轮、正时齿轮的轴向紧固螺栓 2. 皮带轮 3. 曲轴正时齿轮 4. 曲轴 5. 推力片 6. 主轴承 7. 推杆轴承 8. 飞轮齿圈 9. 定位销 10. 飞轮紧固螺栓 11. 飞轮 12. 连杆轴承

⑤取出同轴油封,视情况予以更换。

拆卸时要注意观察,记下要点,以免安装时搞错。

(2)安装曲轴时的步骤与拆卸顺序相反,但要注意以下几点:

①保持彻底清洁,尤其是油道不可堵塞。

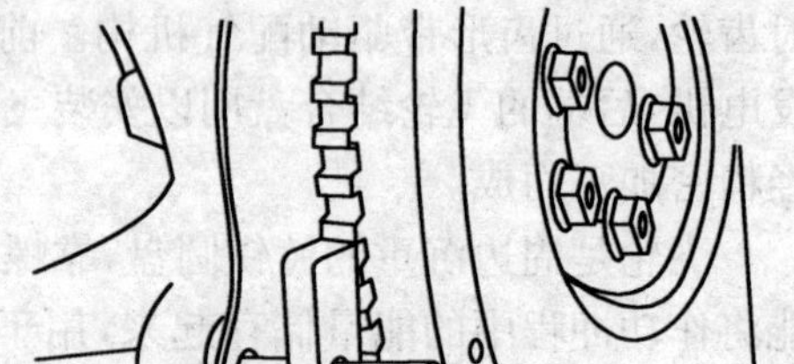

图 2-35 飞轮的拆卸与安装

②紧固适度,应按规定力矩扭紧。

③轴承间隙合适，径向间隙以 0.03 ～0.08mm 为宜，磨损极限为 0.17mm。

④不准漏油，应保持曲轴油封与曲轴同心且松紧适度，以免漏油或发热。

⑤曲轴留有轴向间隙，以 0.07～0.17mm 为宜。

安装飞轮时，必须注意对准点火正时记号 .0.，并注意按规定拧紧力矩(75N·m)将紧固螺栓扭紧，不得松动。

78. 怎样检修飞轮？

直观检查飞轮工作表面不得有明显的划伤沟槽，用直尺、塞尺或百分表检查飞轮的平面度，应不大于 0.20mm，否则应更换飞轮。

飞轮齿圈磨损严重或出现裂纹时，可将齿圈均匀加热至 50℃～200℃然后轻轻敲下，再将新齿圈加热到 200℃，趁热压装到飞轮上。更换齿圈后，必须对飞轮进行静平衡试验，不平衡量不得超过 10g·cm。

79. 怎样判断齿形带噪声？

一般齿形带工作时较为安静，如出现噪声异响，通常是齿形带变硬或松动所引起。如发生突爆噪声，则是由于齿形带内侧有脏物而瞬时跳越几个齿所致，此时会使气门开闭时刻不准而产生突爆噪声。此外，供油系统中有气阻、气缸中有异物、冷却液泵有故障、连杆轴承或曲轴轴承有故障，也都会有此类突爆噪声产生，理应对症排除。附带说明一下，如机油在高温、高速时变稀，会使连杆轴承或曲轴轴承产生"哒、哒"的噪声，此时应换用黏度较高的机油。

对于齿形皮带变硬，可观察冷起动后约 5 分钟内噪声是否消失，从而加以判断，并视条件决定是否更换。

80. 怎样判断飞轮的撞击声？

发动机在怠速运转时，如稍微将转速提高则可听到较沉闷的"噔、噔"声，油门抖动或者急加速时，声响十分明显。如运转稳定，声响稍有减轻,这种现象多半是飞轮固定螺栓松动所引起。如松动严重,则响声异常明显,此时应立即停车检查,将飞轮固定螺栓按规定力矩拧紧。不可在转动时检查,以免带来更大危害。

在判断飞轮撞击异响时,可做如下试验:先将发动机怠速运转,然后稍提高转速,出现声响时,关闭点火开关,当发动机即将熄火时,再立即接通,反复几次。若每次关闭点火开关时,如能听到撞击声,即可判明为此类故障。

第三章　配气机构故障诊断与检修

1. 配气机构的作用是什么？

配气机构的作用是按照发动机的工作次序按时开启和关闭气缸的进气门和排气门，使新鲜空气或可燃混合气进入气缸，把燃烧后的废气从气缸内排出。

配气机构要有足够的气体流通面积，要保证适时地开启与关闭进、排气门，使废气充分地排除干净，尽可能地吸进新鲜可燃气。配气机构的结构要简单，工作可靠，调整维修方便。

2. 桑塔纳 JV 型发动机配气机构由哪些零部件组成？

桑塔纳 2000GLS 型轿车 JV 发动机配气机构为气门顶置、凸轮轴上置式，凸轮轴的传动为同步带（齿形皮带）。配气机构由气门、气门弹簧、弹簧座、气门导管、凸轮轴、液压挺杆等零部件组成，如图 3-1 所示，配气机构零件如图 3-2 所示

3. 帕萨特发动机配气机构由哪些零部件组成？

配气机构的作用是按发动机的工作顺序与配气相位的要求，定时开起、关闭各气缸的进、排气门。配气机构由气门组和气门传动组组成。上海帕萨特 B5 轿车配气机构中每缸配置 3 个进气门和 2 个排气门，进气充分，排气快速，可有效地提高发动机的经济性、动力性。排气门排出燃烧过的高温混合气，热负荷高，为了改善其导热性，该车采用了气门头内部充钠的排气门。各缸气门设顶置式双凸轮轴驱动（属于 DOHC 式配气机构），配气机构传动组零件少，结构紧凑。排气凸轮轴皮带轮由齿形皮带驱动（动力来自曲轴的齿形皮带轮）。进气凸轮轴通过传动链条由排气凸轮轴驱动。配气机构的组成如图 3-3 所示。

4. 配气机构的结构与拆装？

凸轮轴承通过挺杆直接作用于进气门、排气门上，挺杆分机械式和液压式两种，分别用于 1987 年以前和 1987 年以后生产的上

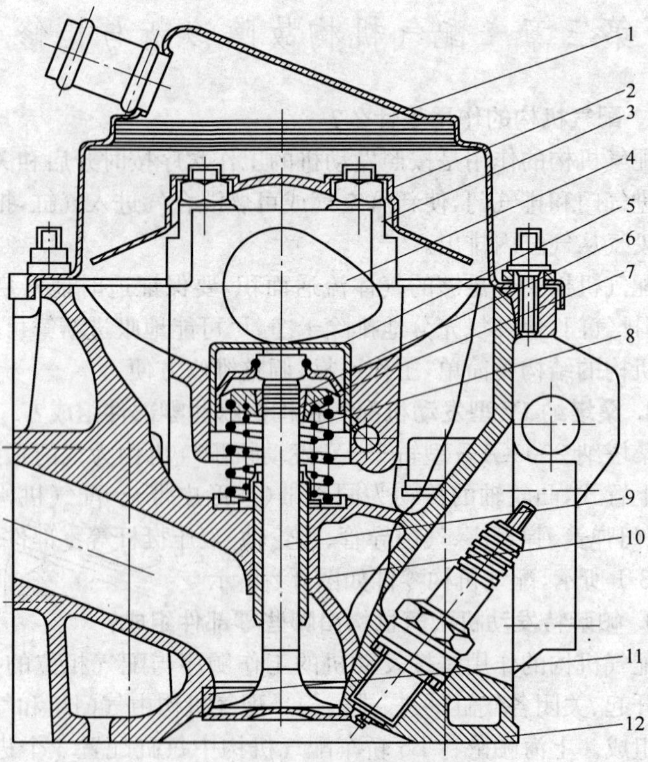

图 3-1　JV 型发动机配气机构

1. 气门罩盖　2. 挡油板　3. 凸轮轴轴盖　4. 凸轮轴　5. 液压挺杆　6. 气门弹簧上座　7. 锁夹　8. 气门内弹簧　9. 气门　10. 气门导管　11. 气门座圈　12. 气缸盖

海桑塔纳轿车发动机上。

如图 3-4 所示，机械式挺杆配气机构，挺杆位于凸轮轴的凸轮与气门杆之间，凸轮的传动通过可复位的挺杆控制气门的开合，挺杆顶面凹槽中装有耐磨的精制垫片供调整气门间隙用。

如图 3-5 所示，液压式挺杆不需添加调整垫片，气门间隙不必调整而能自动补偿，其补偿过程如下：随着凸轮轴的转动，凸轮从圆弧面过到凸轮尖，挺杆开始下降，机油通过气缸盖主油道经由挺

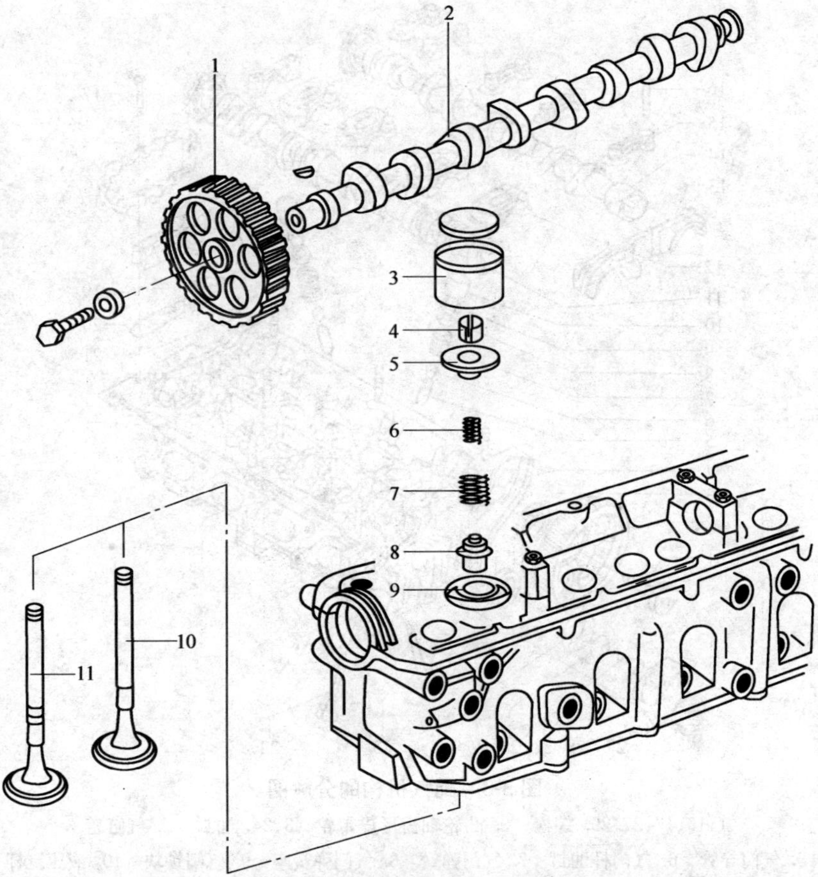

图 3-2　配气机构零件分解图

1. 凸轮轴同步带轮　2. 凸轮轴　3. 液压挺杆　4. 气门锁夹　5. 气门锁夹座　6. 气门内弹簧　7. 气门外弹簧　8. 气门油封　9. 弹簧座　10. 进气门　11. 排气门

杆环槽上的小孔进入挺杆的低压油腔，柱塞也随挺杆继续下降，挺杆的环形槽处不再进油。球阀落座关闭使高、低压油腔分隔开，高压油腔中的油被压缩，而油压上升，由于机油的不可压缩性，油缸与柱塞就如同一个刚性整体并推动气门。此刻，挺杆继续下行，当

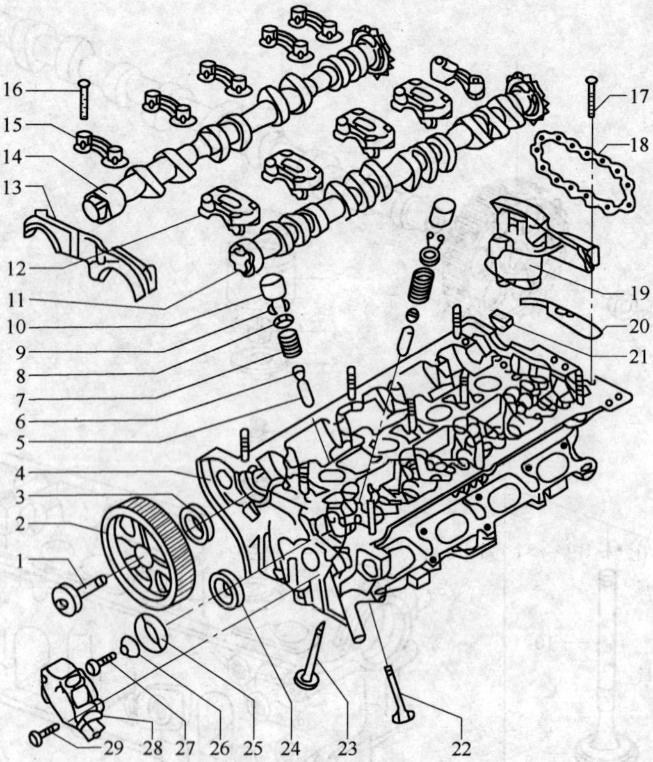

图 3-3　配气机构的分解图

1、16、17、27、29. 螺栓　2. 凸轮轴齿形皮带轮　3、24. 油封　4. 气缸盖　5. 气门导管　6. 气门杆油封　7. 气门弹簧　8. 气门弹簧座　9. 气门锁块　10. 液压挺杆　11. 进气凸轮轴　12. 进气凸轮轴轴承盖　13. 双轴承盖　14. 排气凸轮轴　15. 排气凸轮轴轴承盖　18. 传动链条　19. 凸轮轴调整器　20. 橡胶. 金属垫　21. 密封堵　22. 排气门　23. 进气门　25. 霍尔传感器转子　26. 垫圈　28. 霍尔传感器 G40 的壳体

到达下止点后开始上行(球阀和高压油腔维持原状),直至上升到凸轮处于基圆位置,情况又发生变化。挺杆顶面再无凸轮压力,气门关闭,缸盖主油道中的压力油再次通过形槽进入挺杆的低压油腔,当气门关闭后,由于高压油腔内的压力油与柱塞弹簧的共同作用,推动柱塞上行,油压下降,球阀离座,低压油腔内的油通过球阀

进入高压油腔使压力和油量再次平衡。挺杆顶面和基圆接触，气门间隙得到补偿。周而复始，气门则反复开闭。

前面已经讲过，气门通过挺杆直接由凸轮轴上的凸轮驱动，气门的开合时间以及开启持续的时间也随凸轮而定。由于上海桑塔纳轿车发动机是四缸四冲程，为使工作均匀减少振动，四缸轮流作功，凸轮轴上凸轮尖的各个方向呈一定夹角。

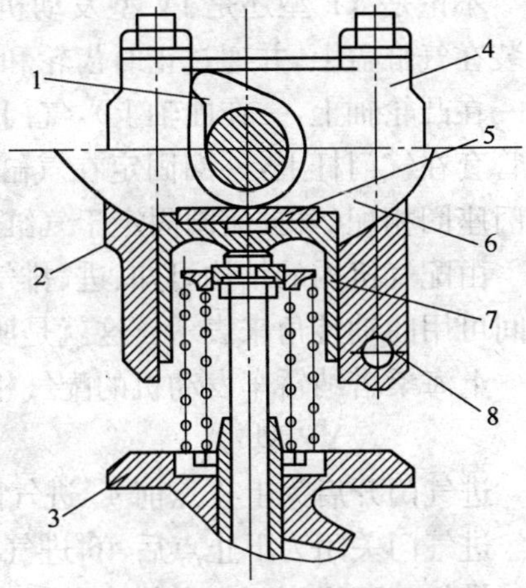

图 3-4　机械式挺杆结构

1. 凸轮轴　2. 缸盖上体　3. 缸盖下体
4. 凸轮轴轴承盖　5. 气门间隙调整垫片
6. 存油圆弧槽　7. 挺杆　8. 缸盖主油道

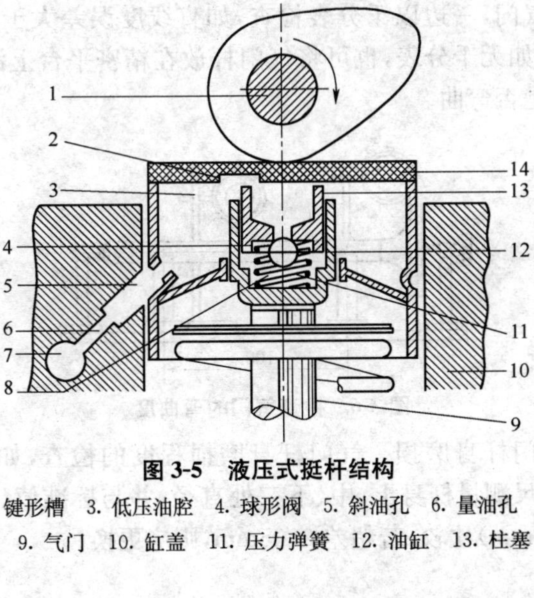

图 3-5　液压式挺杆结构

1. 凸轮轴　2. 键形槽　3. 低压油腔　4. 球形阀　5. 斜油孔　6. 量油孔　7. 缸盖主油道　8. 高压油腔　9. 气门　10. 缸盖　11. 压力弹簧　12. 油缸　13. 柱塞　14. 挺杆体

不论是 YP 型还是 JV 型发动机,凸轮轴都为半圆形,轴承盖安装在气缸盖上,并通过正时齿轮和齿形带由曲轴所驱动(正时齿轮一在凸轮轴上,一在曲轴上),气门的导向由气门导管所定(气门导管套在气门杆上,外圈固定在气缸盖上),气门的大端密封带与气门座圈相配(气缸座圈固定于气缸盖燃烧室上方):

由配气机构的结构可知、进、排气门的开合时刻和持续开启的时间可用曲轴转角来表示。这就是所谓的"配气相位"。

上海桑塔纳轿车发动机的配气相位如下:

YP 型	JV 型
进气门开启为上止点前 4°	进气门开启为上止点前 1°
进气门关闭为下止点后 46°	进气门关闭为下止点后 37°
排气门开启为下止点前 44°	排气门开启为下止点前 42°
排气门关闭为上止点后 6°	排气门关闭为上止点后 2°

5. 怎样检修进、排气门?

检查气门有无弯曲,可按图 3-6 所示,在检查台上顶住气门,一边转动气门,一边以千分表检查,如直线度误差大于 0.02mm,就应更换,如无千分表,也可将气门杆放在精密平台上滚动,凭感觉判断其是否弯曲。

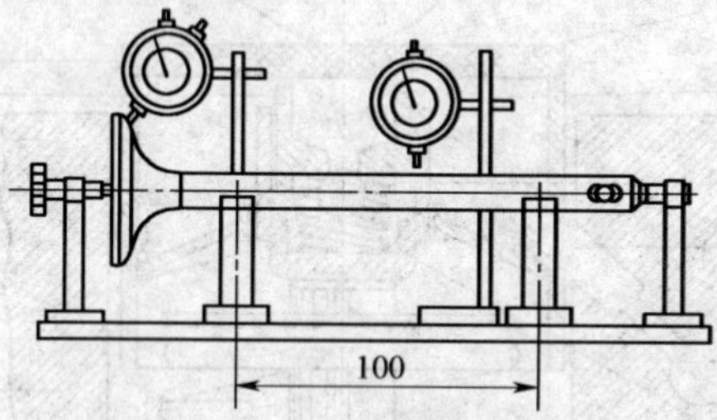

图 3-6　检查气门的弯曲度

(1)气门杆身磨损。气门杆身磨损程度的检查,如图 3-7 所示,用千分尺测量杆身上、中、下三处直径,并与标准值(进排气门都为 ϕ7.97mm)比较,若超差 0.05mm,则应更换。

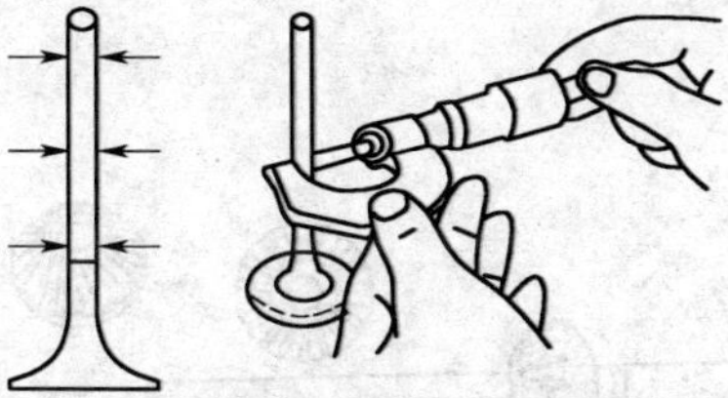

图 3-7　检查气门杆的磨损程度

(2)气门杆顶磨损。气门杆顶磨损会使长度减小，应如图 3-8 所示以游标卡尺测量其长度，并与标准值(进气门长 98.70mm，排气门长 98.50mm)比较，如图有磨损，可用砂轮修磨杆顶端面如图 3-9；如长度超差 0.50mm，则应更换。

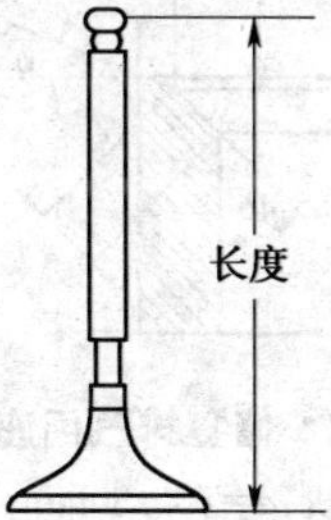

图 3-8　测量气门杆长度

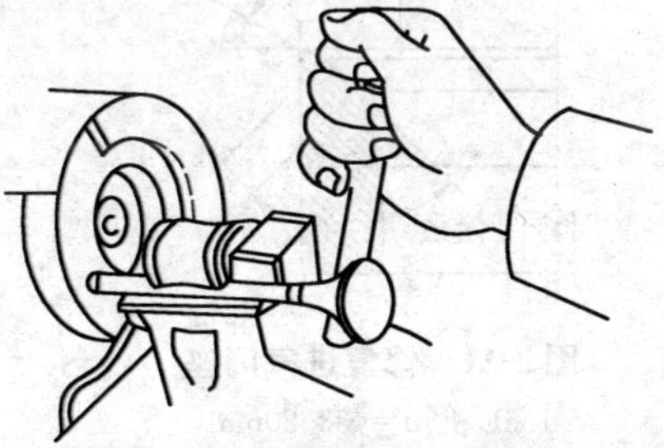

图 3-9　用砂轮修磨气门杆端面

(3)气门工作面磨损。气门工作锥面磨损、起槽、变宽或有斑点，可在磨床上光磨修复。光磨后应保持圆柱部分高度不小于 0.8mm，与气门座结合痕位于中间偏上(小端为上)，且密封良好。

6. 怎样检修进、排气门座?

气门座圈的对应工作面如有磨损、变宽、斑痕等现象，可用气门座铰刀修复如图 3-10 所示。

经过初铰、精铰、试配、修整后，应达到宽度 1.2～1.6mm。标准锥面角度 45°允许改为 30°或 60°，但气门工作锥面也要相应改变，并保持良好密封。其中，进气门座修复尺寸如图 3-11 所示，排气门座修复尺寸如图 3-12 所示。

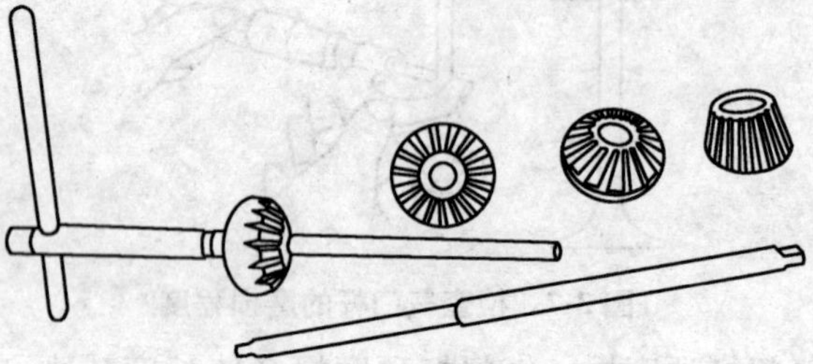

图 3-10　气门座铰刀

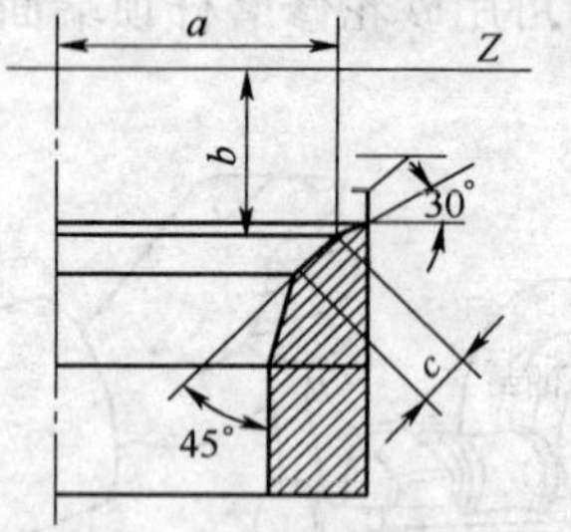

图 3-11　修复进气门座

1.6L 机：$a=\phi 33.20$mm

1.8L 机：$a=\phi 37.20$mm

$b=9.20$mm 30°为上修正角 $c=2.00$mm

45°为气门座角 Z=气缸盖底面

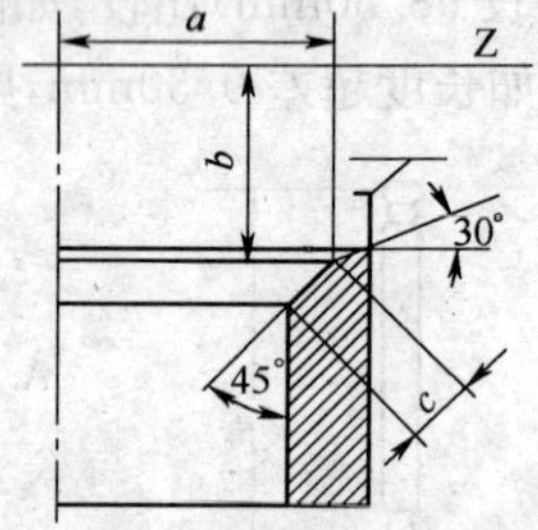

图 3-12　修复排气门座

1.6L 机：$a=\phi 30.80$mm

1.8L 机：$a=\phi 32.40$mm

$b=9.70$mm 30°为上修正角 $c=2.40$mm

45°为气门座角 Z=气缸盖底面

7. 怎样更换气门杆油封?

更换气门杆油封(在已装好的气缸盖上进行)的步骤如下：

(1)拆下凸轮轴和液压挺杆。

(2)旋下火花塞，拉紧驻车制动器。

(3)将气门座调整到直立螺栓的高度。

(4)将压缩空气管旋进火花塞孔螺纹内，并进入至少 0.6MPa 的气压。

(5)拆下气门弹簧。用锤子轻击装配夹具的手柄，松动压得很紧的气门锥头，所用的专用工具为 2036、VW541/1、VW653/3。

(6)拔出气门油封。

(7)装入气门杆油封，包括气门插上塑料套 A 气门杆油封 B 涂油并用 10.204 顶棒小心地压入导管，如图 3-13 所示。

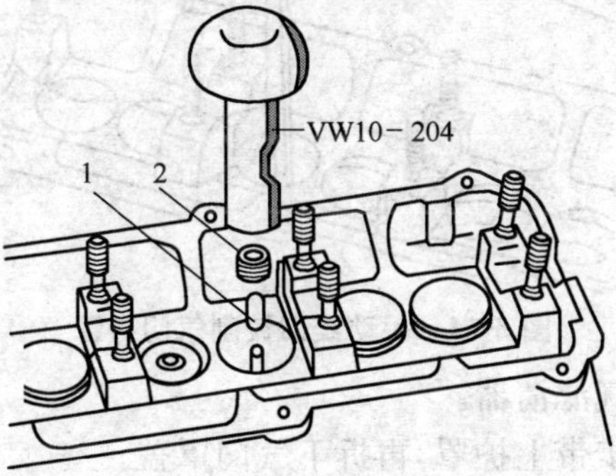

图 3-13　压装气门杆油封

A. 塑料套　B. 油封

8. 怎样检修气门导管？

检查气门导管前，用精铰刀除去积炭。

进气门导管磨损极限值为 1.3mm(指晃动量)。如果磨损超过极限值，则应更换气门导管。

把磨损的气门导管从凸轮轴端压出(带肩的气门导管修理时从燃烧室端压出)。新气门导管涂油后用专用工具 10.206 从凸轮轴端压入冷的气缸盖。注意：放上带肩气门导管后，压力不可大于 9.8kN，否则将使凸肩断裂。

把新气门装入导管，气门杆末端必须同导套平齐。由于气门挺杆的直径不同，故进气门只能与进气门导管、排气门只能与排气门导管配合使用。如用手动铰刀铰气门导管，铰时必须使用冷却液冷却。如图 3-14 所示。

9. 怎样拆装凸轮轴？

(1)拆卸：

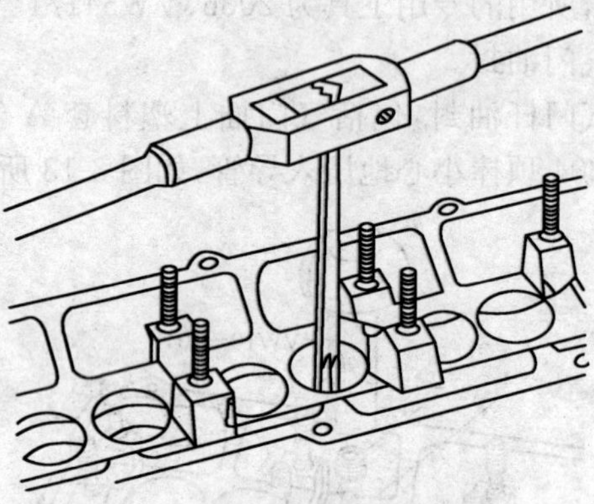

图 3-14　手动铰刀铰削气门导管

①拆下空气滤清器。

②拆下同步带上护罩,再拆下气门罩盖。

③将曲轴置于第一缸上止点位置。

④放松并取下同步带,拆下凸轮轴同步带轮。

⑤先拆第 1、3、5 号轴承盖,然后对角交替松到第 2、4 号轴承盖。

(2)安装:

①安装凸轮轴时,第一缸凸轮必须朝上。安装前放上轴承盖,确定安装位置(注意孔的上下两半部要对准,如图 3-15 所示)。凸轮轴转动时,曲轴不可置于上止点位置,否则会损坏气门和活塞顶部。

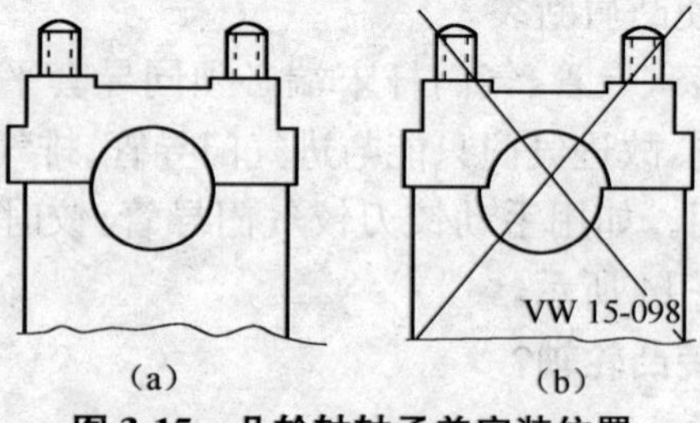

图 3-15　凸轮轴轴承盖安装位置

②先对角交替拧紧第 2、4 号轴承螺栓，拧紧力矩为 20N·m。

③装上第 1、3、5 号轴承盖，其螺栓拧紧力矩为 20N·m。

④装入凸轮轴同步带轮并紧固，拧紧力矩为 80N·m。

10. 怎样检查凸轮轴的同轴度?

用顶针支起凸轮轴，在平台上用百分表检查凸轮轴的同轴度，如图 3-16 所示。凸轮轴同轴度允许限值为 0.01mm。

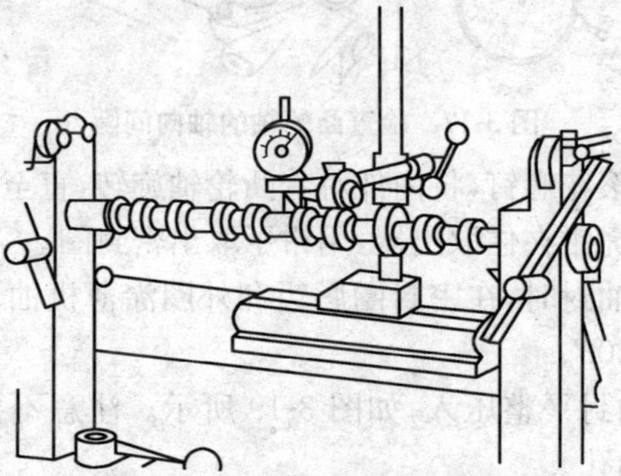

图 3-16　检查凸轮轴的同轴度

11. 怎样检查凸轮轴的轴向间隙?

凸轮轴的轴向间隙检查，如图 3-17 所示，测量凸轮轴轴向间隙时，先拆去液压挺杆，装好 1 号和 5 号轴承盖。轴向间隙允许限值为 0.15mm。

12. 怎样更换凸轮轴油封?

(1)拆下 V 形带和同步带防护罩。

(2)将曲轴置于第一缸上止点位置

(3)松开张紧轮，拆下同步带。拆下凸轮轴同步带轮。

(4)把凸轮轴同步带固定螺栓套上垫圈拧入凸轮轴拧紧。

(5)将油封取出器内件从外件旋出两圈(约 3mm)，并用滚花螺钉锁紧。

(6)将油封取出器的螺纹头涂油后拧入油封，然后用力沿着图 3-18 箭头所示方向尽可能深地旋入密封圈。

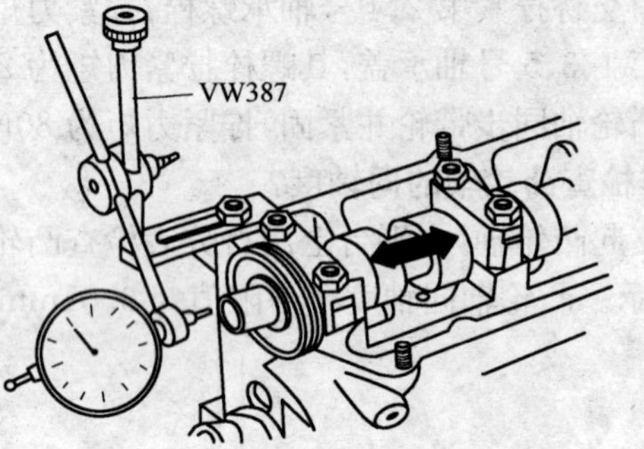

图 3-17　检查凸轮轴的轴向间隙

(7)旋松滚花螺钉,将内件对着凸轮轴旋转,直至油封取出。

(8)用台虎钳夹住取出器,用钳子取出密封圈。

(9)安装油封时,在密封圈唇边和外圈涂薄机油,将油封放入导套 VW10.203。

(10)将油封平整压入,如图 3-19 所示。注意不要压到头,否则会堵塞回油孔。

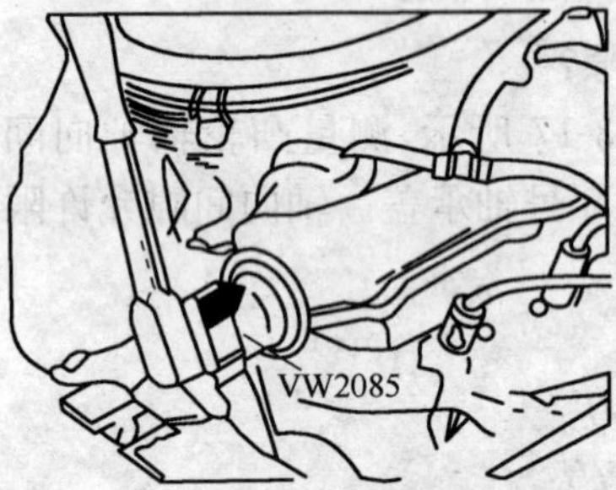

图 3-18　将油封取出器拧入密封圈

图 3-19　压入油封

13. 怎样拆卸气门弹簧?

气门弹簧的拆卸过程如下:

(1)拆下凸轮轴,拆卸时将液压挺杆做上标记,液压挺杆不可互换。

(2)用专用工具 VW2037 将气门弹簧座压下,取下的气门锁夹，拆下气门弹簧，如图 3-20 所示。

气门弹簧座锥形孔下沿口非常锋利，可能会损伤气门杆（拉毛等）。损伤的气门应予更换，必要时在安装前除去气门座毛边。

(3)用专用工具 3047 拆下弹簧下座，如图 3-21 所示。

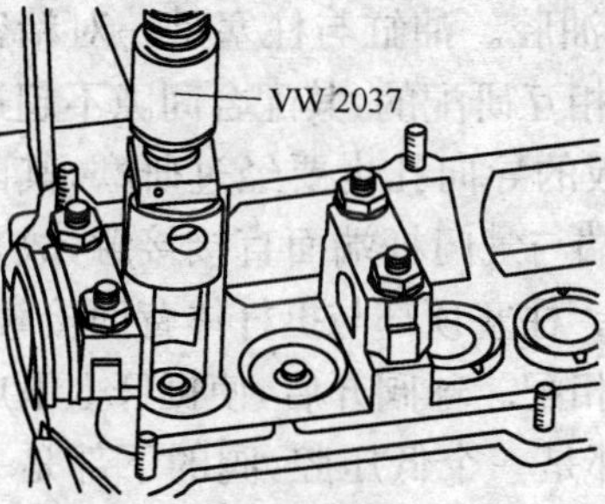

图 3-20　拆卸气门弹簧

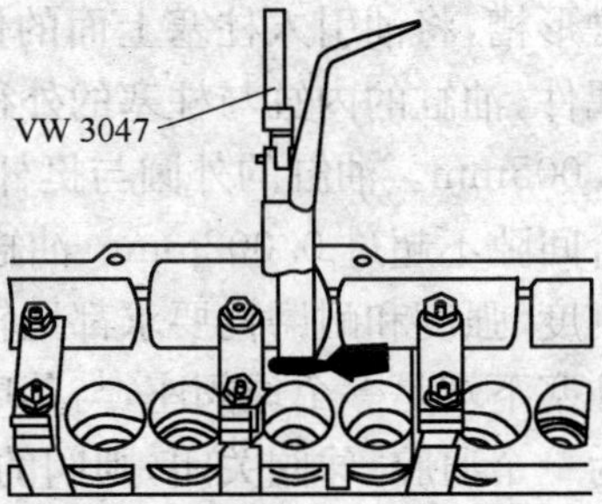

图 3-21　拆卸气门弹簧下座

14. 怎样检查气门弹簧？

气门弹簧在长期工作后，会发生弯扭变形、缩短或弹力减弱，必须进行仔细检查，气门弹簧长度用新旧对比方法检查，对于弯扭变形，可在精密平台上用角尺检查，见图 3-22。对于弹力减弱，可用专用的弹簧实验器测量见图 3-23。不合格的气门弹簧应更换。

图 3-22　检查气门弹簧垂直度

图 3-23　测量气门弹簧的弹力

15. 液压气门挺杆结构有什么特点？

(1)液压挺杆的构造如图 3-5 所示，它由挺杆体、油缸、柱塞和弹簧等组成。挺杆体为低碳合金钢,经冷挤压而成的薄壁零件,其顶面、外圆和内孔粗加工后再渗碳、精磨。挺杆体中间有环形油槽,缸盖上的主油道通过量油孔斜油孔,可与挺杆上的环形油槽对齐,机油便循上述油路进入低压油腔。在挺杆体顶板背面,有一条键形槽,将油引入柱塞上面的低压油腔。油缸与柱塞是一对精密偶件,油缸的内缸与柱塞的外径是相互研配的,其配合间隙不超过0.005mm。油缸的外圆与挺杆隔板的导向孔也要经过研磨,其配合间隙不超过 0.002mm。油缸下端与气门杆端面直接接触,故其刚度、强度和耐磨性要求都比较高。柱塞顶部与挺杆体背面接触。柱塞下端是一个球阀座,与其球阀相配。球阀开启,使挺杆上下成为一个通腔;球阀关闭,则阀的上部是一个低压腔,阀的下部是一个高压腔。球阀的下面有柱塞回位补偿弹簧,使挺杆顶面和凸轮轮廓线保持紧密接触。

(2)液压挺杆的工作原理如图 3-5 所示,当凸轮轴转过基圆,补偿了气门间隙,挺杆开始下降。机油通过缸盖主油道、量油孔和斜油孔,进入挺杆的环形油槽,再由环形油槽中的一个油孔,进入挺杆的低压油腔,挺杆继续下移,柱塞随之下移,挺杆环形油槽离开了进油位置,不再进油。由于球阀紧压在阀座上,高压油腔与低压油腔被分隔,高压油腔中的油被压缩,油压升高,而机油几乎是不可压缩的,油缸与柱塞就成为一个刚性的整体,开始推动气门打开。直至挺杆运动到下止点,挺杆到下止点后开始上行,这时在气门弹簧和凸轮的作用下,高压油腔继续封闭,直至上升到凸轮处于基圆时,缸盖主油道中的油通过量油孔和斜油孔、挺杆环形油槽中的小孔进入挺杆的低压油腔。此时,挺杆顶面再凸轮的压力,气门也已经落座关闭,高压油腔中的压力油和柱塞弹簧一起推动柱塞上行,油压下降使球阀离座,油从低压油和柱塞弹簧一起推动柱塞上行,油压下降使球阀离座,油从低压油腔进入高压油腔,压力和油量又获得平衡。挺杆顶面仍和凸轮基圆紧贴,气门间隙也就得以补偿。

(3)采用液压挺杆也存在一些问题,例如:发动机液压挺杆本身的结构比较复杂,其精度高,加工难度大,因而价格比较贵,而且磨损无法调整只能换新的;发动机从冷起动至油压和温度达到正常这一段时间内,机油滞后,气门仍然会产生一些噪声。目前虽在结构上采取缓解措施,但由此增加了结构和工艺上的难度。

16. 怎样更换液压挺杆?

检查液压挺杆时,按以下步骤进行:

(1)在凸轮轴接触面(凸轮面)向下时,将取下的挺杆放在清洁的平面上。

(2)起动发动机并使其运转,直至电控冷却风扇起动。在起动发动机时产生异响是正常的。

(3)提高发动机转速,使其以 2500r/min 的转速下运转 2min。

(4)如果挺杆仍有异响,应拆下气缸盖,旋转曲轴使被检查的凸轮挺杆向上。

(5)用撬棍下压挺杆如图 3-24 所示,如果自由行程在气门打开前超过 0.1mm,应更换挺杆(液压挺杆不可调整及修理)

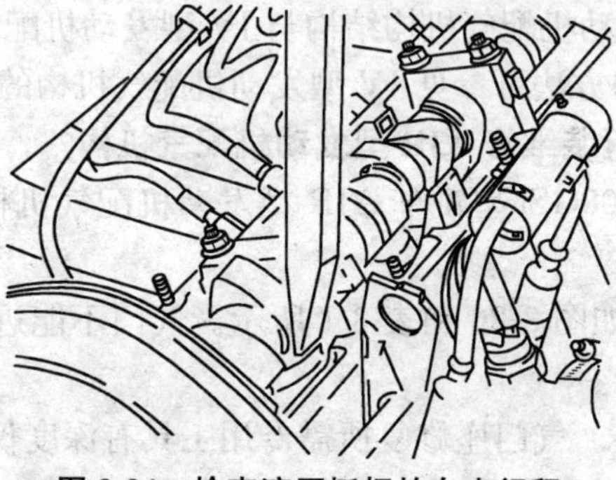

图 3-24　检查液压挺杆的自由行程

在安装新挺杆时,发动机在 3min 内不得运转,否则气门将敲击活塞。

17. 怎样维修 AFE 型发动机配气机构?

桑塔纳 2000 型 Gli 型轿车 AFE 型发动机配气机构采用了

“轻型气门机构”。“轻型气门机构”与JV型发动机(1997年1月8日前)相比,主要变化为进、排气门杆直径由原来的7.97mm改为7.0mm。由此涉及变动的零部件有进气门、排气门、气门弹簧及弹簧座、气门锁夹、气门导管、气门油封、液压挺杆和气缸盖。

(1)进气门杆部直径由原来的7.97mm改为7.0mm。气门杆尾端面原为平底形,现改为最深处3.25mm、R50mm的球面凹坑。

(2)排气门杆直径则原来的7.97mm改为7.0mm。

(3)圆柱形螺旋气门弹簧由双弹簧改为单弹簧,气门弹簧为右旋。弹簧上座相应变化,并将厚度适当减小。

(4)液压挺杆重量减轻。挺杆的顶板厚度由2.5mm减为2.05mm,挺杆壁厚度由1.5mm减小为0.85mm。

(5)气门导管、气门油封和气门锁夹在尺寸上随气门杆直径的变化作了相应更改。

(6)气缸盖的变化在于气门弹簧支承面尺寸上的变更。原配气机构带气门弹簧下座,“轻型气门机构”取消了这个零件。

(7)液压挺杆改用氰化处理,与光亮的凸轮轴相配。

AEF型发动机配气机构结构与JV型发动机配气机构的结构基本相同,维修方法可参见JV型发动机配气机构的维修。

18. 怎样拆装维修AJR型发动机配气机构?

桑塔纳2000GSi型轿车AJR型发动机配气机构零件如图3-25所示。

气门尺寸如图3-26和表3-1所示。气门不能进行修复,只能进行研磨。

(1)气门座。气门座修复所需专用工具有深度仪、气门座修复工具。如是气门有泄露,仅仅更换或修复气门座和气门是不够的,必须检查气门导管有无泄漏,特别是对那些有很高里程数的发动机。如果在修理工作中更换了气门,则对新气门进行测量。

①计算最大允许修复尺寸。在进行修复前检查最大允许修复尺寸。将气门杆插入并压紧到气门座上,测量气门杆与气缸盖上

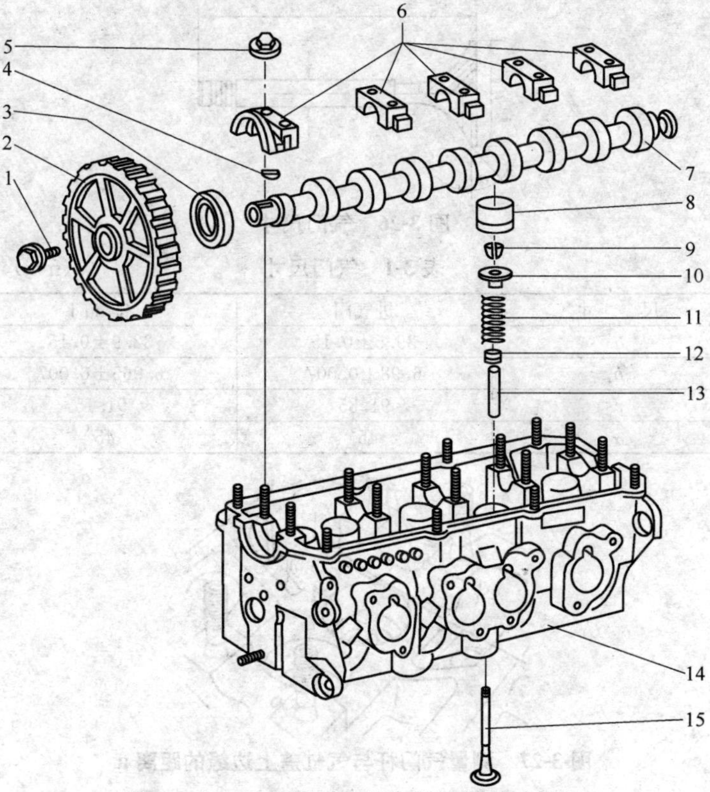

图 3-25　AJR 型发动机配气机构零件分解图

1. 同步带轮螺栓(拧紧力矩 100N·m)　2. 凸轮轴同步带轮(带霍尔传感器的脉冲轮)　3. 密封圈　4. 半圆键　5. 螺母(拧紧力矩 20N·m)　6. 轴承盖　7. 凸轮轴　8. 液压挺杆　9. 气门锁夹　10. 气门弹簧座　11. 气门弹簧　12. 气门杆密封圈　13. 气门导管　14. 气缸盖　15. 气门

边缘的距离 a,如图 3-27 所示。测量得到的尺寸 a 减去最小尺寸即为最大允许修复尺寸。进气门最小尺寸为 33.8mm,排气门最小尺寸为 34.1mm。

如果最大允许修复尺寸等于 0mm 或小于 0mm,则采用新的气门,并重新进行测量。如果得到的数据仍然等于或小于 0mm,则应更换气缸盖。

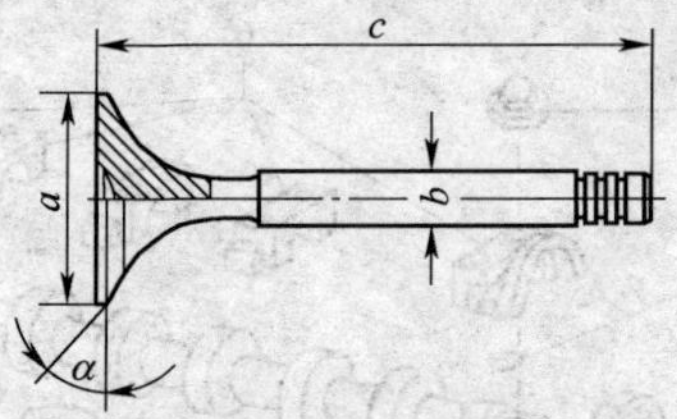

图 3-26　气门尺寸

表 3-1　气门尺寸　(mm)

尺　寸	进气门	排气门
a	39.5±0.15	32.9±0.15
b	6.98±0.007	6.965±0.007
c	91.85	91.15
α	45°	45°

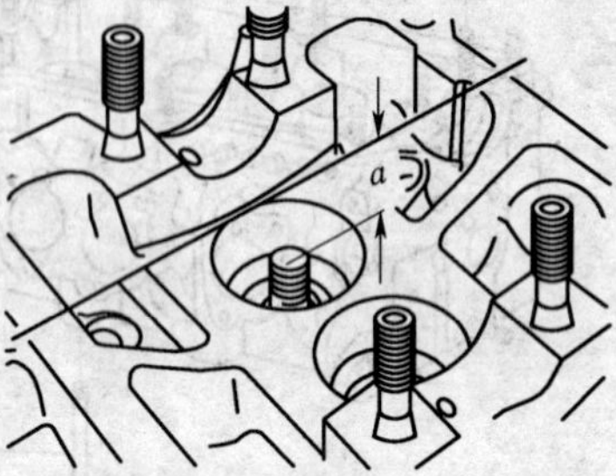

图 3-27　测量气门杆与气缸盖上边缘的距离 a

②修复气门座。进、排气门座修复尺寸分别如图 3-28、图 3-29 和表 3-2 所示。

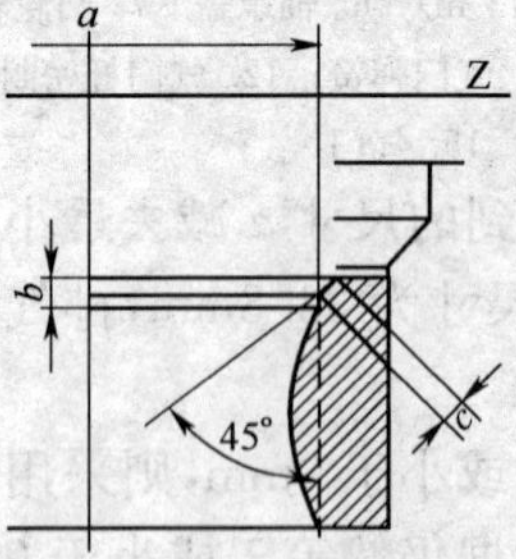

图 3-28　进气门座修复尺寸

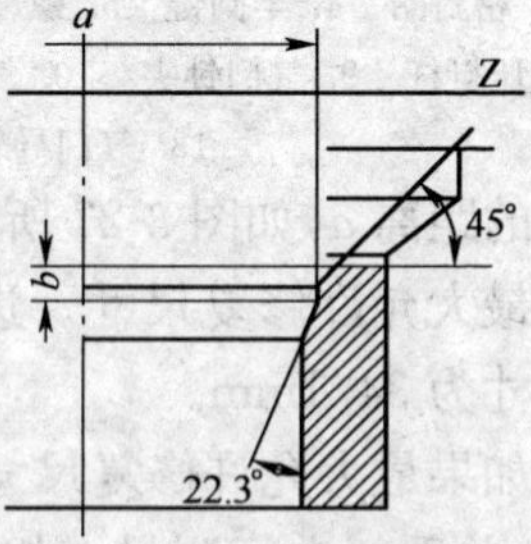

图 3-29　排气门座修复尺寸

表 3-2 进气门座修复尺寸

尺 寸	进气门座	排气门座
ϕa	36.5mm	30mm
b	最大允许加工尺寸	最大允许加工尺寸
c	0.6mm	
45°	Z—气缸盖底边 气门座角	Z—气缸盖底边 气门座角

(2)气门杆密封圈。更换气门杆密封圈的步骤如下：

①拆卸。

a. 拆下凸轮轴。

b. 拆下液压挺杆(不要相互混淆)，将工作表面向下放置。

c. 旋出火花塞。

d. 将对应气缸的活塞移动到下止点。

e. 安装好装配工具 2036，并将装配工具轴的位置调整到与气门罩盖密封边缘对齐，旋紧装配工具，如图 3-30 所示。

f. 将装配工作的轴设定到与轴承螺栓平齐。

g. 旋入压力管 VW653/3 到火花塞螺孔中，并施加一定的压力(最小为 0.6MPa)。

h. 使用专用工具 VW541/1 以及 VW541/5 拆下气门弹簧。如果气门锁夹很紧，用锤子轻敲装配工具的手柄，使其松动。

i. 使用专用工具 3047A，拆下气门杆密封圈如图 3-31 所示。

②安装。在气门杆上套上塑料套 1，以免损坏新的气门杆密封圈。将润滑气门杆密封圈 2 套入压力工作 3129，然后将气门杆密封圈小心地压入到气门导管中，如图 3-32 所示。

(3)气门导管。

1)将气门杆插入到导管中，使气门末端与导管平齐。用百分表检查气门杆有无晃动现象，如图 3-33 所示。进气门杆在导管中晃动量最大为 1.0mm，排 气门杆在导管中晃动量最大为 1.3mm。

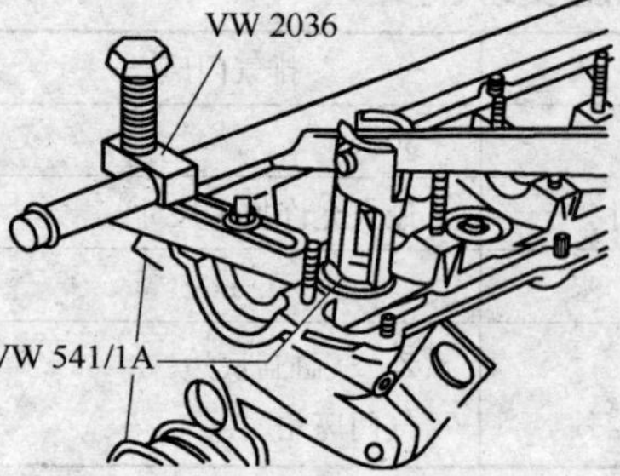

图 3-30　安装专用工具 2036

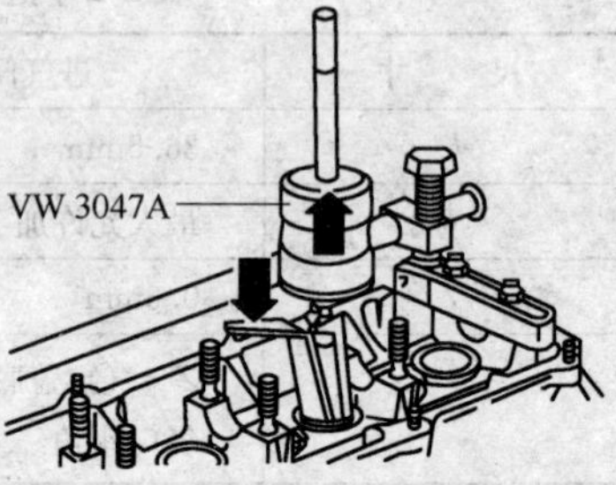

图 3-31　用专用工具拆卸气门杆密封圈

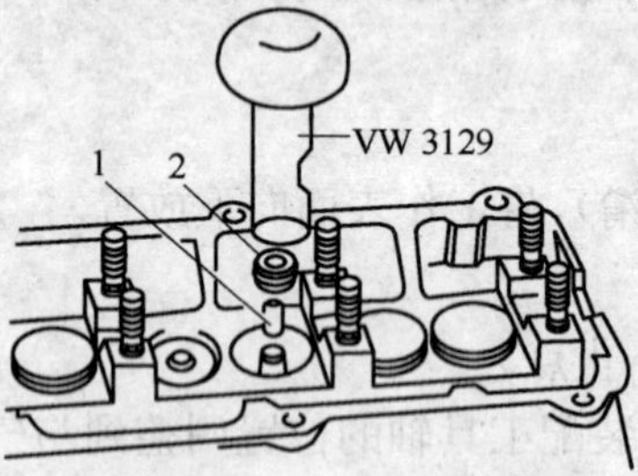

图 3-32　安装气门杆密封圈

1. 塑料套　2. 气门杆密封圈

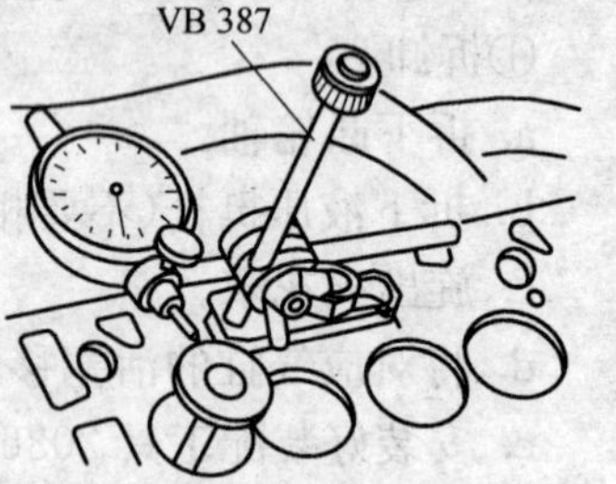

图 3-33　检查气门导管

如果在修理工作中更换了气门,则应对新气门杆与气门导管配合间隙进行测量。

2)更换气门导管:

①清洁并检查气缸盖,检查哪些气门座已不能再修复。当气缸盖已被修复到最小尺寸时,气缸盖不适于更换气门座。

②用专用工具 3121,压出磨损的气门座。对不带轴肩的气门导管从凸轮轴端压出,对带轴肩的气门导管从燃烧室端压出。

③将新的气门导管涂上机油后,从凸轮轴端压入冷的气缸盖。安装带轴肩的气门导管,不要使压力大于 9.8kN,否则轴肩容易断裂。

(4)凸轮轴。

1)检查凸轮轴轴向间隙。测试前,拆下液压挺杆并安装好 1

号和 5 号轴承盖。用百分表检查凸轮轴轴向间隙，如图 3-17 所示。凸轮轴轴向间隙磨损极限不得超过 0.15mm。

2)更换凸轮轴油封。

①拆卸：

a. 使发动机前端位于维修工作台上。

b. 拆卸同步带上防护罩。

c. 松开凸轮同步带轮。转动曲轴将同步带轮设定到第一缸上止点标记，此时凸轮轴同步带轮上的标记必须对准同步带防护罩上的标记，如图 3-34 所示。

转动曲轴 V 型带轮上的标记到第一缸上止点标记，如图 3-35 所示。

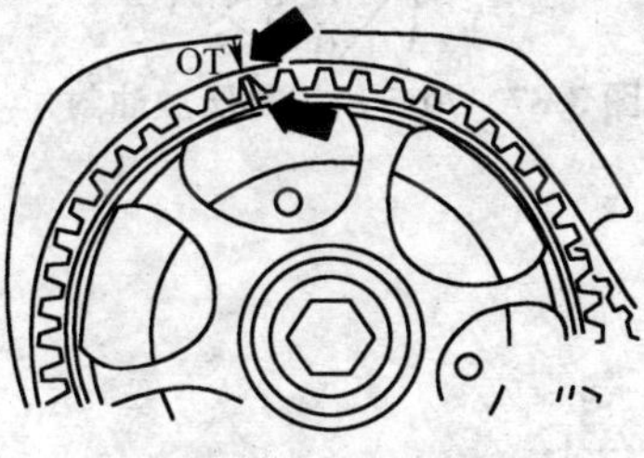

图 3-34　一缸上止点位置同步带轮标记

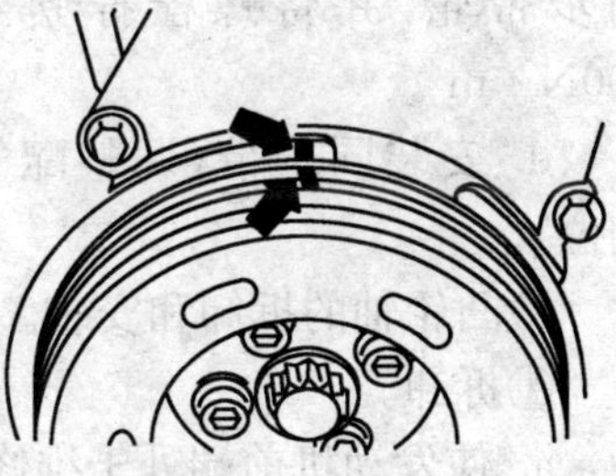

图 3-35　一缸上止点位置曲轴 V 形带轮标记

e. 旋松半自动张紧轮，并从凸轮轴同步带轮上拆下同步带。

f. 拆下凸轮轴同步带轮。

从凸轮轴上拆下半圆键。

g. 将凸轮轴同步带轮固定螺栓尽可能深地拧入凸轮轴。

h. 将油封取出器 2085 的内件旋出，直到与外件平齐后，拧紧滚花螺钉将其固定，如图 3-36 所示。

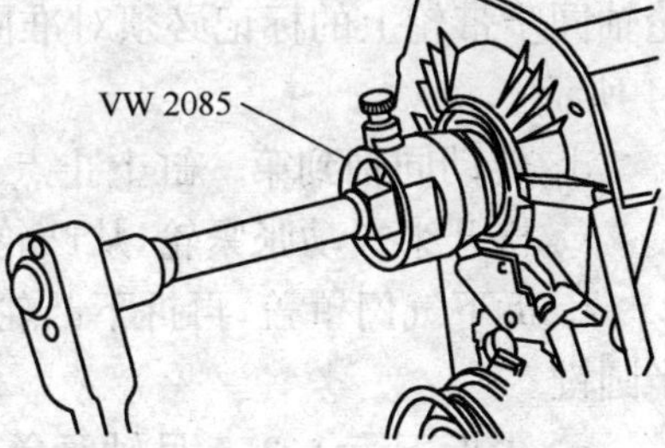

图 3-36　油封取出器 2085 的使用

i. 将油封取出器的螺纹头涂上机油后，尽可能深地旋入到油封中。

j. 旋松滚花螺钉，将内件对着凸轮轴直到将油封拉出为止。

k. 用台虎钳夹住油封取出器的平面后，用钳子取下油封。

②安装：

a. 在油封的唇边上涂上少最润滑油。

b. 用专用工具 10.203 的导向套筒将油封定位，然后用 10.203 将油封压入直到平齐，如图 3-37 所示。

c. 装上半圆键。安装凸轮同步带轮，并将螺栓拧紧到 100N·m 。

d. 安装同步带(调整配气相位)。

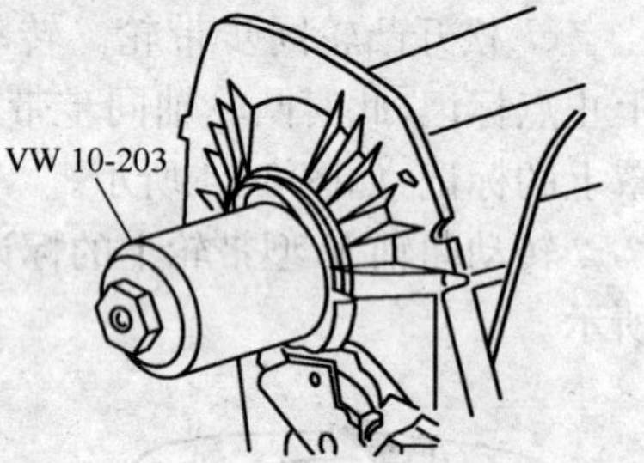

图 3-37　用专用工具压放油封

3)凸轮轴的拆卸和安装。

①拆卸。

a. 使发动机前端处于维修工作台上。

b. 拆下同步带上防护罩。旋松凸轮同步带轮(固定住凸轮轴)。

c. 转动曲轴使凸轮轴同步带轮位于第一缸上止点标记。凸轮轴同步带轮上的标记必须对准同步带防护罩上的箭头，见图 3-34 所示。

d. 转动同轴到第一缸上止点，见图 3-35 所示。

e. 松开半自动张紧轮，从凸轮轴同步带轮上拆下同步带。

f. 拆下气门罩盖，再拆下凸轮轴同步带轮。从凸轮轴上拿下半圆键。

g. 先拆下第 1、3、5 号轴承盖。然后对角交替松开第 2、4 号轴承盖。

②安装。安装凸轮轴前应更换凸轮轴油封。安装凸轮轴时，第一缸的凸轮必须朝上。当安装轴承盖时，要保证孔的上下部分对准。

a. 润滑凸轮轴轴承表面。

b. 交替对角拧紧第 2、4 号轴承盖，拧紧力矩为 20N・m。

c. 后安装 5、1、3 轴承盖，拧紧力矩为 20N・m。

d. 将半圆键安装到凸轮轴上。安装凸轮轴同步带轮，并拧紧到 100N・m。

e. 安装同步带（调整配气相位），安装气门罩盖。

安装好凸轮轴后，发动机在约 30min 之内不得起动，以便液压挺杆的补偿无件进入状态，否则气门将敲击活塞。

在对配气机构进行过维修后，应小心地转动曲轴至少两圈，以防止发动机起动时敲击气门。

(5)液压挺杆。液压挺杆必须整套更换，不能进行调整或维修。起动时，液压挺杆的异常噪声是正常的。起动发动机使其运转直到冷却液温度达到 80℃，将发动机转数提高到 2500r/min 并运转 2min，进行必要的测试，如果液压挺杆产生的噪声还是很大，按照如下步骤检查。

①拆卸气门罩盖。

②按照顺时针方向转动曲轴，直到待检查的液压挺杆的凸轮朝上为止。

测量凸轮和液压挺杆之间的间隙，如图 3-24 所示。如果间隙大于 0.2mm，则更换液压挺杆。

19. 怎样检查气门与气门座的密封性?

检查气门与气门座的密封性，常用涂油法、漏油法和划线法。

(1)涂油法。在气门工作面上涂以红丹油，然后将气门压在相配的气门座上稍许旋转，气门座上的印痕均匀无间断视为密封性良好。

(2)漏油法。在气门落座时不漏汽油，视为密封性良好。

(3)划线法。在气门工作面上每隔1cm用软铅等划道线,相配合的气门在座上往复旋转1/4圈后,铅笔线全被切断视为密封性良好。

20. 怎样检查气门杆与气门导管的配合间隙?

(1)用外径千分尺测量气门杆外径,用塞规测量导管孔内径,可计算出配合间隙。也可作快速近似检查。检验时气门置于气门导管孔内,使气门顶高出座口10mm左右,并在气缸体的适当位置安装千分表,使其量头触点抵住气门头的边缘,然后将气门头部沿百分表触点方向往复推动。千分表上测得径向圆跳动的一半,即是气门杆与导孔间的近似间隙。

(2)如间隙超过使用极限时,应更换气门导管。更换后再检验其配合间隙是否符合要求。

(3)桑塔纳轿车发动机气门导管的配合间隙为0.02～0.04mm,使用限度进气门不能超过1.0mm,排气门不超过1.3mm。否则,应更换气门导管。

21. 怎样调整气门间隙?

早期的上海桑塔纳发动机采用机械式桶形挺杆,气门间隙用下述方法调整:

(1)当第一缸活塞处于压缩行程上止点时,可调整一缸进、排气门、二缸进气门,三缸排气门。

(2)转动曲轴,当四缸活塞处于压缩行程上止点时,可调整四缸进、排气门,二缸排气门,三缸进气门。两次调整完毕。

(3)调整时,用专用工具将挺杆压下,并用尖嘴钳取出挺杆垫片。

(4)用千分尺测量挺杆垫片厚度,再垫入适当厚度的垫片,注意记号朝向挺杆。

1988年以后出厂的发动机采用液压式挺杆,维修时,不用调整气门间隙,如磨损过度,则应予以更换。

(5)发动机气门间隙:冷机时进气门为0.20±0.05mm,排气门为 0.40±0.05mm；热机时进气门为 0.25±0.05mm，排气门为 0.45±0.05mm。

22. 气门磨损与变形对发动机有什么影响？

发动机在运转中，由于气门与气门座的相互撞击、敲打，引起工作面变宽和起槽；排气门受高温气体的冲击，气门杆在气门导管内不断摩擦，引起气门头的偏磨而漏气；气门经过长期工作，头部锥形工作面，杆部及下端面将产生磨损；此外，如正时皮带断裂，发动机起动不当，也会造成气门变形。已经变形或磨损的气门，必须经修磨后方能使用；磨损过大不能修复的，要更换新气门。

23. 气门导管磨损对发动机有什么影响？

在发动机使用中，气门杆与导管会因摩擦而产生磨损。排气门杆和导管的磨损，会使导管孔及排气门杆上产生积炭，而且磨损越严重，积炭越多，气门就会堵塞，使运动减慢；进气门杆与导管之间的磨损会形成间隙，在发动机工作时空气将通过此间隙被吸入气缸，而使混合气浓度降低。气门导管属易损件，磨损后的气门导管必须予以更换。

24. 气门座圈磨损对发动机有什么影响？

气门座圈的工作面磨损变宽超过 2mm，工作面烧蚀出现斑点、凹陷，造成气门不密封，混合气泄漏而降低发动机性能，甚至会带来严重后果。因此，磨损的气门座圈不能使用，而应进行铰削或修磨。

25. 气门弹簧弹力下降对发动机有什么影响？

气门弹簧经过长期使用之后，在外力作用下产生塑性变形和弹性疲劳，而使其自由长度缩短、弹力不足、弹簧歪斜甚至变形和折断。气门弹簧自由长度缩短和弹力不足，都将影响发动机的正常运转，而且在顶置式气门装置中，还会造成气门掉入气缸，造成发动机损坏的严重事故。气门弹簧的自由长度及在规定压缩长度内的相应压力，应符合原厂规定，否则应予以更换。

26. 凸轮轴磨损对发动机有什么影响？

凸轮轴控制各缸的进、排气门按发动机一定的工作顺序和时间进行开闭。当凸轮磨损、轴承颈磨损或有擦伤时,轴弯曲、键槽磨损或扭曲时,都应及时修理或更换。因桑塔纳轿车发动机的凸轮轴不能通用,当检查凸轮高度时,如凸轮的最小高度低于允许值47.20mm,则应更换凸轮轴,因凸轮轴磨损影响进气量和排气。检查凸轮轴弯曲时,以两端轴预为支承检查中间两轴颈的径向圆跳动,若不大于0.05mm,则可暂不修理。轴承盖与轴承座孔用螺栓紧固在一起,检查时,如发现磨损严重,必须立即更换凸轮轴颈。

27. 配气不正时对发动机有什么影响?

发动机配气必须正时,否则难以工作。通常故障出在齿形皮带上,由于齿形皮带的松动或断裂,有时发生跳齿而使配气不准。故障排除方法,是将齿形皮带的松紧度调整合适(或更换),即先将齿形皮带套在曲轴齿轮和中间齿轮上,并用一只螺栓固定曲轴皮带轮,然后将凸轮轴正时齿轮的正时轮标记与气门罩上平面对齐见图1-10。操作时要注意:转动凸轮轴时,曲轴不可置于上止点。

然后将曲轴皮带轮上止点记号和中间轴齿轮上记号对齐,见图1-9。再按图1-9所示箭头方向,转动张紧轮,检查齿形皮带的张紧度,以用两指捏住齿形皮带能转动90°为宜见图1-11。

至于调整点火正时的方法,在后面点火系统中叙述。

28. 怎样判断气门弹簧异响?

当气门弹簧因弹力减弱、过硬、共振,或因方向装反(不等距气门弹簧的密端应压在气缸盖上),都会在靠近气门室一侧发出时大时小的有节奏的破碎声异响。此响声与气门间隙过大的响声相类似,但声响更大一些,并且在中速时响声清晰,高速时响声显得有些杂乱,低温时易出现,单缸断火时要么响声不变,要么更加明显。

如气门弹簧过软,可临时在气门座处加垫片以应急;至于气门弹簧折断,可临时将折断的弹簧平面重叠以应急,回程再行处理。

在判断气门弹簧异响时,可做如下试验:

用旋具撬住某缸气门弹簧,如响声有消失则说明气门弹簧过软;如某缸在断火时响声加重或原来没有响声而此时出现,则是气门弹簧折断，可拆开气门室盖察看。

29. 怎样判断气门碰活塞顶异响？

在顶置凸轮轴四冲程汽油机中，常因气门间隙过小而引起活塞顶在上止点与气门相碰而发出有节奏的“嗒、嗒”连续响声，此响声随转速升高而增大。此时，应调整间隙，使其符合规定。

在判断此类故障时，可打开气门室盖，察看是哪一缸气门发响，然后予以重新调整。

30. 怎样判断气门间隙液压调整器异响？

气门间隙液压调整器失效，机油压力低或内部机油有气泡时，会产生类似于挺杆敲击的异响。当气门导管磨损、摇臂松动或摇臂凸轮碰击气门弹簧座圈时，也会发出异响。

出现此类异响时，应对症排除并清洗液压调整器，如已不能使用则应立即更换。此外，还要注意保持合适的油面高度，检查机油泵与机油滤清器是否漏气，并及时修理。

如因磨合不够而发出异响，可加强磨合，直至磨合良好。

31. 怎样判断气门脚异响？

气门脚间隙过大、各气缸气门脚间隙不一致，或气门螺钉、气门杆、气门导管、气门弹簧座磨损或松动时，都会在发动机运转时产生明显的、连续不断的“嗒、嗒”金属敲击声（多缸气门脚异响声音杂乱），这就是气门脚异响。如降低转速，声音均匀清晰；升高转速则响声增大；断火试验或改变点火提前角时响声均无变化，则可初步判定为气门脚异响。出现这种故障应仔细察听，并对间隙进行调整，然后重新紧固，必要时应更换。气门脚间隙是否适当，可拆下气门室盖，用塞尺插入间隙处，或用旋具轻轻撬动气门杆察听响声是否消失来判明。另外，气门脚异响也可能是由于凸轮轴变形所引起，此时则需校正凸轮轴才可排除。

32. 怎样判断气门座圈异响？

气门座圈松动也会产生异响，其响声与气门脚异响相似，但声音时大时小，且带有破碎声，重新镶配即可排除。

在判断气门座圈异响时,可采用导听方法,先判断故障缸,再伴以转速变化加以判明。这类故障声响在高速时杂乱无章,中速时响声清晰,单缸断火时,响声不变或更明显。

33. 怎样判断液压气门挺杆异响?

液压气门挺杆因凸轮接触面严重磨损,或因柱塞与油缸之间有脏物,就会产生金属敲击声,或时有时无的"哒、哒"声。此外,如补偿弹簧过软,高、低压油腔进油太慢,则冷机有噪声;如球阀不密封,高、低压油腔进油太快,则热机有噪声;因油道气阻而缺油时,则有一般噪声。出现此类故障,必须对症排除,必要时更换。

在判断液压气门挺杆异响时,可做如下试验:

起动发动机后关停,以橡胶管对进、排气门弹簧座导听以检查故障缸;手压液压挺杆试其是否窜动或松动,如有,则可判断为液压挺杆内不存油而导致其失效。

34. 怎样判断凸轮轴异响?

凸轮轴如有弯曲、轴向窜动、凸轮磨损或轴承磨损等情况,都会发出有节奏的间歇异响并伴有振动,断火时声响无变化。但急减速时会发出尖锐而连续的金属敲击声,高速时声响减弱、消失或显得杂乱,中速时声响明显且连续,怠速时则变得杂乱无章。

要判断凸轮轴异响,可用汽车听诊器导听高速、中速、怠速和急加速等各种工况下的声响特征,即可判别。无听诊器时也可拆下气门室盖,用旋具压紧凸轮轴,察听响声是否明显减弱或消失,如是,则为此类故障。

35. 凸轮轴是怎样驱动的?

凸轮轴是由曲轴通过传动装置来驱动的,所用传动装置有齿轮式、链条式和齿形皮带式。

(1)齿轮传动:下置凸轮轴式汽油机通常用一对正时齿轮传动,为了使齿轮啮合平顺,减小噪声和磨损,正时齿轮多用斜齿并用不同材料制成。为了保证装配时的配气正时,齿轮上都有正时记号,装配时必须使记号对齐。

(2)链条传动和齿形皮带传动:链条传动噪声小,一般用于中置或顶置凸轮轴式发动机上。曲轴通过链条驱动凸轮轴,在链条侧面有张紧机构和链条导板,利用张紧机构可以调整链条的张力。近年来,在高速发动机上广泛采用氯丁橡胶齿形皮带传动来代替链条传动,显著减小了噪声,且其质量轻、包角大、工作可靠。

36. 气门挺杆的作用及结构特点是什么?

挺杆是凸轮的从动件,它的作用是将凸轮的推力传给推杆或气门。

常见的普通挺杆有菌形挺杆、平面挺杆和筒形挺杆,如图 3-38 所示。挺杆常用碳钢、合金钢、合金铸铁和冷激铸铁等制成。如前所述,它与凸轮轴的材料必有合理的组成配对。

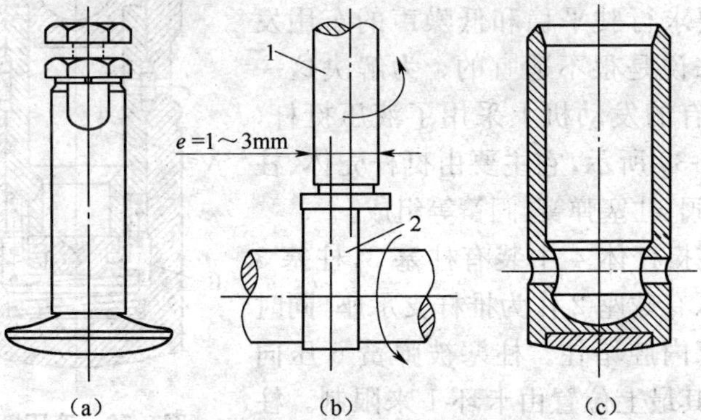

图 3-38 气门挺杆形式

1. 挺杆;2. 凸轮

在挺杆工作时,由于受凸轮侧向推力的作用会引起挺杆与导管之间单面磨损,又因挺杆的工作面直接与凸轮相接触,是一对高摩擦件,在工作中会产生很大的摩擦与磨损。为了减轻挺杆工作面的局部磨损,一般采取以下办法。

(1)如图 3-38a 所示,将挺杆底面工作面制成球面,将凸轮的母线做成斜率很小的锥体,这样可使挺杆在工作中绕其中心线稍有转动,从而达到磨损均匀的目的。

(2)如图 3-38b 所示,挺杆工作面是平面,凸轮是柱体,但在安装中使挺杆中心线与凸轮中心线不相重合而具有一定的偏心量(e=1～3mm)。这样,在工作时也可使挺杆绕其中心线产生一定的转动。

(3)如图 3-38c 所示,挺杆外表面做成两端小,中间大的筒形。当挺杆在座孔中歪斜时,由于它的自定位作用,仍可保证凸轮型面全宽与挺杆表面相接触,从而可减小接触应力,并使磨损均匀。

平面挺杆由于结构简单、质量轻,被广泛用于汽车用发动机上。

由于配气机构中存在间隙,在高速运行时会产生很大的振动和噪声,这对某些要求行驶平稳和低噪声的车用发动机来说是很不适宜的。为解决这一问题,有的发动机上采用了液压挺杆,如图 3-39 所示,它主要由挺杆壳体、柱塞、球阀、柱塞弹簧、阀簧等组成。

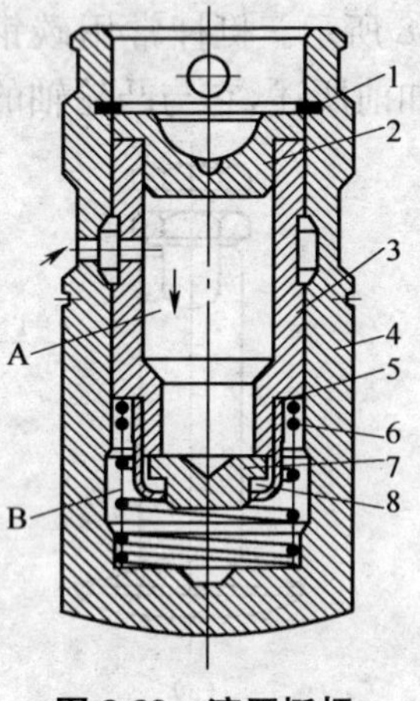

图 3-39　液压挺杆

1. 卡圈　2. 球座　3. 柱塞　4. 挺杆体　5. 单向阀架　6. 柱塞弹簧 7. 单向阀　8. 碟形弹簧

在挺杆体 4 中装有柱塞 3,柱塞 3 上端压有球座 2 作为推杆支承座,同时将柱塞内腔堵住。柱塞被弹簧 6 压向上方,其最上位置由卡环 1 来限制。柱塞下端的阀架 5 内装有碟形弹簧 8,用以关闭单向阀 7。

发动机工作时,机油沿主油道供到气门挺杆,并充满柱塞内腔及其下面的空腔。当气门关闭时,机油经挺杆体和柱塞上的油孔压进柱塞腔 A 内,并推开单向阀充入挺杆体腔 B 内。弹簧 6 使柱塞 3 连同压合在柱塞中的球座 2 紧靠着推杆,使配气机构的间隙消失。

当凸轮转到工作面使挺杆上推时,推杆作用于支承座 2 和柱塞 3 上的反力,使柱塞克服柱塞弹簧的力相对于挺杆体 1 向下移动，于是柱塞下部空腔内的油压迅速升高，使单向阀 7 关闭。由于液体的不可压缩性，整个挺杆便像一个刚体一样，按凸轮的运动规律，使气门开启、关闭。

当油压过高或者气门受热膨胀时，将有少许油液经柱塞与挺杆体的间隙处漏出去。

当气门开始关闭或冷却收缩时，柱塞所爱压力减小，由于柱塞弹簧的作用，柱塞向上运动，始终保持与推杆的接触，同时柱塞下部空腔产生真空度，于是，主油道的油压将再次推开单向阀，向挺杆体腔内充油而再度充满整个挺杆内腔。

采用液压挺杆，消除了配气机构中的间隙，减小了各零件的冲击载荷和噪声，同时凸轮轮廓可设计得比较陡一些，使气门开启和关闭更快，以减小进、排气阻力，改善发动机的换气，提高发动机的性能，特别是高速性能。

37. 气门推杆的作用及结构特点是怎样的？

推杆的作用是将从凸轮轴经过挺杆传来的推力传给摇臂。常用的推杆是一根细长空心杆，其上、下两端压入或用电焊接并经淬火和精加工的凹、凸球头，上端的球窝摇臂上的球头相接，下端的球头与挺杆的球窝相配。

推杆本身是一根细长的杆，传递的力又很大，因此要求其纵向弯曲稳定性要好，并且刚度要高、质量要小。为了减轻重量，推杆一般采用无缝钢管制造。推杆的上、下两端均经热处理并磨光，以提高其耐磨性。

38. 顶置凸轮轴配气机构有什么特点？

(1)桑塔纳轿车发动机采用顶置式凸轮轴，凸轮轴通过挺杆直接作用于气门上。这种形式在结构上稍微复杂，但由于不需要推杆，所以往复运动的零件重量大大减轻，惯性力也减少，更有利于高速时精确地打开和关闭气门。

(2)凸轮轴直接装在气缸盖上平面和五个轴承盖合成的轴承孔内。两者装配好后再精镗轴承孔，以保证各轴承孔的同心度。

轴承孔有斜油孔通气缸盖主油道,进行强制润滑。凸轮推动挺杆上的气门间隙调整垫片,调整热片装在挺杆头部的凹槽内。

(3)筒形挺杆头部的下平面直接接触气门,因此凸轮旋转时,即可直接驱动气门,更有利于增加配气时间,改善发动机充气量。同时,这种结构还可不必多次调整气门间隙,只需在装配时,选择适当厚度的垫片,即可保持规定范围内的气门间隙。

39. 配气机构的功用及配气相位是什么?

(1)配气机构的功用是按发动机的发火顺序和配气相拉的要求,定时地开启和关闭进、排气门。

(2)配气相位就是以上、下止点为基准,用曲轴转角来度量进、排气门的开始开启和关闭终了的时刻。

(3)桑塔纳轿车发动机进、排气门的开启和关闭时间,如表3-3所列。

表 3-3 桑塔纳轿车发动机配气相位

机型	进气门		排气门	
	开启	关闭	开启	关闭
YP(1.6L)	上止点前 4°	下止点后 46°	下止点前 44°	上止点后 6°
JV(1.8L)	上止点前 1°	下止点后 37°	下止点前 42°	上止点后 2°

40. 气门磨损和变形的原因有哪些?

(1)发动机在运转中,因气门与气门座的相互撞击、敲打,而引起工作面起槽和变宽。

(2)排气门爱高温气体的冲击,会使工作面氧化熔蚀,出现斑点和凹陷。

(3)气门杆在气门导管内不断摩擦,使配合间隙增大,而在管内晃动,引起气门头部的偏磨,关闭不严而漏气。

(4)气门经过长期的工作,还将发生头部锥形工作面、杆部及下端的面的磨损。

(5)此外,正时齿带断裂后,起动发动机也会使气门变形损坏。

因此，在使用中，如发现发动机工作不正常应及时检修，以免造成发动机机件早期损坏。

41. 桑塔纳轿车气门有什么特点?

(1)桑塔纳轿车发动机气门为平顶式，如图 3-40 中的 1 和 2。这种结构比较简单，制造简便，吸热面积较小。

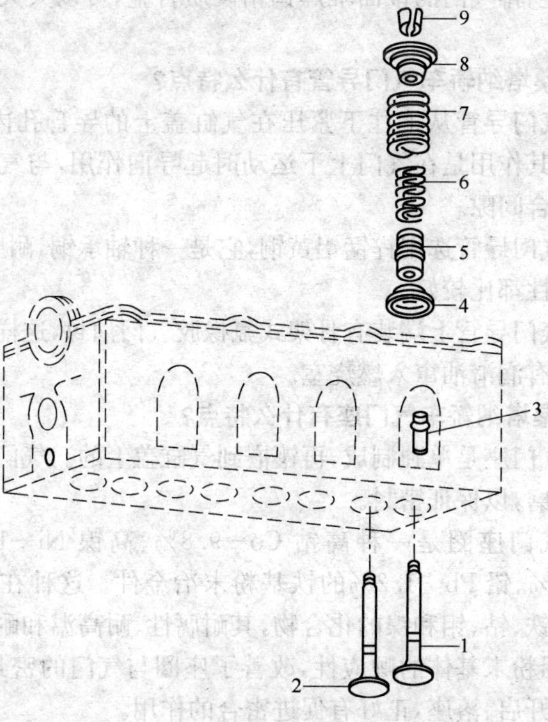

图 3-40　气门组组成

1、2. 气门　3. 气门导管　4. 弹簧座　5. 挡油封
6、7. 气门弹簧　8. 锁片座圈　9. 锁片

(2)为使进气充分，进气门的直径比排气门的直径大，如桑塔纳轿车 1.6L 发动机进气门直径为 34.0mm，排气门直径为 31.0mm；1.8L 发动机进气门直径为 38.0mm，排气门直径为

33.0mm;进、排气门的锥角都是45°。气门锥角是指气门工作锥面与气门头平面之间的夹角。气门杆端有凹槽,用以安装气门弹簧锁片。

(3)为了解决气门头部的烧蚀,气门头部采用耐热钢21.4N,与气门杆部用摩擦对焊法制成一体。

(4)进、排气门的锥面堆焊钨钴硬质合金,可以大大提高使用寿命。

42. 桑塔纳轿车气门导管有什么特点?

(1)气门导管从上往下紧压在气缸盖上的导管孔内,如图3-40中3。其作用是在气门上下运动时起导向作用,与气门杆间有一定的配合间隙。

(2)气门导管选用锌锰铝黄铜,它是一种轴承铜,耐磨性、导热性和加工性都比较好。

(3)气门导管上端装有骨架式氟橡胶气门油封,这样可以防止配气机构有润滑油窜入燃烧室。

43. 桑塔纳轿车气门座有什么特点?

(1)气门座是单独制成,再镶嵌到气缸盖上的。气门与气门座之间要研磨,以保证密封。

(2)气门座圈是一种高钴Co—9.8%、高镍Ni—1.64%、钼Mo—1.5%、铅Pb—1.2%的铁基粉末冶金件。这种在铁与铅基中分布着铁、钴、钼和镍的化合物,其耐腐性、耐高温和耐磨性都较好,铁与铅粉末基体的顺应性,改善了座圈与气门的密封条件,气门的不断开启、落座,正好有促进密合的作用。

44. 桑塔纳轿车气门弹簧有什么特点?

(1)气门弹簧的作用是使气门自动回位,保证气门与气门座的密合。气门弹簧一端支承在气缸盖上相应的座内,另一端则压在气门杆端的弹簧座上。

(2)气门弹簧装好后,必须有足够的预紧力,以免发动机振动时,引起气门落座冲击,反跳而破坏密封性和损坏机件。

(3)桑塔纳轿车发动机采用双重等距弹簧，如图 3-40 中的 6 和 7。双重弹簧不仅能防止弹簧共振，而且在气门顶置的情况下当一个弹簧折断时，另一个弹簧尚能继续工作而不至于使气门掉入气缸内。双重弹簧的旋向是相反的，以防止折断的弹簧圈卡入另一个弹簧圈内。

(4)气门弹簧用弹性极强和疲劳强度较高的冷拔弹簧钢丝制造，钢丝表面经喷丸处理，以提高其疲劳强度。

45. 怎样更换气门导管？

(1)用专用工具，将气门导管压出。若有台肩的导管，可以从燃烧室压出。

(2)检查导管座孔、气门座圈孔和火花塞螺孔之间是否出现裂纹。如果裂纹长度不超过 0.5mm，气缸盖可以继续使用，不会影响寿命；如果裂纹长度超过 0.5mm，则必须更换气缸盖。

(3)在新气门导管的外表面涂上机油，用专用工作将导管从凸轮端压入气缸盖，不用加热。带台肩的气门导管压入的力不得超过 10kN，否则将会使台肩断裂。不带台肩的气门导管压入后，露出部分长度应等于带台肩气门导管台肩端的长度。

(4)用铰刀修铰导管内孔。导管与气门杆的配合间隙过小，一般用气门导管铰刀进行铰削。铰削时，应根据气门杆直径大小选择铰刀。吃刀量不能过大，铰刀持平，边铰边试配。

46. 桑塔纳轿车凸轮轴有什么特点？

(1)凸轮轴控制各缸的进、排气门按发动机一定的工作顺序和时间进行开闭。桑塔纳轿车发动机的凸轮轴为顶置式，即凸轮轴置于气缸盖上。它省去摇臂轴和摇臂支座等零件，由凸轮直接推动挺杆，控制气门开闭。其结构简单，零件惯量小，系统刚度大，有利于发动机转速的提高。

(2)凸轮轴由进、排气凸轮和凸轮轴颈组成。桑塔轿车发动机凸轮轴有 8 个凸轮，每缸 1 个进气凸轮、一个排气凸轮。该凸轮轴有五道轴颈，为全支承型式。全支承就是每气缸有 2 个支承，4 个气缸共有5个支承。这种支承刚度好,稳定性好。凸轮轴的5个轴颈装在由气缸盖上的平面和5个轴承盖合成的轴承孔内。轴承盖采用锻铝件,与气缸盖上的铸铝形成良好的铝轴承。轴承孔内有斜油孔通气缸盖主油道,进行强制润滑。

(3)凸轮轴利用第五个轴承盖的两个侧面进行轴向定位。每个凸轮的轴向中心线与气门杆的调整垫片中心都有一定的偏移,使调整热片在挺杆凹槽内能不停地旋转。每个凸轮与挺杆中心的偏移量虽然都一样,但各缸两个凸轮的偏移方向却都不一样,从而使凸轮轴上的受力能获得平衡,不至于产生轴承向力矩。这样的结构,其系统刚度比普通上置凸轮轴的配气机构大得多,因而更便于利用提高转速来强化发动机,更有利于增加配气时间断面,改善发动机的充分性能。

(4)凸轮轴的材料为合金铸铁,凸轮表面经电弧重熔冷激处理后,再将整根的凸轮轴表面进行氮化处理,具有相当好的耐磨性和高强度、高硬度。

(5)凸轮轴由曲轴用厚7.6mm、宽20mm的同步齿轮形带传动。三个齿形轮全部采用铁基高精度粉末冶金烧结,齿形带以聚氮丁二烯为基体,用玻璃纤维增强,齿面用尼龙衬布保护。这种齿形带传动,不仅传动精确。同步性好,使用速度范围大,同时又保持V带传动的优点,比如不需润滑、传动效率高、张紧力小、噪声小及传动机构简单等。其张紧轮的拆装、齿形带导向和密封的要求也较简单,只要防尘即可。桑塔纳轿车发动机齿形带罩盒下盖就是用工程塑料压铸而成的,盖内加几条肋板,就成为齿形带的导向装置,四周粘上几条海绵便成为罩盖与气缸体的密封条。

47. 桑塔纳轿车挺杆有什么特点?

(1)桑塔纳轿车挺杆在凸轮轴、凸轮与气门杆之间,凸轮的传动通过挺杆传给气门。

(2)1987年前生产的桑塔纳轿车发动机的机械式挺杆配气机构,挺杆的顶面有凹槽,凹槽用于装气门间隙调整片。调整片用低碳钢制成,通过渗碳后淬火回火处理,其表面硬度很高,表面再经镀锌,以达到较好的磨合性能。垫片的外圆和平面经过精磨,以达到调整的精确性。

(3)挺杆为低碳钢挤压件,经粗、半精加工后渗碳正火,再精磨外圆、凹槽平面及侧面制成,凹槽底面有减小接触面的外沟和中间槽,同时可以存油。在挺杆的上方有个存油槽,从凸轮轴颈出来的油流入存油槽。凸轮轴旋转时,凸轮尖能与油面接触。这样,由于气门间隙调整垫片几乎浸在油里而得到润滑,不仅润滑凸轮,同时也使调整垫片下面的挺杆得到润滑,这种机械式挺杆在装配时必须选择适当厚度的热片,以使保持规定的气门间隙。或垫片磨损需换用新的。

(4)1987 年后生产的桑塔纳轿车发动机,其配气机构用液压式挺杆取代机械式挺杆。采用液压式挺杆的配气系统中,取消了气门间隙调整垫片。由于气门间隙不必调整,可使装配、使用和维修十分方便,磨损后换用新的。采用液压挺杆,消除由于气门间隙而引起的噪声及冲击,还可减少凸轮型面和挺杆顶面的摩擦磨损。

48. 怎样拆卸检修挺杆?

(1)挺杆的拆卸按下列步骤进行。

①拆下气门室罩。

②拆下凸轮轴轴承盖,并抬下凸轮轴。

③通过气缸盖上的孔取出挺杆,并在挺杆上打出樯记,挺杆不可互换。

(2)检查。早期生产的桑塔纳轿车发动机配气机构为机械式刚性挺杆。这种机械式挺杆在维修中首先要检查挺杆垫片和挺杆凹槽的磨损情况。如果它们磨损严重,气门挺杆在运动中就不能灵活旋转,会增大凸轮顶起挺杆的横向力,使挺杆在运动中左右摆动,影响挺杆正常工作。还要检查气门挺杆配合间隙,其正常间隙为 0.12mm。经验检查法是将挺杆提起少许摇晃,如有明显间隙感觉,即表明挺杆与孔磨损严重,应进行更换或修复。

(3)维修。1987年后产生的桑塔纳轿车发动机配气机构改为液压挺杆。这种液压挺杆没有调整垫片,在维修中首先要检查挺杆顶部的磨损情况。如果磨损严重或出现沟槽,需进行更换。另外还要检查挺杆与挺杆孔的配合间隙。液压挺杆中的柱塞和油缸是一对精密偶件,其配合间隙不超过0.005mm。间隙过大时,挺杆在工作中会从间隙渗漏出油,影响挺杆的正常工作。因此,对于液压挺杆要检查这对精密偶件的密封性。先将液压挺杆浸泡在洗油中,推拉柱塞若干次,洗后重新装复。把排出空气后的挺杆放在试验台上,在柱塞上施加200N的力,使其在滑下2mm左右后,测量它的1mm滑降时间。如果测得的值低于标准值,应更换液压挺杆。

49. 气门漏气的原因有哪些?

(1)气门与气门座配合部位磨损、烧坏或粗糙,致使密封不严而漏气。

(2)气门间隙过小(一般车用发动机的气门间隙为0.25~0.45mm)气门受热膨胀间隙消失,关闭不严。

(3)气门座积炭过多,使气门座关闭不严。

(4)气门杆部弯曲变形或气门头翘曲。

(5)气门在导管内上下往复运动时有发涩或卡现象。

(6)气门座发生变形而导致气门封闭不严。

(7)气门弹簧折断或弹力不足。

(8)气门烧蚀。

50. 气门为什么烧蚀?怎样防止?

(1)气门烧蚀主要是由于不合理使用造成的。发动机长时间在大负荷条件下工作,超过设计限度,也会使气门早期磨损;同时,还会引起气缸盖、气门座和气门导管变形,破坏气门密封性,影响气门散热,使气门烧蚀。

(2)发动机高温易引起润滑油、燃油氧化聚合分解,在气门头和气门杆形成胶状沉积物,使气门密封面腐蚀,并使气门漏气烧蚀。

(3)在使用中,应防止发动机长时间大负荷工作,提高保修质量。维护时,应及时清除积炭,密封不良要及时研磨,气门间隙过小应按标准进行调整。

51. 怎样研磨气门?

(1)将气门、气门座及气门导管洗净。

(2)气门杆涂润滑油,气门工作面上涂一层气门砂,将气门插入导管内。

(3)用皮碗吸住气门顶,以手捻转皮碗杆进行研磨,待工作面磨出一条完整的接触环带后,换用细砂继续研磨。研磨中涂砂应适量,以防气门砂落入导管。当工作面出现一条整齐灰色无光的环带时,用煤油冲洗气门、导管及气门座并擦干,油润滑表面,并用橡皮捻子拍打气门密封口。最后再润滑。

(4)将研磨好的气门做上记号,以防错乱后破坏良好的密封。

52. 怎样安装气门?

(1)将气门油封压装于气门导管上,安装时,油封一定要压到位,防止油封变形或损坏。

(2)装上气门弹簧和弹簧座,将气门杆上涂少许润滑油,按原次序插入气门导管内,用专用工作压紧气门弹簧,装上锁片。

(3)三槽结构的气门,这种气门必须装用相配套的气门锁片和气门弹簧座。

①气门锁片内有相应的凹槽,气门弹簧座表面镀铜或铬,有约1.5mm的斜边和外边。

②修理时一个凹槽和三个凹槽气门可以混装,但每种气门只能装用规定的气门锁片和气门弹簧座。

53. 怎样安装齿形带?

(1)将齿形带套在曲轴齿轮和中间齿轮上。

(2)曲轴带轮用一只螺栓固定。

(3)凸轮轴正时齿轮上的标记应与气门室罩平齐。转动凸轮轴时,曲轴不可置于上止点。

(4)曲轴带轮上止点记号和中间轴齿轮上记号对齐。

(5)将齿形带套到凸轮轴正时齿轮上。

(6)按图 1-11 所示,箭头方向转动张紧轮,以张紧齿形带。用拇指和食指捏住凸轮齿轮和中间轴齿轮中间的齿形带刚好可以转90℃。如果张紧程度不符,可松开张紧轮螺母,进行第二次调整。

54. 怎样安装气门室罩?

(1)在气缸盖和气门室罩的密封表面上,将密封胶的残渣清理干净,防止安装后发生漏油现象。

(2)在干净的气缸盖密封表面上涂以密封胶,涂胶层要均匀适量。在密封胶开始固化以前,将气门室罩安装在气缸盖上,注意不得把密封胶接触到其他零部件上。

(3)安装气门室罩紧定螺钉,拧紧力矩为 6.4N·m。螺钉不可拧得过紧,以免损坏铝合金的气门室罩。为防止气门室罩的变形,在拧紧螺钉时,应按照常用的交叉方式来进行。

55. 不分解怎样检查液压挺杆工作是否正常?

发动机起动正常,有不规则的气门噪声。起动发动机并运转,并使散热器的风扇接通运转 1 次。增加发动机的转带至 2500r/min 并运转 2min。

如果挺杆始终有杂音,找出有缺陷挺杆的方法如下。

(1)拆下气缸盖罩盖。

(2)顺时针方向转动曲轴,直至被检查挺杆的凸轮有尖点向上。

(3)用带有楔形尖端的木棒或塑料棒向下压挺杆。如果在气门的要开之间的自由行程超过 0.1mm,压下挺杆感觉有间隙,则要更换挺杆。

56. 液压挺杆产生噪声的原因有哪些?

当发动机还没有达到正常工作温度,能听到液压挺杆噪声;而当发动机热起来之后,这种噪声就将消失。这种现象就是正常的。

如果所有的挺杆都有噪声，可能是因为灰尘或胶粘的润滑油使其卡住；或润滑油的质量不良，起泡沫的润滑油也可能带来这种现象。如果润滑油起泡沫，在润滑油标尺上也将有泡引起润滑油起泡沫。润滑油中有水或润滑油油面太高或太低，都可能。

液压挺杆体中的柱塞，如调整不当也将引起噪声。

(1)如果一个液压挺杆有噪声，可能是柱塞太紧。

(2)柱塞弹簧太软或被折断。

(3)球阀泄漏。

(4)柱塞磨损。

(5)锁环安装不当或找不着了。

(6)柱塞的润滑油压力不够。

57. 怎样安装正时齿形带和正时链轮?

(1)无活塞在上止点。在曲轴链轮和中间链轮上安装正时齿形带。

(2)用一个螺栓固定 V 带的曲轴带轮(注意安装位置)。

(3)凸轮轴链轮上的标记必须与气缸盖的罩盖平面对齐。

(4)V 带轮上的标记与中间链轮上的标记必须对齐(第一缸活塞在上止点)。

(5)将正时齿形带安装到凸轮轴链轮上。

(6)转动张紧轮，调整正时齿形带的紧度。在凸轮链轮与中间链轮之间，用拇指和食指捏住正时齿形刚好能扭转 90℃，其张紧度是合适的。拧紧张紧轮的紧定螺母。

(7)转动曲轴两周，检查上述两处标记是否对齐。

58. 桑塔纳和奥迪轿车有哪些易损件可以通用?

桑塔纳和奥迪轿车可以通用零件如表 3-4 所列。

表 3-4 桑塔纳和奥迪轿车可以通用零件

编号	零件名称	原厂编号	适用车型
0548	齿形带轮	069 130 111C	五缸奥迪 100
0548	齿形带轮	049 109 11B	四缸奥迪 100、桑塔纳
0549	中间轴	056 115 019B	四缸奥迪 100、桑塔纳
0602	进气门	035 109 601H	四缸奥迪 100、桑塔纳
0603	排气门	035 109 611A	四缸奥迪 100、桑塔纳
0604	进气门座圈	035 109 612	四缸奥迪 100、桑塔纳
0606	排气门座圈	035 109 613	四缸奥迪 100、桑塔纳
0609	气门内弹簧	056 109 633B	四、五缸奥迪 100、桑塔纳
0610	气门外弹簧	056 109 623B	四、五缸奥迪 100、桑塔纳
0611	气门弹簧座	056 109 629A	四、五缸奥迪 100、桑塔纳
0612	气门锁片座圈	049 109 641B	四、五缸奥迪 100、桑塔纳
0614	气门锁片	113 109 651A	四、五缸奥迪 100、桑塔纳
0616	气门导管	049 103 419A	四、五缸奥迪 100
0624	气门支座	034 109 309A	四缸奥迪 100、桑塔纳
0624	气门液压挺杆	056 109 311A	五缸奥迪 100
0502	凸轮轴总成	026 109 101L	四缸奥迪 100、桑塔纳
0502	凸轮轴总成	069 109 101F	五缸奥迪 100
0509	凸轮轴轴承	056 103 651	四缸奥迪 100
0509	凸轮轴轴承	056 103 652	四缸奥迪 100
0546	凸轮轴正时齿轮	049 109 111C	四缸奥迪 100、桑塔纳
0546	凸轮轴正时齿轮	069 109 111	五缸奥迪 100
7754	凸轮轴油封	068 103 085A	四、五缸奥迪 100、桑塔纳
775	气门油封	026 109 675	四、五缸奥迪 100、桑塔纳

第四章　电喷燃料供给系统故障诊断与检修

1. 燃料供给系有什么特点?

(1)发动机燃料供给系的任务是根据发动机各种工况的要求,配制出一定数量和浓度的可燃混合气,供入气缸,使之在临近压缩终了时,点火燃烧而膨胀作功。最后,供给系还应将燃烧的废气排到大气中去。

(2)燃料供给系的组成。

①燃油供给装置:包括汽油箱、汽油泵、汽油滤清器、进油管及回油管等,用以完成汽油的储存、输送、清洁及油路中的油气分离任务。

②空气供给装置:即空气滤清器及进气预热系统。

③可燃混合气形成装置:即化油器。

④可燃混合气供给及废气排出装置:包括进气管及预热装置、排气管和排气消声器。

(3)如图 4-1 所示,汽油在汽油泵的作用下,由汽油箱经汽油泵进入汽油滤清器,汽油滤清器有过滤及油气分离作用,过滤后的汽油进入化油器,而汽油蒸气则经回油管流回汽油箱。图 T 形管 9 是回油管中连续减压喷管,只用于装 KEIHIN 化油器的车。图中储油罐 4 只用于装 IB3 化油器的车和 2E2 化油器的车。汽油在化油器中实现雾化和蒸发,与空气混合并在进气管中进一步混合形成可燃混合气,经进气管分配到各个气缸进行燃烧。燃烧生成的废气经排气管和排气消声器被排到大气中。为检查汽油箱内的汽油量还装有汽油表。

2. 汽油发动机用汽油应满足哪些要求?

(1)有适应的蒸发性。能在各种条件下迅速蒸发,形成可燃混合气,满足低温下起动以及预热、加速等各种工况的需要。蒸发性并不是愈高愈好,否则易产生气阻现象,因此要求适当。衡量汽油

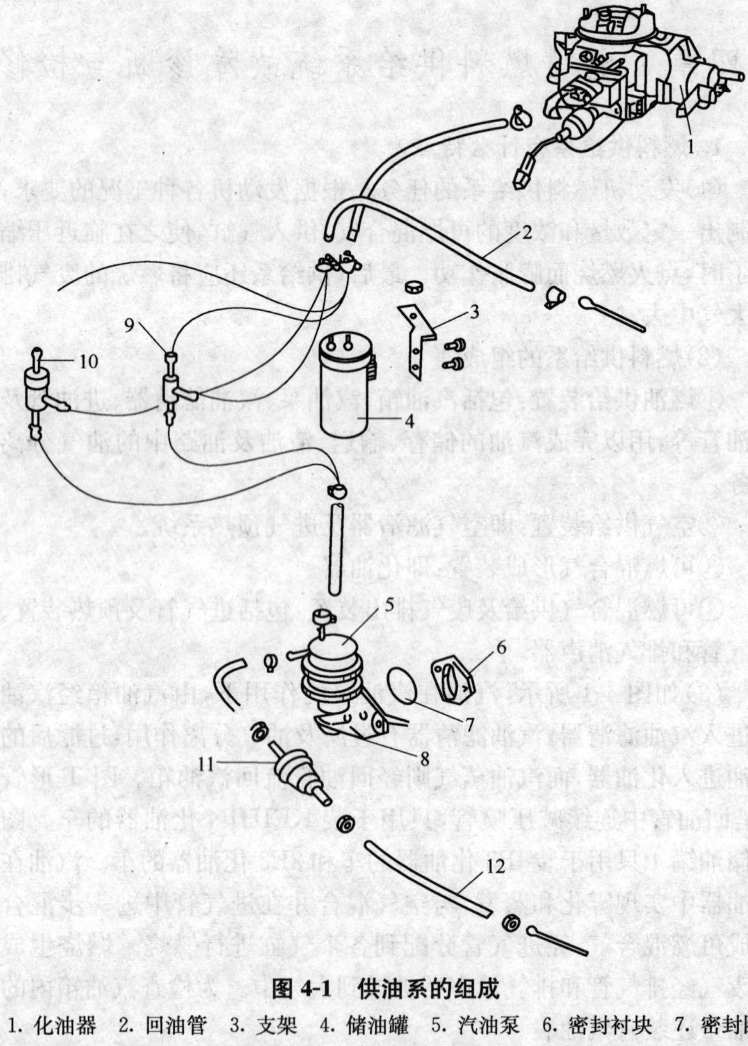

图 4-1　供油系的组成

1. 化油器　2. 回油管　3. 支架　4. 储油罐　5. 汽油泵　6. 密封衬块　7. 密封圈　8. 螺栓　9. T 型管　10. 用于压力管上的汽油滤清器　11. 汽油滤清器　12. 吸油管

蒸发性的指标是“馏程”和“蒸气压”两项。

(2)有良好的抗爆性。在燃烧过程中保证不产生不正常的燃烧现象,以免损坏发动机,这一性能是用“辛烷值”来作为衡量指标的。

(3)较好的安定性。在储存中应不易氧化生成胶质。胶质会堵塞燃料系统的油管、滤清器和化油器喷嘴、导致供油量减少;此外胶质还会粘结气门,使气门关闭不严;胶质还会使燃烧室积炭增多,增大发动机压缩比,产生爆燃和早燃等不正常燃烧现象,影响发动机压缩比。产生爆燃和早燃等不正常燃烧现象,影响发动机正常工作。评定汽油安定性的指标有实际胶质含量和诱导期。诱导期越长,安定性越好。

(4)应无腐蚀性。不易腐蚀金属容器和发动机零件。汽油中引起腐蚀的物质是硫及硫化物、有机酸及水溶性酸和碱等。

(5)不含机械杂质和水分。如有杂质像灰砂、尘土、金属屑、铁锈和纤维等,会堵塞滤清器,影响供油,水分在汽油中会引起四乙基铅分解,使导出剂失效。

3. 什么是汽油机的爆燃?有什么危害?

爆燃是一种不正常的燃烧现象。可燃混合气在发动机气缸内燃烧时,开始是由电火花把距火花塞最近的混合气点燃。然后,燃烧的火焰以火花为中心,迅速向四周传播,将燃烧室内的混合气全部引燃,这种燃烧过程为正常燃烧。而爆燃是由于混合气被点燃后,火焰向外层扩散传播时,由于热辐射和压力波的冲击,使火焰中心外层(离火焰中心较远的混合气)可燃汽油粒子因受到压缩,温度急剧升高,在火焰前峰面未达到之前便自行着火燃烧,于是产生了两个或数个火焰中心,它们互相抵撞,撞击燃烧室壁、活塞顶等,发出尖锐的金属敲击声,这就是爆燃的产生过程。

爆燃对发动机工作极为不利,危害很大:

(1)使发动机冷却系统温度过高,积炭增多。

(2)加速机件损坏,比正常磨损大27倍。

(3)使发动机功率下降,燃料消耗量增加。

因此,发动机在正常运转中,不允许有爆燃现象,长时间严重的爆燃将导致发动机气缸及各部零件的磨损加剧,使用寿命缩短,甚至迅速损坏，还会使发动机功率下降、油耗增加等。然而，轻微的爆燃是表明发动机点火适时的标志。

4. 产生爆燃的主要原因有哪些？怎样才能消除爆燃？

(1)产生爆燃的主要原因。

①压缩比过大。如汽油在气缸中不能完全燃烧，在燃烧室中形成大量积炭，积炭后燃烧容积减小，从而使发动机压缩比提高。

②使用低辛烷值(即低牌号)汽油。发动机燃用汽油的牌号与压缩比是成正比的，压缩比越高，它所燃用的汽油牌号应越高，否则会产生严重的爆燃。

③点火时间过早。点火时间过早时，气缸内的压力和温度将在活塞上行压缩上行压缩时突然升高，缸内压力的骤然升高，会使缸内混合气受到压缩，缸内温度骤然升高，热辐射会明显加剧，因而易产生爆燃。

④发动机过热。低速大负荷及水温过高都很容易引起发动机过热，产生爆燃。

(2)消减爆燃采取的措施。

①若汽车上坡时出现爆燃，可及时换入低速档。

②汽车起步时，不要过早地换入直接档。

③汽车在大负荷下长时间工作，就易于出现爆燃。当出现爆燃时可关小节气门。

④汽车平时行驶时，若出现爆燃，可采取以下措施：

a. 使用与规定相符的汽油牌号。

b. 减小点火提前角。

c. 及时清除燃烧室和活塞顶及气门中的积炭。

d. 调整化油器，使混合气略稀。

5. 燃油滤清器的作用是什么？

燃油滤清器也叫汽油滤清器，常联接在汽油泵和化油器之间，如图 4-1 第 10，是个密封罐。它可以滤去汽油中的杂质，从而保护气缸。通常可采用纸质滤芯，还有金属片缝隙式和多孔陶瓷式滤芯，以硬塑料和金属作为封闭外壳。纸质滤芯可让汽油通过而挡住杂质，从而使汽油变得清洁。燃油滤清器的外形如图 4-2 所示。

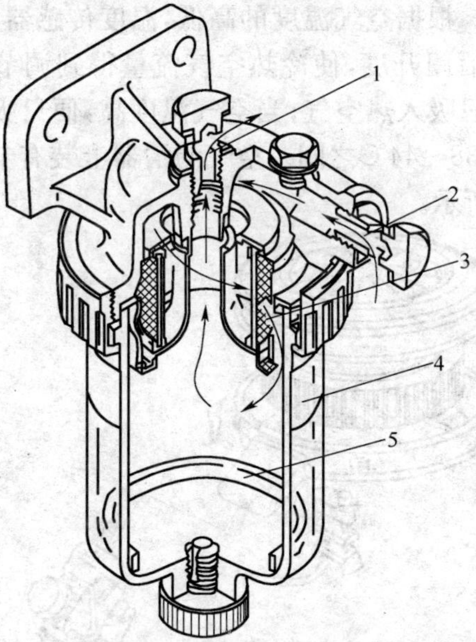

图 4-2 燃油滤清器的结构

1. 出油管接头 2. 进油管接头 3. 滤芯 4. 外壳 5. 浮盘

燃油滤清器除过滤作用外，还有另一项功能。当燃油泵工作时，汽油在低压下大量蒸发形成气流，泵室中的部分真空会将含气泡的汽油吸入而在油管中产生气阻现象。燃油滤清器具有油气分离功能，可以有效地防止气阻产生。汽油透过滤芯经出油口流至化油器，而含气泡的汽油从出气口出来并沿回油管流回燃油箱。

6. 空气滤清器的作用是什么？

空气滤清器由滤芯、壳体、活动阀门、温度传感器、真空膜片室及活门拉杆等组成。其中，滤芯由经过树脂处理的微孔滤纸制成，外套泡沫塑料，效果很好能除去 99.5％的灰尘。

如图 4-3 所示，为桑塔纳轿车使用的空气滤清器。其中真空膜片室与化油器主腔下方的真空吸管相接，并通过活动拉杆装置控制空气进气阀中活门的开合。空气滤清器上有热空气气道和冷空气气道,热空气是流经排气管外面空腔被加热的,冷空气直接从外界大气引入。根据空气温度的高低,温度传感器可以自动调节空气进气阀的活门开度,使冷热空气流量得到调节:当空气温度低,活门关闭,只吸入热空气;当空气温度高,便只吸入冷空气,保持进气温度在38～44℃之间。空气滤清器上装有节温器,其安装位置如图4-4所示。

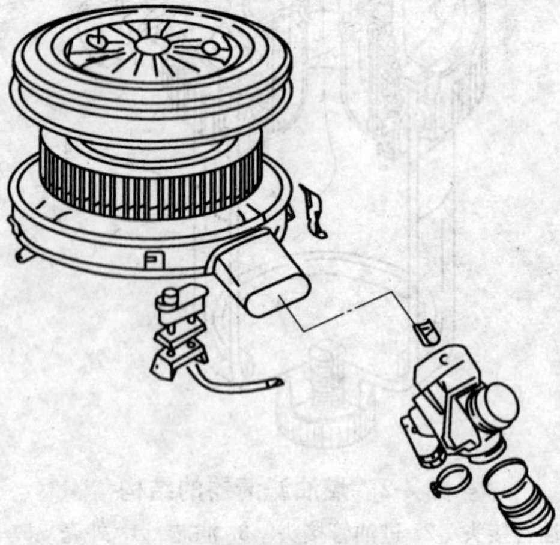

图4-3 空气滤清器

7. 怎样确定滤芯是否脏污而需更换?

如果拆下空气滤芯,发动机运转情况比不拆下空气滤芯要好时,可以断定空气滤芯脏污或堵塞。而清洗后的空气滤芯装回后,发动机运转情况仍没有未装空气滤芯时好,就证明此空气滤芯已无法清洗干净,应更换新的空气滤芯了。

8. 为什么说空气滤清器的保养与耗油有关?

空气滤清器是汽车的重要部件,它的作用是可以滤除空气中的杂质,保证进入气缸的空气清洁干净,保护气缸等零件。但使用时间一长,空气滤清器过滤到滤芯上的沉淀杂物就会增多,使进气阻力增大,充气效率变差。对于湿式空气滤清器,一定要定期清洗

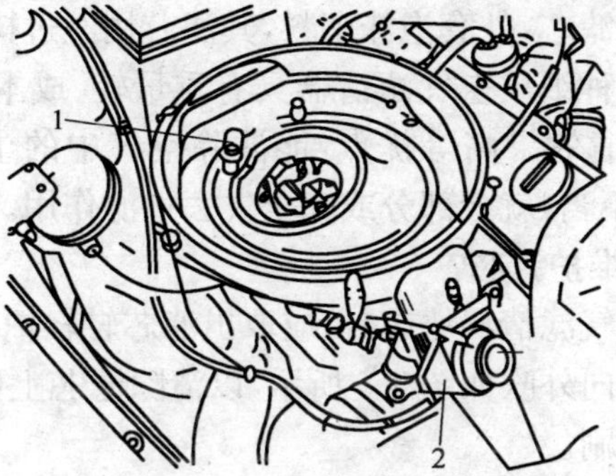

图 4-4　节温器在空气滤清器上的安装位置

1. 节温器　2. 带调节阀门的进气短管

油盆和更换新油，确保其畅通。

轿车的动力大多使用汽油机，空气滤清器的堵塞会使进入气缸的空气量减小，使混合气的浓度加大，不完全燃烧的损失增加，燃料消耗率当然随之就提高了，一般要多耗油 4.5％。另外，空气滤清器堵塞度的增加还会使进气管真空度增加，而进气管真空度的增加又会使化油器主喷管喷出的油量增多。

因此，应该重视空气滤清器的保养。平时要多清洗空气滤清器。

9. 怎样检修空气滤清器？

桑塔纳 2000GLS 型轿车空气滤清器由外壳、滤芯、温控开关、进气转换阀、真空驱动装置构成，如图 4-3 所示。空气滤清器上有热空气和冷空气两个气道。热空气是用排气管外面的空腔来加热的，冷空气直接从外界导入。设在空气滤清器内的温控开关，根据空气温度的高低自动调节进气转换阀的开度。温控开关受化油器主腔下方的真空度限制，随发动机负荷的改变，真空度的大小也随之变化，从而控制真空驱动装置膜片室的真空度，使进气转换阀开度随之变化，以调节冷、热空气的流量。在空气温度低时，转换阀关闭，只吸热空气；当空气温度高时，只吸冷空气，防止进气过热，为化油器的良好工作创造了有利条件。

采用纸质滤芯,外套泡沫塑料,其滤芯用经过树脂处理的微孔滤纸制成。这种纸质空气滤清器具有重量轻、成本低,维护方便、性能稳定、滤清效果高等优点,能滤除空气中的尘土达 99.5%。但使用、维护不当,就会部分或完全失去过滤作用。

10. 怎样维护滤芯?

在维护空气滤清器滤芯时,应取出滤芯轻轻拍打端面,最好用压缩空气由里向外吹如图 4-5 所示,以清除滤芯上的尘土,切不可用汽油或水洗刷。

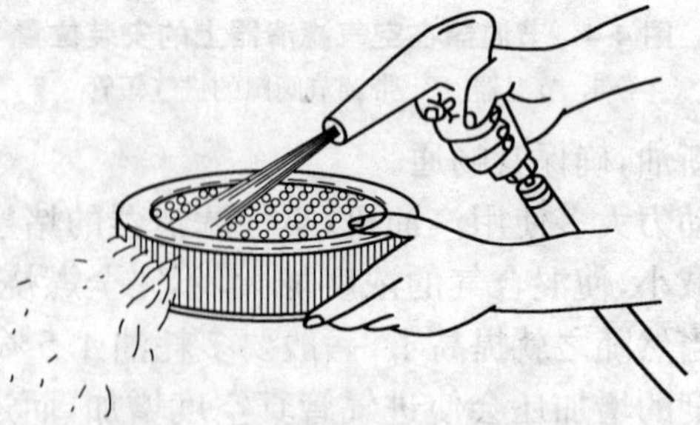

图 4-5　空气滤清器滤芯的维护

注意经常保持空气滤清器清洁,每行驶 5000km 维护一下滤清器滤芯,用压缩空气吹去其中的尘土。如果发现滤芯因使用过久而堵塞,或滤芯表面及端面胶垫破损时,必须更换滤芯。每行驶 15000km,应当更换滤芯。

11. 怎样检修温控开关?

如图 4-4 所示,抽掉带槽的温控开关连接软管,通过吸气检查进气转换阀的功能,应能够听到开闭声。否则,应查真空软管有无损坏,观察转换阀开闭是否自如。进气管正常时,发动机外表温度为手温。起动发动机,使之怠速运转,从化油器连接管路中拔下温控开关与化油器之间的真空软管,温控开关须在至少 20s 后打开(转换)。

12. 怎样维修汽油滤清器?

桑塔纳 2000GLS 型轿车汽油滤清器为不可拆卸式,属易耗件。当汽车行驶 8000～12000km 后车速下降，最高车速仅能达到 60～70km/h，发动机运转不平稳，原因多是汽油滤清器堵塞。发现汽车无力，应及时检查汽油滤清器工作是否正常，必要时应予以更换。

检查时，拆下汽油滤清器，用嘴吹靠近燃油箱一侧的进油管接头端口，检查是否通气。有两种情况可证明滤清器被堵：一是彻底堵塞不通气；二是用力吹才通气。发现堵塞，应整体更换。

更换滤清器时，应注意安装位置，滤清器箭头方向应朝向燃油流动方向（流向汽油泵），更换汽油滤清器时，两端的夹箍一定要同时更换。

汽车每行驶 15000km 时，应更换汽油滤清器。

13. 怎样拆卸燃油箱？

（1）拆去蓄电池搭铁线。

（2）放出油箱汽油。

（3）卸下燃油表传感器盖，并抽出吸油管、回油管及细通气管。

（4）拆下燃油表导线。

（5）松开连接管的夹箍。

（6）松开夹紧带紧固螺母，使燃油箱下沉。

（7）将加油管处的粗通气管拔下，拆卸下燃油箱。

14. 怎样拆装汽油传感器？

汽油表传感器的拆卸如图 4-6 所示，步骤如下：

（1）拆卸行李箱地毯下的油箱盖板。

（2）拔出吸油软管 1、回油管 3 和通气管 2。

（3）拆卸汽油表导线插头 4。

（4）旋开环形大螺母，取下汽油表传感器。

安装汽油表传感器时，应注意其方向。如图 4-7 箭头所示，传感器上的记号应朝向行驶方向。

15. 怎样检查燃油浮子好坏？

检查浮子时，需将汽车停在平地上。将通气管如图 4-8 箭头

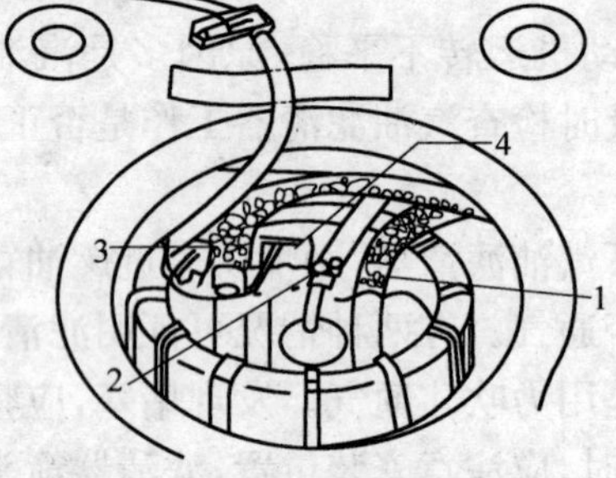

图 4-6　汽油表传感器的拆卸

1. 吸油软管　2. 通气管　3. 回油管　4. 汽油表导线插头

所示拔下,代之以辅助软管。取下燃油箱盖,朝辅助软管内吹气,不应有阻塞的感觉。

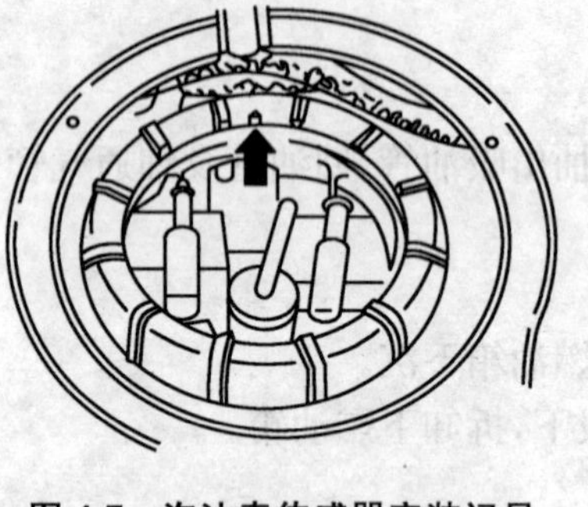

图 4-7　汽油表传感器安装记号

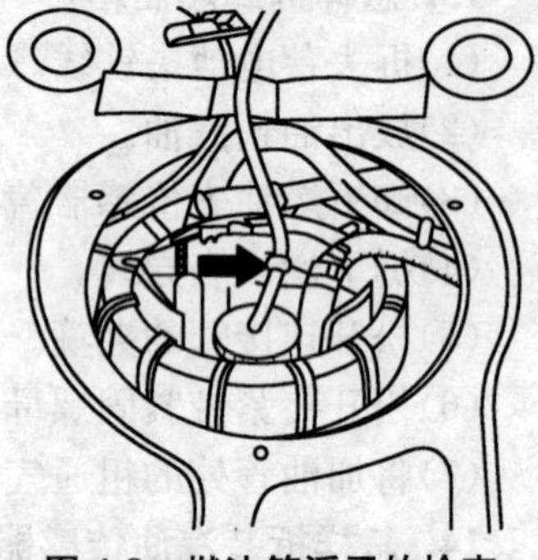

图 4-8　燃油箱浮子的检查

16. 怎样修理化油器零件?

化油器是汽油发动机燃料供给系的主要部件。它的性能直接关系到发动机的动力性和经济性。化油器的修理工作,除了零件的检验和修复外,还包括对化油器的调整。正确的调整是化油器获得良好性能所不可缺少的重要条件。化油器零件损伤后,会影响发动机正常工作,应及时进行修理或更换。

(1)化油器的清洗。化油器零部件在检验之前必须进行彻底的清洗。一般用化油器清洗剂清洗,如果没有也可用酒精或汽油代替。

将化油器分解后，量孔类、针阀类零件可用洁净的汽油或酒精浸泡 3～4 小时，然后用软毛刷清洗。清洗时应注意避免零件间的碰撞，不准使用金属刷或金属线捅量孔。清洗后应使用压缩空气吹干，以彻底清除量孔、喷管和油道中的污垢胶质。清洗过的针阀表面要呈现金属原色，量孔内无任何异物附着。化油器分解后的其他零件可直接在洁净的汽油中清洗。在清洗壳体零件时，可先刷洗外表面后，再用洁净的汽油冲洗内表面，忌用脏汽油灌洗，以免异物进入油道。

(2)检查化油器外壳。化油器壳体应完好、无裂损，外壳如有缺口或裂纹，可用环氧树脂胶粘接，螺孔丝损坏时，加大螺孔修复或更换化油器。

壳体的上体、下体结合平面的平面度误差均应不大于 0.10mm。检查时将结合平面靠在平板上，用塞尺测量，其平面度误差不应大于 0.10mm。如果超差，将会造成漏气、渗油，影响出油量和出油压力。因此，如超过规定要求，可将细砂布放在平板上进行研磨。否则，应更换。

(3)节气门、阻风门的检修。节气门轴与轴孔的配合间隙不能过于松旷，否则发动机工作时将在化油器该处渗入空气而冲淡混合气，影响发动机的正常工作。用塞尺测量节气门边缘与化油器内壁的间隙，其值不应超过 0.10mm。间隙过大，怠速不易调整，耗油增加，可适当修整节气门边缘使之紧密配合。节气门轴与轴孔的配合间隙过大，修理时，可配加大的节气门轴更换轴孔铜套。

当阻风门及节气门完全关闭时，其边缘与化油器内壁的间隙不得大于 0.10mm，间隙过大将影响发动机起动及怠速，应更换为新品。

(4)浮子的检修。化油器的浮子有金属浮子和非金属浮子两种。金属浮子如有凹陷部位拉平后，将铁丝连接处加温拔下，恢复浮子原状。检查浮子有无破漏时，可将浮子放在热水中，破裂的浮子会从破裂处渗出气泡。修理时,应将浮子另开一孔,以排除里面的汽油,然后全部封焊。焊补后的浮子重量不能超过原重量的5%～6%。非金属浮子破漏后,可用环氧树脂或其他粘接剂进行修补。

(5)浮子针阀密封的检修。浮子室针阀不密封,发动机工作时会使浮子室油平面过高,增加耗油量。针阀的密封性应使用专门仪器进行试验。修理中检查针阀密封性,通常用嘴吸吮便可判断好坏。如不密封应更换。同时还应检查支撑浮子的中心销是否损伤、弯曲、过度磨损,浮子弹簧是否折断。

(6)加速泵活塞的检修。加速泵活塞及传动连接杆件,长期使用后将产生松旷现象而影响其性能。加速泵活塞与泵筒间隙过大,加速时汽油便从活塞与泵筒的缝隙中射出,使加速失效。活塞与泵筒间隙过大时应更换。修理后应保证加速泵工作可靠,不得有卡滞和泄漏现象。

有些车用化油器用膜片式加速泵,如果膜片破裂或老化应予更换。

(7)怠速燃油截止电磁阀的检修。将燃油截止电磁阀的电线接头拉出与蓄电池连接,如图4-9所示。反复搭接电磁阀,如电磁阀能发出咔嗒、咔嗒的声音,说明电磁阀工作正常;反之,电磁阀损坏,应进行更换。

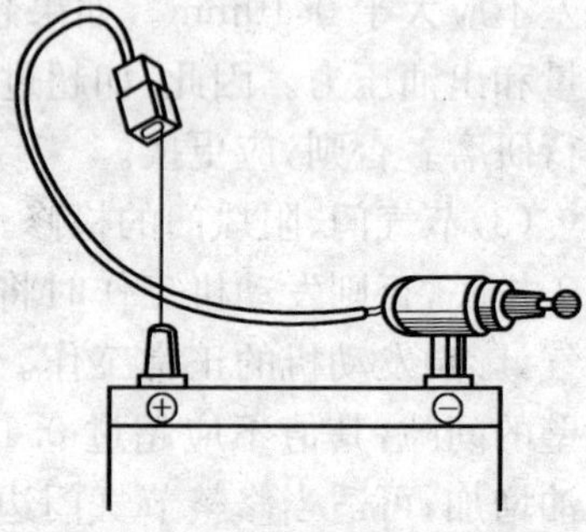

图4-9　测试燃油截止电磁阀

(8)检查各喷管、量孔和阀门。检查各喷管、量孔和阀门作用是否良好,如有损坏应更换。

(9)自动阻风门热敏开关的检查。用欧姆表测量自动阻风门热敏开关和进气管预热器管路热敏开关的极限值,如图4-10所示。自动阻风门热敏开关的电阻:温度低于30℃,阻值为0;高于

40℃时，阻值为无穷大。进气管预热管路热敏开关的电阻：温度低于 50℃时，阻值为 0；高于 55℃，阻值为无穷大。

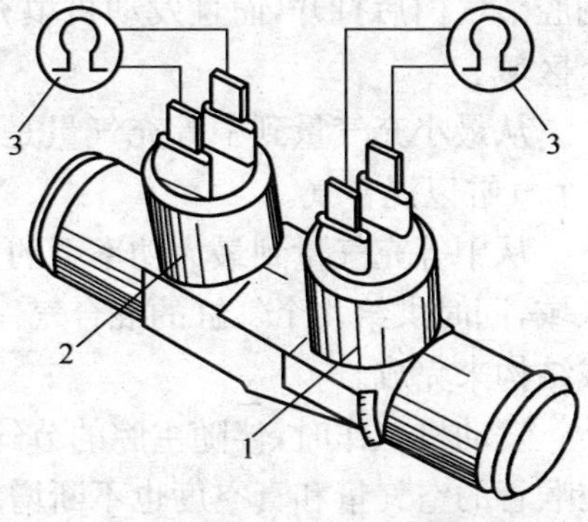

图 4-10　桑塔纳轿车热敏开关的检查

1. 自动阻风门热敏开关　2. 进气管预热管路热敏开关　3. 欧姆表

17. 2B5 型化油器结构与工作原理是怎样的？

2B5 型化油器是双腔分动二重喉管式化油器，所谓双腔分动，就是主腔和副腔分别动作。

膜片分动式装置的结构和工作原理，如图 4-11 所示。副腔节气门 9 通过摇臂 7、推杆 6 与膜片 5 相连。膜片上部空腔 3 经气道 2 与主腔喉管相连接。主腔喉管产生的真空度作用于膜片上部而驱动副腔节气门。为防止在主腔节气门开度不大，发动机转速很高（高速小负荷）时副腔开启，装有凸轮限制机构，限制节气门在此情况下开启。

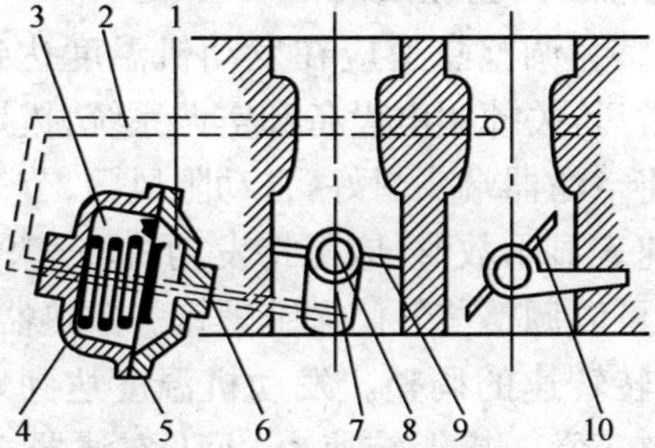

图 4-11　双腔膜片分动式

1. 膜片下部空腔　2. 气道　3. 膜片上部空腔　4. 弹簧　5. 膜片　6. 推杆　7. 副腔节气门摇臂　8. 副腔节气门轴　9. 副腔节气门　10. 主腔节气门

在发动机负荷和转速发生变化的过程中，主腔节气门先打开，副腔节气门后打开,而且发动机填充混合气的充气量范围分为两个区域。

从最小充气量到中等充气量是主腔单独工作区域,同时供给4个气缸以混合气。

从中等充气量到最大功率下的充气量,是主、副腔同时工作的区域,同时供给4个气缸的混合气。副腔的分动,由化油器的膜片式结构来完成。

发动机工作时,伴随主腔的节气门加大和转速的提高,通过主腔喉管的空气量和真空度也不断增加。膜片气室中真空度也随之增加而对膜片产生吸力,并通过连动杆将副腔节气门打开。

下吸式化油器装在进气管的上方,有利于保养和调整;由于弯道少进气阻力小,有利于气缸充气效率和提高发动机功率。但当汽油雾化不良时,汽油油滴会流入气缸稀释润滑油,故常以水预热或电预热方式加强雾化。

双腔分动化油器既保持了中小负荷时良好的经济性,又保证了高转速大负荷时的良好动力性,并且反应灵敏,过度加速情况下适应性良好。

18. 怎样检修2B5型化油器?

(1)怠速调整。调整怠速应在发动机温度达到60℃以上,点火正时调整正常后,关掉用电设备和空调系统,拔掉气缸盖上曲轴箱通风软管并将空滤器端头封好,自动阻风门、节气门钢丝绳调整良好。观察转速表显示数值,应保持发动机转速950r/min。若转速高于规定值,可以调整节气门调节螺钉。散热器风扇不得工作。

(2)冷车空转转速的调整。发动机温度达到60℃以上,怠速和点火时间调整正常。接上转速表,拆下空滤器,打开节气门,压下操纵杆完全关闭阻风门。松开节气门,然后使调节螺钉位于调节盘上的最高一档上,松掉操纵杆(阻风门须全开),不踩油门踏板起动发动机,检查转速,必要时用调节螺钉达到规定值:3400±50r/min,调整后,螺钉用漆封好。

调节螺钉如果处于调节盘的最高档时，就不易旋动，因此可略打开节气门凭感觉转动螺钉，然后再重测冷车空转转速。

(3)一氧化碳含量的调整。怠速调整后，将测量废气的探头插入排气管内，观察废气测试仪表上一氧化碳含量显示值，其规定值为3%。若显示数值高于规定值，表示空燃比过低，燃油供给量过多，可调整怠速调节螺钉，少供给一些燃油，提高空燃比，一氧化碳会明显降低。调整好调整螺钉后，应套上新的封存帽。

一氧化碳调整后，必须重新接上曲轴箱通风软管，检测一氧化碳、碳氢值是否变化，如变化说明曲轴箱通风管的PCV阀有故障。

(4)自动阻风门的调整。该调整可分为手动或仪器调整两种方式，操作如下。

手动检查：在调整好怠速后，用手关闭阻风门，使阻风门留有约4mm的间隙。此时若感觉有较大阻力，说明阻风门真空开启装置工作正常。若阻风门立刻自动关闭，说明真空隔膜破裂或真空系统漏气。

用真空测试仪和真空泵检查调整：拆下自动阻风门罩盖，固定节气门，转动调节盘，使怠速调整螺钉处于调节盘的最高档。拔下化油器上真空管接上真空测试仪与真空泵。从真空软管拔掉三通接头，打开真空测试仪，用真空泵产生真空度，当真空充达到26kPa后，切断真空泵，真空度迅速下降，从降至13kPa开始计时，此值每1min内下降量不超过5kPa。若超过此值，说明膜片或真空管漏气，应重新打开真空泵，通过不断扳动真空泵，保持真空度在26～39kPa之间，此时用量规测量阻风门间隙值，规定值为1.8±0.15mm。若间隙大于规定值，可调节内六角螺钉。

用塞头塞住真空软管。用真空泵产生真空度约30kPa的真空，将测试仪上的真空度调整至26kPa，如果持续不了1min，则表明膜片或自动阻风门控制装置可能不密封，应更换自动阻风门控制装置。

(5)副腔真空膜片的检查。将真空测试仪接在真空控制隔膜上,打开测试仪,保持真空度在 6kPa,切断真空泵,若真空度维持 2min 以上,说明密封良好,此时将油门拉杆拉到底,副腔节气门也应被真空控制隔膜拉到底。

(6)检查化油器加速泵喷油量。做此项检查时,应将化油器从车上拆下,在化油器下方放置漏斗和计量筒,转动自动阻风门调节盘,使怠速调整螺钉不在调节盘上,检查加速泵每行程泵油量,其规定值为 1.0±0.15cm^3/行程。

若泵量达不到规定值,可调整螺母。如果达不到要求的喷油量,则检查加速泵活塞皮碗或检查喷油管和止回阀是否阻塞。

(7)主腔节气门基本开度的调整。限位螺钉出厂前已调整好,不可随意改动。若已动过或化油器下部拆过,则须按以下方法调整。

①阻风门全开,节气门关闭(怠速位置)。注意冷车怠速调节螺钉不应放在起动装置的调节盘上。

②旋出限位螺钉,使螺钉与(主腔)蒸气了门联动摇臂之间留有间隙。

③迅速开闭节气门,旋进限位螺钉至碰到接触节气门联动摇臂;为正确确定限位螺钉与摇臂接触点,经验做法是在螺钉与摇臂之间放一张薄纸片,同时不断移动纸片和转动螺钉,转至刚好接触。以此点开始,再拧进 1/4 圈;止位螺钉套上封存盖,然后调整怠速与一氧化碳含量。

(8)副腔锁止摇臂的检查与调整:拆下化油器,在阻风门全开的同时关闭节气门,转动调节盘,使快怠速螺钉不在调节盘上,检查锁止摇臂间隙,其规定值为 1.00±0.2mm。若间隙达不到规定值,可通过弯曲摇臂来调整。装上化油器,调整怠速与一氧化碳含量。

(9)副腔节气门基本开度的调整。限位螺钉已在出厂前调整好,不可再动,如果螺钉已动过则按以下方法调整:

①旋出止位螺钉,至螺钉与止块间留出空隙。

②脱开真空控制装置拉杆。

③将节气门拉杆轻轻地朝节气门方向压，以消除轴承与连杆的间隙。

④旋进止位螺钉直至碰到止挡块。

⑤为正确确定止位螺钉与止推块的接触点，可在螺钉与止推块之间放一张薄纸片，同时不断移动纸片和旋动螺栓旋至刚好接触。

⑥从此点开始把螺钉再旋进 1/4 圈。

⑦螺钉套上封存盖。

⑧连接真空控制装置拉杆。

⑨重新调整怠速与一氧化碳含量。

(10)副腔节气门功能检查。真空操纵装置密封性检查如图 4-12 所示。从化油器上拉下副腔真空操纵装置接上真空测试仪和真空泵(1 为真空操纵装置，2 为真空软管)；

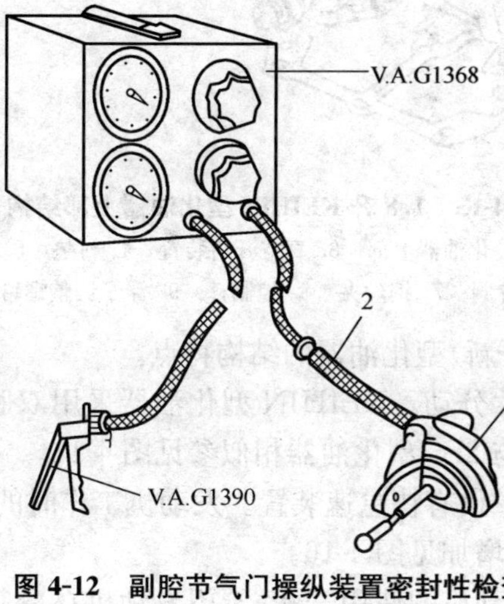

图 4-12　副腔节气门操纵装置密封性检查

1. 真空操纵装置　2. 真空管

打开真空测试仪；用真空泵产生 10kPa 的真空度；真空测试

仪应使真空罐一端保持这一真空度值；将测试仪上的真空度调整到 5kPa，调整好的真空度在 2min 内不得降下，必要时更换真空控制装置。

19. KEIHIN（开新）型化油器有哪些结构特点？

KEIHIN（开新）型化油器也是双腔分动二重喉管下吸式化油器。图 4-13 和图 4-14，是 KEIHIN（开新）型（26.30DC 型）化油器的主体分解图，图 4-15 是结构示意图。

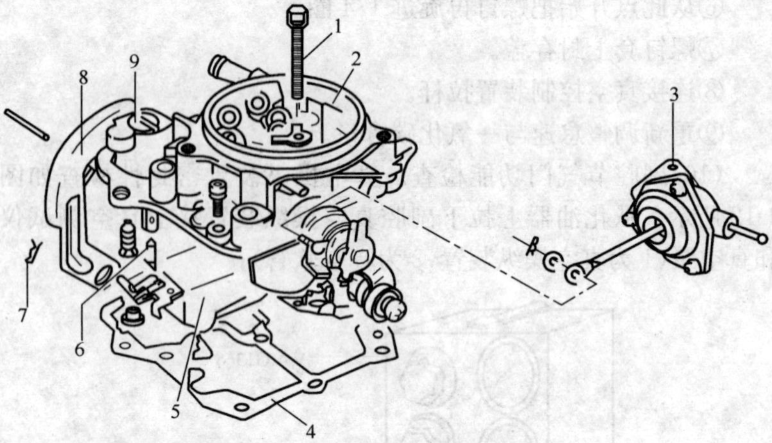

图 4-13　1.8 升 KEIHIN 型化油器上部结构

1. 螺栓　2. 化油器上部　3. 真空开启装置　4. 衬垫　5. 浮子
6. 针阀　7. 钢丝夹　8. 控制杆　9. 浮子调整螺钉

KEIHIN（开新）型化油器的结构特点。

（1）双腔膜片分动。KEIHIN 型化油器采用双腔膜片分动式结构，其结构图与 2B5 型化油器相似参见图 4-11。

（2）起动系中设有快怠速装置。发动机工作时的磨损量，随冷却水温的降低而增加见图 4-16。

为了延长发动机的使用寿命，希望发动机在冷起动后水温能迅速增加，即暖机时间要短。快怠速装置就是为此目的而设计的，它使发动机在暖机时节气门开度比正常怠速的节气门开度稍大，

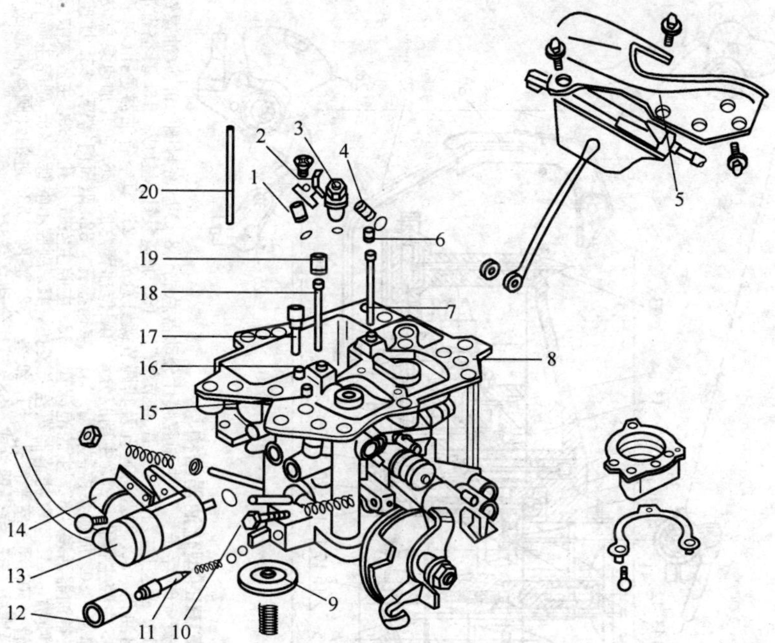

图 4-14　1.8 升 KEIHIN 化油器下部结构

1. 主腔主量孔；2. 支架　3. 加浓阀　4. 副腔主量孔　5. 副腔真空控制器　6. 副腔空气校正量孔　7. 副腔乳化泡沫管　8. 化油器本体　9. 加速泵膜片　10. 怠速调整螺钉　11. 一氧化碳调整螺钉　12. 盖帽　13. 怠速切断阀　14. 止动块　15. 怠速空气量孔　16. 怠速燃油量孔　17. 螺塞　18. 主腔乳化泡沫管　19. 主腔空气补偿量孔　20. 加速泵操作杆

以提高暖机过程中发动机的怠速转速，缩短暖机时间。

如图 4-17 所示，快怠速装置由快怠速拉杆 6、快怠速凸轮 5 及装在节气门杠杆上的怠速调整螺钉 2 等组成。当发动机冷起动时，阻风门全关，快怠速凸轮位于初始位置。驾驶员放松油门踏板后，快怠速调整螺钉顶在凸轮高点位置，节气门开度达到怜惜怠速时的最大开度（比正常怠速时大得多）。随发动机温度上升，阻风门逐渐开大，它通过快怠速拉杆迫使快怠凸轮顺时针转动，当驾驶员放松油门踏板后，快怠速调整螺钉顶在快怠速凸轮低点位置，使

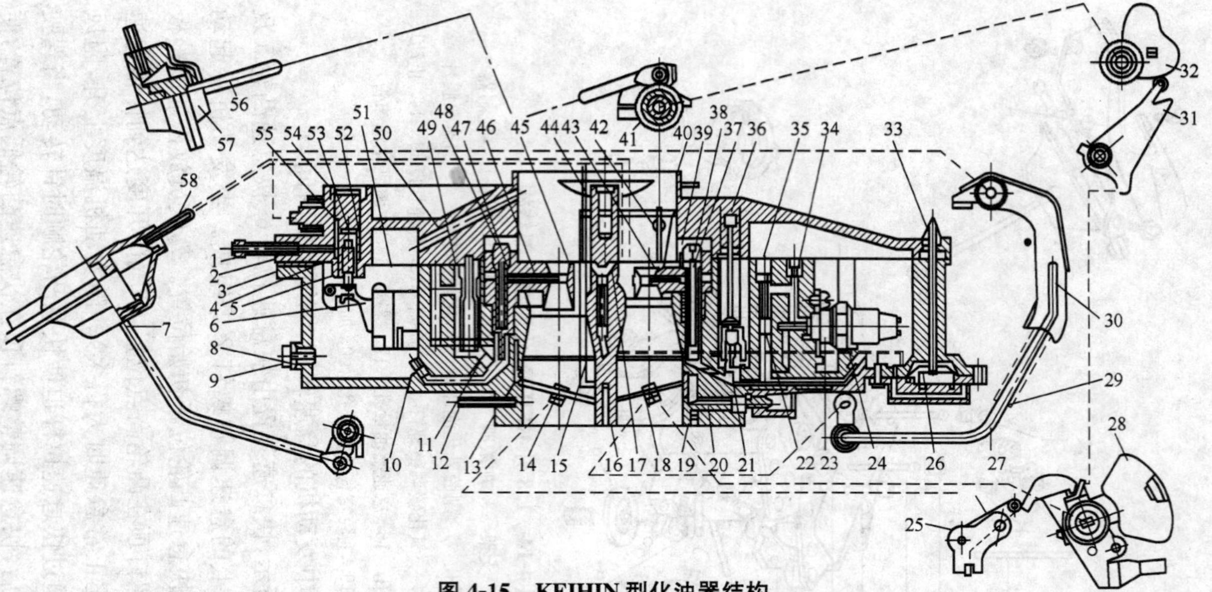

图 4-15　KEIHIN 型化油器结构

1. 进油管　2. 上体　3. 下体　4. 进油针阀总成　5. 浮子弹簧　6. 浮子　7. 主副腔膜片分动器总成　8. O 型密封圈　9. 放油螺钉　10. 副腔主量孔　11. 副腔过渡油量孔　12. 分电器取气管　13. 副腔过渡孔　14. 副腔节气门　15. 加速泵针阀总成　16. 真空省油器取气孔　17. 加速喷孔　18. 主腔节气门　19. 主腔过渡出油孔　20. 主腔怠速孔及其调节螺钉总成　21. 真空省油器量孔（功率量孔）　22. 主腔怠速过渡油量孔　23. 怠速截止电磁阀　24. 主腔主量孔　25. 主副腔分动角限位摇臂总成　26. 膜片加速泵总成　27. 膜片加速泵推杆　28. 节气门控制摇臂　29. 加速泵摇臂弹簧　30. 加速泵控制摇臂　31. 怠速摇臂　32. 阻风门摇臂　33. 加速泵活塞顶杆　34. 怠速空气量孔　35. 主腔怠速堵头　36. 真空省油器活塞　37. 主腔泡沫管　38. 主腔主空气量孔　39. 主腔大喉管　40. 主腔小喉管　41. 完爆器摇臂　42. 阻风门　43. 主腔主喷嘴　44. 空气滤清器螺栓安装孔　45. 副腔小喉管　46. 副腔主喷管　47. 副腔大喉管　48. 副腔主空气量孔　49. 副腔过渡取气管　50. 浮子室平衡孔　51. 纸垫　52. 滤网　53. 进油针阀本体总成　54. 防尘罩　55. O 型密封圈　56. 完爆器推杆　57. 完爆器总成　58. 膜片分动真空取气管

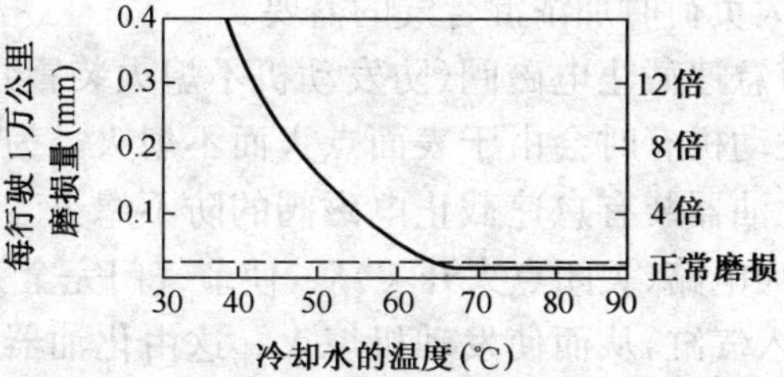

图 4-16　冷却水温度与气缸磨损量的关系

节气门开度减小,阻风门开度越大,节气门开度就越小(但仍比正常怠速时大)。当发动机温度正常,阻风门全开后,快怠速凸轮转过的角度最大,快怠速调整螺钉离开凸轮,而顶在节气门定位器的柱塞上,节气门处于正常怠速的开度。此时,节气门的开度受节气门定位器柱塞的限制。

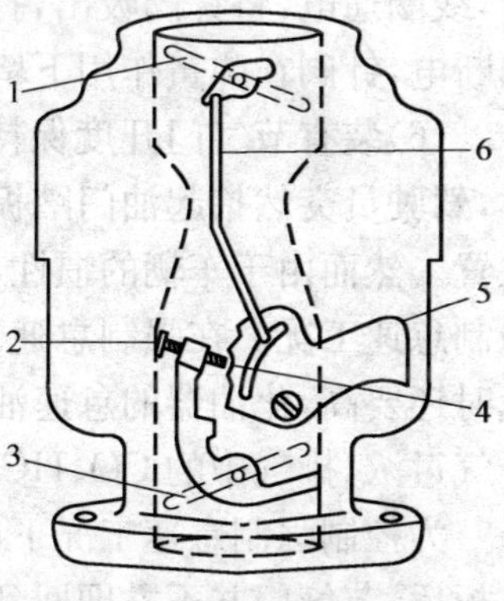

图 4-17　快怠速装置示意图

1. 阻风门　2. 快怠速调整螺钉
3. 节气门　4. 快怠速凸轮工作台阶
5. 快怠速凸轮　6. 快怠速拉杆

(3)仅主腔设有怠速过渡系统。主腔设有怠速供油系统,有怠速喷口和过渡喷口,使发动机怠速到小负荷过渡圆滑。副腔设有主副腔过渡系统,在怠速工况是不打开的,只有在中等负荷以上高转速(即副腔刚开启或小开度)时起加浓作用,以使主、副腔工作过渡圆滑。此外,怠速系统可以调节,而主副腔过渡系统不可调节。

(4)主腔混合室直径较副腔小。在主腔节气门全开由低速到中速范围内,主腔喉管较小、节流较强有利于燃油雾化,能较好地发挥发动机的低速动力性;副腔喉管较大,使中等负荷到大负荷工作时进气量增大,满足发动机提高功率的需要。主油系为不可调式,以确保化油器出厂精度。主喷管采用形状简单,加工容易的圆管压入组成。主腔泡沫管与主腔构造相同,只是泡沫孔靠下,保证中等负荷到大负荷时加浓混合气的需要。

(5)装有怠速截止电磁阀(防发动机不熄火装置)。当切断点火线路后，发动机有时会由于表面点火而不熄火。为防止这种现象出现，该化油器装有怠速截止电磁阀的防不熄火装置。其作用在于切断点火电路(关闭点火开关)后，使节气门完全关闭，新鲜混合气无法进入气缸，从而使发动机熄火。这由化油器上的怠速截止电磁阀来实现。它由线圈、针阀和弹簧组成。当打开点火开关时，线圈通电，将针阀吸出，打开怠速油道；当关闭点火开关后，线圈断电，针阀在弹簧作用下堵死怠速油道，防止发动机不熄火。

(6)装有节气门开度保持器(定位器)。汽车由高速行驶减速时，驾驶员突然抬起油门踏板，节气门由较大的开度很快回到怠速位置。然而由于车辆的惯性，发动机转速仍然很高，这种工况称为强制怠速工况。在强制怠速工况下，进气管中的真空度比正常怠速时还要高，化油器的怠速油系供油比正常怠速时供油还多，使混合气过浓，排气中的CO、HC急剧增加。

为控制强制怠速工况下的排放，要求在驾驶员突然抬起油门踏板后，节气门并不立即回到怠速位置，而是随发动机转速的下降比较缓慢地回到怠速位置。在该化油器上，这个功能是由节气门开度保持器(定位器)来完成的。节气门开度保持器(定位器)主要由膜片室1与电磁阀2等组成(见图4-18)。膜片上方有通道3与节气门的进气管相通，由电磁阀控制此通道的开闭，使节气门的开度保持器工作，保持杆6一端与膜片7相连，另一端装在节气门摇臂的凹槽内。在使用过程中，同时检测发动机的转速，当减速时节气门迅速回位，转速控制调节器使电磁阀接通电流，吸开针阀而接通真空回路，进气管真空度作用于膜片上，支持保持杆使节气门保持此位置，开度不再减少。直至转速再降至某一预定值时，转速控制调节器再发出信号切断电磁阀电流，真空回路截断，节气门继续回位至正常怠速位置，从而延缓了节气门关闭速度，使急减速时不致因混合气急剧变浓而使排放恶化。

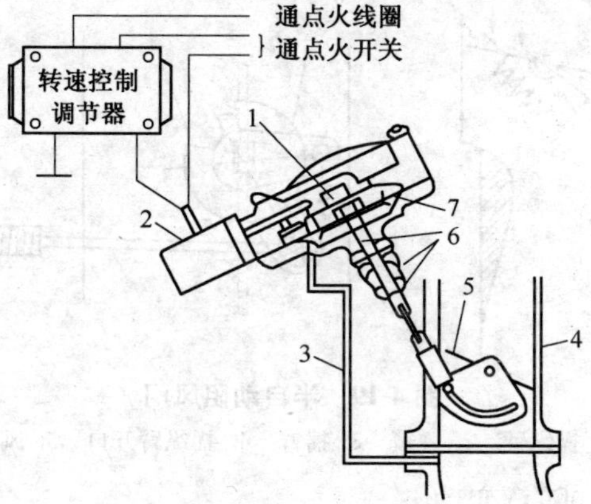

图 4-18　节气门开度保持器工作系统

1. 膜片室　2. 电磁阀　3. 真空通气管　4. 化油器　5. 节气门　6. 保持杆　7. 膜片

(7)采用半自动阻风门和完爆器。起动系采用半自动阻风门，起动后能使阻风门自动打开 20°左右，以保持发动机持续运转，如图 4-19 所示。

起动系中还设有完爆器，在发动机冷起动时，转速迅速升高，节气门后方进气管真空度迅速增加，此真空度经完爆器进气管吸动完爆器内的膜片，并经膜片拉杆、完爆器拉杆及完爆器摇臂使阻风门自动拉开到设定开度，保证供给暖机过程所需要的混合气。

(8)采用膜片式加速系统。采用膜片式加速系统，可以降低化油器的高度。如图 4-20 所示，当节气门突然开大时，推杆 2 由节气门摇臂带动右移，通过弹簧使加速泵摇臂 3 逆时针摆动，其上端推动膜片顶杆，将膜片 5 压向左方。于是膜片左方泵缸内油压升高，使泵缸底部的进油阀 8 关闭，出油道中的出油阀 6 被顶开，从而将一定量的额外燃油经喷口 7 喷入喉管，加浓混合气。反之，节气门关小时，摇臂顺时针摆动，膜片在回位弹簧 4 的作用下向右移动，泵缸内油压降低，燃油又自浮子室经进油阀被吸入。

(9)采用平衡式浮子室。浮子室进油系采用弹簧针阀，浮子室油面高度为外调式。当油面高度调至规定值后，压入防尘罩定位，

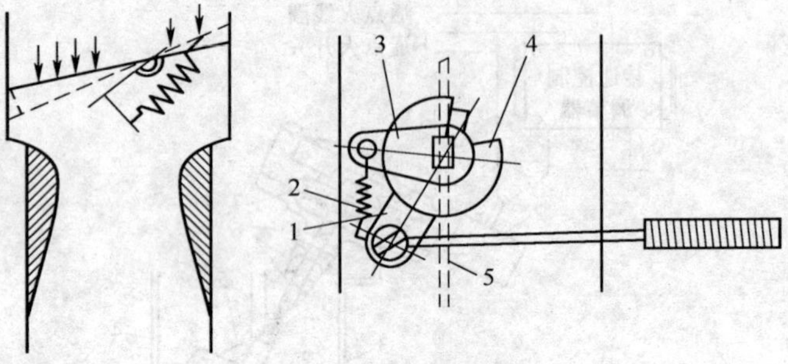

图 4-19　半自动阻风门

1. 操纵臂　2. 弹簧　3. 摇臂　4. 摇纵臂开口　5. 风口

使用时不允许随意变动。

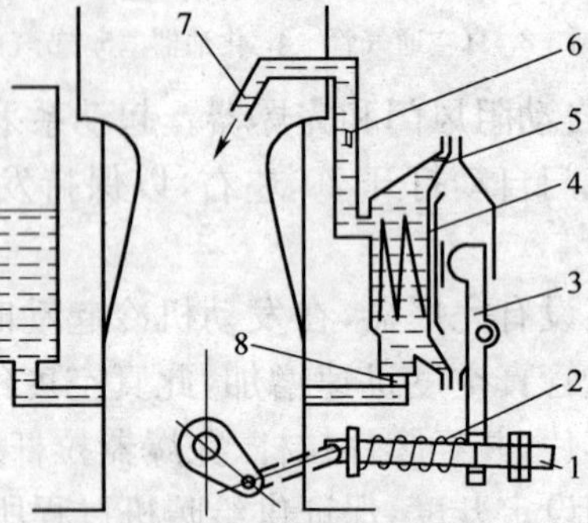

图 4-20　膜片式加速系统

1. 调节螺母　2. 推杆　3. 摇臂　4. 弹簧　5. 膜片　6. 出油阀　7. 喷嘴　8. 进油

平衡式浮子室的工作原理,如图 4-21 所示。通气孔经平衡管 2 与化油器入口相连通,故喷管内主喷口处的压力与浮子室内空气压力之差,不受空气滤清器阻力变化的影响,但发动机高温怠速到长时期低速运转时,浮子室中的汽油蒸气则经平衡管流入化油器,使发动机因混合气过浓而运转不稳。

化油器浮子室中所有量孔的装配,均采用结构简单、装配迅速的卡环式结构,以提高生产率,降低成本。

KEIHIN(开新)型化油器各量孔的排列情况,如图 4-22 所示。

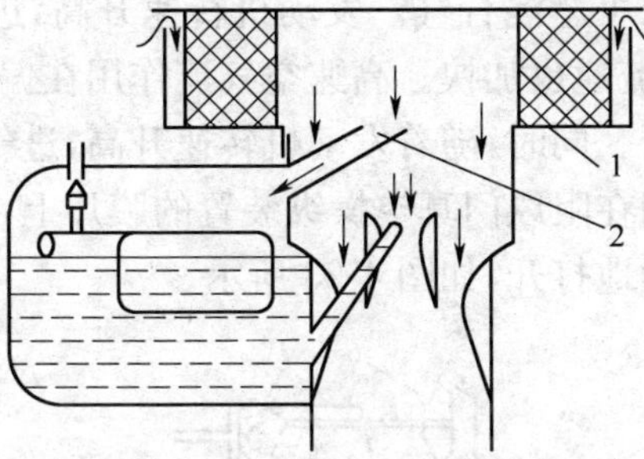

图 4-21　平衡式浮子室

1. 空气滤清器　2. 平衡管

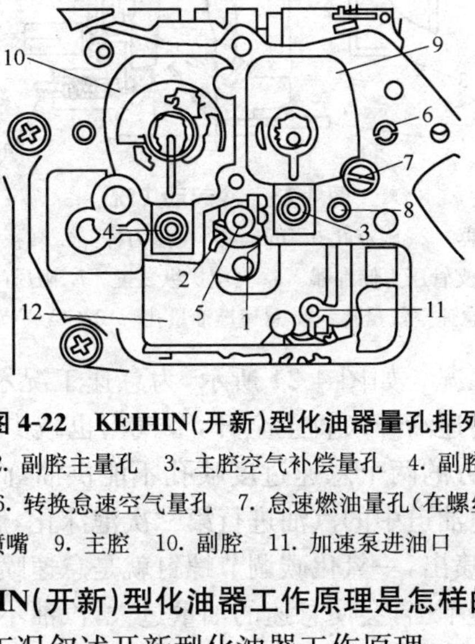

图 4-22　KEIHIN(开新)型化油器量孔排列

1. 主腔主量孔　2. 副腔主量孔　3. 主腔空气补偿量孔　4. 副腔空气补偿量孔　5. 加浓阀　6. 转换怠速空气量孔　7. 怠速燃油量孔(在螺丝堵下方)　8. 加速泵喷嘴　9. 主腔　10. 副腔　11. 加速泵进油口　12. 浮子室

20. KEIHIN(开新)型化油器工作原理是怎样的?

以下各种工况叙述开新型化油器工作原理。

(1)冷起动工况。冷起动时拉紧阻风门拉索,使阻风门关闭。发动机起动后,在进气管及化油器混合室的大小喉管处和节气门下面均产生高真空度,因此,主供油装置从小喉管处、怠速装置从节气门下的怠速主喷口和过渡喷口,喷出汽油泡沫液,经高速气流雾化后,又被进气管、燃烧室中的废气和灼热机件回热蒸发,并与空气混合成极浓可燃混合气。发动机转速升高,进入化油器的空气量加大,空气流速也加快。高速空气流作用在偏置阻风门上,使阻风门逐渐打开。同时,随着发动机转速升高,进气支管中逐渐增大的真空度作用在阻风门真空操纵装置的膜片上,而使膜片左移,阻风门逐渐自动地打开,如图 4-23 所示。

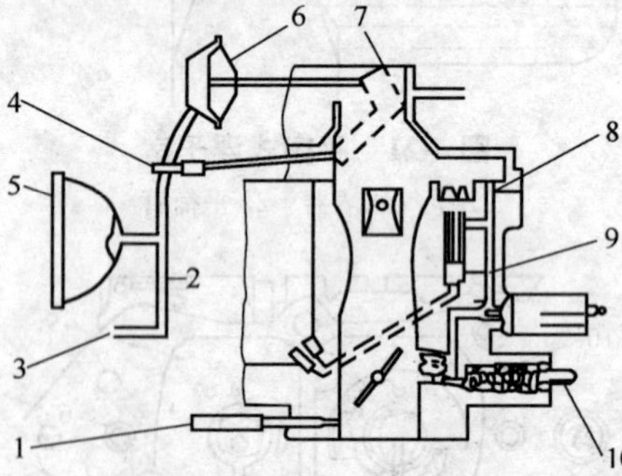

图 4-23　冷起动工况

1. 接空滤器　2. 限流孔 0.4mm　3. 接压力杆　4. 转换起动拉线　5. 进气支管压力储存器　6. 真空操纵装置　7. 阻风门间隙　8. 怠速空气量孔　9. 怠速燃油量孔　10. CO 调节螺钉

(2)怠速工况。如图 4-24 所示,为怠速工况示意图。发动机起动后,阻风门逐渐开大直至全开,节气门也减少到最小开度,即位于节气门上方的两个怠速过度喷孔不能供油,而是向怠速油道供空气,使怠速油道中的汽油进行第二次泡沫化,然后由节气门下的怠速主喷口喷出,一氧化碳调节螺钉就是怠速喷油量调整螺钉,调整螺钉,调整不当,会使怠速的油量过大,汽油不能完全燃烧,废气中的一氧化碳量增大。由于节气门接近关闭,节气门上方真空度降低,因此,中心小喉管处主供油装置不供油。

(3)中等负荷工况。该工况是发动机的主工况,要求供给混合比 a=1.12～1.15 的混合气,也就是经济混合气,因为中等负荷不要求发动机发出最大功率,而是发动机的常用工况,故从动力性看是可能的,从经济性看也是必要的。

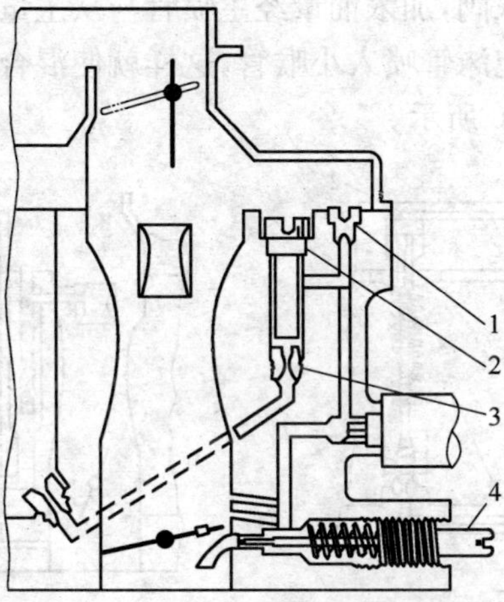

图 4-24　怠速工况

1. 怠速空气量孔　2. 密封螺钉　3. 怠速燃油量孔　4. 一氧化碳调整螺钉

由于发动机怠速慢，空气流速慢，汽油雾化不良，故需要很浓的混合气，并且气缸中废气比例高，可见在发动机由怠速进入小负荷和中等负荷运转时，混合气浓度是一个由浓到稀最后稳定在稀混合气的连续变化的过程。可是由于当节气门逐渐开大的过程中汽油的增长率大于空气的增长率，因此混合气越来越浓，与要求的完全相反。为解决此矛盾，KEIHIN（开新）型化油器采用制动空气量孔向主油道引进少量空气，以降低主油道中真空度，从而减少汽油增长率的办法。如图 4-25 所示，制动空气量孔 1 向泡沫管 2 引入制动空气，以降低由喉管传到此的真空度，从而减少由主量孔 3 来的汽油增长率。随着节气门逐渐开大，通过 A 进入 B 的制动空气也越多，混合气也逐渐变稀，直到制动空气量孔饱和后，化油器即稳定在稀混合气状态。

中等负荷时加浓装置因节气门下方真空度较大，加深活塞位于上方而不向主喷管供加浓油量。

（4）大负荷工况。假如节气门没有进入大负荷开度，即 85％以上，加浓真空气道中的真空度减小，加深活塞弹簧伸张，将活塞向下拉,推开加浓阀,加浓油量经主喷管与从主量孔出来的中等负荷油量一起,经泡沫管喷入小喉管,这样就使混合气变为浓的功率混合气,如图 4-26 所示。

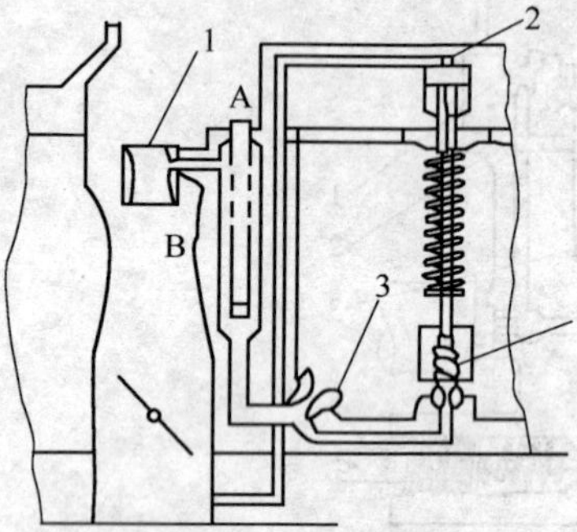

图 4-25　中等负荷工况

1. 制动空气量孔　2. 泡沫管　3. 主量孔　4. 加浓活塞

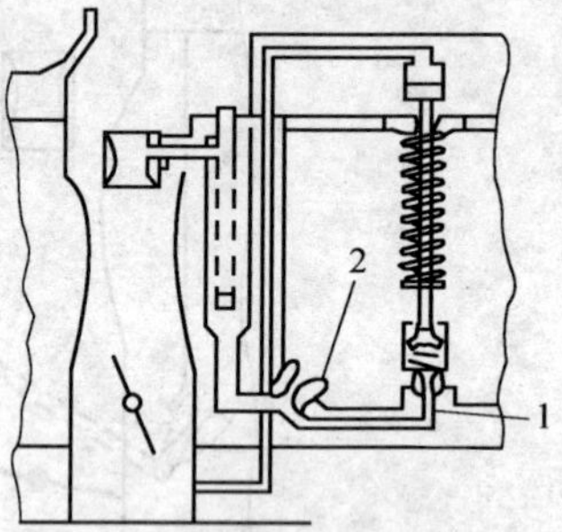

图 4-26　大负荷工况

1. 加浓量孔　2. 主量孔

(5)超负荷工况。当发动机进行满负荷工作时,由于双腔的高真空度,真空控制装置将副腔中的气动节气门全开,同时主腔中的机械节气门也全开,当发动机进入调负荷高转速时,副腔中主供油装置才开始工作,这时发动机不但要求混合气加浓,量也要大,副腔主供油装置的工作原理与主腔主供油装置相同,但供应的混合气浓度不同。副腔主供油装置供应的是浓混合气,主腔主供油装置供应的是稀混合气。可见双腔分动化油器的主、副腔不是同时参加工作。从而解决了高转速大排量发动机装单腔化油器时动力性和经济性的矛盾。中等负荷时发动机时进气量不大,只有尺寸小的主腔工作故空气流速快汽油雾化好,燃烧完全经济性好;满负荷高转速时,由于主副腔同时参加工作混合气通过截面大,保证了足够的进气量,因而确保了动力性如图 4-27 所示。

随着节气门开度增大,使低怠速时位于节气门上方的两个怠速过渡喷口也处于节气门下方,在真空吸力下怠速主喷口和这两个过渡喷口均喷油,从而使发动机由怠速向有负荷圆滑过渡如

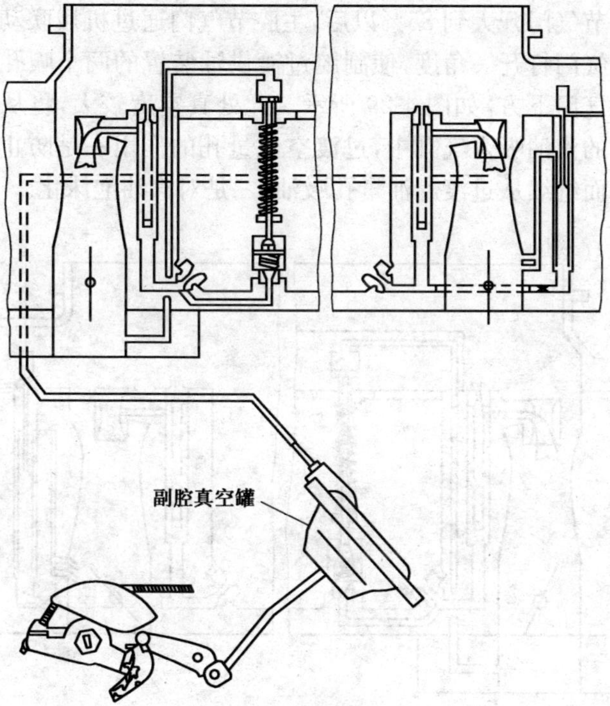

图 4-27　超负荷工况

图 4-28 所示。

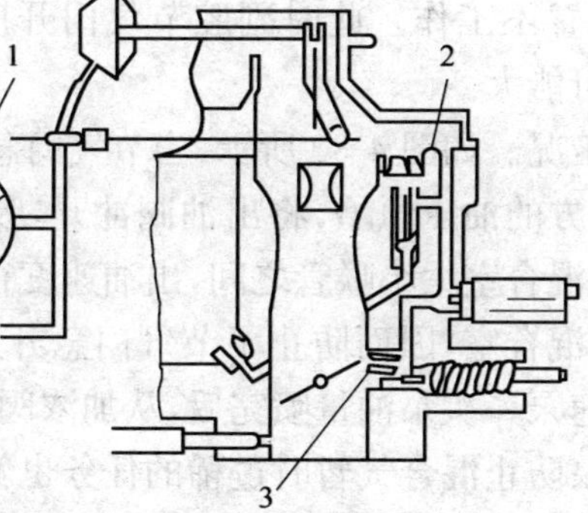

图 4-28　从怠速向有负荷过渡

1. 进气管贮压器　2. 空气量孔　3. 旁通孔

当节气门开大到85%以后,主腔节气门通过机械联动机构使副腔节气门打开一角度,使副腔过渡供油装置的两个喷孔均位于副腔节气门下方,如图 4-29 所示。此处真空度较大,将从过渡油量孔来的汽油吸入气缸中,过渡空气量孔的作用一是防止发动机熄火后而继续从过渡燃油量孔吸油;二是对汽油泡沫化。

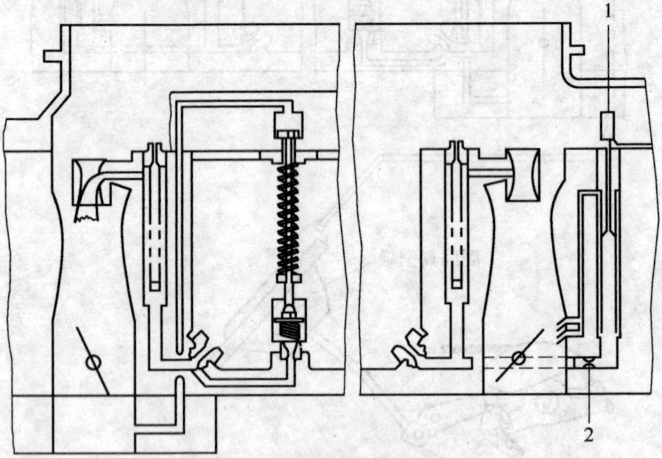

图 4-29　向满负荷过渡工况

由于副腔节气门开度小,位于节气门上方小喉管中真空度小,副腔主供油装置不工作。此时副腔节气门开度被真空锁止器锁住,故开度不可能大。

(6)加速工况。如图 4-30 所示,当节气门急开时,加速泵膜片向下使膜片下方的油压急增,将出油阀冲开,吸油阀关闭;从放油管 3 直接喷入混合室大小喉管之间,出油速度很快,几乎和增加的空气同步到达混合室,因而防止了节气门急开后混合气的暂时过稀现象,当加速泵一次泵油量喷完后,从加浓阀来的加浓油也到达混合室,加速泵防止混合气暂时过稀的任务也就完成了。

(7)超速工况。KEIHIN(开新)型化油器有一些附属装置,可运用于超速工况等各种场合,如超速混合气转换阀。该阀自 1984

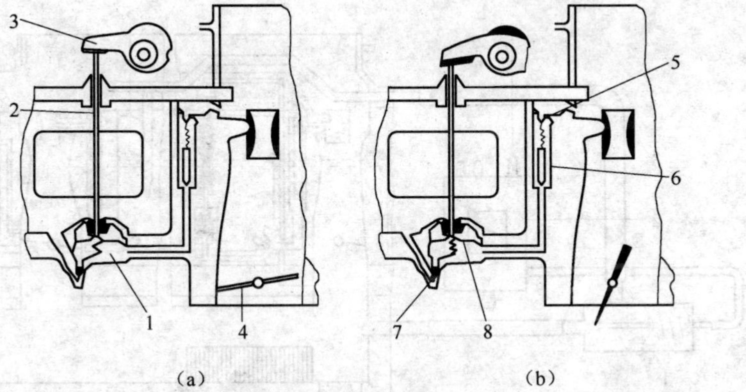

图 4-30　加速工况

1. 加速泵　2. 无间隙　3. 放油管　4. 出油阀　5. 吸入阀　6. 膜片

年 7 月开始装在手动变速箱的 1.6 升排量轿车上，其功能是保证发动机在超速工况时不会因混合气过浓而使污染加剧。当汽车高速行驶时突然放松节气门踏板，由于汽车强大的行驶惯性使发动机转速仍然相当高，而节气门却关闭了，所以进气支管中造成极大真空度。主腔怠速油道、副腔过渡油道因节气门下的高真空度均向气缸中大量喷油，从而造成混合气过浓，废气中的一氧化碳和碳氢化合物剧增。当进气支管中真空度因发动机转速超过 1400 转/分时和节气门紧闭而达到一定值时，超速混合物转换阀 2 将进气管真空度引到超速混合物阀膜片左侧。吸动膜片向左将超速混合物阀与进气支管的通道，来自沉入量孔 5 的汽油和制动空气量孔(参见图 4-25 中的 1)的空气形成较稀混合气而进入气缸。如图 4-31 所示。

当发动机转速低于 1400 转/分时，进气管压力连管 4 切断转换阀的地线，转换阀关闭，超速混合气阀也关闭，发动机进入正常怠速状态。

21. KEIHIN(开新)型化油器的附设机构是怎样工作的?

(1)节气门缓冲器。节气门缓冲器的功能，也是为了避免发动

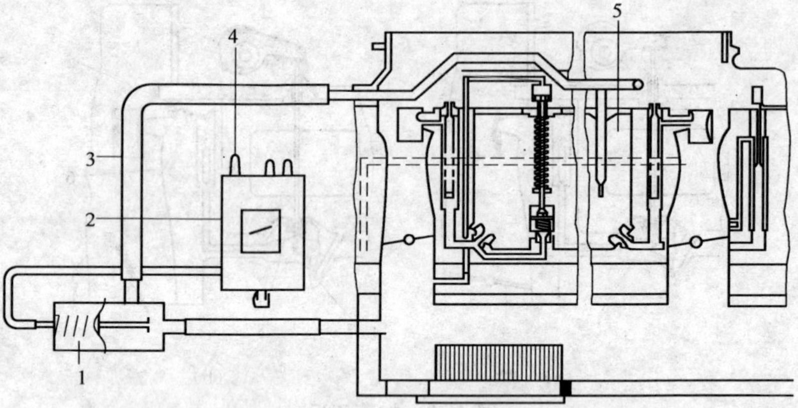

图 4-31　超速工况

1. 超速混合物阀　2. 超速混合物转换阀

3. 超速混合物通道　4. 进气管压力连管　5. 沉入量孔

机超速时混合气暂时过浓,从而改善燃烧,减小污染。通过节气门缓冲器使节气门在加速踏板猛放开后不立即关至低怠速开度,使进入气缸中的空气量相对增多,也使进气支管中不致造成短期极大真空度,如图 4-32 所示。

(2)负荷自调装置。上海桑塔纳轿车的附属电气设备较多,给发动机和发电机带来了很大额外负荷。当额外负荷投入工作时,应自动地、同步地使发动机的进气量有所增加。以防止怠速时发动机熄火。

LEIHIN26—30DC 型化油器的负荷自调,基本上是加大开度,从而增加怠速时的混合气进气量,使发动机进入高怠速工况。其工作原理如图 4-33 所示。

当额外负荷(如空调)投入工作时,电磁阀 6 向上开启,打开真空管 3 并关闭大气通孔,真空吸力器 2 的膜片吸拉节气门操纵臂,使节气门打开适当角度,处于高怠速位置,维持发动机正常怠速。当额外负荷停止工作时,电磁阀向下关断真空通路,阀壳上的大气通孔开启,进入滤清过的适量空气,解除了真空吸力对膜片的作用力，弹簧推动膜片和推杆向左移动，节气门又回到低怠速位置。

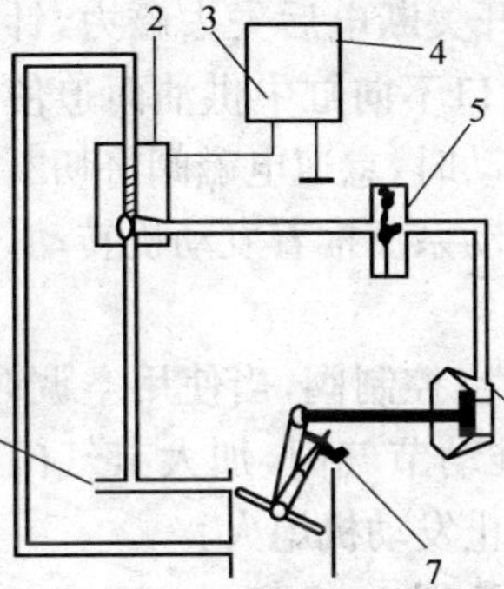

图 4-32　带节气门缓冲器的超速工况

1. 接 EGR 阀；2. 三通阀　3. 控制单元　4. 接线柱 1　5. 延迟阀　6. 膜片单元　7. 调节螺钉

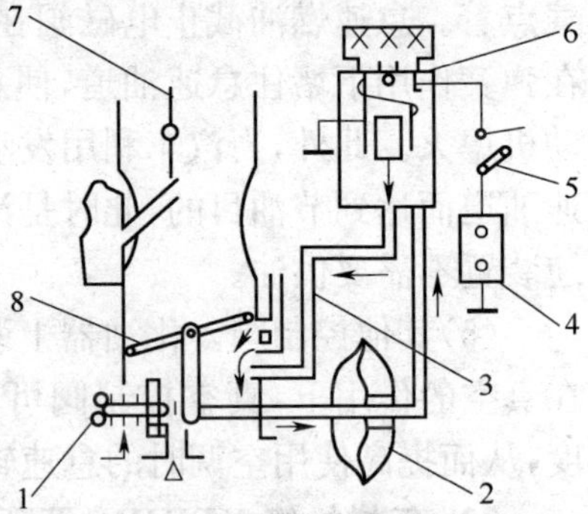

图 4-33　负荷自调工况

1. 怠速调整螺钉　2. 真空吸力器　3. 真空管　4. 电源　5. 空调压缩机开关　6. 电磁阀　7. 阻风门　8. 节气门

(3)废气再循环阀(EGR)。节气门部分开启时，为降低废气中的氧化氮含量，废气从排气管进入进气管再循环，废气与新鲜可燃混合气一起进入发动机气缸中，使混合气中含氧量下降从而降低了氧化氮的形成。

EGR 阀通过管道与排气管连通排气管上钻有直径 3.5mm 的精加工孔。通过连着化油器的膜片控制气室，可打开或关闭 EGR 阀。当节气门处于中间位置时，才足以使进气管内压力作用在膜片控制气室而使 EGR 阀开启，使经过校准的一定量的废气进入进气管，进行废气再循环。当节气门继续打开以及达到全开时，进气管压力升高，废气再循环阀再一次关闭。

为避免废气再循环自发工作，1.8 升排量发动机上的化油器有两个高度不同的进气压力钻孔，当压力降至一个钻孔高度时，另一个钻孔通风，故保证了 EGR 阀缓缓打开。

(4)怠速燃油截止电磁阀。当发动机温度很高时，特别在炎热的夏天，点火开关断电后，发动机仍然不能熄火。因为怠速油道仍然通过怠速喷口向缸中供油,燃烧室灼热表面的积炭仍能将混合气点着。怠速燃油截止电磁阀在点火开关断电后失去磁力,针阀在弹簧作用下堵住怠速油道,使怠速喷口不向缸中供油而迫使发动机熄火。此外,当汽车利用发动机制动时,怠速电磁阀将切断怠速油道而达到节油目的,此时是汽车传动系反推着发动机转动,怠速装置不需要供油。

(5)其他控制阀。化油器上装有真空控制阀,当使用空调时,在真空的作用下,真空控制阀可自动推动节气门,加大节气门开度,从而提高使用空调时的怠速转速防止发动机熄火。

22. 怎样检修 KEIHIN(开新)型化油器?

(1)KEIHIN 型化油器怠速的调整。在发动机温度达到 60℃以上,阻风门开足,远光灯打开,其他电器都关掉,拔掉气缸盖上曲轴箱排气软管与空气滤清器连接端,关掉空调系统,点火正时调整装置正常。观察转速表显示数值,应保持发动机转速为 800±50r/min,此时散热器的风扇不得工作,如图 4-34 所示。

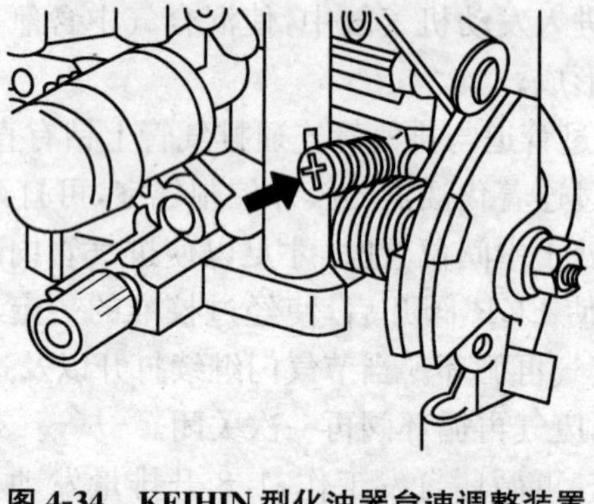

图 4-34 KEIHIN 型化油器怠速调整装置

(2)冷车空转转速的调整。发动机温度达到 60℃后,怠速和点火正时正常,接上转速测定仪,拆下空气滤清器。全部拉出起动器拉索,操纵杆须位于止块上。起动发动机,用拉杆将节气门开足,检查转速,通过弯曲止动杆调整转速达到规定值 4200±20r/

min。如转速太高，将止动杆压紧；如转速太低，将止动杆拉开。

(3)一氧化碳含量的调整。怠速调整后，将测量废气的探头插入排气管内，观察废气测试仪表上一氧化碳含量显示值，为1.0±0.5%。若显示数值高于规定值，表示空燃比值过小，燃油供给量过多，可通过如图4-35的螺钉进行一氧化碳含量的调整。少供给一些燃油，提高空燃比，一氧化碳会明显降低。

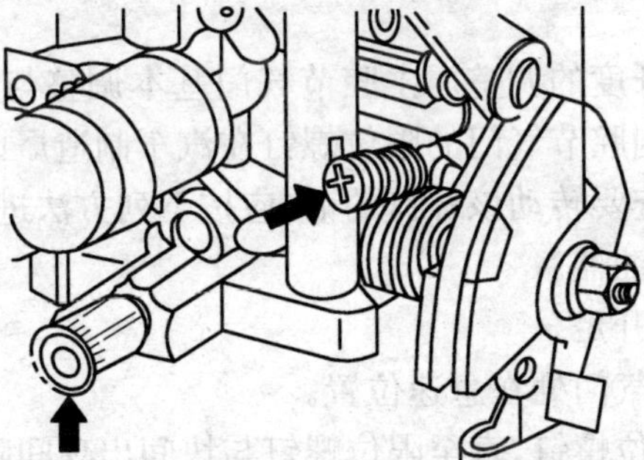

图4-35　KEIHIN型化油器一氧化碳含量的调整位置

发动机怠速和一氧化碳含量的调整需借助专用的仪表进行。不正常的怠速和一氧化碳含量会影响发动机性能的正常发挥。

(4)自动阻风门的调整。全部拉出阻风门钢丝绳阻风门操纵杆时，必须在止块上(阻风门关闭)，将真空开启装置的控制连杆开启方向压至止块，检查间隙尺寸。必要时通过弯曲止动杆以调整阻风门间隙，规定值4.6±0.15mm。若间隙太小，可将止动杆拉开；若间隙太大，应将止动杆压紧。

(5)副腔真空膜片的检查，真空开启装置密封性检查。将真空检测仪与真空泵接到真空开启装置上，打开真空检测仪流通开关，用真空泵产生约40kPa的真空，真空检测仪开着，使得真空开启装置保持真空2min不得降下，必要时更换真空开启装置。

真空罐密封性检查：将真空检测仪与真空泵接到真空存储罐上，打开检测仪流通开关，用真空泵产生10kPa真空。真空检测仪开着,使真空存储罐侧保持真空,检测仪的真空调整到 3kPa,2min 不得降下,必要时更换真空存储罐。

(6)副腔锁止摇臂的检查与调整。拆下化油器,在阻风门全开的同时关闭节气门,转动调节盘,使快怠速螺钉不在调节盘上,检查锁止摇臂间隙,其规定值为 1.0±0.2mm。若间隙达不到规定值,可通过弯曲摇臂来调整。装上化油器,调整怠速与一氧化碳含量。

(7)气门开度的调整。主腔节气门基本调整与 2B5 型化油器基本相同,其副腔节气门的限位螺钉在汽车制造厂已调整好,不得随意变动,如查要转动该螺钉的话,应按下列方法进行调整。

①拆下化油器。

②阻风门开足。

③主腔节气门处在怠速位置。

④旋出限位螺钉,直至限位螺钉与块间出现间隙。

(8)真空管路的连接。化油器真空管路接头比较多,在安装时注意不要接错,真空管路安装位置如图 4-36 所示。

23. 26/30DC 型凯虹化油器是怎样工作的?

26/30DC 型凯虹化油器。目前捷达(化油器车)和桑塔纳轿车均采用这种形式的化油器。

该化油器冷起动系统采用手动阻风门,并增加了进气支管压力储存罐,它是为防止起动后阻风门过快打开而设置的。拉下单元内必须将储存罐内的压力降至一定真空度后,才能作用于拉下单元的膜片上,滞后的时间约为 2~3 秒。

该化油器加速系中采用膜片式加速泵,部分负荷加浓装置只采用了一个真空加浓系,主、副腔采用膜片分动联接。

下面我们重点介绍一下该化油器的超速装置、装有节气门限位器的超速补偿系统和装用自动变速箱的怠速提升装置。

(1)超速装置。超速装置的作用是向发动机提供“超速混合气”,改善燃烧效率,将超速阶段的未然碳氢含量保持在最低限度。

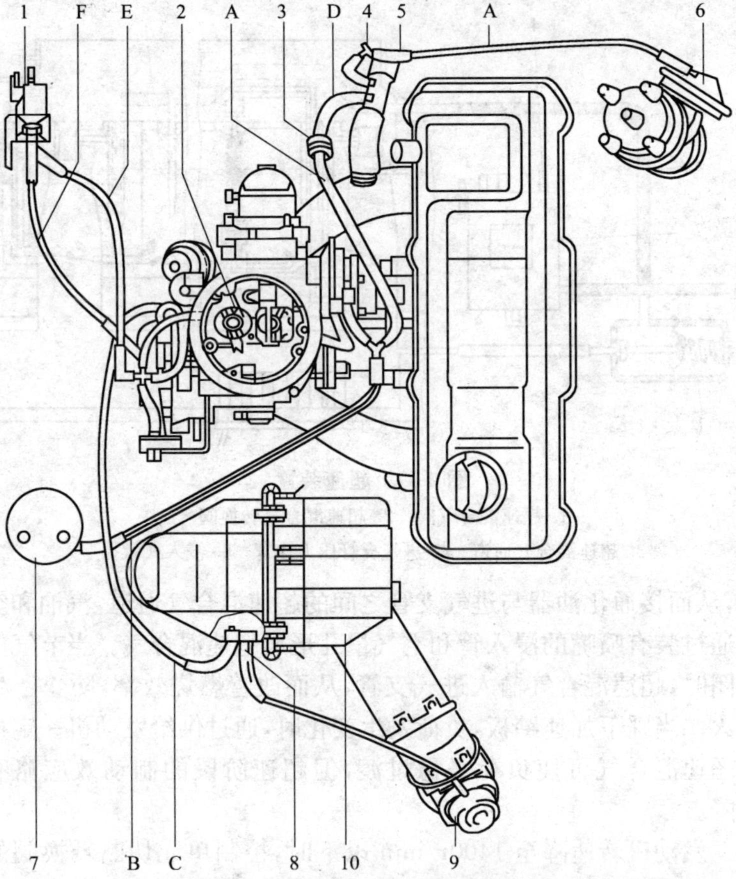

图 4-36 KEIHIN 型化油器真空管路

(真空管路颜色:A. 黑色 B. 浅绿 C. 自然色 D. 灰色 E. 白色 F. 玫瑰色)

1. 怠速提升阀 2. 2E2 化油器 3. 止回阀 4. 通向空调器 5. 通向真空助力器 6. 真空提前装置 7. 真空罐 8. 温度调节器 9. 调节箱 10. 空气滤清器

如图 4-37 所示。

超速阶段,发动机转速超过 1400r/min 时,控制单元将超速混合气转换阀“接地”。转换阀内部与进气支管接通,进气支管内的真空度作用于超速混合气阀膜片,克服弹簧压力,将膜片吸向左

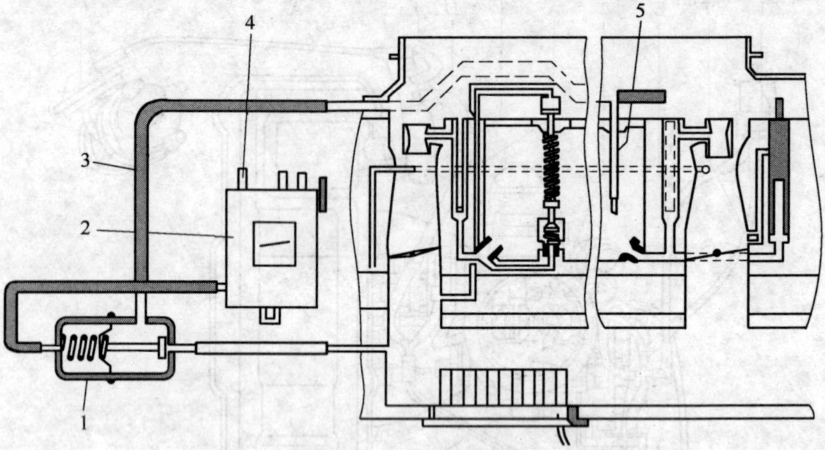

图 4-37 超速装置

1. 超速混合气阀 2. 超速混合气转换阀
3. 超速混合气通道 4. 进气支管压力连管 5. 浸入式量孔

侧,从而接通化油器与进气支管之间的超速混合气通道,汽油和空气通过装有喷嘴的浸入管和空气量孔形成超速混合气。当节气门关闭时,超速混合气输入进气支管,从而改善燃烧效率,防止产生回火。当踩下加速踏板,负荷发生变化时,通过供给发动机一定量的超速混合气可使负荷平稳过渡,但超速阶段的制动效应略有下降。

发动机转速降至 1400r/min 以下时,控制单元切断转换阀的接地点,关闭转换阀,进气支管压力不再发生作用,在弹簧力的作用下超速混合气阀关闭,发动机恢复到正常怠速运转状态。

(2)装有节气门限位器的超速补偿系统。如图 4-38 所示,为将超速阶段的未燃碳氢含量限制在最低限度,该工况下,节气门保持很小的开度,这就意味着发动机内可输入更多的可燃混合气,发动机持续运转,从而改善了废气排放值和运转状况。

转速超过 1800r/min 时松开加速踏板,发动机转速信号从点火线圈接线柱传递至控制单元,控制单元切断接地点,三通阀接通，从而使进气支管压力通过延迟阀作用于节气门限位器1的膜片单元上，膜片右移，通过一拉杆机构稍稍打开一点节气门，让发动机转速缓慢降低，从而实现了发动机转速缓缓降低到怠速转速的要求，使超速阶段的未燃碳氢含量保持在最低限度。

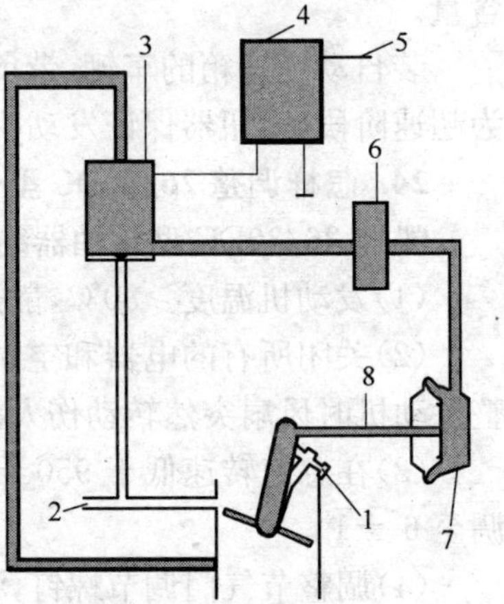

图4-38　装有节气门限位器的超速补偿系统

1. 调节螺钉　2. EGR阀接口　3. 三通阀　4. 控制单元　5. 接线柱　6. 延迟阀　7. 膜片单元　8. 拉杆

发动机转速降至1800r/min以下时，控制单元再次将三通阀接地，三通阀同时接通通向EGR阀的控制管路及经延迟阀通向膜片单元的管路，此时进气支管压力仍作用于膜片单元上，但压力逐渐升高，从而使发动机平稳过渡到怠速状态。之所以能获得这种平稳过渡是因为系统的上部连接管路通过EGR阀处于通气状态，而下部连接管路与进气支管相通，从而使膜片单元内的压力缓缓升高。

(3)装自动变速箱的怠速提升装置。由三通阀、通风帽、调整螺钉、膜片单元等组成。

①无载怠速工况。分离变速杆在驻车档(P)和空档(N)时，三通阀接地点断开，通风帽至节气门限位器膜片单元间的管路接通，由于膜片单元直接与大气相通，弹簧将膜片保持在左端挡块位置，发动机在无负荷条件下怠速进行。

②带载怠速工况。当分离变速杆在某一传动档位时，三通阀接地，关闭通风帽的管路，接通从化油器、三通阀、至膜片单元的管路，进气支管压力用于膜片单元上，膜片右移，进一步打开节气门，从而提高带载条件下的怠速工况，同时也降低了废气中的碳氢

含量。

装自动变速箱的车辆,带负荷时无需提高发动机怠速转速,因为超速阶段,变扭器保证发动机能平稳过渡到怠速工况。

24. 怎样调整26/30DC型化油器?

凯虹 26/30DC 型化油器结构如图 4-13、4-14 所示。

(1)发动机温度≥80℃,散热器风扇转动一次后停止。

(2)关闭所有的电器和空调,并拔下散热器风扇插头,防止调整发动机时风扇突然转动伤人。

(3)在怠速转速低于 950±50r/min 的条件下,将点火提前角调至 6°±1°。

(4)调整节气门调节螺钉,将怠速调至 850±50r/min。

(5)将空调开关接通,并将鼓风机关接通至 4 档。

(6)在空调压缩机离合器吸合的条件下,调整节气门调节螺钉,将怠速提升转速调整至 50±50r/min。

(7)关闭空调和鼓风机开关。

(8)拔下曲轴箱通风管。

(9)调整图 4-39 中所示的怠速调节螺钉将一氧化碳的浓度值调至 1%±0.5%。

(10)调整一氧化碳含量至规定值后,应保证怠速达 850±50r/min,未达规定值应交替调整节气门调节螺钉和怠速调节螺钉,使一氧化碳浓度和怠速转速均达规定值;

(11)插好散热器风扇插头并连接曲轴箱通风管。

25. 什么叫电喷系统?

电控燃油喷射系统,简称电喷系统,它利用各种传感器对发动机的各种运行状态参数进行监测,例如发动机转速、发动机负荷、进气温度、进气压力、冷却液温度、排气中的含氧量等等,并将监测数据转换成电信号输送给电脑。电脑计算出任何工况下所需的最佳喷油量和最佳喷油时刻,并将指令传给电磁喷油阀,控制其开启时间而提供适当的压力燃油,从而精确地控制各种工况下的最佳

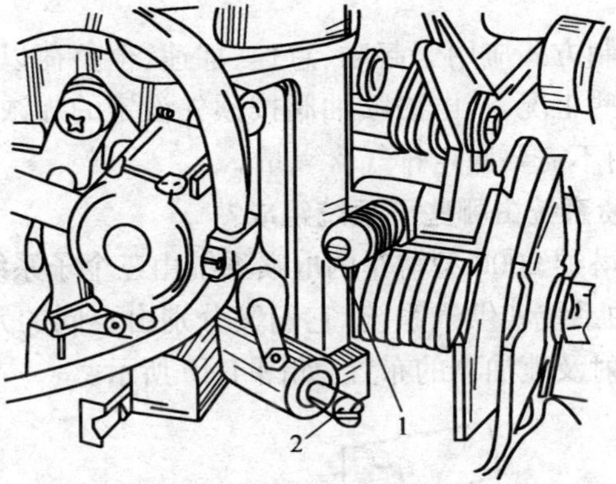

图 4-39 26/30DC 型化油器怠速调整位置

1. 节气门调节螺钉 2. 怠速调节螺钉

空燃比，使发动机在经济性、动力性和减少排放污染方面的性能大为提高。同时能在起动、怠速、加速及增大负荷等方面获得优良性能，尤其是在过渡工况时能得到瞬间控制，这是化油器进气系统所办不到的。

26. 电喷系统是怎样工作的?

上海桑塔纳 2000 型轿车的电控燃油喷射系统，采用进气管内燃油多点喷射、空气间隙测量、闭环控制(带有氧传感器)和开环控制(又叫 MPI)方式。

进气管内燃油多点喷射，就是在每缸进气门附近的进气支管内安装一个喷油阀，由此喷出压力燃油分别供给各气缸。

进气间接测量，是利用发动机转速传感器和进气压力传感器(真空度传感器、发动机负荷传感器)对进入气缸的空气压力和发动机转速实施监测，并把监测结果送入电脑，经电脑计算而间接测得吸入气缸的空气流量。

闭环控制方式，则是根据排气管上加装的氧传感器所测得排气中含氧量的变化，来测定并对理想空燃比(14.7∶1)实行修正。从而精确控制空燃比在理想值附近，消除因机件磨损等情况带来的性能变化。

开环控制方式应用于起动、怠速、加速、全负荷以及暖风机等工况。在这些工况下，电磁喷油阀按预先设定的加浓混合气的配比来工作，而不需要测定排气含氧量。

27. 电喷系统由哪些子系统组成?

上海桑塔纳 2000 型轿车的电喷系统由三个子系统组成，即电控系统、供油系统和供气系统，它们又分别由不同的元器件组成。多点燃油喷射及喷油器的布置，如图 4-40 所示。

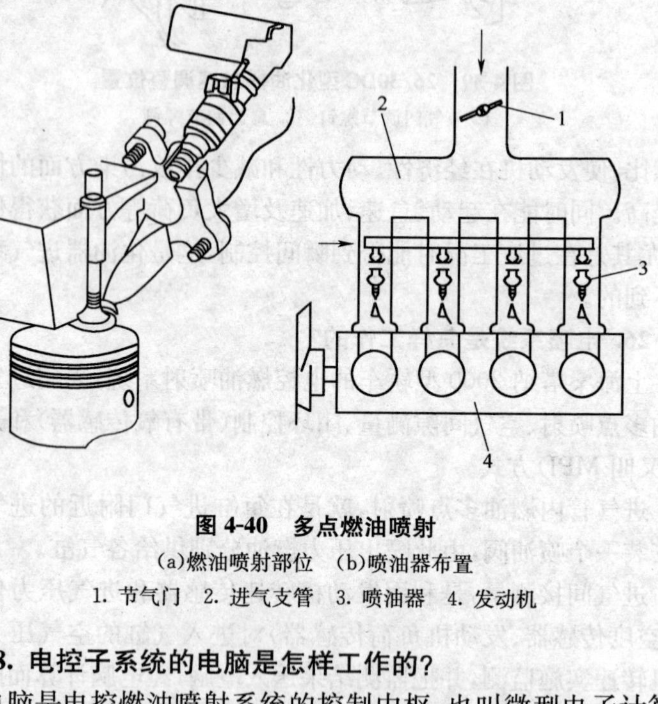

图 4-40　多点燃油喷射

(a)燃油喷射部位　(b)喷油器布置

1. 节气门　2. 进气支管　3. 喷油器　4. 发动机

28. 电控子系统的电脑是怎样工作的?

电脑是电控燃油喷射系统的控制中枢，也叫微型电子计算机(微机)、电子控制单元、ECU 电子控制模块。其外观和内部组成分别见图 4-41 和图 4-42。

电脑包括中央处理器、存储器、输入/输出接口，信息传送通

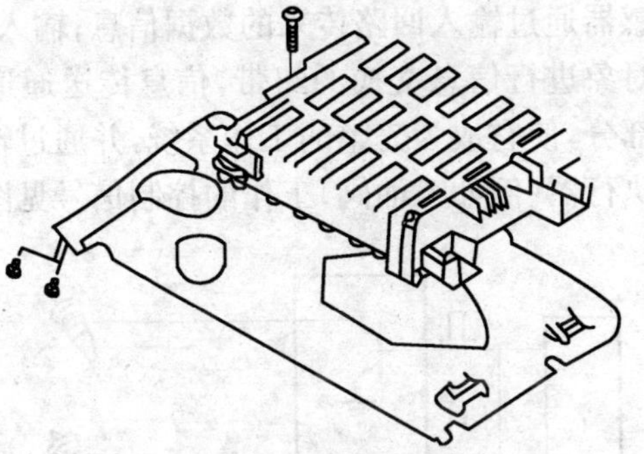

图 4-41 电喷发动机 ECU 的外观

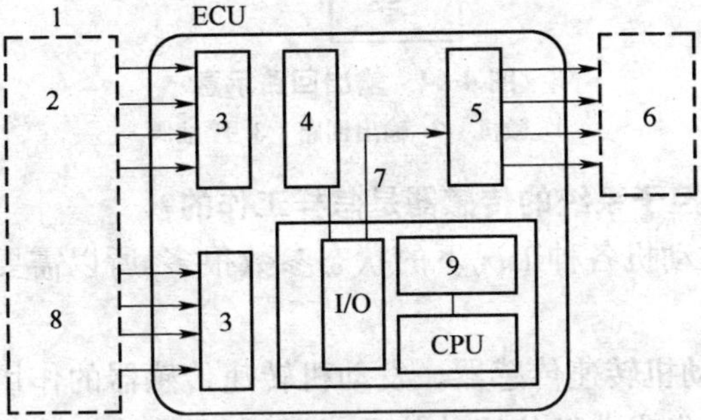

图 4-42 ECU 的内部构成

1. 传感器 2. 模拟信号 3. 输入回路 4. A/D 转换器 5. 输出回路 6. 执行元件 7. 微机 8. 数字信号 9. 存储器(ROM. RAM)

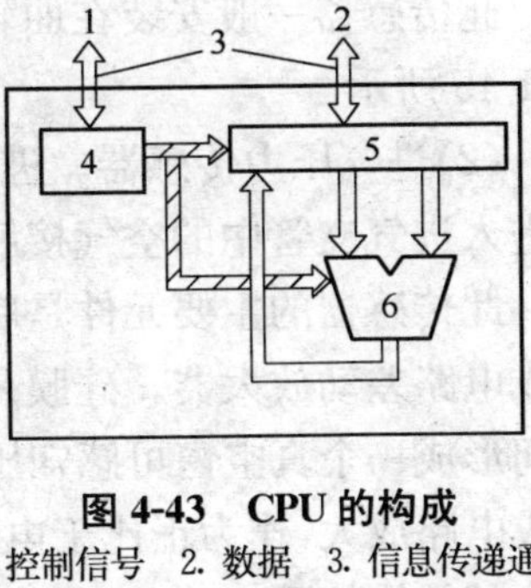

图 4-43 CPU 的构成

1. 控制信号 2. 数据 3. 信息传递通道 4. 控制器 5. 寄存器 6. 运算器

道。其中,中央处理器也叫 CPU 如图 4-43 所示,内有运算器、寄存器、控制器、能对系统内传感器所提供的各个状态参数进行检测、数据处理、控制运算和逻辑判断;存储器 ROM 用于记忆发动机控制程序以及点火脉冲和喷油脉冲的特性数据和特性曲线等控制参数;随机存储器 RAM 用于暂时保存各种传感器通过输入回路传来的数据信息;输入/输出接口是微机与被控对象进行信息交换的纽带,信息传送通道连接着电脑的各个组成部分,使它成为完整的工作系统,并通过输出回路转换成可以驱动执行器(例如喷油阀)工作的控制信号见图 4-44 所示。

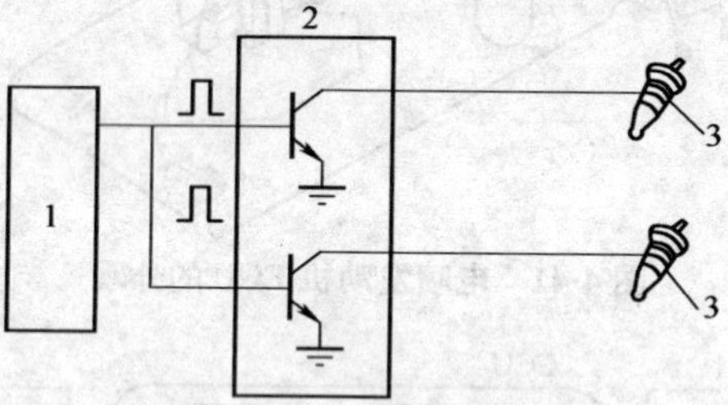

图 4-44 输出回路示意

1. 微机 2. 输出回路 3. 喷油阀

29. 电控子系统的传感器是怎样工作的?

由于发动机各种工况下的状态参数很多,所以需要的传感器种类也很多。

(1)发动机转速传感器。发动机转速传感器的作用是测定发动机转速和发出曲轴位置的信号,常采用磁电式。当发动机开始运转后,传感器中的磁通便发生变化而引起传感器中绕组的感应电动势变化,经整形计数后便确定了发动机的转速信号和位置信号。此传感器一般安装在曲轴端飞轮处,也可安装在分电器内见图 4-45 所示。

(2)进气压力传感器。进气压力传感器一端与大气接触,一端与进入进气支管中的空气接触。

此传感器的主要元件是底面粘有硼酸玻璃片的双层硅膜片和集成电路差动放大器。硅膜片的四周有 4 个传感电阻接成电桥,中间形成一个真空窗可感知压力变化并由电桥形成电压信号。经集成电路放大,作为正比于电压信号的进气管压力信号输送至电脑。其结构如图 4-46 所示。

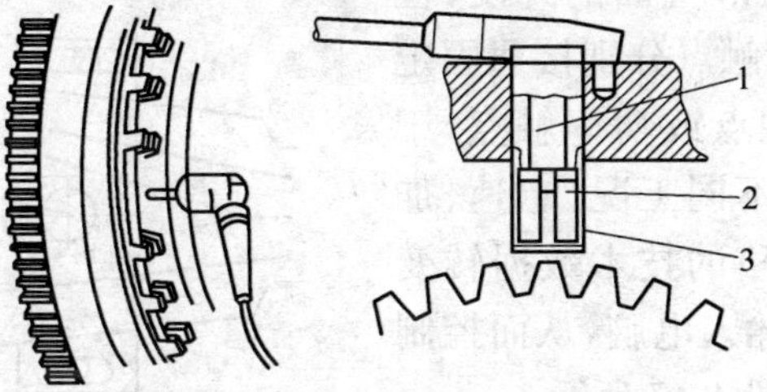

图 4-45　转速、曲轴位置传感器

1. 永久磁铁　2. 软铁心　3. 绕组

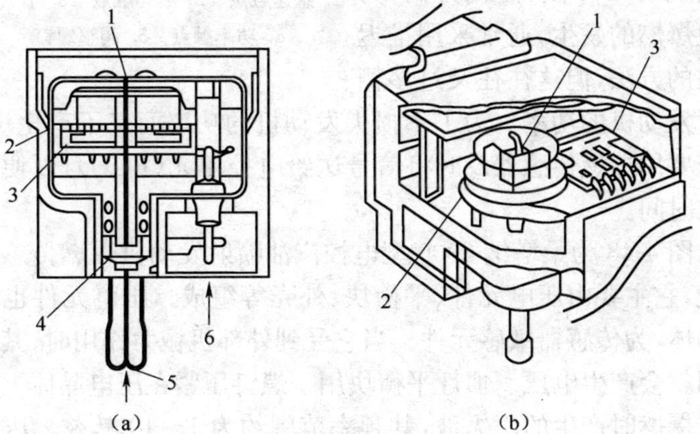

图 4-46　进气压力传感器

(a)平面图 (b)立体图

1. 硅膜片　2. 真空室　3. 集成电路　4. 滤清器　5. 进气端　6. 接线端

(3)进气温度传感器。装在节气门之后进气管上的进气温度传感器,可以准确地检测进气的温度,与时气压力传感器一起使用。进气温度传感器的主要元件是热敏电阻,其电阻值随温度降低而增大,因而信号电压随之增高。根据这些变化,电脑就可发出修正喷油量的控制信号。

(4)节气门开度传感器。装在节气门体上的节气门开度传感器,其结构如下:固定于节气门轴上的杠杆驱动导向凸轮槽内的活动触点,根据节气面的开度、位置,不同活动触点分别接通固定触点、怠速触点或功率触点,于是将发动机不同工况(怠速、加速、全负荷等)的技术数据转变成电压信号输入电脑,从而控制喷油量如见图 4-47 所示。

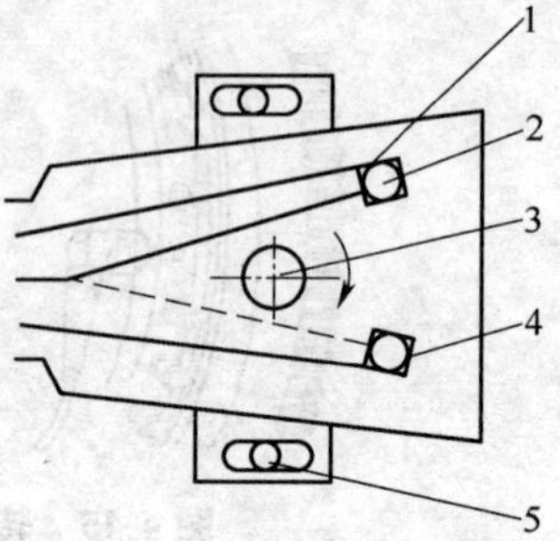

图 4-47　节气门位置传感器工作示意

1. 怠速触点　2. 活动触点　3. 节气门轴　4. 功率触点　5. 调整螺钉

(5)爆燃传感器。爆燃会使发动机功率降低、油耗升高,为避免爆燃的发生,通常采用推迟点火的方法,但这往往又过多牺牲了发动机的功率。为了不损失发动机的功率而又不产生爆燃,就需要用爆燃传感器及时将信号送给电控单元(ECU),以便修正点火时间。

图 4-48 为桑塔纳 2000 型电控汽油喷射发动机爆燃传感器的构造,它主要由压电元件、平衡块、外壳等组成。压电元件也叫压电晶体,为传感器敏感元件。当它受到外部机械力作用时,其两个极面就会产生电压。惯性平衡块用一螺钉压紧在压电晶体上。发动机爆燃时产生的压力波,其频率范围约为 1～10 赫兹。压力波传给缸体并作用于传感器上,通过惯性平衡块使压电晶体受力状况发生变化,产生电动势并及时输送给电控单元(ECU)。当 ECU 检测到爆燃信号后,立即将点火推迟,以消除爆燃。随着爆燃的消失,控制系统又逐渐使点火定时提前,直到恢复原来的点火提前角为止。爆燃传感器的安装位置,如图 4-49 所示。

(6)水温传感器。安装于发动机冷却液通道上的水温传感器,与进气温度传感器相似,主要元件也是热敏电阻,具有对温度十分敏感的负温度系数(即外界温度降低时电阻值反而增大)。在冷却液水漫低时,热敏电阻增大,电脑根据增大的电压信号而发生增加喷油量的指令,而使混合气加浓。

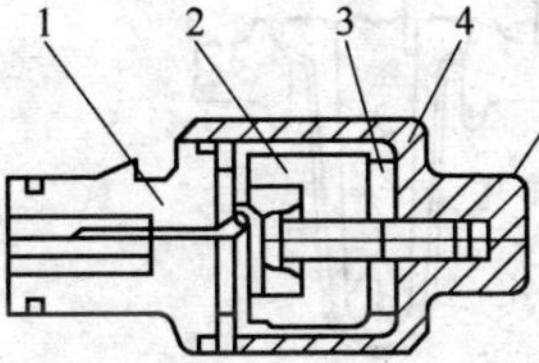

图 4-48 爆燃传感器

1. 电器连接装置 2. 平衡块
3. 压电元件 4. 外壳 5. 安装螺纹

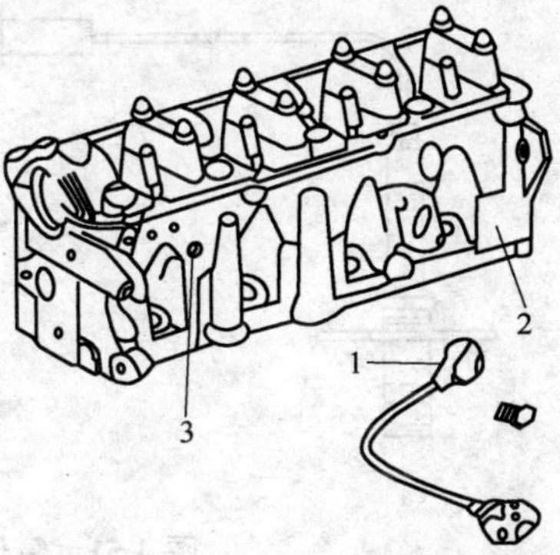

图 4-49 爆燃传感器安装位置

1. 爆燃传感器 2. 缸体 3. 安装螺钉

水温传感器的构造与特性,如图 4-50 所示。

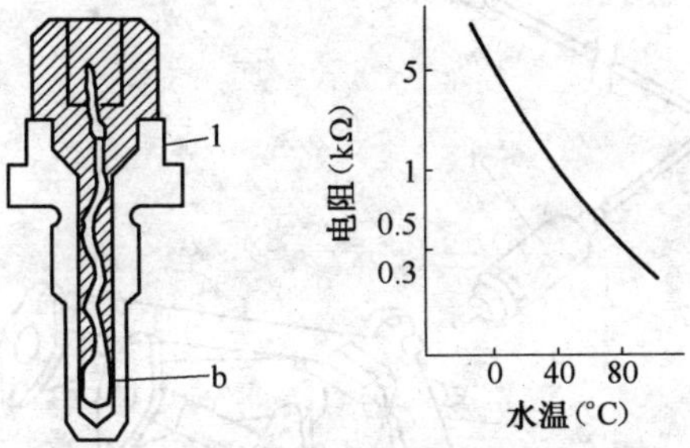

(a) (b)

图 4-50 水温传感器

(a)构造 (b)特性

1. 壳 2. 热敏电阻

(7)氧传感器。氧传感器的结构及其安装位置,如图 4-51、图 4-52 所示。

氧传感器形如一头封闭的空心管,内壁和外壁都覆盖了一层多孔性铂,分别作为内、外电极,内外电极之间有一层氧化锆作为固体电解质,使氧传感器就像电池一样工作。内电极接触氧浓度

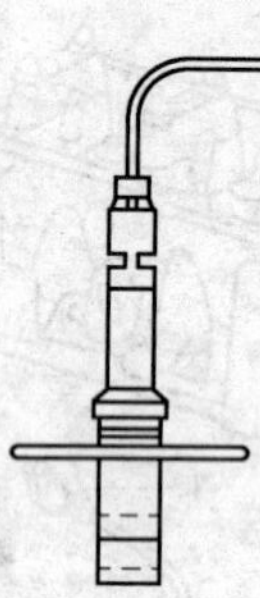

(a)

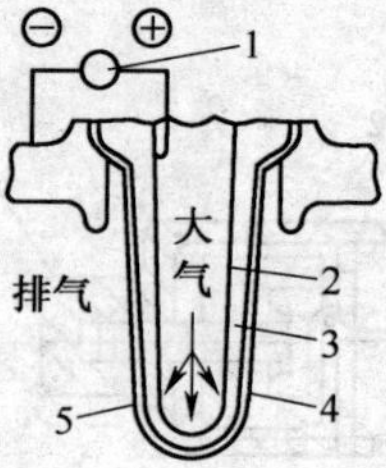

(b)

图 4-51　氧传感器

(a)整体形状　(b)内部放大

1. 电动势　2. 大气侧白金电极　3. 固体电解质(氧化锆元素)

4. 排气侧白金电极　5. 陶瓷保护层

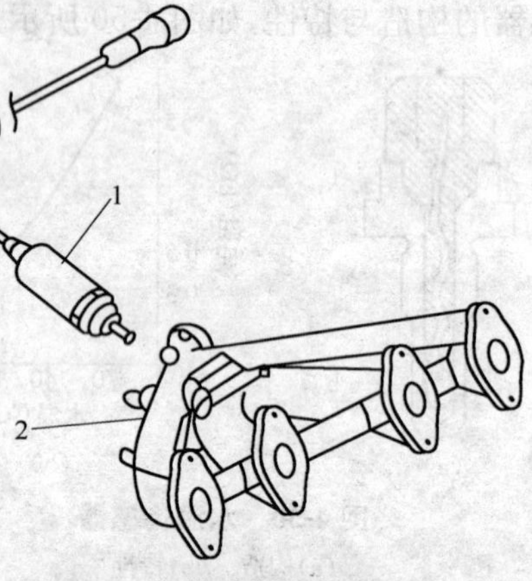

图 4-52　氧传感器安装位置

1. 氧传感器　2. 排气支管

高的大气,外电极接触氧浓度低的排出废气,当吸入混合气的浓度改变时,排出废气中的氧含量随之变化而使内外电极产生电压变化。电脑感知这种变化而发出控制喷油量的指令,使空燃比得以修正而尽量接近理想空燃比。

氧传感器在300℃以上的温度中使用才有效，所以装在排气管中温度较高的位置，以便得到稳定的信号。为了保护外电极在高温下不致烧蚀，在外电极表面覆盖有多孔性氧化铝陶瓷保护层。

30. 电控子系统的执行器是怎样工作的?

执行器是直接执行电脑指令的元器件，如电磁喷油阀、怠速控制阀等等。

(1)电磁喷油阀。绝缘安装于进气管内的电磁喷油阀，能根据电脑的指令，将燃油定时定量以雾状喷入各缸的进气管，其结构如图4-53所示。

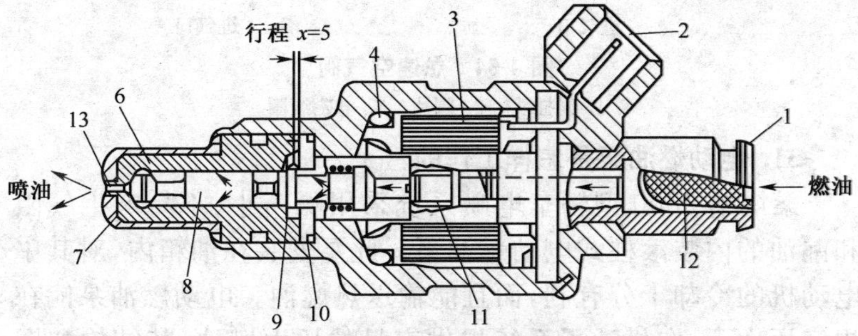

图4-53 喷油阀结构

1. 燃料接头 2. 电器接头 3. 电磁线圈 4. 磁芯 5. 行程 6. 阀体 7. 壳体 8. 针阀 9. 凸缘部 10. 调整垫 11. 弹簧 12. 滤清器 13. 喷口

电脑发出的控制信号，使电磁喷油阀的电磁线圈接通电源，产生磁场吸引磁芯，使联为一体的针阀移动而打开喷油口，于是喷油阀喷油；信号终止时，复位弹簧使针阀移动，关闭喷油口，喷油停止。

(2)怠速空气阀。怠速空气阀，安装于节气门室上，由步进式电机驱动。接收电脑的脉冲信号后，根据指令不同，怠速空气阀可以有一百多种不同的开度，因而可以随意调节空气流量，对怠速进行自动调整，使发动机的实际怠速和存储于电脑中的目标怠速相符。这样，在暖机时，电脑根据冷却液传感器的信号控制怠速空气阀按最佳的快怠速来暖机;在接通空调时,怠速空气阀接受电脑关于自动升高怠速的指令,使发动机工作更为平衡。

怠速空气阀的结构,如图 4-54 所示。

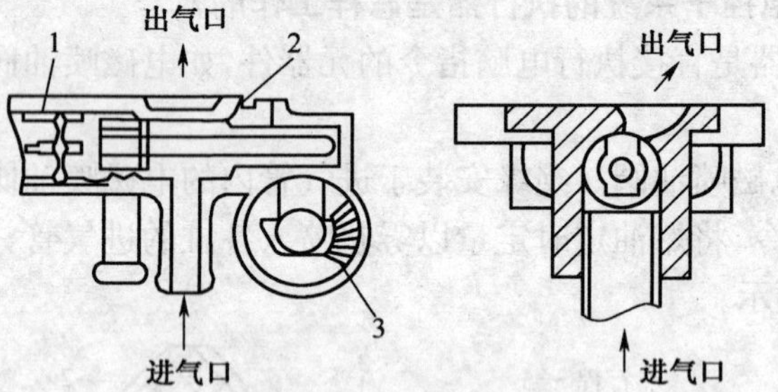

图 4-54　怠速空气阀

1. 线插头　2. 阀片　3. 电磁线圈

31. 电动燃油泵是怎样工作的?

桑塔纳 2000 型轿车电喷系统采用噪声小、不易产生气阻和漏油的内装滚柱式电动燃油泵。此泵安装在油箱内,对其中电动机的冷却十分有利,而且能输送热燃油。电动燃油泵能在规定压力下,向供油子系统提供充足的压力燃油,其结构如图 4-55 所示。

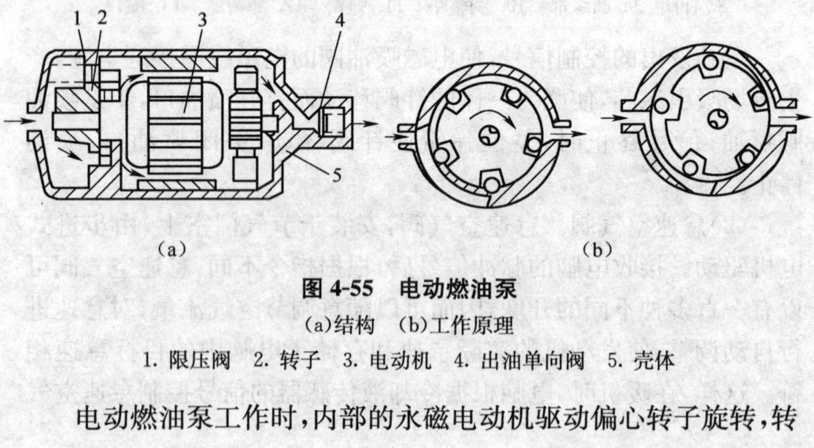

图 4-55　电动燃油泵

(a)结构　(b)工作原理

1. 限压阀　2. 转子　3. 电动机　4. 出油单向阀　5. 壳体

电动燃油泵工作时,内部的永磁电动机驱动偏心转子旋转,转子凹槽内的滚柱便在离心力作用下依次紧压于泵体内表面，而在相邻的两个滚柱间形成容积不断变化的空腔，从而实现泵油作用。

在泵的进油端设有限压阀、出油端设有单向阀。限压阀在泵内油压超限时可自动开启而限压，单向阀可防止燃油回流。

32. 燃油压力调节器是怎样工作的？

在电喷系统中，燃油压力调节器也是必不可少的，它能使燃油压力保持恒定，而不受大气压力或进气管真空度的影响。

为了消除进气管内变化的真空度以及其他诸多因素对喷油量的影响，使喷油量只受电脑指令的单一控制，桑塔纳 2000 型轿车的燃油压力调整器，使喷油电磁阀中的燃油压力与进气管负压（也叫真空度）之差，始终保持为恒定值 250 千帕。

燃油压力调节器的结构，如图 4-56 所示。图中，膜片将燃油压力调节器分为真空室和燃油室两部分，与膜片连动的球阀在弹簧作用下封闭着出油口。当发动机的燃油泵工作时，燃油室内充满了压力燃油，作用于膜片而使球阀开启，多余的燃油自出口流回燃油箱。

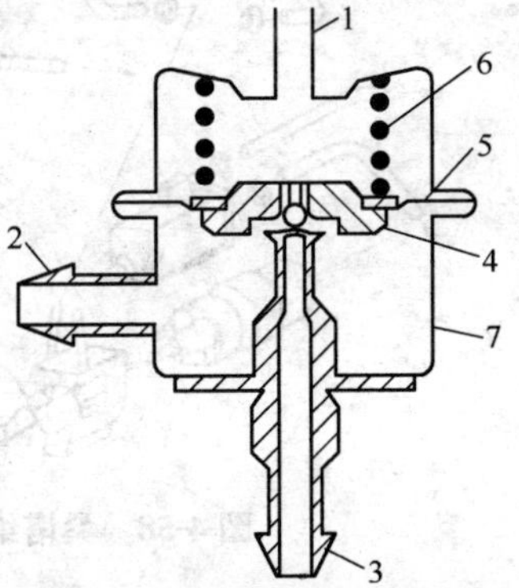

图 4-56　燃油压力调节器结构

1. 真空管　2. 汽油入口　3. 汽油出口　4. 球阀　5. 膜片　6. 弹簧　7. 壳体

当节气门开度增大使进气管负压减小时，燃油压力与负压之差小于 250 千帕，弹簧力推动膜片移动而关闭球阀迫使燃油压力上升；反之，真空室的真空吸力克服弹簧弹力使膜片反向移动面开启球阀，燃油流回燃油箱而使燃油压力下降。因此，进气管内的真空度通过膜片迫使球阀反复启、闭，而使燃油压力保持恒定。

供油子系统的供油路线，如图 4-57 所示。

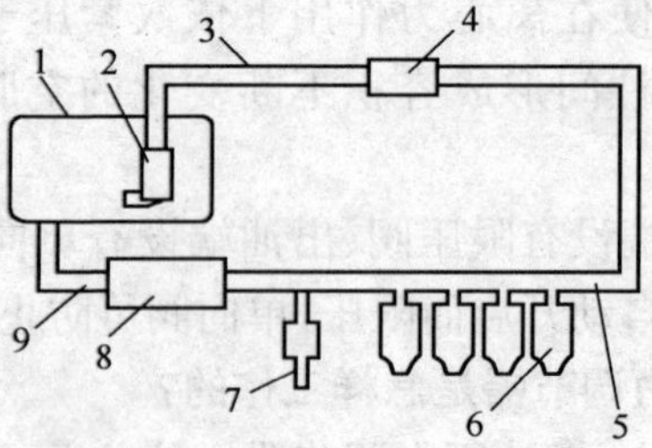

图 4-57　燃油供给系统流程图

1. 燃油箱;2. 燃油泵　3. 油管　4. 燃油滤清器
5. 燃油分配管　6. 喷油阀　7. 油压调节器　8. 冷起动喷油阀　9. 回油管

供油子系统的外形,如图 4-58 所示。喷油部件如图 4-59 所示。

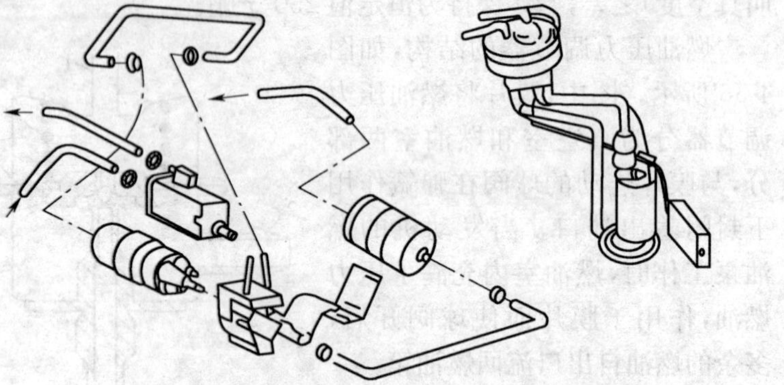

图 4-58　桑塔纳 2000 型轿车供油子系统

33. 供气子系统结构特点有哪些?

供气子系统主要是向气缸提供一定量的洁净空气,其主要部件有空气滤清器、空气温度调节器、节气门体、稳压箱、节气门缓冲器等等如图 4-60 所示。

(1)空气滤清器和空气温度调节器。上海桑塔纳 2000 型轿车采用的空气滤清器和空气温度调节器如图 4-61 所示。空气滤清器的冷空气和热空气都通过滤芯滤去灰尘杂质。

空气温度调节器自动调节进入空气滤清器的冷空气量和热空

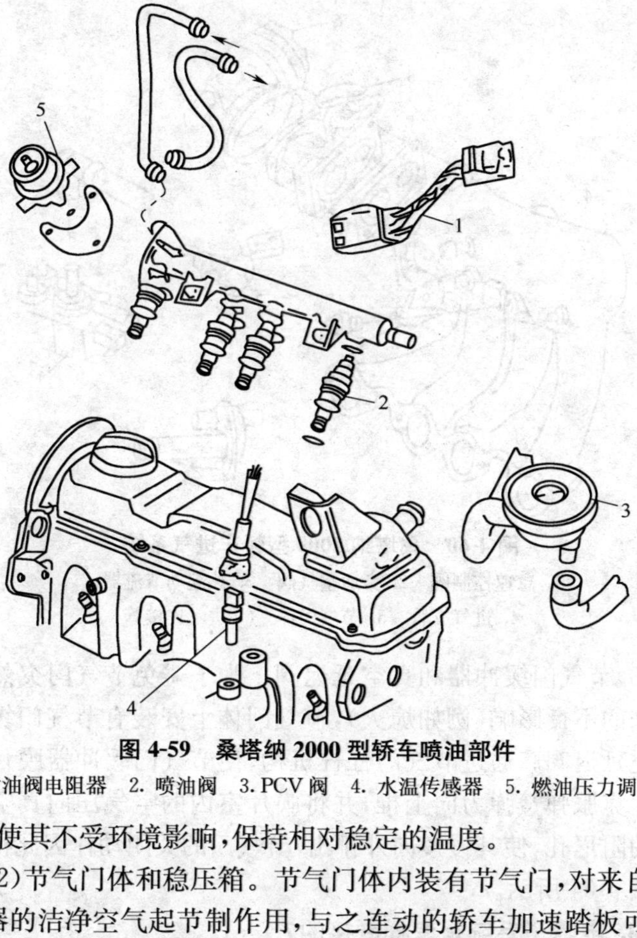

图 4-59　桑塔纳 2000 型轿车喷油部件

1. 喷油阀电阻器　2. 喷油阀　3. PCV 阀　4. 水温传感器　5. 燃油压力调节器

气量，使其不受环境影响，保持相对稳定的温度。

(2)节气门体和稳压箱。节气门体内装有节气门，对来自空气滤清器的洁净空气起节制作用，与之连动的轿车加速踏板可以操纵节气门的开启，改变进气管通道的横截面积而控制流入气缸的空气量，从而控制发动机的转速和负荷如图 4-62 所示。

节气门体上还设置了怠速旁通通道，由怠速螺钉控制其截面积。此外，还装了由步进电机控制的怠速控制阀。稳压箱设置在节气门体和进气支管之间。供气子系统的空气进入路线，如图 4-63 所示。

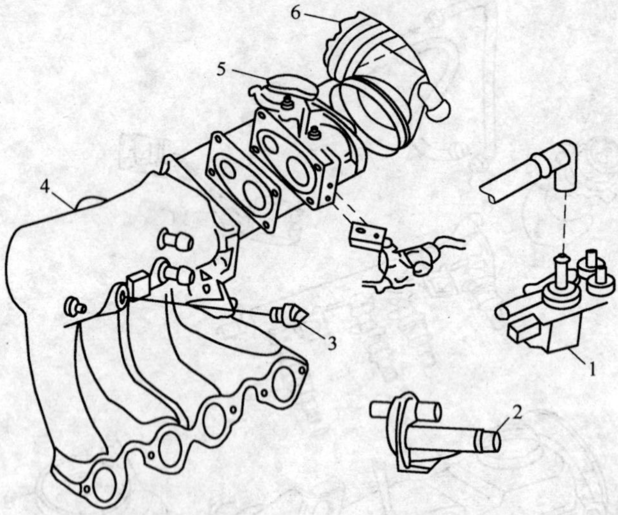

图 4-60　桑塔纳 2000 型轿车进气系统

1. 怠速控制阀　2. 旁通空气阀　3. 热起动节流器
4. 进气支管　5. 节气门体　6. 进气连接管

(3)节气门缓冲器和真空延迟阀。为了避免节气门突然关闭而带来的不良影响(例如熄火),节气门体上安装有节气门缓冲器和真空延迟阀。通过节气门杠杆机构,使节气门缓冲器膜片室中的膜片克服弹簧弹力向上推,并将膜片室内的空气压向真空延迟阀内的阻尼孔,使其慢慢向外排出,节气门的关闭动作因此得到缓冲如图 4-64 所示。

34. 电喷子系统是怎样联接的?

以上分别介绍了三个子系统及其组成部件,下面来看看这三个子系统的组成部件是如何相互关联而构成上海桑塔纳 2000 型轿车电喷系统的。图 4-65,是上海桑塔纳 2000 型轿车的电喷系统示意图。可以看出,空气滤清器滤清后,洁净的空气经节气门体流入稳压箱并分配给各个气缸的进气管,而怠速时空气经怠速控制阀流入稳压箱并分配给各个气缸的进气管。另外,燃油自然油箱

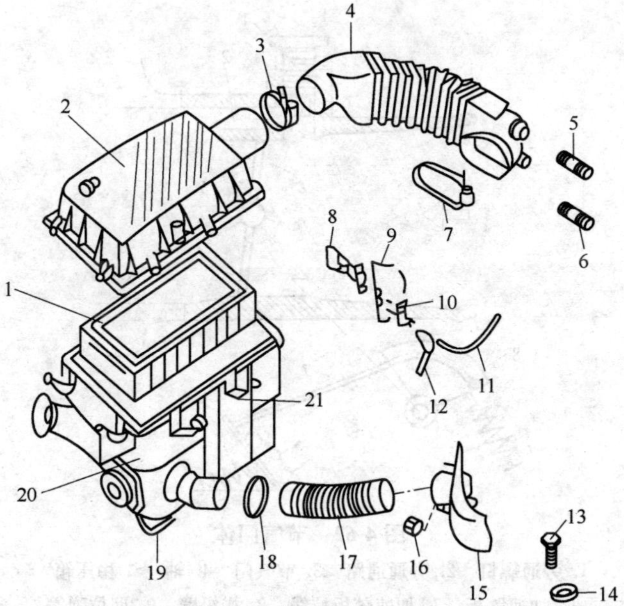

图 4-61　电喷发动机空气滤清器

1. 滤芯　2. 滤清器盖　3. 夹箍　4. 进气软管　5、6. 螺钉　7. 夹箍　8、9、10. 夹紧片　11、12. 夹紧片簧　13. 螺钉　14. 垫片　15. 管接头　16. 卡子　17. 热空气软管　18. 卡箍　19. 空气滤清器软管　20. 空气滤清器壳　21. 空气滤清器垫

中被燃油泵吸出经燃油滤清，又经燃油压力调节器调节，以高于进气管负压 250 千帕的压力分配给各个气缸进气管内的电磁喷油阀。与此同时，节气门开度传感器、进气压力传感器等发动机状态参数传感器都将所检测的电信号提供给电脑，再由电脑计算出最佳喷油量和最佳喷油时刻，以及允许进入气缸的空气量，再根据空气温度传感器、水温传感器、氧传感器所检测的电信号予以修正，并发出指令给执行器执行。

35. 检修电喷系统应注意什么？

(1)严禁在发动机运转时将蓄电池从中断开，以防产生瞬变过

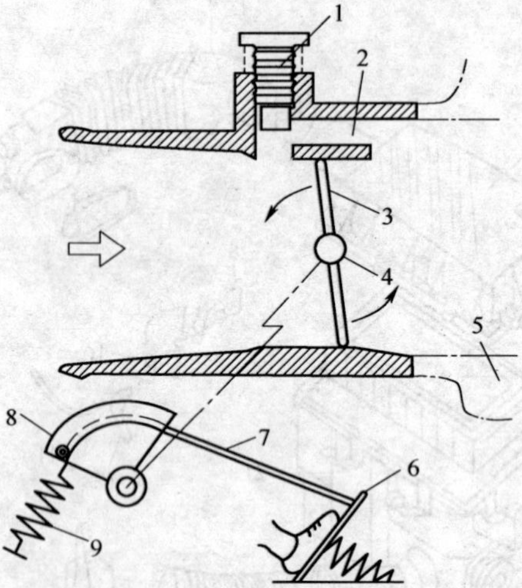

图 4-62　节气门体

1. 旁通螺钉　2. 旁通通路　3. 节气门　4. 轴　5. 稳压箱
6. 加速踏板　7. 加速踏板拉线　8. 操纵臂　9. 回位弹簧

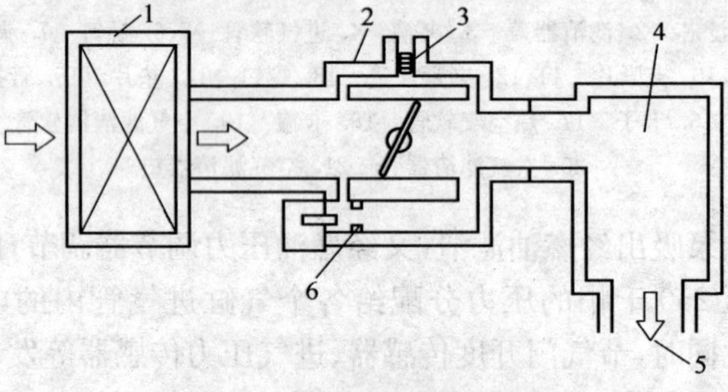

图 4-63　空气供给系统路线图

1. 空气滤清器;2. 节气门体　3. 怠速调整螺钉　4. 稳压箱　5. 进气支管　6. 空气阀

电压将传感器和电子控制单元损坏。

(2)跨接起动其他车辆时,须先断开点火开关,才能拆装跨接线。

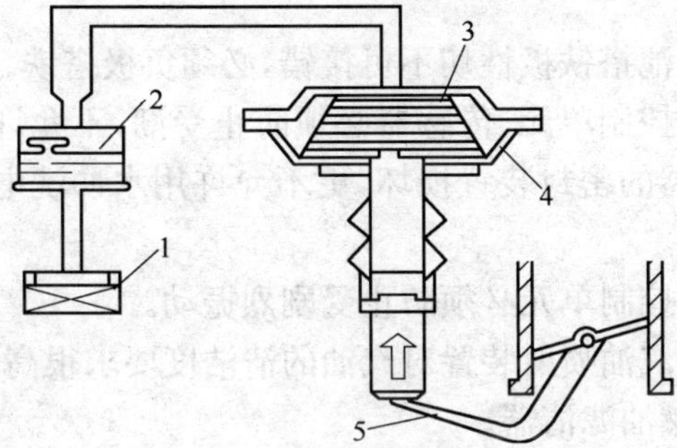

图 4-64　节气门缓冲器

1. 空气滤网　2. 阻尼孔　3. 阻尼弹簧　4. 膜片　5. 杠杆　6. 节气门

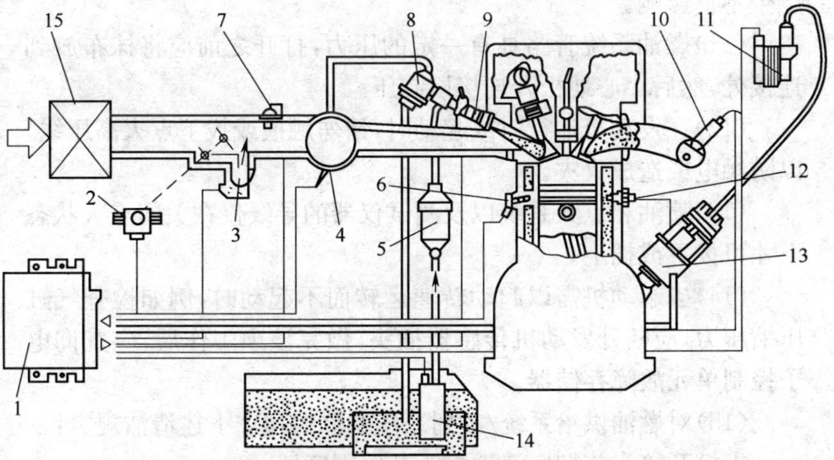

图 4-65　桑塔纳 2000 型轿车电喷系统

1. 电控单元　2. 节气门位置传感器　3. 怠速旁通阀　4. 转换空气压力传感器
5. 燃油滤清器　6. 爆燃传感器　7. 空气温度传感器　8. 油压调节器
9. 喷油阀　10. 氧传感器　11. 点火线圈　12. 水温传感器
13. 分电器　14. 电动燃油泵　15. 空气滤清器

(3)在车身进行电弧焊时,必须先断开电子控制单元电源。

(4)不能直接测试电子控制单元。

(5)点火开关关闭 30 秒后,才可以拆装电子控制单元接线插头。

(6)蓄电池搭铁极性切不可接错,必须负极搭铁。

(7)电子控制单元、传感器必须防止受潮,不允许将电子控制单元或传感器的密封装置损坏,更不允许用水冲洗电子控制单元和传感器。

(8)电子控制单元必须防止受剧烈振动。

(9)电控汽油喷射装置对汽油的清洁度要求很高,使用中应注意定期更换燃油滤清器。

(10)电喷车上不宜安装功率较大的无线电台。若要必须安装时,电台天线应尽量远离电子控制单元,以免对电子控制单元工作产生不良影响。

(11)燃油系统管路具有一定的压力,打开之前应将抹布放到连接处,然后小心地松开连接以卸压。

(12)在发动机运行时或起动时,请勿触摸或拔下点火高压线,以防触电或造成火灾。

(13)喷油和点火系统以及测试仪器的导线仅在关闭点火状态下才可拔下或插上。

(14)当起动机需以起动转速运转而不起动时,例如检查气缸压缩压力,应断开发动机传感器插头,做完该项工作后,应查询电子控制单元故障存储器。

(15)对燃油供给系统/喷射系统检修时遵守下述清洁规定:

①松开接头前彻底清洗接头及周围区域。

②拆下的零件放在清洁的表面上且覆盖好,不能用有绒毛的布。

③只能安装清洁的部件,安装前才打开包装。

④燃油系统打开后,尽量不要用压缩空气吹洗,尽量不移动车辆。

36. 怎样诊断和排除电喷系统故障?

电喷系统的可靠性比较高,在使用中一般不容易出现故障和损坏现象。多数故障为电气和电子装置的插接件的接触不良而导致故障，接触不良常常是因为其表面氧化物和污染物绝缘的结果。常拆装或研磨各触点，能改善各连接插接件间的导电性。

判断电喷系统故障对操作人员的技术要求较高，并需要专用的诊断仪，电喷系统故障判断可按下列顺序进行：

(1)向车主了解情况：故障产生的时间、表现特征、出现的条件，如果发生，是否已检修，检修的部位等。

(2)外观检查：系统各部件外观接线、连接管是否松动或脱落等。

(3)基本检查：接上该车型的故障诊断仪，打开点火开关，运行5min，检查车上电子控制单元中的故障记忆。

(4)诊查具体原因：按故障记忆提示内容检查线路和传感器。

(5)发动机熄火并关闭点火开关，按故障显示或故障代码检查需检项目。

(6)按查明的原因检修。

(7)用故障诊断仪再查询并清除故障记忆，验明故障是否确已排除。

37. 怎样分解电喷系统?

电喷系统一般只分解空气供给系统和燃油供给系统，控制系统一般不进行分解。电子控制装置本身是不能进行调整和维修的，当该装置发生故障时，只能将其从车上拆卸下来并重新换上新的电子控制装置。电子控制装置本身故障的确认，只能用专门检查仪器来进行检查。

如图 4-66 所示，电控汽油喷射系统从发动机上拆下的顺序如下：

(1)断开蓄电池负极。

(2)放掉发动机冷却液并装在适当的容器中。

(3)释放燃油系统的压力。

(4)拆下怠速调节器组件并进行分解。

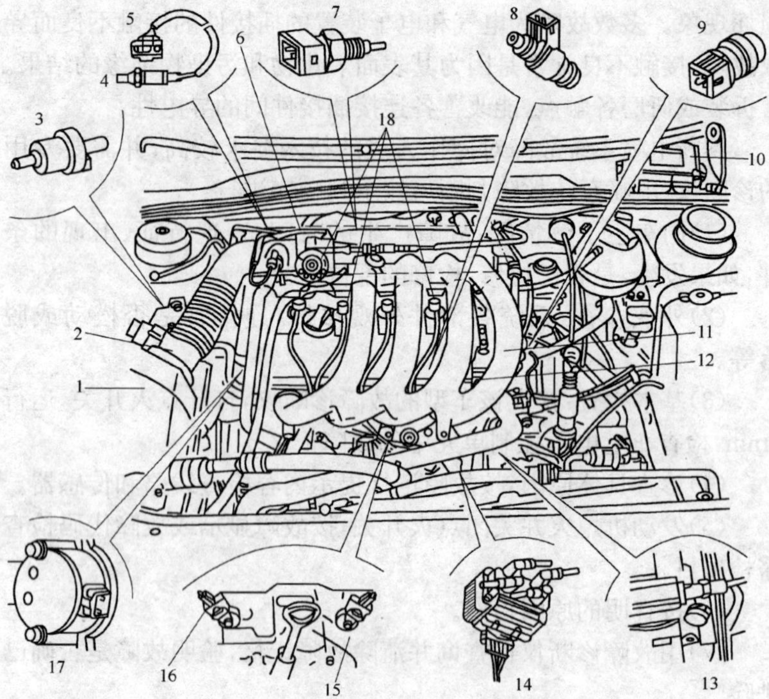

图 4-66 电喷发动机控制系统安装位置

1. 空气滤清器 2. 空气流量计 3. 再生电磁阀 4. 氧传感加热器 5. 氧传感器 6. 节流阀体 7. 进气温度传感器 8. 喷油嘴 9. 水温传感器 10. 中央控制器 11. 进气支管 12. 燃油压力调节器 13. 发动机转速传感器 14. 点火线圈输出端 15、16. 爆燃传感器 A 与 B 17. 相位传感器 18. 火花塞

(5)拆下燃油分配管组件并进行分解。

(6)拆下节流阀组件并进行分解。

38. 怎样检查电喷系统的外观?

(1)在外观检查之前,要确保发动机特别是点火系统没有故障,然后检查全部电线束接头,其中包括:

①接头是否松动或脱开。

②电线是否断裂或脱开。

③引线是否完全固定在接头外壳中。

④引线接头中的电线是否存有断裂或擦破,电线是否腐蚀。

(2)检查起动发动机时,应用一块干净的抹布堵塞节气门端部的怠速旁通道,以便倾听是否存有真空泄漏,然后对有关真空管路进行外观检查,确保真空管路的接头连接可靠;看管路是否有折断、压折或破裂现象。

(3)外观检查油路:

①是否有漏油现象。

②是否有扭折弯曲问题。

③由于管路中的汽油存在高压,直接拧松燃油系统的管接头,燃油会从接头处喷出并可能引起火灾。因此,对油路进行放泄压力应按下列步骤进行:

a. 从压力管接头上取下护帽。

b. 在管接头上安装一个减压阀。

c. 用抹布或适当的容器接冒出的汽油。

d. 慢慢地拧紧减压阀,放卸压力;取下减压阀,装上护帽。

39. 怎样检修与调整电喷系统?

(1)检查电脑。电脑是电喷系统的关键所在,电脑工作不正常将引起电喷系统发生各种各样的故障,甚至无法工作。但是,电脑本身又是最不容易出现故障的部件,一般不要轻易怀疑电脑,也不要轻易去动它,电脑一旦损坏只能更换,最好能事先准备一个电脑用替代法进行检查。

上海桑塔纳 2000 型轿车采用的电脑有 25 个端子,其排列如图 4-67 所示。如要检查电脑的电阻和电压,应在排除插接件接触不良、线路断路或短路故障后,按照表 4-1 进行。

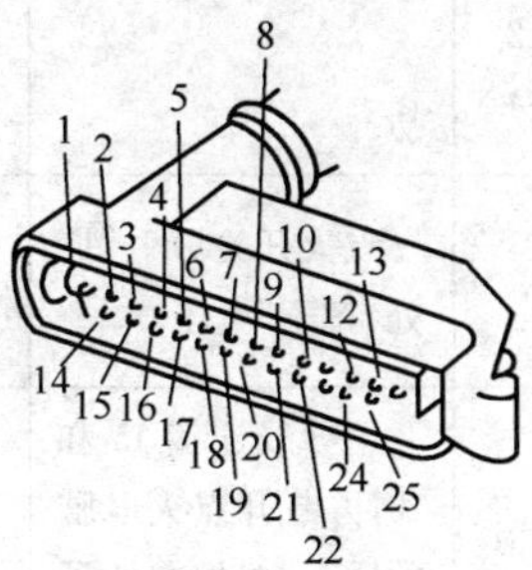

图 4-67　发动机电脑端子排列图

表 4-1 检查发动机电脑

端子	条件	端子用途	标准值
9	用遥控装置驱动	电源	系统电压
2、5、13 和 25		搭铁端	0Ω
8 和 9		进气温度传感器	160～300Ω
8 和 7	起动时,并逐渐踏下油门踏板	空气流量计	电阻值会变化
8 和 5		空气流量计	340～450Ω
21	点火开关"ON"		系统电压
10 和 25		水温传感器	冷机 1080～2750Ω 热机 150～500Ω
4	起动机运转时	起动信号	蓄电池电压
3	遥控装置驱动时,节气门全开	节气门位置传感器	
14	遥控装置驱动时,节气门全闭	节气门位置传感器	
9 和 12 9 和 24		1、4 缸喷油阀电阻器 2、3 缸喷油阀电阻器	3.9～4.5Ω
1	点火开关 ON,"1"处有"+"电压	与点火线圈端子 1 连接	
15 和 20	用导线连接 15 和 20,再断开点火电脑的插头,并检查插子 16 和 17 间电阻		应是 0Ω

(2)检查燃油压力调节器。检查燃油压力调节器时,要先行放卸燃油压力。其方法是在压力管接头上取下护帽,再在管接头上安装一个减压阀并慢慢拧紧而放卸压力,再拆卸压阀装上护帽。减压时要注意用容器收集冒出的燃油或用毛巾覆盖,如果不减压而随便拧松管接头,高压油将会喷出。

拆卸后的燃油压力调节器可放入汽油中,用打气筒打气清洗球阀附近的赃物;如压力调节器的弹簧失效,则应更换。

检查燃油压力应在发动机冷状态下进行,可将燃油压力表装在电磁喷油阀供油总管旁,并夹紧压力调节器回油管,再驱动电动燃油泵,若油压高于 317kPa,应检查压力调节器。

(3)检查电动燃油泵。电动燃油泵工作良好有三个前提,即:机件不磨损(滚柱与泵壁紧密贴合不漏油),电机完好,泵内清洁。

检查电动燃油泵时,应从这三方面着手进行。首先检查燃油滤清器和燃油箱以有燃油是否清洁,并将燃油泵拆卸清洗;同时察看滚柱及泵壁有无磨损,轻微磨损可更换滚柱,严重磨损应更换新泵体;电机是否完好,可用万用表测量电枢线圈判定。

(4)检查电磁喷油阀。检查电磁喷油阀,主要察看内部油路是否堵塞、针阀是否关闭不严、电磁线圈是否工作正常。检查时,可先采用逐缸断油法找出是哪个缸的电磁喷油阀有故障,再按下列步骤检查:先将 12 伏电源电压接到喷油阀接线座一端,把另一端反复分机体时断时续地接触,察觉是否有轻微振动感,并察听是否有"咔、咔"的微喷声。如果没有,则检查与喷油阀相连的线路是否有故障;其次检查供油管路是否堵塞;继而检查喷油阀进油口是否堵塞,然后检查电磁线圈是否断路和喷油孔是否堵塞。

检查喷油针阀是否关闭不严,要在供油子系统中装一个压力表,增加系统中的压力。在燃油压力迅速下降而又没有泄漏的情况下,如再次夹紧回油管增加油压,压力再次下降,则是喷油针阀关闭不严。当然,如压力能保持住,就不是喷油针阀关闭不严,而是燃油压力调节器出了问题,需另行解决。至于到底是哪个喷油阀的针阀关闭不严,可以取下各缸的火花塞察看其点火端是否有汽油,如火花塞上有汽油,则与它同缸的喷油阀有故障。

在 20℃时,喷油阀电阻值应为 2.3～2.5Ω。

检查喷油阀电阻器电阻值,如图 4-68 所示,2-6、2-4、2-3、2-1 之间的电阻值,应为 5.5～6.5Ω。

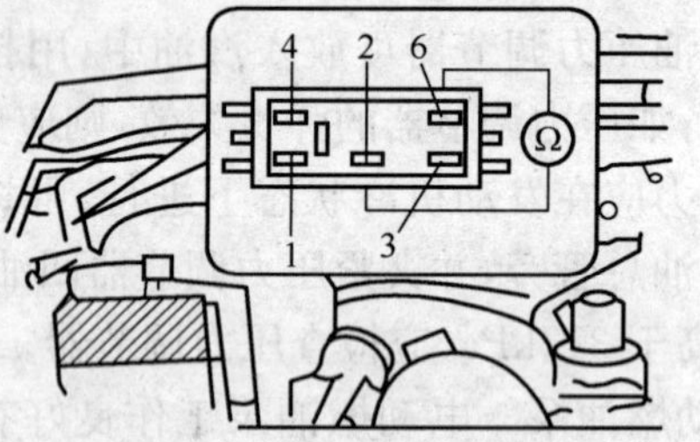

图 4-68　检查喷油阀电阻器电阻

(5)怠速调整和一氧化碳含量调整。怠速调整应在发动机工作温度正常,风扇两次停转且点火正时、工作正常时进行。转动怠速调整螺钉即可,应将发动机怠速调整到 850～950r/min。

调整一氧化碳含量时,先去掉调整口密封帽,用旋具细心转动一氧化碳调整螺钉,即可改变排气中的一氧化碳含量。

(6)检查继电器。

①燃油泵继电器的检查。桑塔纳 2000 型轿车燃油泵继电器装在中央集线盒处,检查时,用万用表按表 4-2 所示的,在端子与搭铁间测量。

表 4-2　检查燃油泵继电器

插　孔	条　件	要　求
1	发动机起动	应有交变电流
50	起动时	“50”处应有正电流
31	—	应是负极,电阻 0Ω
15	点火开关“ON”	应是正极
30	—	应是正极
876 87	发动机起动	应是正极,否则更换继电器

②热起动继电器的检查。当热车起动性能不良时，首先应检查热起动继电器。先拆下热起动节流器中如图 4-69 所示的线束插头，并使此插头搭铁。

然后，对中央集线盒的继电器线束插头进行测量，如表 4-3 所示。

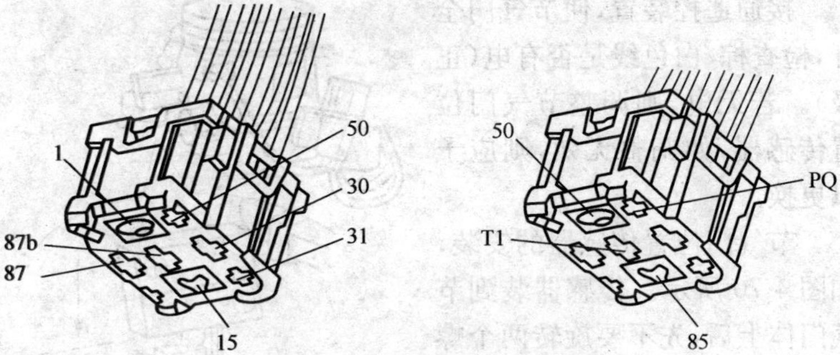

图 4-69　检查热起动继电器

表 4-3　检查继电器线束插头

插　孔	条　　件	要　　求
50	起动时	应是正极(有电压)
85	—	应是负极
71 85	—	150～500Ω(热机) 1080～1750Ω(冷机)
PQ 85	以是三项正常，连接继电器，起动时检查	1840～2190Ω(热机) 2770～3880Ω(冷机)

(7)检查传感器。

①汽油表传感器的检查。检查汽油表传感器时，用一根导线连接插头，点火开关处在“ON”位置，汽油表应指示“满”。否则，表明汽油表传感器工作不灵，应予以更换。

②节气门位置传感器的检查。检查节气门位置传感器，要先安装遥控装置，即安装检查节气门位置传感器电源线。

驱动遥控装置,检查节气门位置传感器黄色线是否有电压,如有电压则表示正常。再检查红/蓝色线是否有电压,如无电,则应更换节气门传感器。

检查时,节气门应处于静止状态,如果快速转动节气门,正电压会消失。

接通遥控装置,使节气门全开,检查棕/白色线是否有电(正极)。若无电,则调整节气门位置传感器,如调整无效,则应予以更换。

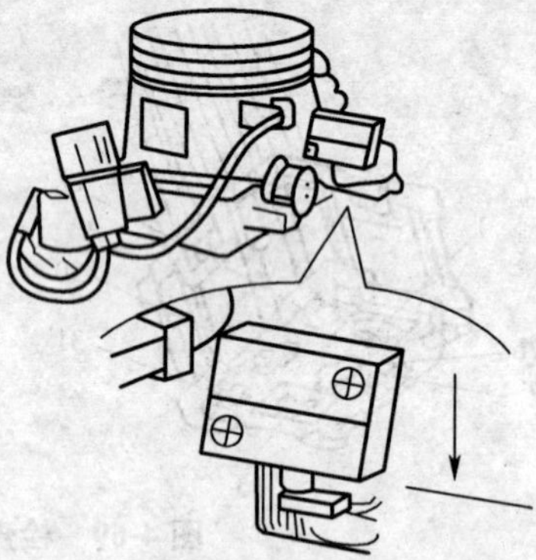
图 4-70　节气门位置传感器的安装

节气门位置传感器的安装,如图 4-70 所示。传感器装到节气门体上后,先不要旋转两个螺钉,使节气门全闭,移动节气门位置传感器,当听到“喀喀”声不再移动,然后就固定在这一位置上。

③水温传感器的检查。水温传感器用于检测发动机冷却液的温度,它将冷却液的温度信号输入给电控单元(ECU),为其修正喷油量提供依据。当水温低时,适当增加喷油量;水温高时,使喷油量减少。

发动机在冷状态下,测量水温传感器电阻值应为 1080～2750 欧。

发动机在热状态下,测量水温传感器电阻值应为 150～500 欧。否则,应更换水温传感器。

(8)检查空气流量计。检查空气流量计,如图 4-71 所示,其电阻值应符合表 4-4 所列数值。若电阻值不符合要求,表明空气量计不良,应予以更换。

40. 怎样使用故障诊断仪来检查电喷故障?

桑塔纳 2000 型轿车电喷系统的故障自诊断功能,是通过下列

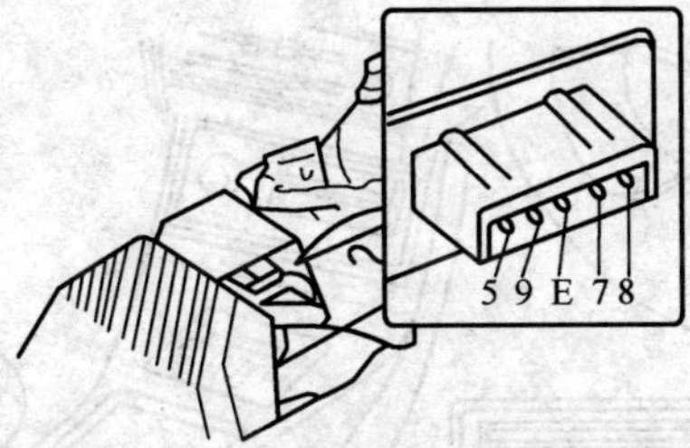

图 4-71　检查空气流量计电阻值

表 4-4　检查空气流量计电阻

所测端子	方　法	标准电阻值
9～8	—	160～300Ω
8～7	用手转动流量计叶片	根据叶片位置，电阻在 60～1000Ω 间变化
8～5	—	340～450Ω

方法实现的：

在电喷系统中特设有被监控的一系列传感器与执行机构及其故障存储器，当系统出现故障时，则此故障类型及其说明就被储存在故障储存器中，并以故障码的形式显示出来，所谓故障码，就是各类故障的代号，通常以五位数字表示。例如控制器损坏这一故障，就以故障码 65535 表示。

故障自诊断系统有多种选择功能，其项目如下：02 读取故障存储器，03 执行机构自诊断，04 进入基本设定，05 清除故障存储器，06 结束输出，08 读取测量数据组。

根据所选择的功能，借助于故障诊断仪就可进行故障诊断，其连接方法如图 4-72 所示。连接之前必须保证蓄电池电压正常，发动机和变速箱搭铁正常以及熔丝正常。然后，在点火开关接通或发动机运转之后，根据故障显示仪 V. A. G1551 显示器上的显示说明，按下列步骤来操作故障诊断仪：

(1)输入表示“快速数据传输”的代码 1。

(2)输入发动机电子系统的“地址指令”01，并用 Q 键确认。

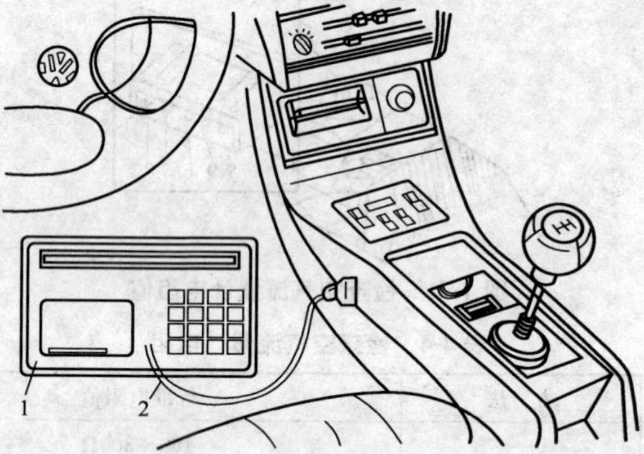

图 4-72　故障诊断仪的连接

1. 故障诊断仪 V. A. G1551　2. 电缆 V. A. G1551/3

此时显示器上所显示的内容有:控制器零件编号,燃油喷射系统,控制器硬件代号。例如显示出:300907311A MOTPONIC M1. 5. 4P 1303。

(3)按下→键,显示内容为:

Sehnell Datehübertragung(快速数据传输)HELP(帮助)

Funktion anw? hlen(功能选择)

(4)电喷系统的故障码中包括故障原因及排除方法,其内容详见表 4-5。

表 4-5　电喷系统故障码表

故障码	V. A. G1551 打印机打印	可能的故障原因	故障排除
	系统正常	如果存在故障,则故障未能被自诊断系统识别	继续按照故障码查找故障
00518	节气门位置传感器(G69)对正极短路	电缆或 G69 对正极短路	检查 G69 的电路
	对地断路或短路	1. 电缆断路 2. G69 损坏	
00519	进气压力传感器(G71)对正极断路或短路	1. G71 损坏 2. 电路断路	检查 G71 的电路

续表 4-5

故障码	V. A. G1551 打印机打印	可能的故障原因	故障排除
00522	冷却液温度传感器(G62)对正极断路或短路	1. G62 损坏 2. 电路断路	检查 G62 的电路
00623	进气温度传感器(G42)对地断路	1. G42 损坏 2. 导线对地短路	检查导线或 G42 对地短路情况
	对正极断路或短路	1. G42 损坏 2. 电路断路	检查 G42 的电路
00524	爆震传感器(G61)无信号	1. 在传感器电路内有断路或短路问题 2. G61 损坏	1. 检查 G42 电路 2. 更换 G61
00525	燃油空气混合比例传感器(氧传感器)G39 无信号	1. G39 损坏 2. 电路断路	1. 检测 G39 2. 检测 G39 电路
	对正极短路	1. G39 损坏 2. 导线对正极短路	检查导线或 G39 对正极短路情况
00532	供电电压信号过大	蓄电池电压大于 16V	检测发电机
	供电电压信号过小	蓄电池电压大于 10V	检测蓄电池
01249	一缸喷油器(N30)对正极短路	导线或 N30 对正极短路	1. 检查 N30 或 N30 的导线 2. 必要时更换 N30
	对地断路或短路	导线对地断路或短路 N30 损坏	
01250	二缸喷油器(N31)	同第一缸	检查 N31 的导线
01251	三缸喷油器(N32)	同第一缸	检查 N32 的电路
01252	四缸喷油器(N33)	同第一缸	检查 N33 的电路
65535	控制器抽坏	Motronic 控制器部件损坏	更换 Motronic 控制器

41. 桑塔纳 2000CSi 型轿车电控喷射系统含点火系有什么特点？

桑塔纳 2000GSi 型轿车的 AJR 型发动机采用了德国波许

(BOSCH)公司最先进的 Motronic3.8.2 电子控制多点燃油顺序喷射系统。它是在 AFE 型发动机 Motrnic1.5.4 系统基础上发展起来的该系统采用热膜式空气流量计检测发动机进气流量,可直接反映发动机负荷,比 Motronic1.5.4 系统所采用的绝对压力传感器检测进气支管压力并推算流量的方法更精确。AJR 型发动机的曲轴上装有 1 个 60 齿的信号触发轮,用于产生曲轴转角信号,它比 AFE 型发动机的分电器中由 4 齿触发轮产生的转角信号更为准确。M3.8.2 系统能依据进气流量信号更为准确地控制发动机混合气空燃比和点火时间。从而极大地降低了汽车排气污染。

发动机具有自我诊断系统。但是必须用专仪器方可读出控制单元(ECU)中储存的故障码。发动机也同样具有备用功能,例如当水温传感器线路有断路故障时,ECU 就认为水温始终是 19.5℃。备用功能用于在控制系、传感器、执行元件发某些故障时,维持发动运转(当然运转得不好),以便汽车开到修理厂。

采用新的排气系统。将消声器的管径由 ϕ50mm 改为 ϕ45mm,并对原声器的内部结构进行了调整,从而降低了车内噪声,提高乘坐的舒适性,同时又使发动机保持良好的动力性能。

采用了燃油蒸汽控制回收系统(AKF 系统)。燃油蒸汽控制回收系统采用活性炭罐吸附油箱中挥发的汽油蒸汽,在发动机起动后,再把炭罐中吸附的汽油吹出燃烧,减少废气排放,更为节能。

AJR 型发动机上装有 2 个爆燃传感器,比 AFE 型发动机增加了 1 个,使 ECU 能更有效地识别各个气缸的爆燃燃烧,迅速调整点火时间,保护发动机免受劣质汽油引起的强烈爆燃的损害。采用两个点火线圈即使用了双火花火系。

M3.8.2 电子控制燃油喷射系统由空气供给系统、燃油供给系统、控制系统组成,其组件布置如图 4-73 所示。

42. 怎样使用自诊断装置?

(1)在 AJR 型的发动机 ECU(J220)中设有故障存储器,当被

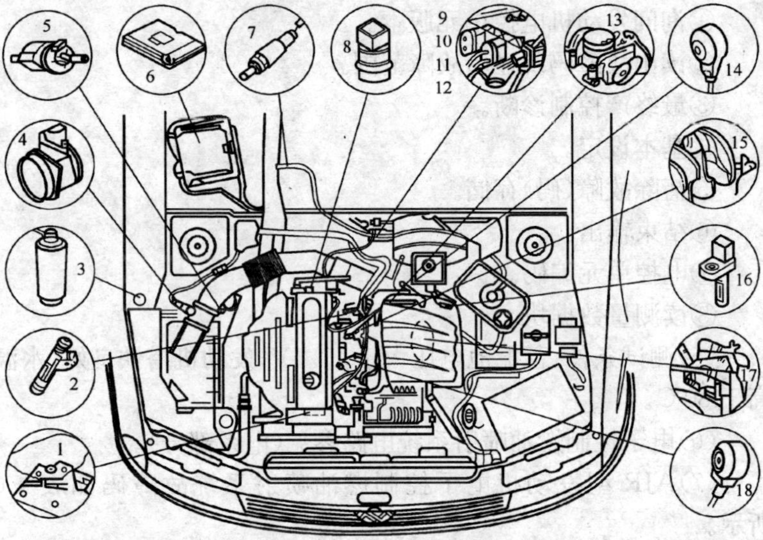

图 4-73　电控系统元件布置图

1. 霍尔传感器(G40)　2. 喷油器(N30、N31、N32、N33)　3. 炭罐　4. 质量型空气流量传感器(C70)　5. 炭罐电磁阀(N80)　6. 发动机中央控制器 ECU(J220)　7. 氧传感器(G39)　8. 水温传感器(G62)　9. 转速传感器插接器(灰色)　10. 1 号爆燃传感器插接器(白色)　11. 氧传感器插接器(黑色)　12. 2 号爆燃传感器插接器(黑色)　13. 节流阀体控制组件(J338)　14. 2 号爆燃传感器(G66)　15. 转速传感器(G28)　16. 进气温度传感器(G72)　17. 点火线圈(N152)　18. 1 号爆燃传感器(G61)

监测的传感器或执行元件中出现故障时，则会存入故障存储器中。

(2)用大众公司的 V. A. G1552 或 V. A. G1551 型故障诊断仪或其他型号的读码器可读出故障码．测试时，打开诊断插口盖板，将故障诊断仪用 V. A. G1551/3 电缆连接到车上位于变速器操纵杆前的诊断插座上，它将根据输入的指令完成许多功能。

(3)为了检查元件和控制模块间线路有无开路或短路，大众公司还配有 V. A. G1598/22 测试盒，用于和发动机控制模块线束插头相连接。

(4)大众公司的故障诊断仪有以下八种功能：

①询问发动机电控单元版本。

②读出故障码及显示故障范围。

③最终产控制诊断。

④基本设定。

⑤清除故障(码)存储。

⑥结束输出。

⑦电控单元编码。

⑧读测量数据块。

(5)测试条件:蓄电池电压大于11.5V,发动机搭铁良好,水温高于80℃。

(6)电子控制燃油喷射系统电路参见(电系部分)。

(7)AJR 型发动机电子控制燃油喷射系统故障码如表4-6所示。

表4-6 AJR型发动机故障码表

故障码	故障系统	故障原因
00513	发动机转速传感器(G28)	1. G28线路断路或短路 2. G28损坏
00515	霍尔传感器(G40)	1. G40线路对正极断路或短路 2. G40损坏
00518	节气门电位计(G69)	1. G69线路对正极断路或短路 2. G69损坏
00522	水温传感器(G62)	1. G62线路断路 2. G62损坏 2. G62线路对地短路
00524	1号爆震传感器(一、二缸)(G61)	1. G61线路对地短路或断路 2. G61损坏
00527	进气温度传感器(G72)	1. G72线路断路 2. G72线路对地短路 3. G72损坏
00530	节气门定位电位计(G88)(见图3-60)	1. G88线路对正极断路或短路 2. G88损坏

续表 4-6

故障码	故障系统	故障原因
00540	2 号爆震传感器(三、四缸)(G66)	1. G66 线路对地短路或断路 2. G66 损坏
00553	空气流量计(G70)	1. G70 线路对地断路或短路 2. G70 损坏
00668	30 号端子(见图 3-60)电压过低	蓄电池电压低于 10.0V
01165	节气门控制组件(J338)	J338 与发动机 ECU 不匹配
01247	活性炭罐电磁阀(N80)	1. N80 线路对地断路或短路 2. N80 损坏
01249	一缸喷油器(N30)	1. N30 线路对正极断路或短路 2. N30 损坏
01250	二缸喷油器(N31)	1. N31 线路对正极断路或短路 2. N31 损坏
01251	三缸喷油器(N32)	1. N32 线路对正极断路或短路 2. N32 损坏
01252	四缸喷油器(N33)	1. N33 线路对正极断路或短路 2. N33 损坏

43. 怎样检修桑塔纳 2000CSi 电控制系统?

控制系统的检修,主要是线路的检修。为了检修时查找线路的方便,图 4-74 给出了 M3.8.2ECU 的接线插座。

发动机 ECU 为 80 个端子,接线与一个 52 个端子的插头和一个 28 个端子的插头相连接

(1)线路的检测。关闭点火开关,从 ECU 上拔下插头,再拔下要检测的组件插头,检测其接线的电阻。检测时,为了避免损坏电子组件,要注意量程必须符合检测条件。检测项目如表 4-7 所示。

(2)组件的检测(接 ECU)。在进行各组件检测时,应首先检查蓄电池电压是否正常,燃油泵继电器、熔丝是否正常。其组件检测步骤如表 4-8 所示。

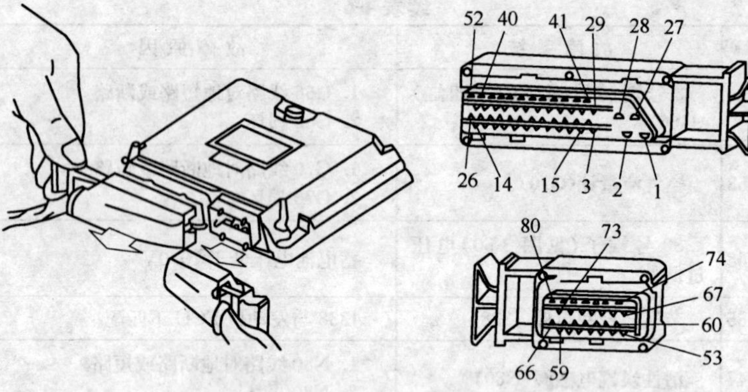

(a)　　　　　　　　　　　　(b)

图 4-74　M3.8.2ECU 插头与插座

(a)拔下插头　(b)插头端子

表 4-7　线路的检测

检测步骤	检测项目		检测部位：ECU 插座端子号	检测部位：组件插座端子号	额定值(Ω)
1	至空气流量计(G70)		11	4	<0.5
			12	3	<0.5
			13	5	<0.5
2	节气门控制部件(J338)	至节气门定位器(V60)	66	1	<1
			59	2	<1
		至怠速开关(F60)	69	3	<0.5
		至节气门电位计(G69)	62	4	<0.5
			75	5	<0.5
		至怠速开关(F60)	67	7	<0.5
		至节气门定位电位计(G88)	74	8	<0.5
		怠速开关闭合	67 与 69		<1
		怠速开关打开	67 与 69		∞

续表 4-7

检测步骤	检测项目	检测部位		额定值(Ω)
		ECU插座端子号	组件插座端子号	
3	至水温传感器(G62)	67	1	<1
		53	3	<0.5
4	至进气温度传感器(G72)	54	1	<0.5
		67	2	<1
5	至发动机转速传感器(G28)	发动机搭铁点	1	<0.5
		63	2	<0.5
		56	3	<0.5
		6	D26	<0.5
6	至氧传感器(G39)	熔丝530	1	通
		27	2	<20
		25	3	<1.5
		26	4	<1.5
7	至点火线圈(N152)	搭铁点	4	通
			2与D23	通
		78	3	<0.5
		71	1	<0.5
8	至霍尔传感器(G40)	62	1	<0.5
		76	2	<0.5
		67	3	<1
9	至活性炭罐电磁阀(N80)	15	2	<0.5
		熔丝530	1	通
10	至空调压缩机	8	压缩机电磁开关插头触点	<0.5

续表 4-7

检测步骤	检测项目	检测部位		额定值(Ω)
		ECU 插座端子号	组件插座端子号	
10	至空调压缩机	10	空调(A/C)开关	<0.5
11	至车速传感器	20	3	<0.5
12	至爆燃传感器(G61)	68	1	<0.5
		67	2	<1
		2	3	<0.5
13	至爆燃传感器(G66)	60	1	<0.5
		67	2	<1
		2	3	<0.5
14	至1缸喷油器(N30)	73	2	<1.0
15	至2缸喷油器(N31)	80	2	<1.0
16	至3缸喷油器(N32)	58	2	<1.0
17	至4缸喷油器(N33)	65	2	<1.0

表 4-8 组件检测步骤(接 ECU)

检测步骤	检测项目	检测条件(附加操作)	检测部位	额定值
1	1~4缸喷油器电阻	关闭点火开关，拔下1~4缸喷油器插座	插座两端子	13~18Ω
2	1~4缸喷油器供电电压	喷油器插座端子1和喷油器熔丝间线路正常	插头端子1和发动机搭铁点	蓄电池电压
3	燃油泵继电器	关闭点火开关，从中央配电器中拔下燃油泵继电器，测2号位继电器板上端子4和搭铁点		接近12V

续表 4-8

检测步骤	检测项目	检测条件（附加操作）	检测部位	额定值
4	氧传感器（λ传感器）加热装置	关闭点火开关，拔下氧传感器 4 个端子的插头	插座端子 1 和 2	1～5Ω（电阻随温度升高）
5	氧传感器输出电压	发动机正常工作，改变工况	插座端子 3 和 4	0.1～0.3V 与 0.7～1.1V 间变化
6	氧传感器供电电压	加热正常，打开点火开关	插头端子 3 和 4	蓄电池电压
7	活性炭罐电磁阀（ACF 阀）	关闭点火开关，拔下插头	插座两端子	22～30Ω
8	节气门电位计（G69）	关闭点火开关，拔下插座，再打开点火开关	插头端子 5 和 7	约 5V
9	节气门定位电位计（G88）	关闭点火开关，拔下插座，再打开点火开关	插头端子 4 和 7	约 5V
10	空气流量计（G70）供电电压	燃油泵继电器和熔丝正常	插头端子 4 和搭铁点	约 5V
11	发动机转速传感器	关闭点火开关，拔下发动机转速传感器插头	插座端子 2 和 3	480～1000Ω
12	发动机 ECU 供电电压	蓄电池电压高于 11V，熔丝 517 正常，关闭点火开关打开点火开关	V.A.G1 598/22 测试盒端子 3 和 2 V.A.G1 598/22 测试盒端子 1 和 2	接近蓄电池电压
13	爆燃传感器输出电压	发动机运转	插座端子 1 和 2	0.3～1.4V
14	霍尔传感器（G40）输出电压	拔下插座，打开点火开关	插座端子 1 和 3	接近 5V
15	霍尔传感器（G40）输入电压	拔下插座，打开点火开关	插头端子 2 和 3	接近蓄电池电压

44. 怎样拆装桑塔纳 2000CSi 电控燃油供给系?

在检修燃油供给系统时,应先目视各有关插接器有无脱落、熔丝有无烧断、管路有无漏泄等现象。切不可轻易大拆大卸,那样可能会造成新的故障。

拆卸和安装:

(1)燃油箱的拆卸及分解。

①在点火开关断开的情况下,拔下蓄电池的搭铁线。

②使用专用设备抽取燃油箱内的燃油。

③旋下位于行李箱内地毯下的燃油箱密封凸缘。

④拔下导线插头上的导线。

⑤打开加油口盖板,撬出环绕在加油颈部的橡胶件的夹环。

⑥将橡胶件推入。

⑦旋下在车底部的加油颈固定螺栓。

⑧拔下位于车辆底部的输油管、回油管和通气管。

⑨将发动机(及变速器)托架放置在燃油箱下。

⑩松开燃油箱夹带。

⑪拆下燃油箱。

(2)燃油泵的拆卸。

①在点火开关切断的情况下,拔下蓄电池搭铁线。

②拆下位于行李箱内地毯下的燃油箱密封凸缘的盖板。

③从密封凸缘上拔下进油管和回油管和通气管,再拔下 3 个端子的导线接头。

④用专用工具旋下大螺母,如图 4-75 所示。

⑤从燃油箱开口处拉出密封凸缘和橡胶密封件。

⑥拔下油封凸缘内的燃油表导线插头。

⑦将专用工具插入到燃油箱内燃油泵壳体的三个拆装缺口内,旋松燃油泵,如图 4-76 所示。

⑧从燃油箱中拉出燃油泵。

(3)燃油泵的安装(如图 4-77 所示)。

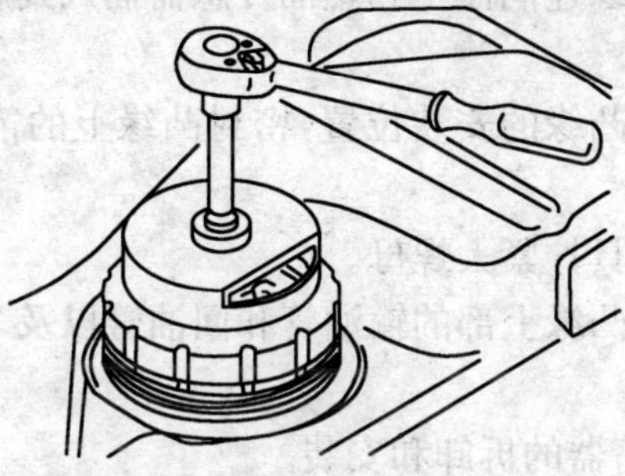

图 4-75　用专用工具旋下大螺母

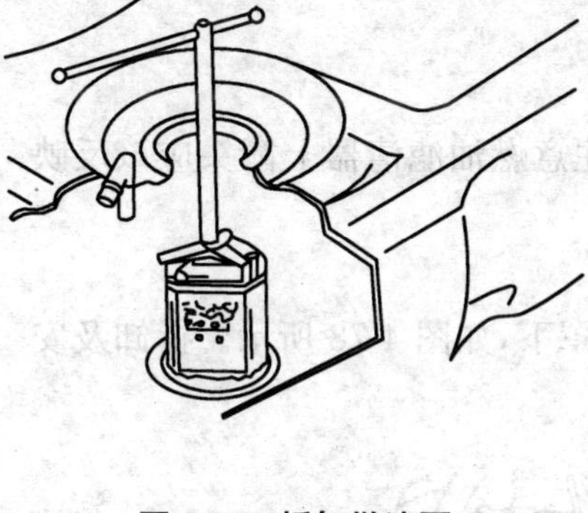

图 4-76　拆卸燃油泵

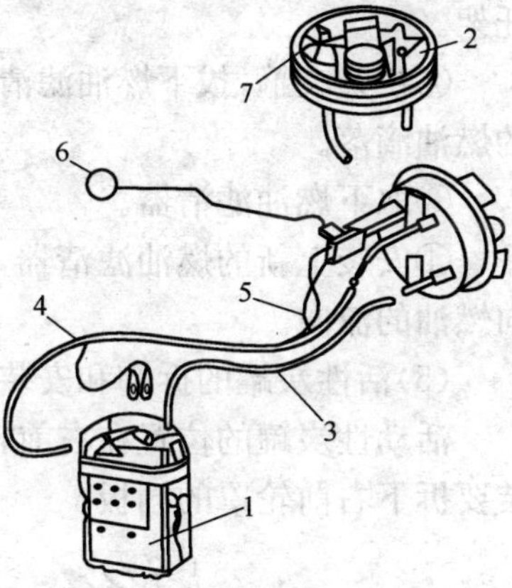

图 4-77　燃油泵及其他附件

1. 燃油泵　2. 密封凸缘　3. 回油管
4. 输油管　5. 导线　6. 浮子
7. 透气管(通向活性炭罐)

①将燃油泵同密封凸缘下引出的输油管和回油管以及燃油泵接头插入到燃油泵上,并保证软管接头连接紧固。

②将燃油泵装入到燃油箱内。

③用专用工具将燃油泵拧紧在燃油箱底部的固定位置上。

④在燃油箱开口上安装好密封圈,安装密封圈时用燃油将密封圈润湿。

⑤将密封凸缘连同浮子和燃油传感器插入到燃油箱开口并压到底。

⑥注意密封凸缘的安装位置,密封凸缘上的箭头必须对准燃油箱上的箭头。

⑦用专用工具拧紧大螺母。

⑧接上密封凸缘上部的输油管和回油管以及 3 个端子的导线插头。

(4)燃油滤清器的拆卸和安装。

①松开车辆底部燃油滤清器托架紧固螺栓,取下燃油滤清器托架。

②松开夹箍,拔下燃油滤清器的油管,使用一块抹布防止剩余的燃油滴落。

③取下燃油滤清器。

④安装上新的燃油滤清器,注意燃油滤清器上箭头应该反映向燃油的流向。

(5)活性炭罐的拆卸和安装。

活动性炭罐的位置在右前轮罩下,如图 4-78 所示。拆卸及安装要拆下右前轮罩的挡板。

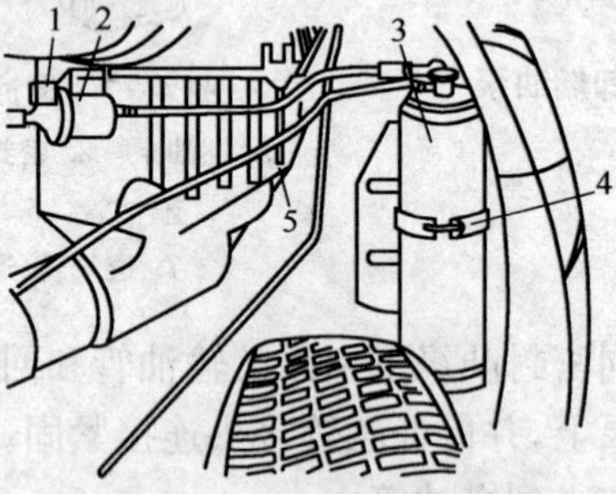

图 4-78　活性炭罐部件安装图

1. 通向进气支管　2. 活性炭罐电磁阀　3. 活性炭罐

4. 活性炭罐安装夹箍　5. 来自燃油箱通气软管

45. 怎样检修桑塔纳 2000CSi 电控燃油供给系?

(1)检查注意事项。

①在发动机运转或用起动机带动时,都不要去触碰高压线。

②拆装燃油喷射和点火系各线以及蓄电池时,必须关断点火开关,否则可能损坏发动机 ECU。

③采用的万用表应当内阻不小于 10kΩ/V,这是为了防止万用表的电压损坏电子元件。测试前,应按规定选好量程。

(2)基本数据。燃油供给系统的数据(如表 4-9 所示)

表 4-9　燃油供给系统数据

怠速转速(不能调整)		(800±30)r/min
断油(最高)转速		6400r/min
怠速时燃油供给系统压力	不取下油压调节器真空管	(250±20)kPa
	取下油压调节器真空管	(300±20)kPa
熄火 10min 后燃油供给系统压力		不小于 150kPa
喷油器电阻值(正常油压下,每分钟漏油不应多于 2 滴)	30s 喷油器	78～85mL
	室温时电阻	13～18Ω
	发动机工作温度时电阻会增加值	4～6Ω

(3)怠速不当的原因。

①怠速过低原因:节气门组件与发动机 ECU 匹配不当;发动机负荷过大;节气门组件故障。

②怠速过高的原因:进气系统漏气;节气门组件与发动机 ECU 匹配不当;节气门组件故障;活性炭罐电磁阀常开。

(4)测量燃油供给系统压力。燃油供给燃油系统的压力测量方法是,将压力表安装在燃油分配管的供油管上。系统压力标准为:怠速时拔下真空管为(300±20)kPa;不拔真空管为(250±20)kPa。

系统油压不足原因:①管接头或管子渗漏;②燃油滤清器过

脏;③燃油泵不良或蓄电池电压不足;④燃油压力调节器损坏。

系统油压过高原因:燃油压力调节器损坏。

(5)燃油泵的测试。

1)测试燃油泵工作状况:

①测试条件。蓄电池电压正常,燃油泵熔丝正常,燃油滤清器正常。

②接通点火开关。应该能够听到燃油泵起动的声音。

③如果燃油泵没有起动,应关闭点火开关,从中央线路板上拔下燃油泵继电器,使用接头导线 V·A、G1348/3.2 将遥控器 V·A、G1348/3A 接到燃油泵继电器的触点的蓄电池正极端子上,起动起动机。如果燃油泵工作,应检查燃油泵继电器是否有故障,必要时更换燃油泵继电器。

④如果燃油泵继电器良好,燃油仍然不工作,打开行李箱饰板,从密封凸缘拔下 3 个端子的导线插头。起动起动机,用万用表测量导线上端子和端子之间的电压。电压的额定值约为蓄电池的电压(1.2V 左右)。

如要电压额定值没有达到,则根据电路图查找并消除电路中的断路故障;如果达到了额定值,旋下密封凸缘紧固大螺母。检查密封凸缘和燃油泵之间的导线是否断路故障,如图 4-79 所示。如果没有发现断路情况,说明燃油泵故障,更换燃油泵。

2)测量燃油泵供油量:

①测试条件。蓄电池压正常,燃油泵熔丝正常,燃油滤清器正常。

②关闭点火开关。

③使用接头导线 V. A. G1348/3.2 将遥控器 V. A. G1348/3A 接到燃油泵继电器的角点和蓄电池正极端上。

④从燃油分配管上拔下输油管。燃油系统是有压力的,在打开系统前先在开口处放置抹布,然后小心地松开接头以放出压力。

⑤将压力表 V. A. G1318 接头 V. A. G1318/10 连接到输油

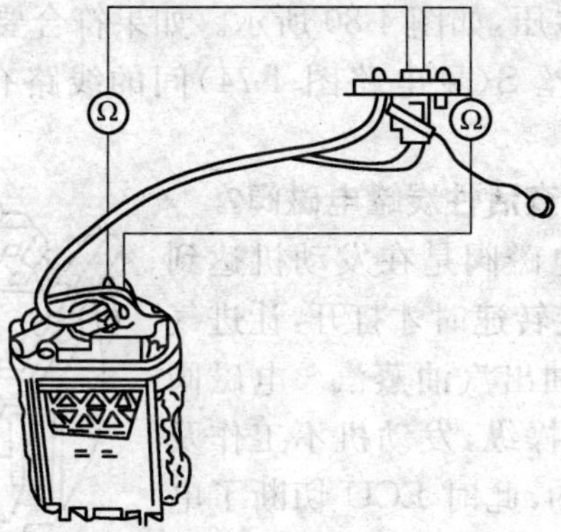

图 4-79　检查密封凸缘与燃油泵导线是否有断路故障

管上。

⑥将软管 V. A. G1318/1 接到压力表的接口 V. A. G1318/11 上，并伸到量杯内。

⑦打开压力表的截止阀(使其接通)。

⑧操作遥控器 V. A. G1318/3A，缓慢关上截止阀，直到压力表上显示 0.3Mpa 的压力，然后保持这一位置。

⑨排空量杯，将遥控器接通 30s。

⑩将排出的油量与额定值相比较。额定值应大于 0.58L/30s。

如要没有达最低的输油量，故障原因可能为输油管弯曲或阻塞、燃油滤清器阻塞、燃油泵故障等。

(6)检查喷油器。

①发动机运转时，用手指按触喷油器，应可察觉到喷油脉动。

②检查喷油器电阻值，应符合表中规定的标准。

③喷油器拆下后，通 12V 电压时，应可听到接通和断开的声音。此项试验，通电时间应不大于 4s，再次试验应间隔 30s，以防喷油器发热损坏。

④测量喷油器供电电压。打开点火开关时，端子 1 对地电压

应等于蓄电池电压，如图 4-80 所示。如果符合要求，则应检查端子 1 到附加熔丝 S(见电路图 4-74)间的线路有无断路或接触不良。

46. 怎样检查活性炭罐电磁阀?

活性炭罐电磁阀是在发动机达到工作温度和一定转速时才打开，让进气系统从炭罐中抽出汽油蒸汽。电磁阀由发动机 ECU 操纵，发动机不工作及怠速时是关闭的，此时 ECU 切断了电磁阀的搭铁电路。

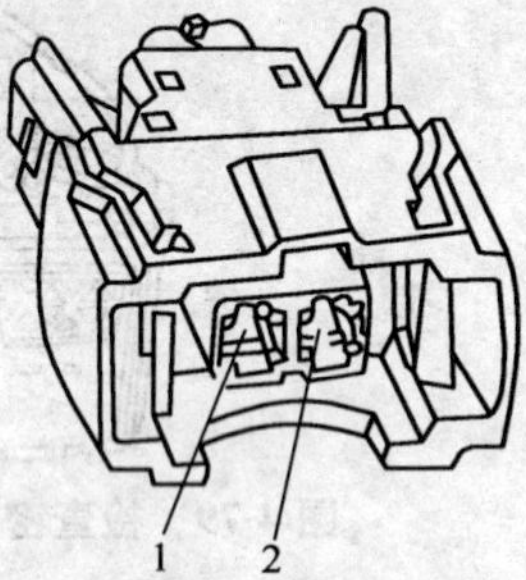

图 4-80　检查喷油器

测量活性炭罐电磁阀电阻，如图 4-81 所示，其阻值应为 22～30Ω。

当用发光二极管试灯使插头端子搭铁时，试灯应闪亮，发光二极管试灯可自制，由一个发光二极管和串联 300Ω 电阻组成。

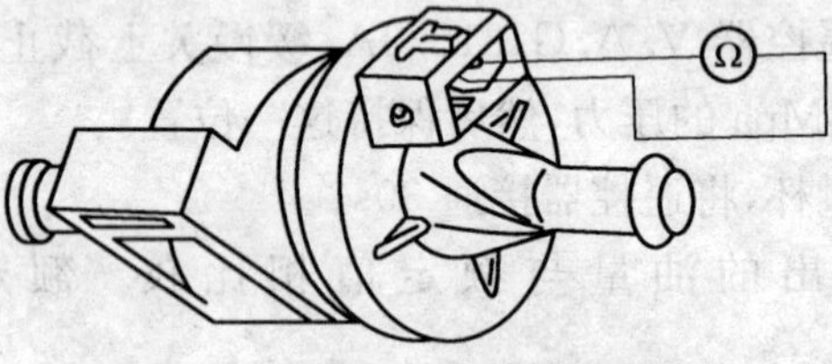

图 4-81　测量活性炭罐电磁阀电阻

若灯不亮，先检查端子和熔丝 S 间有无开路，如线路正常，则检查燃油泵继电器；若灯常亮，检查端子 2 到 ECU 间线路有无对地短路现象。

47. 可燃混合气的浓度对发动机有什么影响?

(1)混合气的浓度是指混合气中空气和汽油的质量比例，通常用空气过量系数 a 来表示。空气过量系数是指燃烧过程中实际供给的空气质量与理论所需空气质量的比值，即 a=燃烧过程中实际供给的空气质量/理论上所需的空气质量

(2)可燃混合气的浓度直接影响发动机的动力性和经济性。

$a=1$ 为标准混合气。但在实际工作中，当 $a=1$ 时，由于混合气中汽油与空气不能完全均匀混合，以及气缸内尚有残余废气存在，使混合气不能完全而迅速地燃烧。因此，为使发动机能发出最大的功率，混合气浓度应比标准混合气大一些，即实际供给的空气要比理论上所需要的空气少一些。就是说，a 值应小于 1。

(3)对于不同的发动机，相应于最大功率的 a 值是不同的，一般为 0.85～0.95；相反，为保证汽油充分燃烧，使发动机得到较低的油耗，混合气中的汽油应有较充足的空气与之混合，一般为 1.05～1.15。

(4)a 值过大或过小，即混合气过浓或过稀，都将导致发动机的动力性与燃料经济性变坏，功率降低，油耗率增高。

48. 双腔化油器主腔和副腔是怎样区别的？有什么特点？

(1)双腔化油器在发动机负荷和转速变化过程中，两个管腔的节气门一个先打开、一个后打开，但在同时达到全开。先打开的那个管腔叫主腔，后打开的管腔叫副腔，把发动机充气范围分为两个阶段。

①第一区段：从最小充气量到中等充气量，由主腔单独工作，供给所有气缸以混合气，特别是转速低、节气门开度大的工况下，流过喉管的空气流速增加，从而改善汽油的雾化，提高燃料经济性。

②第二区段：从中等充气量到最大功率下的充气量，副腔节气门打开，主、副两腔同时工作，供给所有气缸以混合气。只要副腔的喉管足够大，就可以完全保证发动机外特性，充分发挥发动机最大动力。

发动机最高转速越高，充气量与雾化之间的矛盾就越尖锐，所以在高速发动机上分动化油器的效果也越显著。打开副腔节气门的方式叫做分动方式。现代分动化油器的分动方式有机械式和膜片式两种。

(2)双腔分动化油器的优点是，既保持了发动机中小负荷时较好的经济性,又保证了它在高速大负荷下具有良好的动力性;此外较高的空气流速使双腔分动化油器信息反应比较灵敏,可以提高过渡、加速等变化工况下的驾驶适应性。

49. 怎样检查和调整加速泵喷油量?

(1)检查 2B5 型化油器时,应将化油器从车上拆下,在化油器下方放置漏斗和量筒,转动自动阻风门调节盘,使快怠速调整螺钉不在调节盘上,检查加速泵每行程泵油量,其规定值为 1.0±0.15 (cm^3/行程)。若泵油量达不到规定值,可调整螺母。

(2)如果达不到要求的喷油量,则检查加速泵活塞皮碗或检查喷油管和止回阀是否阻塞。

50. 怎样调整 2B5 型化油器主腔节气门基本开度?

限位螺钉出厂前已调整好,不可随便动。若已动过或化油器下部拆过,则须按以下方法调整。

(1)阻风门全开,节气门关闭(怠速位置)。冷车怠速调节螺钉不放在起动装置的调节盘上。

(2)旋出止位螺钉,使螺钉与(主腔)节气门联动摇臂之间留有间隙。

(3)迅速开闭节气门。

(4)旋进限位螺钉至碰到接触节气门联动摇臂。为正确确定限位螺钉与摇臂接触点,可在螺钉与摇臂之间放一张薄纸片,同时不断移动纸片和旋动螺钉,旋至刚好接触。

(5)以此点开始,再拧进 1/4 圈。

(6)止位螺钉套上封存盖。

(7)然后调整怠速与一氧化碳含量。

51. 怎样调整 2B5 型化油器副腔节气门基本开度?

限位螺钉已在出厂前调整好,不需再动。如果螺钉已动过,则按以下方法调整。

(1)旋出止位螺钉,至螺钉与止块间留出空隙。

(2)脱开真空控制装置拉杆。

(3)将节气门拉杆轻轻地朝节气门方向压，以消除轴承与连杆的间隙。

(4)旋进止位螺钉直至碰到止挡块。为正确确定止位螺钉与止挡块的接触点，可在螺钉与止挡块之间放一张薄纸片，同时不断移动纸片和旋动螺栓旋至刚好接触。

(5)从此点开始把螺钉再旋进 1/4 圈。

(6)螺钉套上封存盖。

(7)连接真空控制装置拉杆。

(8)调整怠速与一氧化碳含量。

52. 怎样检查 2B5 型化油器副腔节气门功能？

(1)从化油器上拉下副腔真空操纵装置，接上真空测试仪和真空泵。

(2)打开真空测试仪。

(3)用真空泵产生 10kPa 的真空度。

(4)真空测试仪应使真空罐一端保持这一真空度值。

(5)将测试仪上的真空度调整到 5kPa，调整好的真空度在 2min 内不得降下，如降下必要时更换真空控制装置。

53. 怎样检查 2B5 型化油器副腔真空膜片？

将真空测试仪接在真空控制隔膜上，打开测试仪，保持真空度在 6kPa，切断真空泵，若真空度维持在 2min 以上，说明密封良好。此时将油门拉杆拉到底，副腔节气门也应被真空控制隔膜拉到底。

54. 怎样调整 2B5 型化油器自动阻风门？

(1)手动检查。在调整好快怠速后，用手关闭阻风门，使阻风门留有约 4mm 的间隙。此时若感觉有较大阻力，说明阻风门真空开启装置工作正常；若阻风门立刻自动关闭，说明真空隔膜自动破裂或真空系统漏气。

(2)用真空测试仪和真空泵检查调整。拆下自动阻风门罩盖，固定节气门，转动调节盘，使快怠速调整螺钉处于调节盘的最高挡。拔下化油器上真空管，接上真空测试仪与真空泵。从真空软管拔掉三通接头,打开真空测试仪,用真空泵产生真空度;当真空度达到 26kPa 后,切断真空泵,真空度迅速下降,从降至 13kPa 开始计时,此值每一分钟内下降量不超过 5kPa。若超过此值,说明膜片或真空管漏气,应重新打开真空泵,通过不断扳动真空泵,保持真空度在 26~39kPa 之间。此时用量规或钻头测量阻风门间隙值,规定值为 1.8±0.15(mm)。若间隙大于规定值,可调节内六角螺钉。

用塞头塞住真空软管。用真空泵产生真空度约 30kPa 的真空,将测试仪上的真空度调整至 26kPa,如果持续不了 1min,则表明膜片或自动阻风门控制装置可能不密封,应更换自动阻风门控制装置。

55. 怎样调整 KEIHIN 型化油器自动阻风门?

全部拉出阻风门钢丝绳阻风门操纵杆时,必须在止块上(阻风门关闭)将真空开启装置的控制连杆开启方向压至止块,用磨花钻检查间隙尺寸。必要时通过弯曲止动杆(箭头)以调整阻风门间隙,规定值 4.6±0.15(mm)。若间隙太小,可将止动杆拉开;若间隙太大,应将止动杆压紧。

56. 怎样检查 KEIHIN 型化油器副腔真空膜片?

(1)真空开启装置密封性检查。将真空检测仪与真空泵接到真空开启装置上,打开真空检测仪注通开关,用真空泵产生约 40kPa 的真空。真空检测仪开着,使得真空开启装置保持真空 2min 不得降下,必要时更换真空开启装置。

(2)真空罐密封性检查 将真空检测仪与真空泵接到真空存储罐上,打开检测仪流通开关,用真空泵产生 10kPa 真空。真空检测仪开着,使真空存储罐保持真空,检测仪的真空调整到 3kPa,2min 不得降下,必要时更换真空存储罐。

57. 怎样调整 KEIHIN 型化油器节气门开度?

(1)主腔节气门基本调整同 2B5 型化油器。

(2)副腔节气门基本调整。不得变动工厂已调整好的限位螺钉。如果要转动该螺钉的话,应按下列方法进行调整。

①拆下化油器。

②阻风门开足。

③主腔节气门处在怠速位置。

④旋出限位螺钉，直至限位螺钉与止块间出现间隙。

58. 怎样连接化油器的真空管路？

(1)2B5 型化油器和 KEIHIN 型化油器的真空管路比较多，不能随意连接。

(2)图 4-82 为实物连接实况；图 4-83 为对应的连接平面。图中 A、B、C、D、E、F 为连接的线，其中图中 A 为黑色线、B 为淡绿色线、D 为粉红色线、E 为红色线。

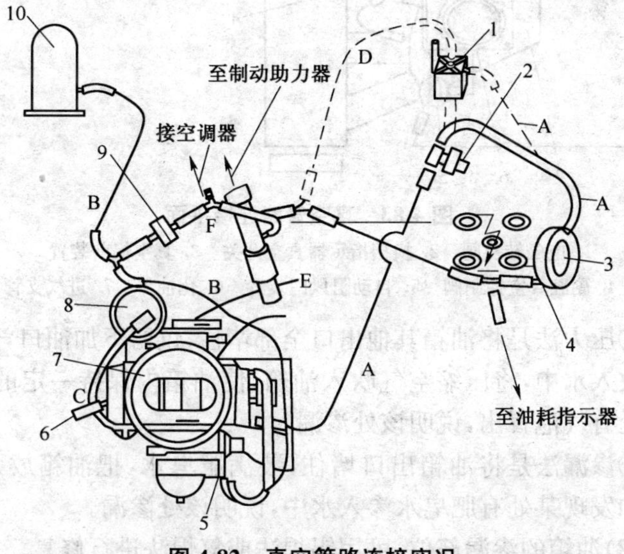

图 4-82　真空管路连接实况

1. 电磁转换阀　2. 换挡指示器真空开关　3. 真空提前控制装置
4. 真空延迟控制装置　5. 自动阻风门装置　6. 空气滤清器节温器
7. 2B5 化油器　8. 副腔真空操纵装置　9. 单向阀　10. 真空罐

59. 怎样焊补油箱？

(1)当油箱发生渗漏时，可采用焊补方法修理。通常利用压力法或渗漏法，找出油箱的渗漏部位。

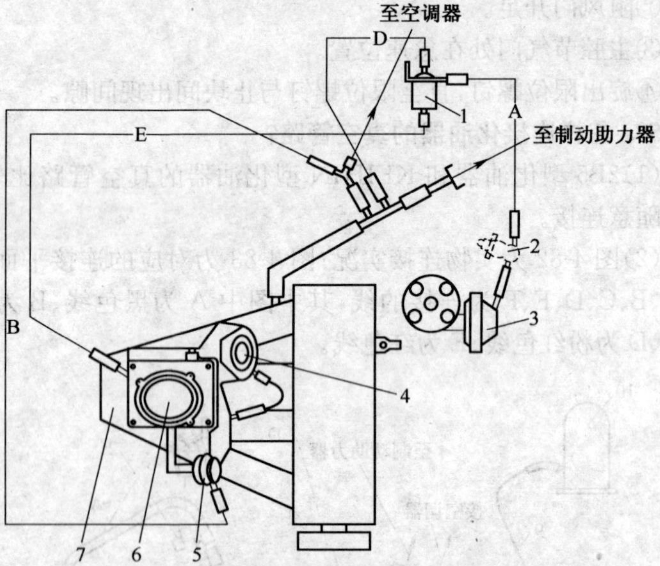

图 4-83　真空管路连接平面

1. 电磁转换阀　2. 换挡指示器真空开关　3. 真空提前装置
4. 副腔真空控制阀　5. 自动阻风门装置　6. 化油器　7. 进气支管

①压力法是将油箱其他出口全部堵住,仅留下加油口,然后把油箱放入水中,将压缩空气吹入油箱,使油箱内保持一定的气压。如某处有气泡冒出,说明该处渗漏。

②渗漏法是将油箱出口堵住,装满肥皂水,把油箱放入清水中。如发现某处有肥皂水渗入水中,说明该处渗漏。

(2)油箱的渗漏部位,可用锡焊法或氧焊法进行修复。采用氧焊法,必须将油箱彻底清洗。可用肥皂水加热后进行清洗,然后再用压缩空气吹干。焊补时,先用焊枪对渗漏处加热 3～5min,确认油箱内存油气不会燃烧后可进行焊补。为防止意外,应把油箱加油口对向无人方向。焊后在焊补处应涂漆防锈。

60. 怎样排除发动机不能起动的故障?

(1)可能的原因。

①操作不当。

②化油器无油。

③阻风门不能正常工作。

④空气漏入进气支管或化油器。

⑤进气管中有积油。

⑥主量孔、主油道堵塞。

(2)检查及排除的方法。

①按要求操作。

②检查油路是否堵塞。

③检查阻风门轴。

④更换衬垫,拧紧连接螺栓或螺母。

⑤起动时,开大节气门。

⑥清洗。

61. 怎样排除发动机热机不能起动故障?

(1)可能的原因。

①阻风门打不开。

②油到不了化油器。

③浮子室油平面过低。

④发动机怠速调整得过低。

⑤曲轴箱通风阀粘结或损坏。

(2)检查及排除的方法。

①清除粘结物,检查加热电路。

②检查油路。

③检查浮子室油平面。

④清洗或更换相关部件。

62. 发动机为什么怠速运转或低速运转时熄火?

(1)可能的原因。

①油泵出故障,低速供油不足。

②浮子室油面过高或针阀关闭不严。

③怠速转速调整不当。

④曲轴箱通风阀粘结或损坏。

(2)检查及排除的方法。

①更换油泵。

②检查并调节。

③按规定调整。

④清洗或更换相关部件。

63. 发动机高速运转时为什么熄火?

(1)可能的原因。

①气阻。

②发动机过热。

③曲轴箱通风阀粘结或损坏。

(2)检查及排除的方法。

①更换燃油。

②清洗或更换相关部件。

64. 为什么发动机加速时产生降速现象?

(1)可能的原因。

①浮子室油平面低。

②加速泵故障。

③分电器点火提前装置出现故障。

(2)检查及排除的方法。

①调节。

②检查、调整。

③检查、更换零件。

65. 发动机为什么反应迟缓功率不足?

(1)可能的原因。

①加速泵故障。

②浮子室油平面低。

③汽油滤清器滤网堵塞。

④阻风门粘结或不能工作。
⑤化油器周围漏气。
⑥量孔磨损、浮子室油平面高，阻风门粘结等使混合气过浓。
⑦气阻。
⑧汽油泵故障。
⑨排气堵塞。
⑩压力损失。
(2)检查及排除的方法。
①调节、检查。
②调整。
③更换汽油滤清器。
④调节或维修。
⑤更换衬垫。
⑥调节、清洁、更换量孔。
⑦汽油泵隔热，吹回油管。
⑧检查、更换。
⑨清洁。
⑩检查、调整。

66. 怎样排除耗油量过大？

(1)可能的原因。
①浮子室油平面高。
②汽油泵压力过高或油泵漏油。
③阻风门不能正常打开。
④空气滤清器堵塞。
⑤浮子室针阀粘结或不密封。
⑥化油器主量孔磨损大。
⑦压力损失。
(2)检查及排除的方法。
①检查、调整。

②更换。

③清洁、维护。

④维护、更换滤芯。

⑤清洁、更换。

⑥更换、检查。

67. 发动机为什么怠速不稳?

(1)故障的原因。

①怠速空气量孔堵塞,或怠速装置工作不良。

②个别火花塞火花过弱。

③个别气门密封不严。

④进气管漏气。

⑤点火时间过早或过迟。

(2)排除方法。

①检查化油器怠速空气量孔是否堵塞。

②校正火花塞间隙,清洁后检查性能好坏,必要时换用新件。

③检查气门密封性。

④更换进气管衬垫。

⑤正确校正点火正时。

68. 怎样排除加速不良故障?

(1)故障现象。急加速时,消音器有短时间的"突、突"声,发动机转速不易提高,有时化油器回火。

(2)排除方法。

①检查加速联动装置是否良好。

②拆下加速喷嘴,以急加速方法观察出油情况。如出油良好,应检查加速喷嘴是否堵塞。

③拆下加速泵,检查膜片和弹簧是否良好。

④检查加速泵进油口工作是否正常。必要时,应予以更换。

69. 怎样排除混合气过稀?

(1)故障原因。

①燃油泵压力低。

②从油泵到化油器针阀座的管路堵塞，以致在发动机高速运转时，不能使足够的汽油流入浮子室。

③浮子室油面过低。

④浮子室针阀和座工作不正常，使针阀开启太小。

⑤浮子室通气孔堵塞。

⑥化油器进油滤网堵塞。

⑦节气门轴磨损。

⑧进气支管漏气。

⑨燃油滤清器堵塞。

⑩进油软管扭曲，流通不畅。

⑪燃油箱通气孔堵塞。

(2)排除方法。

①混合气过稀时，汽油分子距离远，燃烧缓慢，发动机运转无力，加速不灵敏；同时传给冷却水热量增多，耗油增加，发动机温度升高；并可能引起化油器"回火"现象。为进一步查明混合气是否过稀，可关小阻风门，此时因化油器吸力增大，吸出汽油增多，发动机运转情况可暂时好转。

②混合气过稀时，应检查油路外部有无渗漏，然后拆下化油器进油管接头，检查泵油情况。如汽油泵供油不畅，则表示油箱、油管、滤清器或汽油泵发生故障；如汽油泵油情况良好，则表示上述供油机件工作正常，而是化油器油道堵塞或浮子室油面调整过低，应进一步检查。

70. 化油器为什么放炮或回火？

化油器不断地放炮或回火，是因为汽油机在排气过程将终了时，气缸内还在燃烧，以致在进气开始时把进气管中的混合气点燃。故障原因有：

(1)化油器加速泵失效，混合气瞬时变稀，燃烧速度变慢，化油器中有火团喷出，发生放炮声，应检修加速装置。

(2)浮子室油面过低,或供油不足。

(3)气门间隙过小,气门杆卡住,气门关闭不严,造成化油器回火。

(4)气门烧蚀或气门弹簧的弹力不足。

(5)点火时间过迟或点火时间错乱。

(6)分电器盖漏电或高压线的点火次序有部分错乱。

(7)在冬季发动机刚起动,气缸内温度低,燃烧速度缓慢,加速时也容易发生回火。

71. 怎样检修汽油泵?

为了保证燃料的正常供给,对汽油泵的基本要求是:具有足够的泵油量和泵油压力,以及良好的密封性。汽油泵常见故障为供油压力不足或不供油。其主要原因为:摇臂磨损、进出油阀工作不良、膜片破损、膜片弹簧张力不足和油路堵塞等。

桑塔纳汽油泵不可分解,发生故障时应更换总成。

(1)汽油泵壳体的检修。

①检查汽油泵上壳体与下壳体结合平面的平面度误差,一般是将结合平面靠在平板上用塞尺测量,其平面度误差不应大于0.10mm。如果超差,将会造成漏气、渗油,影响汽油泵的出油量和出油压力。因此,如超过规定要求,可将细砂布放在平板上进行研磨。

②壳体与气缸体的结合平面,其平面度误差应不大于0.20mm。检查及修理方法与上述相同。

③检查摇臂在摇臂上的轴向间隙,用塞尺插入摇臂与壳体之间进行测量,其间隙不大于0.80mm。如超过规定要求,可在摇壁两侧垫以同等厚度的垫片。

④壳体有裂纹或缺口,应更换或用环氧树脂胶粘结。壳体上的螺纹孔如有损坏,应更换壳体或修复螺孔。

(2)摇臂的检修。汽油泵摇臂与偏心轮接触的平面,磨损后会引起膜片工作行程缩短,减少泵油量。摇臂的磨损超过0.20mm,

应进行堆焊。焊后按样板修整，表面粗糙度 Ra 值应不大于 2.5μm。

摇臂与摇臂轴的径向间隙应不大于 0.10mm。摇臂轴与壳体承孔的配合不应有间隙。若前者超过规定要求或后者出现间隙时，可扩孔，配换加大尺寸的摇臂轴。

(3)进、出油阀的检修。进、出油阀因磨损或受汽油中酸性物质的腐蚀，被胶质和其他污垢沉积，使期关闭不严，影响出油量和出油压力，油阀损坏应更换之。

(4)膜片及膜片弹簧的检查。膜片破裂、硬化变质，应予更换。膜片弹簧长期使用后，弹力减。因此，在发动机大修时要检查其自由长度和性能。要求膜片弹簧应具有足够的张力，张力不足或有锈蚀现象，应更换新品。

(5)汽油泵的性能试验。汽油泵装合后，应进行性能试验，最好在专门的试验台上进行。试验时汽油泵的安装尺寸应符合汽油泵在发动机上的实际安装要求。当按规定转速的偏心轮驱动汽油泵时，其技术要求应符合技术规定。当达到规定压力时，停止泵油 1min，在此时间内压力下降不得大于 2.66kPa，各结合面在 3min 内不得有渗油现象。

在无专用试验台的情况下，也可采用经验试验法：当用嘴吸进油口能吸住舌尖；吹出油口时，吹不动，表示进出油阀密封良好。将进油口浸入水或汽油中，如图 4-84 所示。用手按动摇臂，出油急促而有力且不夹有气泡者，表示汽油泵性能良好。否则，更换汽油泵。

72. 怎样清洁燃油管路?

(1)检查汽油滤清器是否堵塞。现代汽车使用的汽油滤清器，如图 4-85 所示，多采用纸质滤芯，用硬塑料封闭，为易耗品。实践证明，当汽车行驶一定里程(2000～30000km)后，出现车速下降，最高车速仅能达到 60%～70%，发动机运转不平稳等，多为汽油滤清器堵塞所致。据拆检行驶一万公里后的滤清器，发现纸质滤

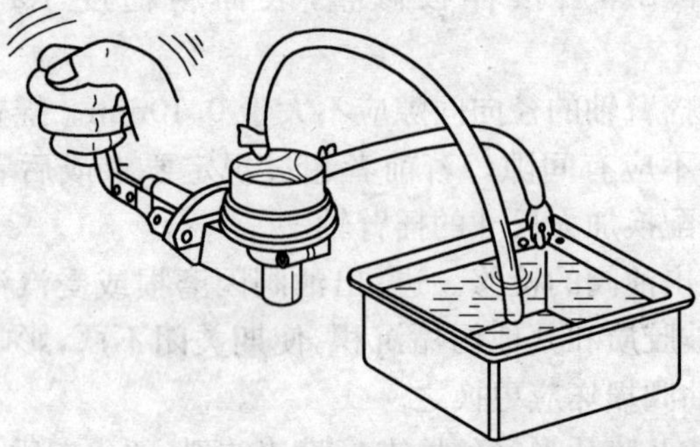

图 4-84　扳动摇臂检查汽油喷出情况

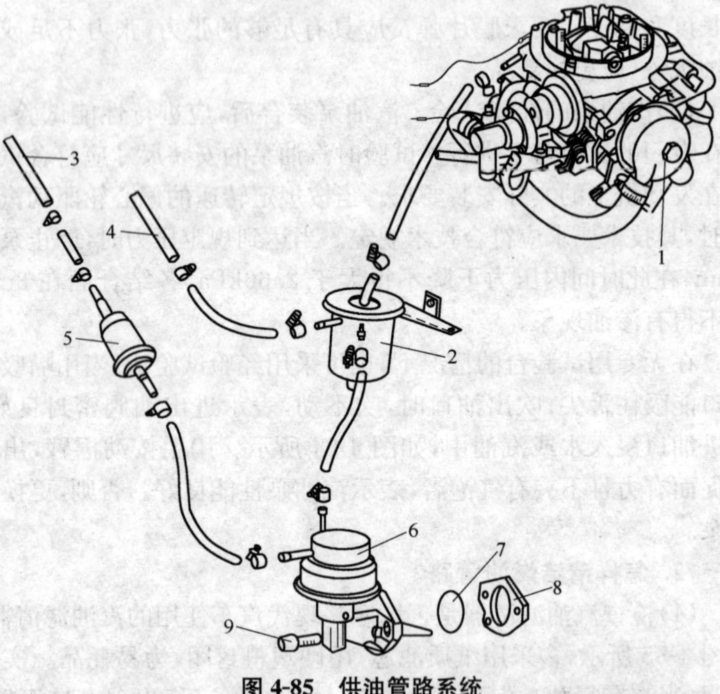

图 4-85　供油管路系统

1. 化油器　2. 燃油收集器(油气分离器)　3. 进油管　4. 回油管
5. 燃油滤清器　6. 汽油泵　7. O形密封圈　8. 垫片　9. 螺栓

清器，低质滤芯凹槽内有 1/3～1/2 深度的胶质和油泥，被堵的面积占 30%～50%，严重影响供油能力。发现汽车行驶无力，应及时检查汽油滤清器，按原厂规定更换新品。

滤清器堵塞后，滤芯的阻力增加，燃油流动不畅，造成滤清器内的燃油面升高，如果滤清器采用透明塑料外壳，多滤清器外壳可以观察到内部油面上升情况。通过观察油面上升情况，可以判断滤清器是否堵塞。如果滤清器采用金属外壳，应拆下油管，通过泵油检查供油量大小来判断滤清器是否堵塞。

(2)油箱的清洗。桑塔纳油箱多为耐油硬塑料制品，早期出厂车辆的油箱为金属制品，在维护修理中，应注意区别。油箱的常见故障为通风装置工作不良或油箱脏等。

燃油箱材料是用聚乙烯吹塑制成，它具有防锈且重量轻的特点，它有两根夹紧带固定在车身的后部。

①拆装燃油箱，顺序如下：

a. 拆去电瓶搭铁线。

b. 拆空燃油箱。

c. 拆下燃油表传感器盖，并抽出吸油管、回油管及燃油表电线，小通气管。

d. 拆下连接软管。

e. 松开夹紧带，使油箱下沉。

f. 将大通气管拔下，取下油箱。

g. 安装的顺序与拆卸时相反。

②燃油表传感器的拆装。

a. 拆下燃油表传感器。

b. 拆下油箱盖板(行李箱地毯下)。

c. 抽出吸油软管、回油管和通气管。

d. 拔下汽油表导线插头。

e. 旋开环形大螺母，取下汽油表传感器。

f. 安装时，应注意其方向，如图 4-7 所示中箭头所示。传感器上的记号应朝向行驶方向。

③油箱的清洗和检查。燃油箱经过较长时间的使用或加入不清洁的燃油后，油箱度部就会积沉淀物和水，应定期进行清洗，清除油箱内的沉积物和积水。清洗的方法如下：

a. 将卸下的油箱搬到安全的地方，晃动油箱将剩余的油水从附件孔中排出。

b. 用蒸气或清水洗涤油箱，晃动油箱彻底清除沉淀物，将油箱内部的水全部从附件孔中排出，用压缩空气或自然通风将其吹干。

c. 发现金属油箱内部锈蚀时，应将其清除干净，重新镀锌、挂锡或喷涂环氧树脂；锈蚀严重应予以更换。

④金属油箱的焊补。当油箱发生渗漏时，可采用焊补方法修理。通常利用压力或渗漏法，找出油箱的渗漏部位。

压力法是将油箱其他出口全部堵住，仅留下加油口，然后把油箱放入水中，将压缩空气吹入油箱，使油箱内保持一定的气压，如某处有气泡冒出，说明该处渗漏。

渗漏法是将油箱出口堵住，装满肥皂水，把油箱放入清水中。如发现某处有肥皂水渗入水中说明该处渗漏。

(3)油气分离器。为避免汽车在高温环境中行驶时，因气阻和热涌而发生故障。新型轿车普遍使用油气分离器。

油气分离器的作用是：排除燃油中的气炮，防止发生气阻；缓冲浮子室燃油与来油之间的温差，避免热油突遇温差很大的冷油产生爆发性蒸发，导致混合气过浓，甚至使发动机“淹死”。

汽油泵输送的燃油自进油管进入油气分离器，经滤网过滤后自出油管流出，再通过软管和浮子针阀进入化油器室，若燃油中含有气泡，则由于气体密度较轻，将由上方的回流管流回油箱。

油气分离器的常见故障为堵塞，届时需更换。更换时，需注意油气分离器各管接头接法，其接头方向如下：

板结构型的管接头：无标记的通向化油器；有箭头标记的来自

源油泵;R 标记的通向油箱(回油管)。

73. 怎样维修进、排气系统?

进、排气系统包括进排气支管、进排气道、排气消声器等。桑塔纳 2000GLS 型轿车化油器和进气支管如图 4-86 所示。

进气支管采用水预热,用发动机气缸盖冷却水通入进气支管的水隔层加热混合气,增加汽油雾化蒸发需要的热量,在化油器下方,有电加热器。发动机起动时,自动接通电源,在加热器上部有散热针放出热量,可在冷车起动发动机时,粉碎从化油器吸入的汽油油粒,获得较为均匀的可燃混合气,提高发动机起动性能。

桑塔纳 2000GLS 型轿车有三级消声作用,能有效地降低发动机的噪声。

(1)进气支管预热敏开关的检查。用欧姆表检查热敏开关的通电情况,如图 4-87 所示。当温度低于 60°时,电阻值为 0Ω,当温度高于 70℃时,电阻值为 8Ω。

(2)进气支管预热器的检查。发动机在冷车状态且环境温度为 20℃时,检查预热器电压至少为 11.5V。

用欧姆表测量连接阀与搭铁线之间的电阻,规定值为 0.25～0.50Ω,则应更换。

(3)副腔热气动阀的检查。副腔热气动阀规定值:低于约 48℃时,限制流通;高于约 58℃时,全流通。

(4)真空限位器的检查。抽掉 T 形接头上的软管并封口,将发动机转速提高到 3000r/min,限位器上若有负压感觉,则须更换真空限位器。

(5)排气系统的维修。排气支管采用的自锁螺母,每次拆装应更换自锁螺母。排气支管、消声器装配完后,应注意不要压得太紧,应有足够的安装间距。使用中,应经常检查排气消声器吊环紧固状况,发现损坏时应及时更换。

74. 加速时排气管放炮怎么办?

在行驶中,如果浮子室油平面过低,加速泵工作不良,加速油

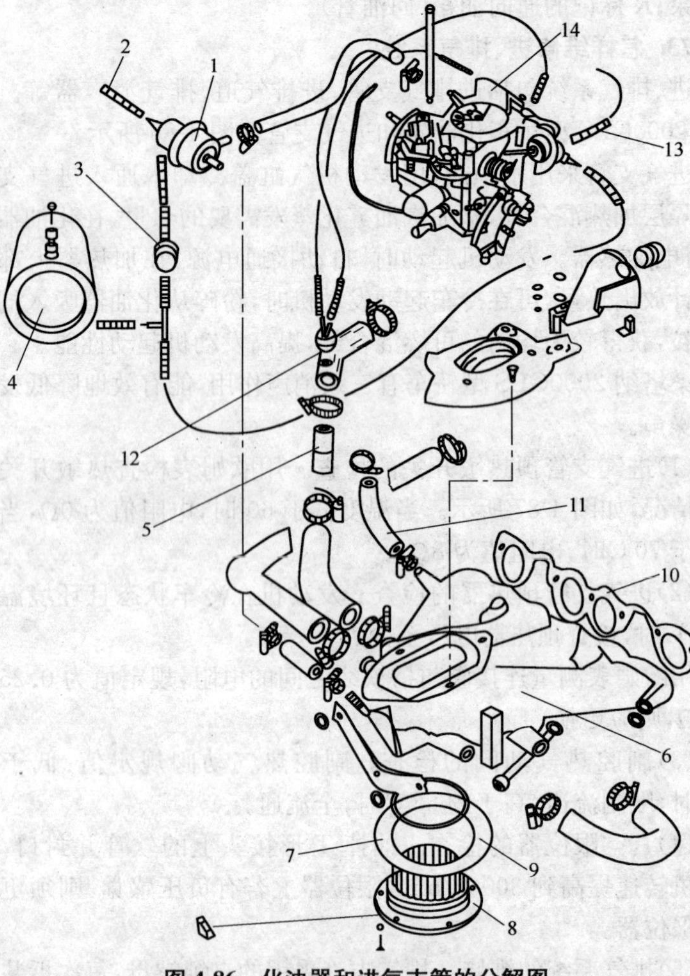

图 4-86　化油器和进气支管的分解图

1. 真空限位器　2. 接分电器真空提前装置　3. 单向阀　4. 真空罐　5. 进气管预热热敏开关　6. 进气支管　7. 密封衬垫　8. 进气支管预热器　9. 密封圈　10. 进气支管衬垫　11. 接制动真空加力器　12. 热气动阀　13. 接空气滤清器内的温控开关　14. 化油器

道或量孔堵塞，都会造成由化油器导致的加速不良的故障。因此在急速加大油门时，发动机转速不能及时提高，而且化油器回火，

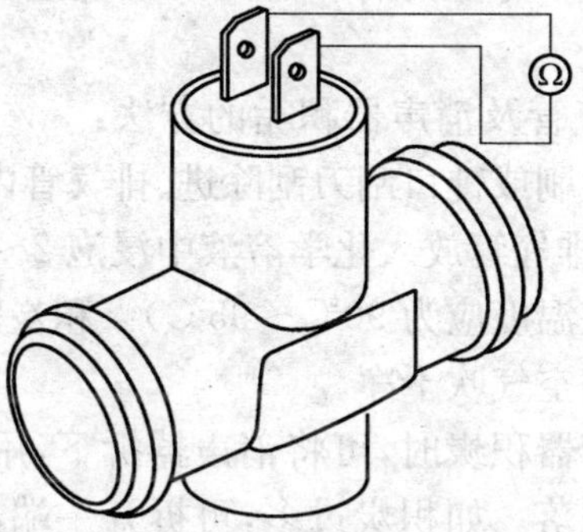

图 4-87　检查进气支管预热热敏开关

消声器出现“突、突”的放炮声。遇到这种情况，要根据故障不同的具体原因灵活处置。

如果是浮子室油平面过低，造成混合气过稀而引起的加速不良，可以突然加大油门，看看发动机转速能否相应提高，这时立即再拉阻风门拉钮，以减少化油器吸入空气量，或者用手部分捂盖化油气进气口。若转速能提高，则说明混合气过稀。如果是加速泵工作不良的问题，可连续数次突然开大油门，观察加速泵喷油嘴处有无柱状燃油流喷出，若无油喷出或出油成点滴状，则说明故障在加速泵活塞或加速泵油量孔、油道不畅通处。

若有上述情况，应首先检查加速泵外部连接情况是否良好。若连接情况良好，再拆下化油器上体，检查加速泵内部机件是否良好，如加速泵拉杆卡簧是否脱落，泵部活塞皮碗是否损坏、失效，弹簧是否过软或折断等等。若上述部件均完好，则应进一步检查加速泵进出油阀、加速泵量孔和喷管是否能畅通。确定了毛病所在部位后，再根据故障具体情况加以排除。

75. 排气管发红是什么原因?

当汽车在长时间、大负荷下工作时，可出现排气管发红。这主要是由于气门间隙过大或气门弹簧过软，造成气门的开启过迟；气门早开迟闭的角度不合适也会出现排气管发红的现象；另外,点火过迟,或排气管及消声器内的积炭过多,也易造成排气管发红。

消除进、排气管及消声器积垢的方法:

(1)可用钢丝刷或钝口刮刀刮除进、排气管内部积炭和胶质。

(2)可将进、排气管放入化学溶液中浸泡2～3小时,使积炭软化后再消除(溶液温度应为90℃～95℃)。积炭消除后,应用水彻底冲洗,再用压缩空气吹干净。

(3)清除消声器积炭时,可将消声器拆下,用木槌轻轻敲击外壳,使其振动而脱落。如积炭过多,可拆开一端,用长柄钢丝刷清除,然后焊修装复。

上述化学溶液的配方:

水:1L;

氢氧化钠:35g;

玻璃水:1.5g;

液态肥皂:25g。

76. 为什么发动机冒蓝烟?

正常情况下,发动机通过排气管排出的废气应当是无色透明的气体或者是淡蓝色或淡灰色的气体。若出现黑烟、蓝烟、白烟或灰烟,则说明发动机工作不正常。

排蓝烟是大量润滑油窜入气缸被燃烧的结果。活塞环磨损、咬死、折断或弹力不足,油环刮油不良,气环安装错误,活塞与气缸壁之间间隙过大,油底壳内的润滑油面过高以及其他原因造成润滑油窜入气缸,引起燃烧而冒蓝烟。汽油内混入机油,也会发生排气冒蓝烟。

77. 为什么发动机冒白烟?

排白烟是由于发动机温度过低,燃油未完全燃烧、成雾点或蒸气随同废气一齐排出而形成的。此外,汽油中含有水分、气缸垫冲坏、气缸、气缸盖有裂纹或其他原因造成冷却水漏入气缸,也会形成白烟。

如果排气管冒出的是灰色烟，则是汽油和机油过多的表现。

78. 为什么发动机冒黑烟？

排气管冒黑烟，表示混合气太浓，即气缸内空气少而汽油过多，使燃烧不完全。发动机排气管冒黑烟的原因很多，主要有以下几种：发动机负荷过大；化油器调整不当；气缸压力不足，个别缸不工作；空气滤清器滤芯堵塞；点火时间过迟；发动机工作温度过低或气候过于寒冷；火花塞积炭过多或间隙过大。

79. 什么叫发动机"淹死"？怎样排除？

大量的燃油吸入发动机进气管后，使发动机不能起动，这种情况通常称为发动机"淹死"。引起发动机"淹死"的主要原因是操作调整不当。

装有手动或半自动阻风门的发动机起动时，驾驶员用手拉动阻风门按钮使其关闭，起动后暖风机终了慢慢推回拉纽，使阻风门全开。实际操作时，有时驾驶员忘记推回阻风门，使进气管内吸入大量燃料，而使发动机"淹死"。

装有自动阻风门的发动机，起动时阻风门虽具有自动开闭的功能，但若快怠速调整不当或联动阀调整不当，也会出现混合气过浓，致使发动机"淹死"。

还有一些情况，也会造成发动机"淹死"。如浮子室油面过高时，由于燃料从主喷口溢出而引起发动机"淹死"；节气门全开行驶时急剧停车和发动机温度过高造成浮子室燃油沸腾流入进气管也能引起发动机"淹死"等。

发动机"淹死"时，不同型式的阻风门有不同的处理方法。对于手动或半动阻风门化油器的发动机，可把阻风门拉钮全部推回，而且节气门也处于全开位置，用起动机转动曲轴，直到发动机发动。上述操作可以很快地实现正常起动。

对于装有自动阻风门化油器的发动机，可让联动装置起作用，使阻风门和节气门同时全开，用起动机转动曲轴，直到发动机起动。

80. 行车时发闯,加速时抖动、缓慢怎么办?

在行驶时车子会发闯,加速时也会抖动、缓慢,这就是产生气阻的现象。油泵产生气阻是指从汽油泵的出油阀处冒出气泡,使油不能顺畅通过。

检查和排除气阻的方法:

(1)先检查汽油泵泵油压力,提高泵油压力,如果压力不足,可以在汽油泵进、出油阀上各加装一根单向油阀弹簧,提高汽油泵的出油压力。

(2)如果压力正常而汽油泵周围环境温度过高,可将发动机熄火,用擦布沾冷水包住汽油泵,检查风扇皮带是否打滑,造成散热不好,导致气阻。

(3)在汽油泵至化油器之间的油器串接一排气装置,此装置有一个进油口和一个出油口,另外在装置的顶部钻一小孔作为排气孔,装置内部放置一浮子。气连续进入排气装置,则排气装置中的油面下降,浮子随油面下降露出排气孔,则空气从排气孔中排出,油面随之上升,浮子堵死排气孔,经过连续循环,就排除了汽油中的气泡。

(4)如果采取以上措施无效,可在汽油泵至化油器之间改用一根胶管或塑料管,并将该软管吊在高处,形成一倒"U"字形弯,从汽油泵出来的气泡在通过"U"字形弯处时,就会留在弯管的顶部,而汽油流过上弯处到达化油器时,为无气泡的汽油,这时气阻就可以消除了。

81. 怎样防止汽油在储存中变质?

汽油在储存中质量变化主要由蒸发与氧化引起。汽油馏分轻,容易蒸发。蒸发不仅造成数量的损失,而且使质量降低。汽油长时间与氧气接触,特别是在气温较高和铜、铅等金属的催化作用下,会氧化成胶质和酸性物质。轻质成分蒸发过多和胶质、酸性物质增加过多,会使其使用性能变坏以致不能使用。所以,必须在储存中采取措施,防止变质。主要措施有:

(1)降低温度,减小温差。降低温度,可以减少蒸发及氧化。减小温差,则可以防止因昼夜间温度相差较大而出现的小呼吸现象(汽油受热膨胀,油蒸气从容器逸出;温度下降,体积减小,新鲜空气进入容器),也可减少蒸发与氧化。因此,盛放汽油的油桶应尽量存放在车房内,这样温度较低,温差也小。如沈阳地区的油库内温度全年在 10℃~15℃间,广州地区的油库温度全年在 14℃~20℃间,而室外温度全面分别为 20℃~39℃、23℃~42℃。如库房不足,桶装汽油存放于室外时,应选择阴凉、干燥地点,按牌号分类堆放整齐,桶身倾斜与地面的水平夹角约 75℃,大小桶盖在同一水平线上,并尽可能用篷布遮盖,篷布用支撑物撑起,以利通风,防止阳光直晒。露天罐装汽油,油罐外部应涂浅色。试验指出,油罐外表涂黑色,油温为 30℃,而涂银白色,油温只有 11.5℃。储存时,能用罐装,就不用桶装,容器大,储油多,温度变化小,与金属接触面也小。

(2)汽油容器应尽量装满至安全容量,减少气体空间。因为,罐内气体空间增大,不但使汽油蒸发量增多,而且使氧化加速。所以,装同牌号汽油的容器,要适时合并;零星用油,要用完一个容器后再用另一个容器的油。

(3)油罐定期清洗,内部应涂防锈层。因为残余的胶质、水分、杂志均能促使氧化。涂防锈层,不仅能延长油罐使用寿命,而且能防止铁锈生成,避免金属的氧化催化作用。

(4)储存年限不要太长。汽油在油罐和库房内存放时,从出厂时算起,一般不要超过 5 年,加氢汽油等可以延长。储存在室外的桶装汽油,一般不宜长期储存,应先用掉。

82. 汽车排污的主要途径有哪些?

(1)发动机排气占 65%以上。

(2)曲轴箱漏出占 20%,主要是 HC。

(3)化油器蒸发或泄漏占 5%~10%。

(4)汽油箱蒸发占 5%。

83. 汽车排放的污染物有什么危害?

汽油车排出的有害物质有:一氧化碳、碳氢化合物(55%)、二氧化氮、二氧化硫、铅化物和碳烟、臭氧等。这些有害物质对大气和人类的污染危害如下。

(1)一氧化碳(CO)是汽油机有害排放物中浓度最高的一种成分,城市中一氧化碳大部分来自汽车排气。当大气中的一氧化碳浓度达 $70\times10^6\sim80\times10^6$ 以上时,人在接触几小时后,一氧化碳.血红蛋白浓度可达10%,影响氧的输送,引起头痛、心跳等症状。当人体血液中一氧化碳.血红蛋白含量达20%左右时,就会引起中毒;当含量60%时,即可窒息死亡。

(2)碳氢化合物(HG)中含有少量醛类(甲醛,丙烯醛)和多环芳香烃(苯并芘)。其中甲醛与丙烯醛对鼻、眼和呼吸道黏膜有刺激作用,可引起结膜炎、鼻炎、支气管炎等症状。它们还有难闻的臭味。苯并芘是一种致癌物质,而烃类是光化学烟雾的重要物质,因此碳氢化合物排放的危害是不可忽视的。

(3)氮氧化合物(NO_x)是汽车发动机排出一氧化氮(NO)和二氧化氮(NO_2)的总称。大气中氮气化合物和碳氢化合物在未发生光化学反应之前单独存在时也产生直接危害。NO毒性不大,但高浓度的NO也能引起神经中枢的障碍,且它很容易氧化成二氧化氮。NO_2 是棕色气体,有特殊刺激性臭味,被吸入肺后,能与肺部水分结合成可溶性酸,严重时会引起肺气肿。大气中 NO_x 达 5×10^6 会对哮喘病患者有影响,若在 $100\times10^6\sim150\times10^6$ 的高浓度下连续呼吸30~60min就会使人陷入危险状态。

(4)铅化物和碳烟微粒,作为抗暴剂加入汽油中,其中成分四乙基铅燃烧时生成铅化物微粒。汽油燃烧不会生成碳烟粒等。铅化物微粒散入大气,对人体健康十分有害。当人吸入这种有害物并积累到一定程度时,铅将阻碍血液中的红血球生长与成熟,使心、肺等发生病变,侵入大脑时引起头痛,出现一种精神病症状。碳烟不仅对人的呼吸系统有害,而且碳烟粒的孔隙中容易吸附着二氧化碳及有致癌作用的多环芳香烃，如苯并芘等。

(5)二氧化硫(SO_2)有强烈的气味，当空气中 SO_2 浓度达10×10^6 时就可刺激咽喉与眼睛。浓度达 40×10^6，还会随雨雪降落成含酸的“酸雨”，造成土壤与水源的酸化，破坏农作物与森林，加速建筑和设备的腐蚀，从而影响自然界的生态平衡。

(6)光化学烟雾是汽油车与工厂排出的碳氢化合物和氮氧化合物在阳光、紫外线作用下进行一系列的光化学反应，生成臭氧 O_3 和过氧化酰基硝酸盐等光化学氧化产物，以及名种游离基、醛、酮等成分，形成的一种毒性较大的浅蓝色烟雾。在光化学氧化产物中，臭氧是一种极强的氧化剂，0.1×10^6 浓度时具有特殊的臭味，甲醛、丙烯醛等产物对眼睛、咽喉、鼻子有刺激作用。另外，光化学烟雾能促使哮喘病患者哮喘发作，能引起慢性呼吸系统的疾病恶化，长期吸入氧化剂能影响人体细胞的新陈代谢，加速人的衰老。

84. 夏天，汽车长时间停放后，为什么不易起动？

(1)汽车在烈日下长时间停放后，化油器浮子室和油路中的汽油受热膨胀，形成极浓混合气，这些混合气凝聚在化油器、进气支管中。起动时，致使混合气越变越浓，超过着火极限了，发动机不能起动。

(2)驾驶员遇此情况，不要急于连续起动发动机，应隔一会再起动。起动时，可将油门踏板踩下一半，稍为延长一些起动机运转时间，即可起动。

85. 冬天，发动机起动后，消声器管口处流出一些水滴是什么原因？

汽油燃烧后，生成水和二氧化碳(CO_2)。通常水变成了蒸汽自然地消失在大气中，但在寒冷天气，水蒸气则不易散发而冷凝成水滴，从消声器管口处流出来。

86. 发动机排放污染物含量与发动机的哪些调整有关？

发动机排放污染物含量与发动机供油系的调整、配气正时和点火提前角的调整、发动机的怠速调整等均有关。发动机调试时必须按技术规范的要求对上述项目进行调整,才能保证发动机的排放特性符合标准要求。具体调整可按以下步骤进行。

(1)检查配气正时(包括调整气门间隙)。

(2)校正点火正时(包括调整分电器触点间隙)。

(3)检查调整化油器浮子室油面高度和主量孔流量。

(4)调整发动机怠速。

第五章　冷却系统故障诊断与检修

1. 发动机水温过高对机件有什么影响?

发动机的冷却风扇由一个专门的电机带动运转,其转速由开关控制,而温控开关受控于冷却液温度的高低。在使用中,若发现冷却液温度过高,风扇不能转动或转速不够,就应检查电路是否有故障。特别应注意热敏开关,这是一个容易损坏的部件。为了防止冷却液温度过高,在使用中必须保持散热器和水套的清洁,冷却液数量充足,风扇皮带张紧度适当,以防止发动机在高温下工作时间过长引起机件损坏。

2. 发动机水温过低对机件有什么影响?

当天气很冷,汽车刚起步或下坡逆风行驶时,会因为散热过多而使温度过低,用手触摸就可发现。水温过低会危害发动机。就其原因,一是汽油不易雾化,影响燃烧,同时冷却水传走热量过多,会使发动机功率降低、耗油增多。二是一部分汽油在气缸壁上凝结,破坏润滑油膜,并流入曲轴箱冲淡润滑油;燃烧后一部分生成物在气缸内与冷凝水结合而生长酸性物质腐蚀气缸,使发动机磨损显著增加。试验证明,如冷却液温度自 85℃降到 30℃,发动机功率约降低 8%,油耗增加 30%～40%,磨损增大约 6 倍。为了提高功率,减少磨损,节约燃料,必须经常注意防止水温过低。

3. 冷却系的作用是什么? 其结构是怎样的?

桑塔纳轿车发动机冷却系统与一般汽车不同,它的组成除常见的水泵、节温器、散热器、水温表、水温感应塞之外,还有热敏开关、温控散热风扇、冷却液报警灯等。

冷却系统的作用,就是使发动机在任何工况下都能得到适度的冷却。否则,发动机内高达 2200℃以上的燃气高温将直接传给气缸体、气缸盖、活塞和气门等零部件,使其强度下降、润滑不良,并破坏原有的配合间隙从而使发动机不能正常工作。另一方面,冷却也必须适度。冷却不足与冷却过度都会对发动机工作带来不利影响。

发动机冷却系统结构,如图 5-1 所示。其中散热器盖是密封的,增添了一个膨胀箱,冷却液进入箱内冷却后再流进散热器,可防止冷却液因大量蒸发而损失,并可提高冷却的沸点温度。

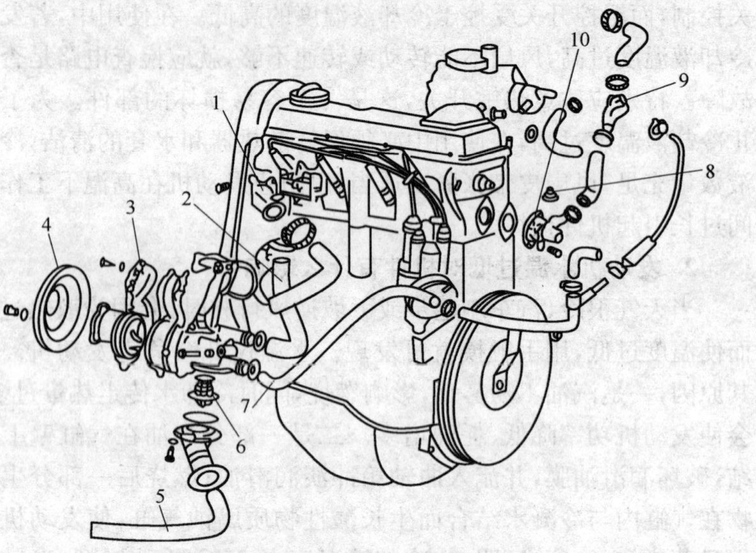

图 5-1　发动机冷却系统结构

1. 水套进水管　2. 水套回流管　3. 冷却水泵　4. 水泵带轮　5. 下水管　6. 节温器　7. 接暖风装置进气管　8. 水温感应器　9. 热敏开关　10. 发动机接管

冷却系统的小循环与大循环工作状态,分别如图 5-2 和 5-3 所示。

4. 水泵的作用是什么?它是怎样工作的?

水泵也叫冷却液泵,它的作用是对发动机冷却液加压,使冷却液在冷却系统中循环流动。离心式水泵由泵壳、带轮、水泵轴、水封等组成,如图 5-4 所示。

发动机工作时,通过皮带传动使泵轴转动,水泵中的冷却液被带轮带动一起旋转,并在自身的离心作用下,向带轮边缘甩出,经

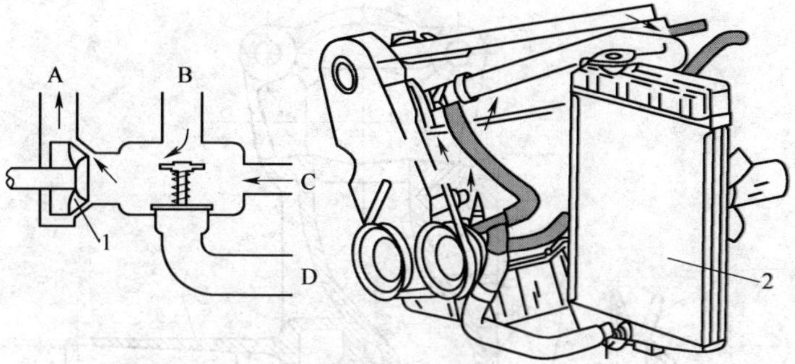

图 5-2　冷却系统小循环工作状态(节温器关闭)

A. 到发动机　B. 从发动机来(小循环)　C. 从暖风水箱来　D. 自散热器来

1. 水泵　2. 散热器

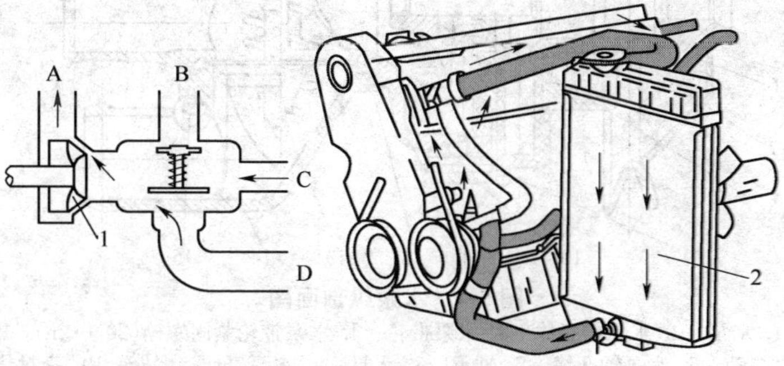

图 5-3　冷却系统大循环工作状态(节温器打开)

外壳的出水口压送到发动机水套内。带轮中心部位压力降低，散热器中的冷却液从水泵进水口被吸入带轮中心处。

5. 温控电扇的作用是什么？它是怎样工作的？

根据发动机的温度变化，对风扇转速自动控制来调节冷却空气量。当发动机负荷大时(流经散热器的空气温度高)，风扇转速高，流经散热器的空气流量大；当发动机负荷小时(流经散热器的空气温度低)，风扇转速低，流经散热器的空气量小。

发动机工作时，当散热器温度升高到 93℃～98℃时，风扇开始转动；当散热器温度下降到 88℃～89℃时，风扇停止转动。在

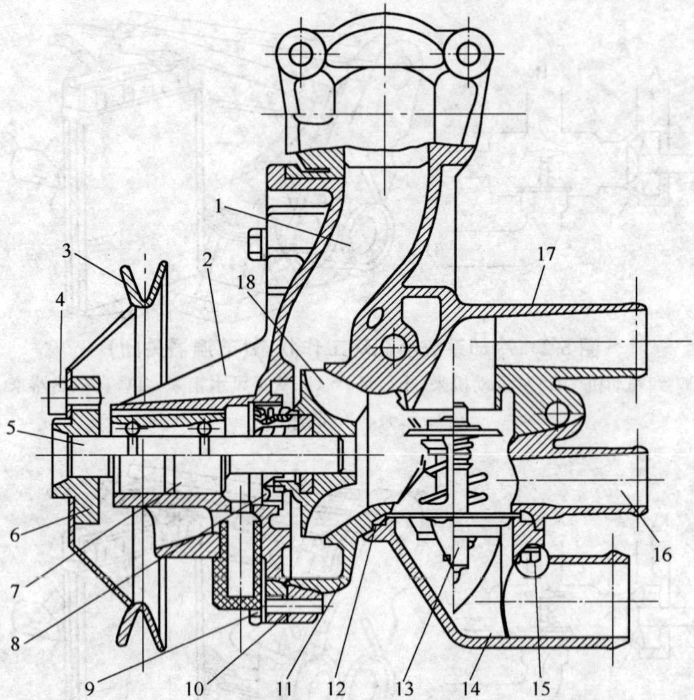

图 5-4　水泵纵剖面图

1. 水泵　2. 水泵前壳体　3. 水泵带轮　4. 水泵带轮紧固螺栓(20N·m)　5. 水泵轴　6. 水泵轴凸缘　7. 轴承　8. 水封　9. 水泵壳连接螺栓　10. 密封垫　11. 水泵壳体　12. 密封圈　13. 节温器　14. 水泵主进水管　15. 进水管紧固螺栓　16. 热交换器(暖气)回水进水泵口　17. 小循环水泵进水口　18. 水泵叶轮

发动机熄灭后,如果散热器温度仍高于 88℃～93℃,风扇继续转动是正常的,如果温度低于 88℃风扇还在运转,则为不正常。在发动机运转时,散热器温度高于 93℃时,风扇不转动是不正常的。

6. 节温器的结构是怎样的,它是怎样工作的?

采用蜡式节温器,其结构如图 5-5 所示。

支架与定位凸缘铆成一体,橡胶套与外壳之间充满石蜡,反推杆固定在支架上并插入石蜡中。

常温时,石蜡呈固态,弹簧将阀门压在阀座上(见图 5-5a),冷

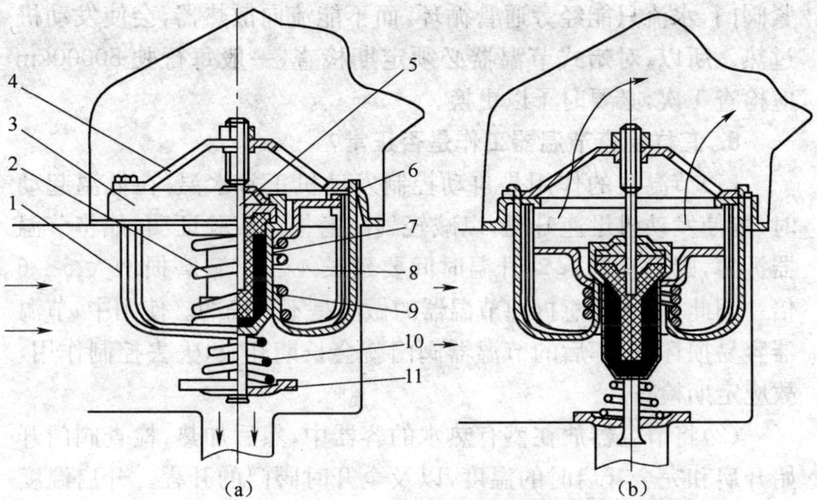

图 5-5　蜡式节温器及其工作原理

1. 外壳　2. 10 弹簧　3. 阀座　4. 上支架　5. 反推杆
6. 阀门关闭　7. 橡胶套　8. 石蜡　9. 固定凸缘　11. 副阀门

却液不能进入散热器，只能进入水泵进行小循环，故冷却系的冷却能力较小。当水温达到一定时，节温器中石蜡受热熔化为液态，其体积膨胀迫使橡胶套收缩，由于反推杆固定在外壳上不能上升，橡胶套便推动外壳 1 克服壳体弹簧 2 的作用而向下运动，使阀门打开进行大循环，但小部分冷却液仍是小循环(见图 5-5b)。这样，增加了冷却系统的冷却能力。

7. 蜡式节温器有什么特点？使用中应注意什么？

蜡式节温器的优点是：工作稳定；水流阻力小，流入散热器的流量较大；结构牢固，使用寿命长；耐热、耐冻、耐压。

蜡式节温器比传统的皱筒式液体节温器热容量大，当冷却水温度变化时，阀门的移动反应不像皱筒式液体节温器那么快。因此，装蜡式节温器的发动机应该达到正常工作温度后再起步，这样可避免汽车起步后立即以高速行驶，或在发动机超负荷情况下工作，所引起的水温突然上升。此外蜡式节温器如有泄漏，弹簧即顶紧阀门,水流只能经旁通管循环,而不能流向散热器,会使发动机过热。所以,对蜡式节温器必须定期检查,一般每行驶50000km应检查1次,必要时予以更换。

8. 怎样检查节温器工作是否正常?

(1)节温器的作用是自动控制发动机正常水温,在低温起动时,能使发动机迅速升温,以减轻气缸磨损。实验证明,如将节温器拆掉,则发动机起动升温时间要延长4～5倍,磨损增大5～6倍。因此,那种任意拆掉节温器的做法是不正确的。使用中,节温器容易损坏,损坏后的节温器阀门就会长期开放,失去控制作用,故应定期检查。

(2)将节温器放在盛有热水的容器中,然后加热,检查阀门开始开启和完全开启时的温度,以及全开时阀门的开程。开启温度和开程不符合规定,则应更换节温器。

9. 散热器和散热器盖有什么特点?

散热器芯为管带式结构。波纹状的散热带与冷却管相间排列。这种散热器芯与常见的管片式相比,散热力较高,制造工艺简单,质量轻,但结构刚度不如管带式好。

散热器盖对冷却系有着密封作用。密封的冷却系,可减少冷却液的蒸发损失和避免车辆晃动引起冷却液的溢出损失。由于密封,使发动机工作时冷却系内压力增加,使冷却液沸点提高,这样冷却液与环境空气温差加大,冷却液流经散热器时,对外散出的热量增加,加强了冷却系的冷却效果。在高海拔大气压低的地区使用时,可有效地避免散热器"开锅"现象。

散热器盖的结构如图5-6所示,盖内装有压力阀2和真空阀3。当发动机工作时,冷却液受热膨胀,但由于压力阀使散热器密封,因而冷却液压力高,产生加压作用。当压力达到一定限度后,压力阀被顶开,如图5-6b所示。当冷却液经溢流管流进与散热器并联的独立膨胀箱内,发动机停止工作时,冷却液因温度下降而收缩,散热器内出现部分真空,在大气压力作用下,将冷却液膨胀箱中的冷却液压向散热器，顶开真空阀，流入散热器，如图 5-6a 所示，使散热器中又充满冷却液，防止散热器被大气压坏。

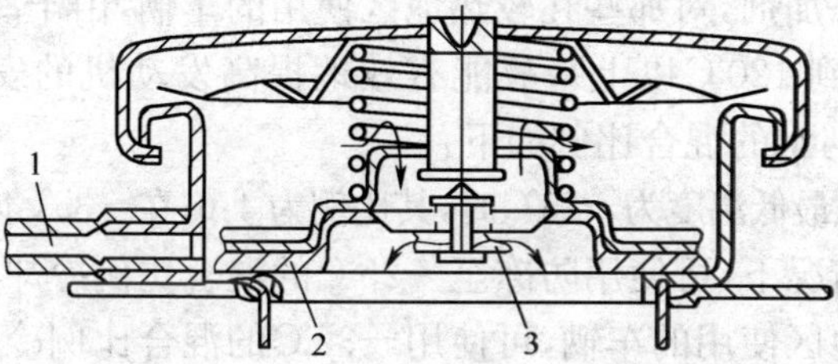

(a)

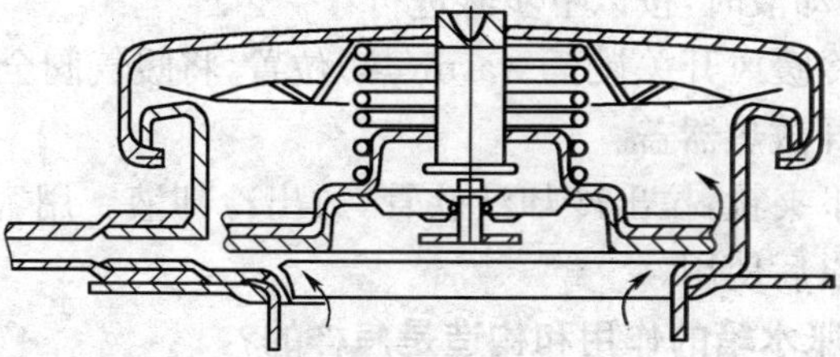

(b)

图 5-6 散热器盖

1. 溢流管 2. 压力阀 3. 真空阀

10. 桑塔纳、帕萨特轿车对冷却液有什么要求?

保持适当的冷却液液面高度，对冷却系统的有效工作是至关重要的。当发动机处于冷态时，冷却液液面在膨胀箱内应位于 max 与 min 标记之间。膨胀箱内装有自动液位报警装置，当液面过低时，位于仪表板中的冷却液温度/液面警告灯会连续闪烁。

当液面低于最低线时，应及时添注冷却液。此时可向桑塔纳、帕萨特轿车各维修服务站购买添加剂 G11，并按规定比例混合。禁止使用其他牌号添加剂，它有可能使发动机出现锈蚀、水垢等故障，影响发动机的正常使用和寿命。

如果需要全面更换冷却液，应按规定方法进行，冷却液具有毒性，操作时勿入口、眼，特别要防止小孩接触。

冷却液是由冷却液添加剂 G11 和水混合而成,它能起到防冻、防蚀、防止水垢形成、提高沸点等作用。因此,冷却液中应常年含有这种添加剂,对那些在较热地区使用的车辆,由于冷却液的沸点高(可达到 120℃以上),故能有效地提高发动机的安全性。添加剂 G11 与水的混合比例如下:

在防冻最低温度为−25℃时,其比例为 4:6;在−35℃时为 5:5。

一般情况下,可使用防冻至−25℃的混合比例冷却液,对于那些在寒冷地区使用的车辆,可使用−35℃的混合比例冷却液。

11. 怎样排放冷却液?

排放冷却液时,按以下步骤进行:

(1)将冷暖风开关拨至 warm(热)位置,将暖气阀全开。

(2)打开散热器盖。

(3)拆下夹箍,拉出冷却液软管,放出冷却液。用容器收集冷却液,以便以后使用。

12. 膨胀水箱的作用和构造是怎样的?

膨胀水箱的作用有以下三点:

(1)把冷却系变成了一个永久性的封闭系统以避免空气的不断进入,减小对冷却系内部的氧化腐蚀。

(2)使冷却系中的水气分离,压力处于稳定状态。从而增大了水泵的泵水量和减小了水泵及水套内部的气穴腐蚀。

(3)避免了冷却液的损耗,可保持冷却系内的水位不变。

膨胀水箱多用透明材料制成,这样,可以不打开散热器盖,从外面即可检查液面高度。

膨胀水箱一般安装在驾驶室的前方,发动机仓内位置略高于散热器水平面。

13. 膨胀水箱的工作原理是怎样的?

在闭式冷却系中,蒸气混在水中无法分离,散热器盖上的阀门在调节冷却系内的压力时,放掉了一部分水蒸气,也放进了一部分空气。由于使冷却系中水、空气和水蒸气一起循环,使冷却能力降低，水泵泵水量减少，并造成冷却系内压力不稳定和冷却液的不断消耗。

膨胀水箱通过水管与水套和散热器的上部相连。水套的上部和散热器的上部都是容易积有空气和蒸汽的地方，由于连上了膨胀箱，使空气和蒸汽不再放出，而被引导到膨胀水箱内与水分离。这时蒸汽冷凝为水后进入水泵的进水口，使水泵进水口处保持有较高的水压，增加了泵水量。而积存在膨胀水箱液面以上的空气，得到了冷却，不再受热膨胀，因而变成了冷却系内压力上升的缓冲器和膨胀空间，使压力保持稳定状态。

另外，由于出气管连通了水套、散热器和膨胀水箱，节温器的大循环阀上不再有放气用的小孔，这有利于发动机的热起动，并防止寒冷时过度冷却。

有的冷却系只用一个散热器泄气管，连通膨胀水箱的底部或上部，管子插入水中，以便蒸汽冷凝后再吸回散热器。这样，只能解决水气分离和防止冷却液消耗问题。

14. 冷却系密封不良的主要原因有哪些？

散热器盖及其密封垫损坏，将破坏冷却系统的密封，在发动机工作时，冷却液会蒸发逸出，或汽车摇晃而造成冷却液洒出损失。为检验散热器盖是否密封，可进行散热器盖加压检查，密封不良还可能由管路泄漏引起，由于冷却液加有染料着色，很容易看到渗漏部位。常见的渗漏点是软管、软管接头、散热器芯和水泵等部位。若冷却液从冷却系内渗漏 到发动机内，可检查缸盖螺栓是否拧紧，缸垫是否密封，缸盖是否翘曲，缸盖、缸体是否破裂。

15. 怎样检修水泵？

水泵装有密封式轴承，正常情况下不需检修，如有损坏也是更换总成。如一时无备件可进行拆卸、分解，取出损坏件予以修理或更换。按下列程序进行分解：

(1)本体壳部夹紧固定在夹具中或虎钳台上。

(2)拧松带轮紧固螺栓，拆下带轮。

(3)分解前盖与泵壳,注意应分批拧松紧固螺栓。

(4)用拉具拆卸下带轮凸缘。

(5)用拉具拆卸水泵叶轮,小心防止损坏叶轮。

(6)压出水泵轴和轴承。

(7)分解水泵轴与轴承。

(8)压出水封、油封。

(9)放松泵本体壳,换位夹紧,拆卸进水口接头的紧固螺栓,取下该接管。

(10)拆卸密封圈。

(11)拆卸节温器。

(12)更换所有衬垫及密封圈。

安装顺序基本上与拆卸时相反,除了更换密封件外,其余各零、部件上均应进行清洗、检查、测量,合格件才能继续使用。

特别应注意水泵叶轮与水泵壳的轴向间隙,水泵叶轮与壳体的径向密封处的间隙,注意轴承的润滑条件。

16. 水泵异响是什么原因?

(1)轴上的叶轮松动。

(2)水泵轴后端间隙过大。

(3)转子叶片与泵体壁相摩擦。

(4)轴与轴承之间间隙过大。

(5)叶轮销断裂。

(6)水泵轴承损坏。

(7)水泵的密封件太硬。

17. 怎样检修散热器?

由于轿车发动机采用封闭式冷却系统,因此散热器特别是散热器盖的密封显得十分重要。

(1)检查散热器盖。如图 5-7 所示,将散热器检验器装到散热器盖上,并对散热器盖加压,检查其密封性能和排气阀的开启压力。

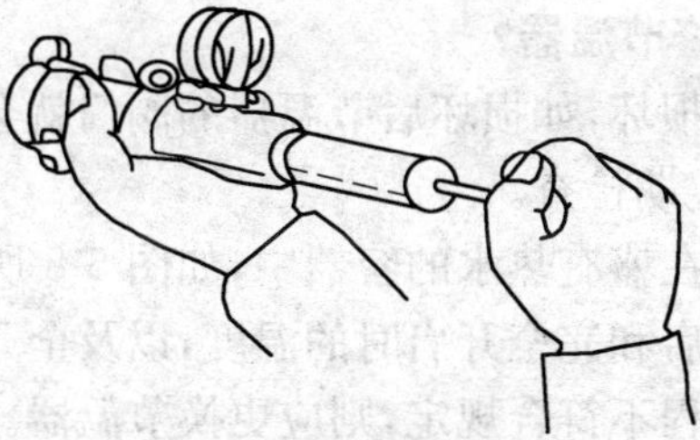

图 5-7　检查散热器盖

轿车的散热器盖，当压力上到 120～150 千帕时，排气阀必须打开。如果读数不在允许范围内，则应更换散热器盖。

(2)检查散热器密封性能。将散热器的进、出水口堵死，在向散热器内充入 50～100 千帕的压缩空气，并将其浸在水中，检查有无气泡冒出。凡是冒气处，便是渗漏部位，应作好标记，以便焊修。

如检查发现散热器有裂纹(小于 0.3mm)可用堵漏法修理，其方式如下：

①清洗散热器，加入 2%纯碱水后，发动机在 80℃时，将水放掉。

②拆除节温器。

③堵漏剂与水的比例为 1∶20，在冷却系中加入堵漏剂与水。

④起动发动机，将水温升到 80℃～85℃，并保持 30 分钟。

⑤将散热器完全冷却后，再起动发动机，升温 80℃～85℃，保持 10 分钟。此后就可行车，堵漏剂应在冷却系内保留 3～4 天，切勿放掉，保留时间愈长，效果更好。

⑥查散热水管、上下水室，如检查发现散热水管或上下水室有破洞或凹陷处可用拉平方法修复。

散热水管渗漏，如微破漏，可用尖头烙铁施焊；破漏较大，可用薄铜皮镀锡后包在破漏处，然后加热焊牢。水管破漏过多时，则应更换水管。

修复后的散热器应做漏气检查，即把散热器放入水槽并使用高压气筒打气，察看其是否漏气。

18. 怎样检修节温器?

节温器容易损坏,如损坏后节温器的阀门就会长期开放,失去控制作用,故应定期检查。

将节温器放在盛有热水的容器中,如图 5-8 所示。然后加热,检查阀门开始开启和完全开启时的温度,以及全开时阀门的升程。如开启温度和升程不符合规定,则应更换节温器。

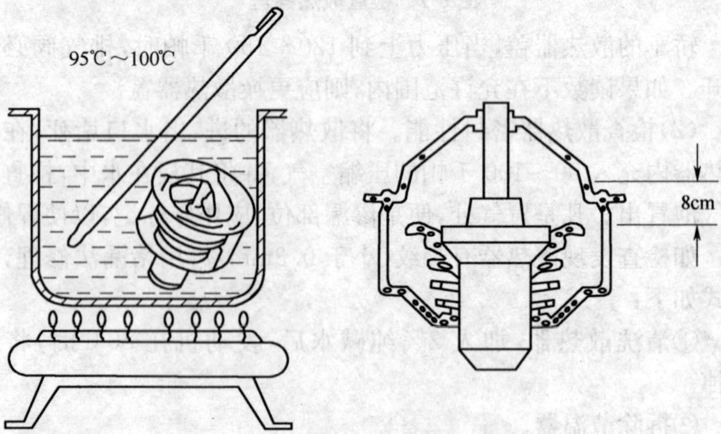

图 5-8 检查节温器

桑塔纳轿车发动机的节温器,在水温 85℃时开始开启,105℃时完全开启,全开时阀门升程不少于 7mm。

19. 怎样检修电动机冷却风扇及热敏开关?

电动冷却风扇是由冷却液温度作用的热敏开关控制的。风扇 1 档,转速为 1600r/min,工作温度为 93℃~98℃;风扇 2 档(快速),转速为 2400r/min,工作温度 105℃,关闭温度为 93℃~98℃。

冷却液温度高于 98℃时风扇不转,应先检查熔丝是否熔断。如果熔丝良好,再拔下热敏开关插头,将两插片接通。此时若风扇仍不转,表明电动冷却风扇损坏,应予更换;若两插片接通后风扇转动,表明热敏开关损坏,应更换热敏开关(热敏开关应以 25N·m 的力矩拧紧)。

热敏开关也可用万用表检查如图 5-9 所示。将热敏开关拆下并放入水中，然后逐渐加热并用万用表电阻档测量热敏开关接线端与外壳间的电阻。当水温达 93℃～98℃时，万用表指针应指示热敏开关断开（电阻为无穷大）。否则表明热敏开关损坏，应更换。

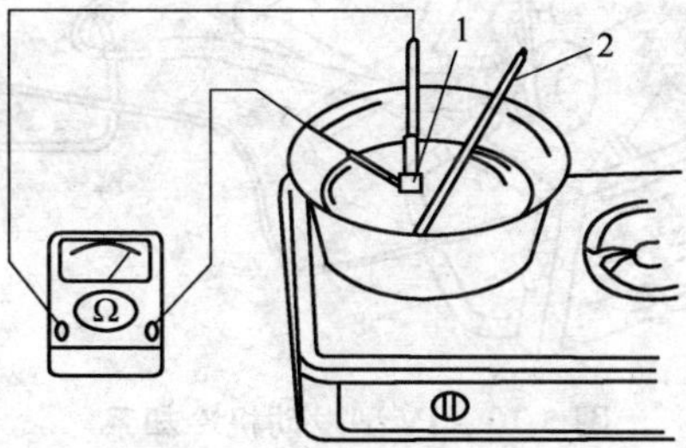

图 5-9 热敏开关的检查

20. AFE 型发动机冷却系怎样检修？

桑塔纳 2000GSi 型轿车 AFE 型发动机冷却系除水泵改变半开式径向铸铁叶轮外，其他结构与 JV 型发动机基本相同，冷却系的维修可参见 JV 型发动机冷却系的相应内容。

桑塔纳 2000GSi 型轿车 JV 型发动机冷却系为封闭强制循环式水冷系。冷却系主要由水泵、散热器、节温器、热敏开关、冷却风扇、膨胀水箱等组成，如图 5-10 所示。

冷却系有两套风扇，即电动冷却风扇和它带动的从动风扇。风扇的工作时刻和转速由位于散热器上的热敏开关控制。只有当发动机温度达到一定数值后或空调压缩机工作时，风扇才以一定的档位速度工作。当发动机温度下降时，热敏开关自动断开，散热风扇停转。空调压缩机工作时，风扇常转。

当发动机为冷态或温度降低时，冷却液进行小循环，不经过散热器。只有当冷却液温度达到一定数值后，冷却液才进行大循环。冷却液的循环路线是由位于水泵下部的节温器控制，当冷却液温度达到 85℃时，节温器阀门开始打开，冷却液经过散热器进行大循环。当冷却液温度达到 105℃时，节温器全部打开。

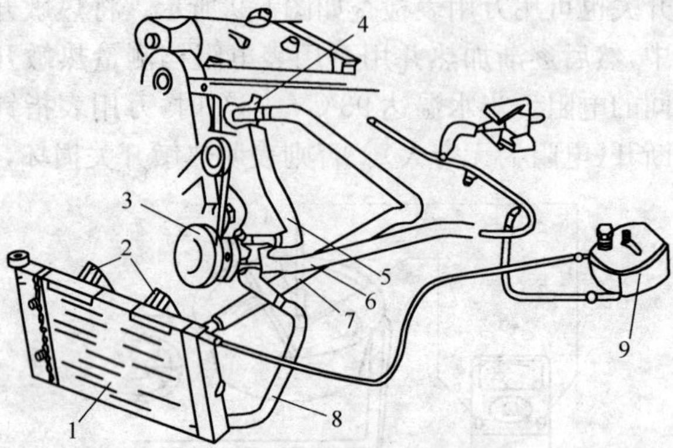

图 5-10　JV 型发动机冷却系

1. 散热器　2. 风扇　3. 水泵　4. 机体进水口（进入气缸体、气缸盖水套）
5. 旁通水管　6. 暖气回水进水管　7. 机体冷却水出口与散热器进水口管
8. 散热器出水管　9. 膨胀水箱

冷却系零件、橡胶管及水泵分别如图 5-1 和 5-4 所示。

21. AJR 型发动机冷却系怎样检修?

桑塔纳 20000GSi 型轿车 AJR 型发动机冷却系的布置如图 5-11 所示。该型以发动机取消了中间轴后，在发动机前端原中间轴的位置附近直接将水泵壳体安装在机体上，简化了零件。

水泵零件先装成一个总成后，通过水泵轴承座上的 3 个孔很方便是地安装在机体前端。

图 5-12 所示为 AJR 型发动机水泵。叶轮采用闭式叶轮（原为铸铁制造的半开式径向叶轮），重量轻，成本低，效率高。叶轮上与水泵轴承连接部分为钢制轴套嵌件。轴承改为滚子轴承，提高了轴承的承载能力。O 形圈起水封作用。

由于气缸盖的重新设计，加大了排气侧水道的流通截面。

冷却液轴向进入水泵，经叶轮后径向直接进入机体水套，然后流入气缸盖水套，由气缸盖前端的出水口流出。此后，冷却液分两路，一路流经散热器冷却后，径节温器进入水泵进口；另一路为直

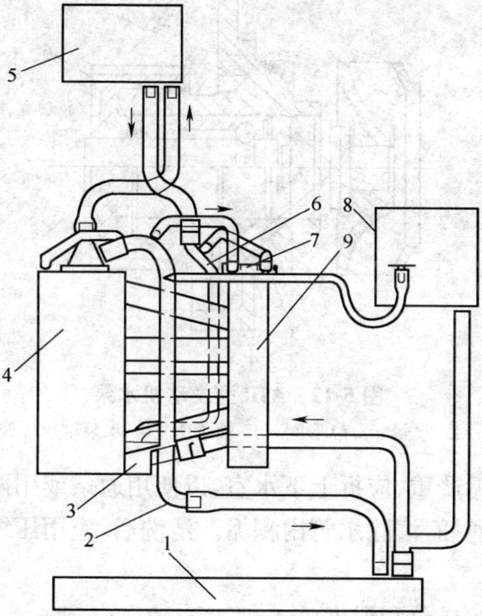

图 5-11　AJR 型发动机冷却系布置图

1. 散热器　2. 上冷却液管　3. 节温器　4. 气缸体　5. 暖风热交换器
6. 下冷却液管　7. 进气预热　8. 冷却液储液罐　9. 进气支管

接流入水泵进口，它又称为短路循环。节温器装在机体上的水泵进口处，节温器阀门在 87℃时开始开启，在 102℃时全开。短路循环是常开的，这样可使冷却系统的温度提高到一个较高的水平，改善发动机的热效率，同时可以确保冷却系统始终有冷却水在循环。

JV 型和 AFE 发动机的两个轴流风扇为 4 片开式塑料叶片型，其中一个风扇由直流电机驱动，再用 V 形带来传动另一个风扇。而 AJR 型发动机风扇的叶片在造型上有了很大变化，叶片数改为 9 片(外缘有一个圆环将这 9 片叶片连在一起)，两个风扇分别用两个直流电机驱动，提高了系统的可靠性。

22. 怎样清洗散热器？

散热器一般用氢氧化钠(NaOH)或铬酸(CrO_3)水溶液煮洗。

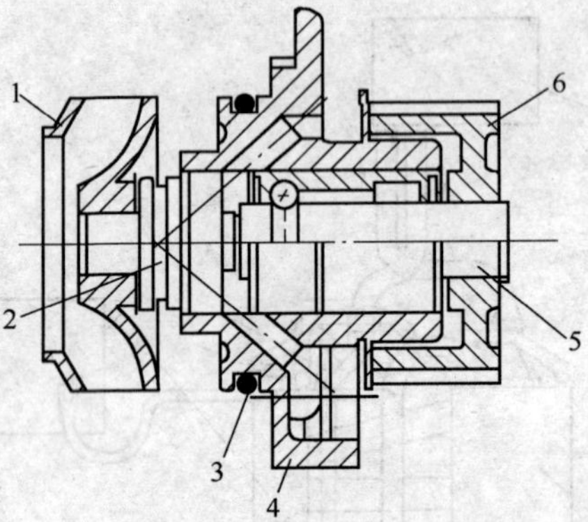

图 5-12　AJR 型发动机水泵

1. 叶轮　2. 水封　3. O 形圈　4. 轴承座　5. 水泵轴承　6. 齿带轮

如果内部积垢严重,应拆上下水室,以便用通条或用两根钢锯条接焊一起进行通插,清除水管内积垢。清洗后,应用压缩空气和清水冲洗内外部。

清洗液的成分和温度:

(1)氢氧化钠	150g
水	1L
温度	70℃～80℃
(2)铬酸酐	50g
水	0.9L;
磷酸(H_3PO_4)	0.1L
温度	30℃

23. 怎样检查散热器是否漏水?

(1)检漏。

①在汽车上检漏:拆掉并堵塞水箱的进出水管(避免渗漏)。然后,加水至加水口座平面以下 10～20mm 处。用水箱性能检验器,借助专用接头装在加水口座位上,使用检验器的打气筒向散热器内施加 8×10^4 Pa 的压力,表指针读数不应有下降现象(观察时

间不得少于 5min)。如有下降说明有渗漏,应拆下散热器做检查。

②在水槽中检漏:将空水箱的进出水管堵死,从加水口座处通入压力为 0.3～0.8kg/cm^2 的压缩空气,如有气泡浮出,则出现气泡处即为渗漏点,宜做好标记备修。

(2)冷却管堵塞的检验。拆掉散热器出水管,从加水口快速倒入一桶热水(不可溢出)。然后,用手摸散热器芯体各处,未升温区的上部边缘即为堵塞位置。

24. 怎样焊修散热器?

(1)焊接工具。

①烙铁。焊上、下水室时,常用一斤重或更重的烙铁。焊其他部位,应根据位置不同选用适当大小的烙铁或功率适宜的电烙铁。

②煤气火焰喷嘴。以工业或民用煤气燃料,加热烙铁或者加热工具件。

③喷灯。各种喷灯(如汽油、煤油、酒精喷灯等)均可用来加热烙铁或工件。

(2)焊料。锡铅焊料 3 号和 2 号(相当于牌号 HISnPb58.2 和 HISnPb68.2)适用于焊接较薄的冷却管和冷却片或用烙铁做局部热镀。

(3)焊剂。氯化锌溶液(俗称强水)或氯化锌与氯化铵液的混合液。

(4)辅料。

①苛性钠溶液和碳酸钠溶液可用于预先清洗零件表面的油污。

②盐酸或硫酸液可用于零件表面除锈或酸蚀。

(5)常见的修理作业项目,如储水室补漏,更换冷却水管,消除散热器芯体开焊、更换主片及侧片等,都是把一个薄铜片制件搭焊在另一制件上。其基本操作方法如下:

①焊前准备。备齐焊料、焊剂、辅料、烧热烙铁。

②清理焊接表面。用刮刀刮除工作表面的漆层,并以砂布打

光,使之露出金属本色。必要时,可用布团蘸稀酸溶液将锈擦掉。然后,用碳酸钠溶液中和余酸,再用清水冲洗并擦干(但铝散热片水箱忌用酸液)。

③保护被焊表面。将清洗干净的焊接表面立即涂敷焊剂,用烙铁烫以少许焊料将表面覆盖起来。用于补漏的铜皮也可如此处理。

④施焊。施焊前,先将烙铁在氯化铵石上摩擦一下,蘸少许焊剂,立即用刃口割焊适量焊料附盖烙铁刃口两侧传热表面。烙铁接触焊件时,不要只将刃口立于工件上,而应充分利用刃口两侧的表面借助焊料、焊剂与工件贴合传热。按时移动烙铁,使焊区各处均匀地达到最适宜的焊接温度。

当看到熔化的焊料充分进入表面之间且分布均匀后,立即移开烙铁,让焊缝冷却。

⑤焊后清理。用清水冲洗焊区的剩余焊剂。

⑥试漏或试压。随工件不同,操作程度也不同,可视情况简化上述程序中的某些步骤。如修复脱焊之处时,则不必再镀锡覆盖被焊表面。焊好侧片时,也不必试漏、试压等。

(6)注意事项。

①烧烙铁的温度不宜过高,避免烧坏烙铁(在暗处看到烙铁呈微红色时,即已过热)。

②烙铁的工作表面(刃口及两侧的弧面)应经常保持清洁、光滑(可用锉刀锉光),以免附着焊料。

25. 怎样修理散热器零件?

(1)上、下储水室。

①拆下储水室,应由两人配合工作,先在储水室顶面焊两只钩环或钢片。解焊缝时,每人各持一把一斤重烙铁解焊缝,手提钩环,使水室与主片分离。为避免加热时间过长使主片与冷却管同时脱焊,可将散热器直立于水槽中使水淹没芯部。

②储水室的局部出现少量腐蚀针孔时,可用烙铁在此局部热

镀一层焊料，作为暂时性修补。

③储水室碰伤塌陷的修复。在凹坑的底部焊一钩环。在拉起的同时，以小锤修整四周，使表面平整。然后将钩环解焊。

(2)疏通冷却管。

①在修理厂，可将散热器拆下，在清洗槽内用10%～15%的苛性钠或工业苏打(每升水溶100克左右)溶液将铜质散热器浸没并煮半小时。在加热过程中，应不断摇动散热器，加速溶液流动。煮毕用热水冲洗(但不可用此方法来修理铝散热片的散热器)。

②在大修厂里，可将上储水室拆掉，直接用通条疏通。

(3)更换冷却管。大修中，应尽力恢复散热器的性能。对于临时应急掐死、折断的冷却管须拆除，以便换用新管。电阻加热片是用约3mm直径的电炉电阻丝加热压扁制成的，宽约10mm，厚约0.6mm，插入冷却管部分应用云母片包好，以便与冷却管绝缘。

插入电阻加热前，应预先将冷却管整形，以便插入。

通电加热至焊料完全熔化后，滞留半分钟迅速断电，均匀用力拉出散热管。对于中间剪断处，可从两端同时拉出(或再加热一次拉出)，

换入新冷却管时，须先在管外表浸镀一层焊料(宜使用三号或四号锡铅焊料)。用烙铁熔融主片主孔中焊料，用布揩净，使孔宽敞。直立芯体，将管内衬以通条，前端宜略收回，借助通条插入芯体，串通全长后将通条抽出。修整冷却管两端，并略扩口。插入电阻加热片，通电焊合。最后，用小烙铁将管与主片焊合。

(4)梳理散热片。为保证散热器的散热效率，减小其通风阻力、降低风扇动力消耗，应及时将倒伏在散热片扶正。

26. 发动机漏水有哪些原因？

一般采用水冷的汽车，行驶中发动机过热，冷却液消耗过甚和刚刚驶过路面上有点滴水渍。

发动机在发生漏水故障时有下述现象：

(1)散热器、气缸体水套、水管及接头等处破损，使冷却液流

失,水泵漏水。

(2)气缸筒有裂纹、渣孔或气缸垫损坏密封不严、冷却液渗入气缸筒并随工作过程被排出机外。

(3)湿式缸套下水封损坏或缸体有缺陷、冷却液流入曲轴箱油底壳内。

(4)汽车突然感到行驶无力,发动机发出“扑噜、扑噜”声响。或停放过夜、次晨出发时发动机突然不能发动。

27. 发动机漏水时怎样检查?

一般发动机漏水应检查:

(1)用原车机油标尺检查机油时,如油面增高、油质变差,同时伴有冷却液消耗过多,说明气缸冷却水套下部有渗漏处。

(2)检查油底壳内的机油有无水珠汽油泵膜片破裂,也造成汽油混入油底壳内,出现机油油面升高。

(3)机油内混有汽油时,黏度下降,显著变稀;机油内混有水分,颜色变浅,水分和机油经曲轴旋转的激烈搅拌后,常呈现出浮黄色、气缸体须做出压力试验,确诊漏水部位。并及时更换变质的机油。

28. 为什么发动机温度过高?

(1)故障现象:汽车在行驶过程中,如水温表的指针长时间处于红区,则表明发动机温度过热。

(2)故障原因:引起发动机过热的因素多数与冷却有关,但也有其他因素,具体分析如下:

①冷却液不足。冷却液不足使系统的载热量减少,冷却液的流动速度降低,冷却强度下降。发生不足的原因:一是长时间没有补充;二是渗漏。

②散热器的风扇转速低或不转,发动机处在冷态时,散热器风扇热敏开关断开,风扇不转,当发动机温度升高后,热敏开关闭合,接通风扇电路,风扇起动。风扇有两档速度,随发动机温度的变化而变化。

③水泵皮带松或断裂，使冷却效果变差，将使水泵的转速降低，冷却液循环变慢，同时散热器的风扇转速也相应降低，使冷却效果变差，造成发动机过热。如果皮带断裂，则冷却效果更差，发动机很快会过热，有可能造成抱缸的大事故。

④节温器损坏。节温器的作用是改变冷却水的循环流量，自动控制冷却强度，使冷却水的温度维持在正常范围内，防止发动机过热。帕萨特发动机节温器为蜡式节温器，位于缸盖出水口前部。

⑤水泵损坏。帕萨特发动机采用的是普通离心式水泵，水泵安装在发动机与散热器之间的缸体前端。水泵主要由外壳和装在轴上的叶轮组成，泵轴的前端与叶轮间装有水封，泵轴上装有无需润滑的密封式轴承。主泵的作用是对冷却液加压，迫使冷却液在冷却系内循环流动。当水泵壳体及叶轮破裂，水封变形、老化及损坏，或水泵轴承松旷时，就会使水泵漏水、泵水量下降甚至不泵水，冷却液在发动内循环流动的速度下降或不流动，造成发动机温度升高。水泵为整体式，损坏时，一般整体更换。

⑥冷却系水垢过多，使冷却液流量不足，同时阻碍冷却液向大气散发热量。

⑦散热空间有杂物堵塞，散热片大面积倾倒叠压影响空气流动使热交换受阻。

⑧点火正时不准确。点火过早或过迟都会引起发动机过热。

⑨混合气过浓或过稀。如混合气过稀，使燃烧速度减慢，余热不能随排气行程序排除而传给冷却系，引起发动机过热；混合气过浓，则燃烧的热量增加，且会引起积炭，同样会引起发动机过热。

⑩水温传感 G2 或水温表出现故障，不能正确指示冷却液的温度。

(3)故障诊断与排除：当发现发动机过热，温度表指示到红区或感觉到热气味时，应立即停车检查；

①首先看发动机水泵皮带是否断烈或过松。水泵皮带断烈发生时，往往使发动机突然过热，应及时更换皮带。检查皮带的松紧

度方法是:在皮带的中部用力下压,皮带的下移量为 10～15mm,若不合适,可通过搬动张紧位置进行调整。

②检查冷却液面是否符合规定。查看冷却液面高度时,不必打开散热器盖,只要观察冷却液加收罐中的液面高度即可,正常的液面位于“min”(最少)和“max”(充满)标记之间。若在“min”以下,则应检查冷却系统是否存在泄漏(空调冷凝水除外),也可用测试仪 V. A. G1274 及管接头 V. A. G1274/8 接到冷却液储液罐上,如图 5-13 所示,用测试仪的手动泵产生约 100kPa 的压力,若保持不住压力,则查找泄漏处,排除故障。泄漏检查的重点是:散热器破损而渗漏;连接软管漏、软管接头漏;水泵漏;散热器盖及密封垫损坏漏。

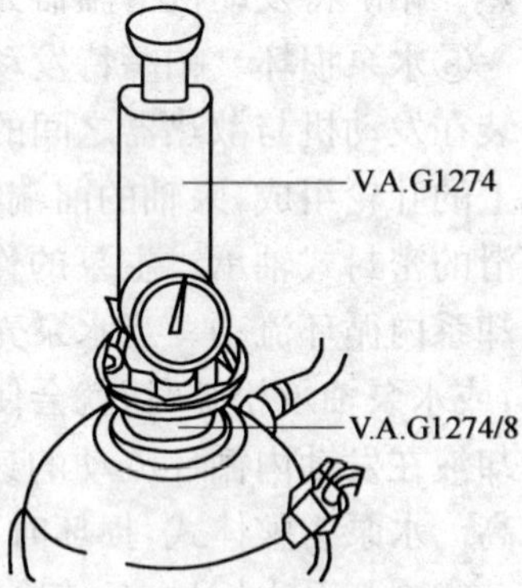

图 5-13　冷却系统密封的检查

散热器破损,可补焊或用堵漏处理,并进行密封性试验。连接软管破损应予更换,软管接头渗漏应紧固。水泵漏往往是水泵水封损坏,应更换水泵。对于散热器盖的压力阀的好坏可用压力测试仪 V. A. G1274 检查,将散热器盖用水浸湿橡胶垫后通过接头 V. A. G1274/9 接到压力测试仪上,如图 5-7 所示,然后打气加压,观察压力表,到 100kPa 左右,停止加压,如果压力能保持稳定或维持在 83. 110kPa 范围内 30min 或更长时间,则散热器良好,同时限压阀在 140. 160kPa 必须开起,否则应予更换。

检查时要特别注意:热车时散热器中的冷却液的温度往往在 100℃以上,且系统内的压力稍高于大气压力,故不可旋开散热器盖以免汽液窜出而烫伤。应使发动机熄火,待冷却后小心打开。冷却液不足应补充冷却液,稍有不足可加水,若冷却液变成锈红色,应更换。

另外，以上外部检查完后，未发现泄漏部位，但冷却液面存在异常下降，此时应检查曲轴箱中是否有水，如有水，则证明气缸垫密封不严或气缸体、缸盖水套破裂。

冷却液的排放方法：查取车载收音机代码，关闭点火开关，断开蓄电池接地线，拆下发动机仓盖。拆下油底壳护板。拧下散热器下端的动力转向液压油冷却管路。旋开散热器的排放螺塞，将发动机冷却液放掉，注意要防止烫伤。

冷却液的加注方法：冷却系统全年都需要加水和防冻防腐剂G011A8C组成的混合冷却液。G011A8C和TL774C冷却液添加剂能防止冻坏、锈蚀及形成水垢，还可提高冷却液的沸点。基于上述原因，冷却系统一定要全年加防冻防腐冷却液，特别是在热带气候地区，冷却液的高沸点可保证发动机在高负荷时运行的安全性。

若更换散热器、热交换器、缸盖或缸盖衬垫，旧冷却液不允许再使用。

冷却系统容量约7L，防冻添加剂的体积不得低于40％。若在极度寒冷的环境，欲提高防冻液防冻能力，可适当提高防冻添加剂的比例，但最多不可超过60％（防冻能力可达40℃），超过60％则会降低防冻能力及冷冻效果。

安装底部冷却液软管，并紧固。更换O形密封圈，安装冷却液泵放液螺塞，其拧紧力矩为30N·m。将管接头V.A.G1274/8拧到冷却液储液罐上，将漏斗V.A.G1274/10装到管接头上。若加注时无专用工具，则应拆下冷却液储液罐并抬高100mm。

松开将防尘套固定在热交器接头上的卡套，向后拉防尘套。松开热交换器上的冷却液软管，向后拉软管，直到气孔如图5-14箭头所示不再被接头封住。加注冷却液，直至冷却液软管的通气孔中流出冷却液。将软管推到接头上并紧固。盖上冷却液储液罐盖。

起动发动机，以2000r/min的转速运行约3min。然后让发动机以怠速运转，直至散热器上的下通管变热。检查冷却液液位，如需要,加液冷却液。发动机以正常温度工作时,液位必须处于“max”标记处,发动机处于冷态时,液位应在“min”和“max”两标记之间。应注意,热车时打开冷却液储罐盖会喷出炽热蒸汽,因此应用布包住盖子,小心开起。

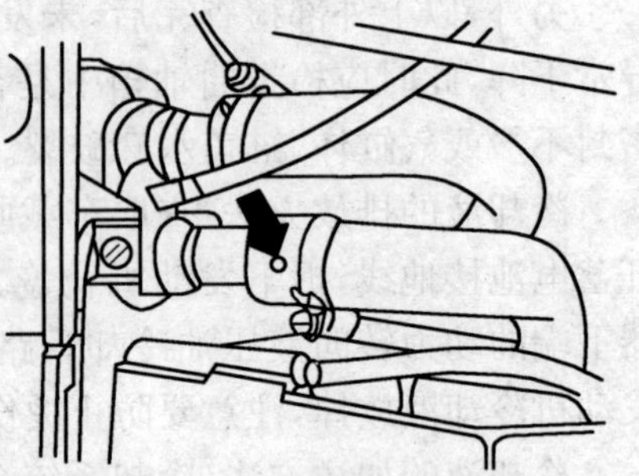

图 5-14 气孔的位置

③检查散热器风扇是否会松动、转速是否正常,如有问题,应按电路图查找原因。

④检查节温器是否能正常开起节温器是否正常打开,可通过试验确定,将节温器拆下,悬挂于水中,加热水,当水温达到 87℃时,节温器的阀门应打开。水温达到 102℃时,阀门应全开,否则应更换节温器。注意更换节温器时,不能装反,如果装反也会引起发动机过热。

⑤检查水泵是否损坏。打开散热器盖,突然提高或降低发动机转速,观察冷却液液面是否明显降低或升高,或在怠速工作下观察冷却液的搅动情况,若无明显升降或搅动,则说明水泵有故障。水泵损坏一般是水泵轴承松旷或水封失效。水泵轴承松旷检查的方法是:拆下水泵皮带,用手抓住水泵皮带轮转动,有异响且前后能够扳动,则表明轴承损坏,应更换水泵。

⑥检查机体和气缸盖的冷却水套是否沉积水垢,若水垢过多,应清洗。

⑦检查点火正时 检查和调整方法详见“电控燃油喷射系统”。

⑧检查可燃混合气是否过浓或过稀 详见“电控燃油喷射系统”。

⑨以上仍无问题,则应检查水温传感器或水温表,用对比试验确定故障,更换仪表或传感器。

29. 怎样排除发动机的漏水现象?

一般发动机漏水排除的方法是:

(1)大修发动机气缸、缸盖或发现漏水经过修补后,应进行压力检查。

水压检验。缸体、缸盖或发现漏水经过修补后,应进行压力检查。

缸体、缸盖一般都用专用的检验台进行水压试验。如无专用试验台也可自制简单检验设备。

将气缸盖和衬垫装在气缸体上,用一盖板装在气缸前壁水泵进水口并用水管与水压机联通,其水道水一律用铁板封闭,然后将水压入气缸体和气缸盖内。

缸体及缸盖在 294～392kPa(每平方厘米 3.4 公斤力)的压力下做 5 分钟水压试验不渗漏。换镶气缸套、气门座圈及门导管后,应再次做水压试验。

气压检验。将被检验的缸体、缸盖注水后,用气泵或打气筒接上盖板接头进行充气,观察充气管气与缸体之间气压上指示压力到达规定压力和时间,检查有无渗漏处。

(2)气缸体和气缸盖破裂的修理。

气缸体、气缸盖破裂的修补,应根据其破裂的程度、修理条件和设备情况,确定修理方法。

一般用环氧树脂胶粘结。环氧树脂不仅有优良的机械性及耐热性,而且有防水、防腐蚀、搞酸碱的性能。硬化后还具有收缩性小,粘结力强,耐疲劳优点。但也存在着不耐高温、不耐冲击的缺点。因其需要设备简单,制作容易,操作方便,故缸体破裂部仍可采用。

填补工艺:选用 3～4mm 直径的钻头,以手电钻将裂纹两端钻孔,而后沿裂纹长度凿出 V 形坡口。刮削坡口附近表面氧化层和铁锈,进行腐蚀清理,可用 2 份重铬酸甸、5 份浓硫酸、34 份蒸馏水配合后,将填补去锈的表面清洗、烘干。再用丙酮或乙醚及其溶剂洗涤干净后，置于烘干箱中，加温到 50℃～60℃，取出填补。这种填补裂纹，只限于缸体水套部分，至于气缸盖燃烧室、气门座附近等裂纹的填补因环氧树脂不耐高温而使用范围受到一定的限制。

30. 怎样排除发动机温度过高故障?

汽车行驶过程中，水温超过 90℃甚至沸腾。应下车检查，冷却液容量合乎标准且又无漏水现象。引起发动机温度过高，大致有三个方面，即冷却不良、燃烧不良、动配合件过紧。

(1)冷却不良的原因有：

①风扇皮带松弛或因油污而打滑。

②散热器出油管吸瘪或内壁脱层堵塞。

③风扇角度不对，散热器片倾倒过多或水管堵塞，水垢沉积过多。

④节温器大循环工作不良或分管堵塞。

(2)发动机燃烧不良引起发动机温度过高的原因有：

①点火时间过迟。

②混合气体过浓或过稀。

③燃烧室积炭过多。

④排气门间隙过大。

(3)此外还有道路、气候、风向、负荷等方面的影响。

对此故障，首先检查皮带的松紧度。当用大拇指在风扇皮带中部施加 3.4kg 力时，压下距离应为 10～15mm。若压下距离过大，说明皮带过松，应予以调整。若皮带不松仍然打滑，则说明皮带轮磨损或粘有油污，应予以更换。

如果风扇转动正常，发动机仍然过热，则进一步检查风扇的风量。在发动机运转时，将一张薄纸放在散热器前面，若纸被牢牢地吸住，说明风量足够。否则，应调整风扇叶片角度，并将叶片头部适当折变，以减少涡流，必要时可更换风扇。

如果风扇正常，可触试散热器和发动机的温度。若散热器温度低，而发动机温度很高，说明冷却水循环不良。此时应检查散热器出水胶管是否被吸瘪，内孔有无脱层堵塞。若被吸瘪可查明原因予以排除，必要时更换新胶管。若无新胶管时，可在吸瘪的胶管内放入适当大量的弹簧支撑。如出水管良好，拆下散热器进水管，发动车进行试验，冷却水应有力地排出。若不排水说明水泵或节温器有故障。拆下节温器，看散热器进水管有无水排出。若无水排出则水泵不良，若有足量水排出，应检查节温器伸缩管是否锈滞或里面的易挥发液体是否漏掉。必要时更换节温器。行车中若无零件更换时，可把节温器拆掉应急使用，待回站后及时更换。

若上述各部位均正常，再检查散热器和发动机各部位温度是否均匀。如果散热器冷热不匀，说明其中有堵塞或散热器片倾倒过多。如果发动机的温度前端低于后端，则表明分水管已损坏或堵塞，对此应予拆换。水套内水垢太多，也将影响发动机的散热。故应在检修时予以清除。

如冷却系工作正常，发动机仍然过热，则应检查点火时间是否过迟，排气门间隙是否过大，混合气是否过浓或过稀，燃烧室内积炭是否过多，油底壳内机油是否足够，以及新车或刚大修过的车各配件的配合是否过紧等。此外，汽车爬长坡，长时间超负荷工作，顺风行驶或高温季节长时间山石路低速行驶等也会引起发动机过热。

31. 怎样应对发动机开锅？

发动机冷却系工作一直正常，行驶中突然出现发动机水箱开锅。引起发动机水箱突然开锅的原因有：

①发动机冷却液不足或冷却系严重漏水。

②节温器突然失灵。

③分电器卡松脱，分电器壳自动向延迟点火时间方向转动。

④化油器主供油装置堵塞，使混合气突然过稀。对比原因除温度过高外，同时伴有发动机无力和化油器回火放炮现象。

因为是行驶中突然过热而开锅，诊断时，应注意电流表动态。

若加大油门时,电流表指示不充电,表针只在放电电流3.5A与"0"位间间歇摆动,说明风扇皮带断裂。如电流表提示充电,则应熄火,用手触摸散热器和发动机,若发动机温度甚高,而散热器温度低,说明水泵轴叶片脱转,使水箱循环中断。若二者温差不大,则应检查冷却系有无严重漏水之处。

行驶中发动机水箱突然开锅,一般多因节温器主活门脱落并卡在散热器进水管,冷却水不能进入大循环,使冷却系内压力迅速升高,当压力升高到一定程度时,使突然冲动卡滞的主活门改变其方位,突然导通大循环水路。此时,沸腾的水便会迅速冲开散热器盖,而出现开锅现象。对此故障应重点检修节温器。

32. 为什么散热器加不进水?

有时给散热器加水时,加不了多少就"满"了,可是当汽车行驶一段路程后,水面很快降下去了,又需要再次加水才能继续行驶,这是什么原因呢?由于轻型汽车发动机的缸盖出水口与散热器进水管之间有一个筒式节温器,而节温器主阀门有一个通气的小孔,向散热器加水时,水应该充满缸体和缸盖水套,但必须使水套内的气体排出后才能实现。缸套内的空气通过通气小孔排出,当小孔被杂物堵塞,就使水套空气排不出来,出现水加不进去的现象。此时,可将节温器主阀门上的通气小孔疏通或稍加扩大(但绝不可能因加不进水而拆除节温器),这样方可保证加满水。

33. 冷却系在使用中应注意什么?

冷却系在使用中应注意如下事项:

(1)应加专制的防冻液、NL防锈乳化冷却液,或加注冷却水时,要坚持用清洁的软水,如雨水、雪水等。河水、井水、泉水都是硬水,含有各类盐类,易生成水垢,用这种水作冷却水,应经过处理(如烧开沉淀)后再用。

(2)冷却系内应保持足够的冷却水,无水或缺水过多时,不要骤加冷却水;冬天起动时,不要起动后再加水,更不得在起动后才去找水加注,否则易造成缸盖、缸体断裂。

(3)工作时要拧紧散热器盖,在水温接近沸点时不要揭开散热器盖。

34. 怎样保养散器热水软管?

散热器软管用于连通缸盖或缸体与散热器的水路。软管常用天然橡胶制品。正确使用和安装软管是耐久不漏的重要途径。选材时,应选择长度合适、外观无裂缝、脱层、扭曲、起泡和壁厚不均匀的软管。安装时,在软管内不可涂润滑油或润滑脂,否则会加速橡胶管的老化。可用清水将管口湿润,然后再均匀用力将软管套装在金属接头上,最后,选用尺寸合适的夹箍(不能用铁丝代替夹箍),装夹箍的部位距离软管的顶部 8mm 左右。保养时,不能用汽油清洗软管,也不能在软管上喷涂银粉或漆。另外,散热器的框架应固定可靠,以免散热器总成产生剧烈振动而造成软管接头松动而漏水。

35. 散热器内应加什么样的水?

冷却水的品种应使用在发动机内不易形成水垢的软水,可用自来水或经过沉淀的雨水和雪水,不应该直接使用河水井水或泉水作为冷却水。因为河水和井水与土壤接触会将土壤中的无机物溶于其中,使得水分含有大量的钙、镁等盐类,称为硬水。钙、镁等盐类受热后即会产生一种不能溶于水的灰白色的碳酸钙(镁)等沉淀物,这就是水垢。此时必将影响机器的散热效果。

测量水的硬性采用硬度单位计量。通常是每一升水含有 10 毫克的氧化钙时,其硬度为 1 度。如果水的硬性不超过 12～14 度时可认为是软水。反之,如超过 12～14 度时则为硬水。河水或井水的硬性大都超过 20 度。在化验条件缺乏的情况下,用泡沫试验法也可简便测定出水分是否具有硬性。这种方法可以利用肥皂来鉴别,如果把肥皂在水中经过搓擦而易产生泡沫,则此水为软水。反之,则为硬水。硬水软处理的办法通常是在河水或井水内按 60L 水中加入 40g 纯碱的比例来进行软化。也可在一升水中加入含量为 10%的重铬酸钾 30～50 毫升,如果没重铬酸钾,用重铬酸钠或磷酸三钠也可,重酪酸钠或重酪酸钾俗称红矾,它们不仅能保证水的软化,且还能作为防止冷却系统腐蚀的钝化剂。只是重酪酸钾含有一定的毒性,因此使用时应谨慎,手接触此物后应及时用肥皂清洗,以防中毒。

硬水的软化处理方法很多,生产中常用的还有将硬水煮沸,使杂质沉淀后把清洁的水加入水箱。这种方法比较简单,但只能去掉含在水中的部分矿物质,而不能使硬水得到彻底软化。

36. 怎样识别硬水和软水?

鉴别硬水软水的方法很多,常用的有下列两种:

(1)取水样 100mL 或 200mL,放入耐热玻璃容器内煮沸,有白色碳酸钙沉淀下来,就证明这种水是暂时硬水。如果没有沉淀,则证明不是暂时硬水。

(2)取水样加入纯碱(即碳酸钠),如有白色沉淀即证明是永久硬水(含有硫酸钙),如没有沉淀,则不是永久硬水。

应当注意,硬水中所含的矿物质很多,上述两种方法只能鉴别出两种比较主要的矿物质。

37. 冷却水经常换好吗?

加入冷却系中的水使用一段时间后,矿物质已经析出,因此,除水已很脏,不及时更换会引起管路及散热器堵塞外,一般不应随便更换。因为加入冷却系的冷却水尽管都进行了软化处理,但水中还会含有少量的矿物质,在受热和蒸发后,这些少量的矿物质会渐渐析出沉淀下来,附着在缸体和缸盖的水套及散热器内。冷却水更换的次数越多,析出的矿物质越多,水垢越厚,不但会导致发动机散热不良,容易过热,而且还可能使散热器等堵塞甚至损坏。

38. 冬季当发动机发动后再加水好吗?

不预先加满冷却水就起动汽车发动机的做法不好。当气缸和气缸盖已经很热时,冷水突然进入水道,很容易使气缸盖底板和气缸套产生骤冷而裂纹。另外,水温过低也会加快机器零件的磨损,增加燃油的消耗。

39. 为什么水冷发动机运转时正常，停车后散热器却开锅？

发动机运转时，水套中的水是流动的，虽然气缸内温度很高，水未加热到沸腾就流走了。机器带负荷突然停车后，气缸内温度仍然很高，水泵停转，水泵中的水停止流动，迅速被气缸壁和气缸盖壁加热，有时直至沸腾。因此这是一种正常现象。一般水冷发动机停车后最好怠速转 2～3 分钟，使水温降低一些，就可避免开锅。

40. 冷却水泵为什么吸水量小？

冷却水泵所吸的水量应该满足于发动机冷却的需要。如果冷却水泵出现吸水量小甚至不吸水的情况，主要原因有以下几点：

(1)水泵的传动齿轮松动或有损坏。

(2)水泵叶轮轴上的键销脱落或固定螺钉松脱，以致引起叶轮在轴上滑动。

(3)水泵叶轮被污泥或其他杂物所堵塞。

(4)水泵叶轮磨蚀过甚。

(5)水泵叶轮与泵壳的间隙太大(一般规定水泵叶轮两面的间隙不应超过 0.3mm 左右)。

(6)水泵吸水管堵塞。

(7)水源的高度低于水泵的高度过多。

41. 怎样预防发动机水套生锈？

水遇到铁和空气中的氧就起化学作用，而变成铁锈。气缸水套由合金铝和生铁铸成，水中免不掉有气泡存在，于是冷却系内金属件逐渐锈蚀，甚至不能使用。在散热器内阻塞水道的固体，铁锈占 90%。

空气的来源，多半因散热器上水箱水面过低，在高速时冲入散热器的水流甚急，带进一部分空气泡。等到空气泡随水流进入水套后，水套内的锈蚀作用可能较平常加快 30 倍。空气泡的另一来源是水泵吸水一边泄漏，发动机转动时，由此漏缝吸进空气。

水的温度，也能加快锈蚀作用。如在 80℃正常工作温度时的锈蚀作用较20℃时更快些。

水内含有矿物盐，对冷却系金属尤其不列，天然水(硬水)内包含多量的石灰质和其他矿物质，能在水套内结水锈，可以加速锈蚀。水锈日积月累的结果，几乎可以填塞水套，对冷却系的影响很大。

为保持冷却系优良的性能，除了做好经常性的保养和清除工作之外，还必须设法防止锈蚀的作用，如果处理得当，可以减少95％的铁锈。

防锈应注意不使冷却系缺水，保持冷却系的封闭性，不能漏气，以及尽可能加注清洁的软水。另外还可以加一种防锈剂，是可溶性油液或盐类，它的作用是防锈，但不能排斥原有的铁锈。在加注前要将冷却系冲洗干净。合格的防冻液内，已加入适量的防锈剂，所以冬季加用优良的防冻液前，不必再加防锈剂。

42. 气缸套水垢经盐酸清理后怎样处理?

气缸水垢经盐酸清理后，酸液残留套内，因套壁迂回曲折，故虽用水冲洗，残酸未必一定能除尽，可用氢氧化钠(哥士特)去中和它。

氢氧化钠NaOH亦称烧碱，为碱性化合物，遇酸中和成盐及水，化学反应如下：

$$NaOH + HCl \rightarrow NaCl + H_2O$$

左端氯化钠NaCl即食盐，易溶于水，不生沉淀。上式亦表示40g的氢氧化钠，能与36.5g的盐酸相中和。或含有氢氧化钠40g的碱性溶液和含盐酸36.5g的酸性溶液各一升，互相混合，恰成中和。冲洗时，可参照上列比例配制。

43. 冷车发动时，水温很快升高是什么原因?

冷车初发动时水温很快升高，冷却水“沸腾”，多系节温器主阀门脱落并横卡在散热器进水管内，阻碍了冷却水的大循环。因为这种故障能使冷却压力迅速升高，当内部压力达到一定程度时，便突然冲击卡滞的主阀门改变其方位，突然导通大循环水路，此时沸腾的水便迅速冲击散热盖。

气缸垫若烧坏，有时也能使水箱向外溢水和排出气泡，呈现冷却水沸腾现象。因为气缸垫烧蚀和缸盖、缸套出现裂纹，使高压气体窜入水套，因而会冒出激烈的水泡。

44. 水箱开锅时应怎么办？

汽车行驶中发现水箱开锅，水从回水管溢出，要打开膨胀水箱盖往水箱加冷却水时，要小心谨慎，防止热水或蒸汽喷出将人烫伤。待水温稍降，回水管不再有开水或蒸汽喷出时再打开水箱盖。操作时，应站在距发动机稍远处，用抹布捂住水箱盖，将盖松动，迅速缩手，待无水蒸气从盖四周喷出时，再取下水箱盖。不要将头正对水箱盖向下俯视，以防蒸汽喷至脸部。

45. 风扇皮带过紧或过松对发动机有什么危害？

风扇皮带太紧，增加它本身所受的拉力。十字形四叶式风扇的夹角为 90°，第一叶的撞击和第二叶第三叶第四叶的撞击间隔相等的时间，使振波继续加强，声响加大。X 形风扇因叶片的夹角角度不等，第一次撞击和第二次撞击的时间间隔不均，使振波减弱，声响减小。

46. 夏季能否摘除节温器？

节温器的作用就是为了保证发动机的正常工作和延长其使用寿命，发动机始终处在最佳温度下（冷却系温度 80℃～90℃）工作，从而减小汽车发动机的耗油量，并极大地减少发动机缸套、活塞和活塞环的磨损。如果在夏季汽车使用中害怕发动机过热或因节温器失效产生过热就把节温器摘除，这样会使发动机经常处在低温下运行，由于水温低，会引起严重的腐蚀磨损，且大大提高燃油的消耗，因此，夏季摘除节温器的做法是不对的。如果汽车行驶途中水温过高是节温器失效造成的，可以暂时摘下节温器，但事后需马上装上新件。据有关单位试验统计，不装节温器的汽车比正常使用的汽车缸套、活塞套等机件磨损增加 1/3 左右，所以摘除节温器对发动机的正常工作有害无益。

汽车用发动机一般均采用闭式强制循环冷却装置,冷却能力较强,冷却水温度由节温器、百叶窗和风扇离合器等控制,正常工作时不会出现冷却系开锅的现象。若使用中出现了冷却水开锅现象,则表明冷却系有故障,应查明原因,予以排除。

47. 怎样配制防冻液?

在冬季如长时间停车就会有冰冻的危险,致使如气缸体、气缸盖、散热器等冻裂。因此,冬季长时间停车,必须将冷却系统的冷却水放掉。严寒地区,为了防止发动机冬季使用过程中零件冻裂事故发生,又减少放水工作,可以配制防冻液。

防冻液的配制方法很多,表 5-1 所示为两种常用的配方。

表 5-1 防冻液的配制

成份(%)			相对密度	凝固温度(℃)	特 征
乙二醇	煤油	水			
55		45	1.05～1.08	−40	淡黄色微浊液体
40	20	40	1.08～1.10	−40	淡黄色油性液体

48. 使用防冻液时应注意什么?

(1)防冻液有毒,有腐蚀性。防冻液严禁吸入口内,因为即使很少一点也会中毒,严重时会使人致命;防冻液对镀锌铁皮有腐蚀作用。

(2)在使用工业酒精和水配制的防冻液时,必须注意防火。

(3)防冻液价格较贵,应避免浪费。由于防冻液热膨胀较大,加注时只能加注到冷却液容积的 95%。否则温度上升时容易溢出,造成浪费;冬季使用终了后,可将防冻液放入密封的罐中保存起来,以备再使用。

(4)使用过程中,由于水分蒸发(乙二醇沸点较高为 197.4℃不会蒸发),冷却液会减少而变黏稠。因此,在没有泄漏的情况下,当发现冷却液不足,只能向其中补加软水。

(5)使用中勿将石油产品混入冷却液中,否则会在冷却液中产生大量的气泡而影响散热效能。

49. 风扇 V 带产生噪声的原因有哪些?

(1)V 带磨损或老化。

(2)V 带与带轮的沟槽配合不良。

(3)V 带太紧。

(4)V 带或带轮上有油。

(5)带轮破裂或折断。

(6)带轮没有安装好。

(7)V 带过松。

50. 风扇产生噪声的原因有哪些?

(1)风扇叶片变曲。

(2)风扇叶片与毂连接处断裂。

(3)风扇叶片不平衡。

(4)风扇叶片撞击散热器。

(5)风扇轴端隙过大。

(6)风扇轴与轴承的配合间隙过大。

(7)风扇轴承损坏。

(8)轴承缺少润滑油。

第六章　润滑系统故障诊断与检修

1. 润滑系的作用是什么?

发动机润滑系的任务,就是把清洁的、压力和温度适宜的润滑油送到各摩擦表面进行润滑,使发动机各零件能正常工作。润滑系的主要作用是:

(1)减摩作用。减轻零件表面之间的摩擦;减少零件的磨损和摩擦功率损失。因为,一般金属间干摩擦系数 $f=0.14\sim0.34$;而液体摩擦的摩擦系数 $f=0.001\sim0.005$,为干摩擦的几十分之一。

(2)冷却作用。通过润滑油带走零件所吸收的部分热量,保持零件温度不致过高。

(3)清洗作用。利用循环润滑油冲洗零件表面,带走由于零件磨损造成的金属细末和其他杂质。

(4)密封作用。利用润滑油的黏性,附着于运动零件表面,提高零件的密封效果。如活塞与气缸之间保持一层油膜,增强了活塞的密封作用。

(5)防锈作用。润滑油附着于零件表面,防止零件表面与水分、空气及燃气接触面发生氧化和锈蚀,使之减少腐蚀性磨损。

2. 汽车发动机为什么要设置润滑系?

发动机工作时,各运动零件的接触面(如曲轴与主轴承、凸轮轴与凸轴系,活塞、活塞环缸壁,正时齿轮等等)之间以很高的速度做相对运动。各接触面虽然都经过精细地加工,宏观似乎很平滑,但若用放大镜来看,则是高低不平的。如图 6-1 所示。

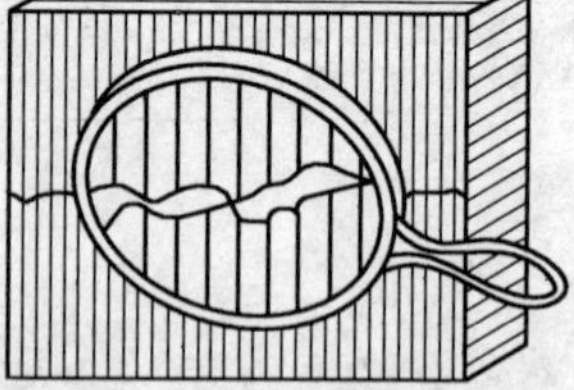

图 6-1　零件表面放大图

当两个零件相对运动时,表面上的微观凸起处相互碰撞并且阻碍运动,出现干摩擦现象。当金属表面直接接触时,将出现大的摩擦力，这不仅会增大发动机内部的功率消耗，使零件工作表面迅速磨损，而且由于摩擦而产生大量的热可能使某些零件的表面熔化，致使发动机无法运转。因此，为了保证发动机正常工作，必须对各相对运动表面加以润滑，也就是在各摩擦表面上覆盖一层润滑油，使金属各表面之间隔一层薄的油膜，形成液体摩擦。这样可使摩擦阻力减小，功率消耗降低，机件磨损减轻，延长发动机的使用寿命。

3. 运动黏度与温度有什么变化关系？

机油的黏度随温度而变化，当温度降低时，其黏度迅速上升。通常用不同温度下的运动黏度的比值来表示。国产机油规定了机油在 50℃与 100℃时运动黏度比 V50/V100 的最大值。该比值小，则表示机油黏度随温度的变化小，对发动机工作有利。通常选用在低温下黏度较小的机油，不仅便于起动，而且在正常工作时（机油温度为 70℃～90℃），温度虽然升高，而黏度变化不大，仍能保持正常润滑。

机油黏度随温度变化的特性给使用上带来了麻烦，因为适合于夏季的机油到冬季就会变得太稠，适合于北方用的机油在南方就过稀。因此，必须按气温变化更换和选用机油。

4. 机油润滑有几种方式？

(1)压力润滑：它是利用润滑油泵，使润滑油产生一定的压力，连续不断地送到各摩擦表面上去。压力润滑适用于摩擦表面载荷重，运动速度高，且摩擦表面没有外露的运动机件。

(2)飞溅润滑：它是借助运动激溅起来的油滴或油雾，飞到摩擦表面上去。飞溅润滑适用于摩擦表面载荷较轻、相对运动速度又比较小的零件。如气缸壁、配气机构的凸轮表面等。

(3)注油润滑：在发动机辅助系统中，又有些零件采用定期加注润滑油的方式进行润滑。其实质是在摩擦表面及附近经常存有可以润滑摩擦表面的润滑脂，这种润滑脂不会自动流失，只需定期加注即可。如发动机水泵轴承、发动机轴承、起动机轴承等等。

(4)自润滑:近年来在有的发动机上采用了含有耐磨材料(如尼龙、二硫化钼等)的轴承来代替加注润滑脂的轴承。这种轴承使用中无需加注润滑脂,故称其为自润方式。

发动机润滑系主要是指用压力润滑和飞溅润滑所进行的润滑,也可以叫做复合润滑方式。

5. 桑塔纳润滑系由哪些主要零件组成,是怎样工作的?

桑塔纳 2000GLS 型、GLI 型轿车 JV 型、AFE 型发动机润滑系采用复合润滑方式,即压力润滑与飞溅润滑,如图 6-2 所示。

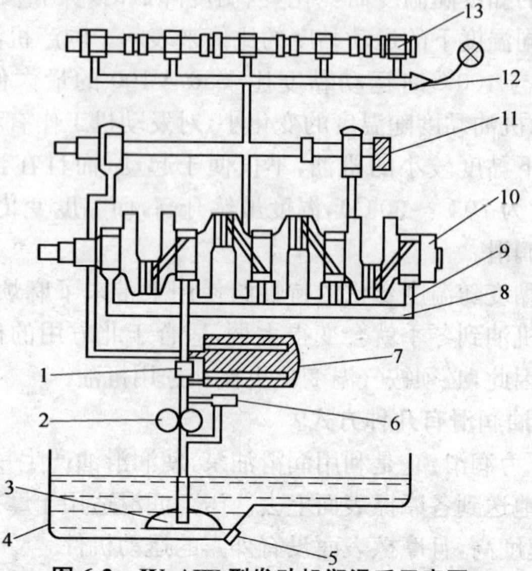

图 6-2　JV、AFE 型发动机润滑系示意图

1. 旁通阀　2. 齿轮式机油泵　3. 机油集滤器　4. 油底壳
5. 放油螺塞　6. 安全阀　7. 机油滤清器　8. 主油道
9. 分油道　10. 曲轴　11. 中间轴　12. 油压开关　13. 凸轮轴

机油从油底壳经机油集滤器,除去较大杂质后,被机油泵吸入。加压后经机油滤清器进一步过滤后大部分压力油进入发动机主油道,一小部分压力油直接到中间轴。进入主油道的机油又分成七路,五条油道分别将机油送到五道曲轴主轴承,经过曲轴内部油道进入连杆轴承，再经过连杆体中油孔进入连杆小头衬套，喷到活塞内腔后流回油底壳。主油道有一条分油道将为凸轮轴的五个轴承供油，再进入配气机构，回到油底壳。主油道上还有一条分油道，将压力油引到中间轴的后轴承，再进入油底壳。

活塞与气缸壁依靠油底壳中飞溅起来的机油润滑。气缸盖上凸轮轴总油道尾端，有一只机油压力开关，属于最低报警开关，动作压力为 0.031MPa。

机油泵为齿轮式，在其上有一个安全阀，当机油压力过高或流量过大时，机油由安全阀旁流回油底壳。机油滤清器盖上用 25N·m力矩拧有一个机油压力开关，动作压力为 0.18MPa。机油滤清器堵塞后，机油能直接短路进入主油道。

润滑系零件如图 6-3 所示

6. 机油泵的结构是怎样的？是怎样工作的？

桑塔纳、帕萨特轿车发动机用常见的齿轮式机油泵，油泵齿轮由粉末冶金制成。其结构如图 6-4 所示。

分电器轴端的凸插入槽中，而分电器轴上的斜齿轮与凸轮轴上的驱动齿的驱动齿轮即驱动机油泵主动齿轮（同时驱动分电器轴），使机油泵工作。

润滑油供应为完全压送式，其压送循环过程如图 6-5 所示。

7. 怎样拆卸机油泵？

（1）旋松分电器轴向限位卡板的紧固螺栓，拆下卡板。

（2）拔出分电器总成。

（3）旋松并拆下两个机油泵壳与发动机机体的连接长紧固螺栓，将机油泵及吸油部件一起拆下。

（4）拧松并拆下吸油管组紧固螺栓，拆下吸油管组，检查并清洗滤网。

（5）旋松并取下机油泵盖短螺栓，取下机油泵盖组，检查泵盖上限压阀（旁通阀）。观察泵盖接合面的磨损情况。

（6）分解主从动齿轮，再分解齿轮和齿轮轴。

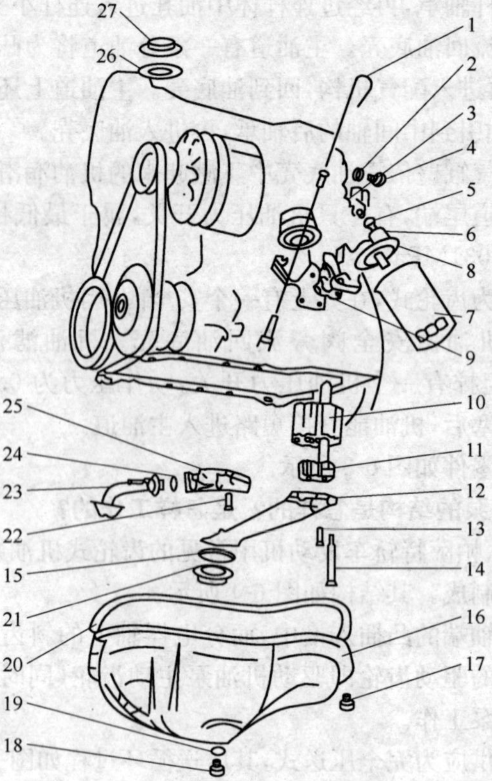

图 6-3　发动机润滑系统分解

1. 机油标尺　2. 密封圈　3. 转换 30 千帕油压开关　4. 130 千帕油压开关　5. 密封垫圈　6. 机油滤清器支架　7. 机油滤清器　8. 固定螺栓　9. 密封衬垫　10. 机油泵壳体　11. 机油泵齿轮　12. 机油泵盖(有限压阀)　13、14. 螺栓　15. 滤网　16. 机油盘　17. 机油盘固定螺栓　18. 放油螺栓　19. 密封垫圈　20. 密封衬垫　21. 机油滤清器盖　22. 螺栓　23. 吸油管　24. O 型圈　25. 带油压阀的机油泵盖　26. 橡皮密封垫　27. 机油加油口盖

8. 怎样安装试验机油泵?

机油泵的安装与拆卸顺序相反。但安装时应更换垫片,注意各螺栓的拧紧力矩。

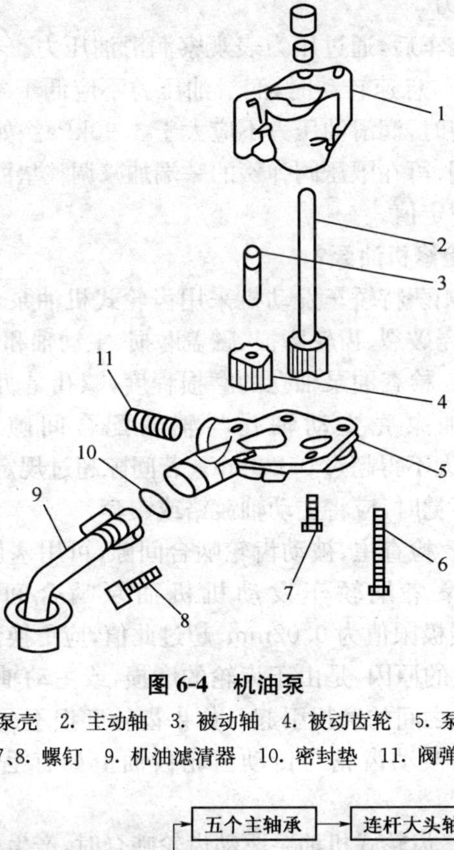

图 6-4　机油泵

1. 油泵壳　2. 主动轴　3. 被动轴　4. 被动齿轮　5. 泵盖
6、7、8. 螺钉　9. 机油滤清器　10. 密封垫　11. 阀弹簧

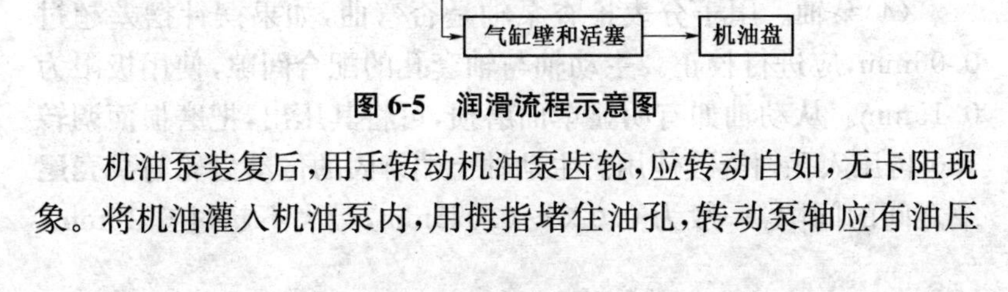

图 6-5　润滑流程示意图

机油泵装复后，用手转动机油泵齿轮，应转动自如，无卡阻现象。将机油灌入机油泵内，用拇指堵住油孔，转动泵轴应有油压

出,并感到压力。

机油泵装车后,通过压力表观察润滑油压力。在发动机温度正常的情况下,怠速转动时,润滑油压力不应低于 1.94kPa;当发动机高速运转时,润滑油压力不应大于 4.90kPa。如不符合标准,应调整限压阀,可在限压阀弹簧的一端加减调整垫圈的厚度,使机油压力达到规定值。

9. 怎样检修机油泵?

桑塔纳、帕萨特轿车发动机采用齿轮式机油泵。机油泵的损坏,主要有泵壳破裂、齿轮磨损、磁盖磨损、主动轴和轴孔磨损。

(1)泵壳。检查油泵轴孔的磨损程度,螺孔是否损坏,泵壳有无裂纹。机油泵壳主动轴孔与轴的配合间隙应为 0.03～0.075mm,最大不得超过 0.20mm。若间隙超过规定,或晃动泵轴有明显松旷感觉时,应将主动轴镀铬或镶套。

(2)齿轮。检查主、被动齿轮啮合间隙,可用塞尺在圆圈三等分处测量。桑塔纳轿车发动机机油泵啮合间隙标准值为 0.05mm,磨损极限值为 0.02mm,超过此值,应更换齿轮。

齿隙增大的原因,是由于齿轮的磨损,或主动轴与泵壳、被动轴与齿轮轴孔之间的磨损引起。如果齿轮磨损不严重,可将齿轮转面使用,主、被动齿轮与传动齿轮齿面上如有毛刺,可用油石磨光。

(3)泵盖。齿轮式机油泵驱动齿轮啮合时,产生的轴向力一般都向下,它使齿轮端面与泵盖内表面磨损。泵盖如有磨损或翘曲,凹陷超过 0.05mm,应以车削或研磨方法进行修复。泵盖上装有限压阀时,还应检查弹簧的弹力和阀体,必要时应更换。

(4)泵轴。用千分表检查泵轴是否弯曲,如果摆针摆差超过 0.06mm,应进行校正。主动轴与轴套孔的配合间隙,使用极限为 0.15mm。从动轴如有明显单面磨损,可将其压出,把磨损面调转 180°再压入孔内继续使用。主动轴上端铆固的传动齿轮与泵壳尾端之间的间隙,一般为 0.025～0.075mm,最大不超过 0.15mm,

超过时可在泵壳尾端焊修或加垫调整。

10. 机油滤清器的作用是什么?

润滑油在使用了一段时间以后,其中混有发动机零件磨损而产生的金属屑和其他机械杂质,以及机油本身产生的胶质,可能堵塞油管和油道。为了不使这些杂质进入,发动机润滑油路中装有旋转式机油滤清器,起动压力为1.80kPa。汽车行驶15000km更换一次机油滤清器,对于经常行驶在恶劣道条件下的车辆,还应经常检查机油情况,必要时须提前更换机油滤清器。

11. 怎样更换机油滤清器?

(1)趁机油热放出发动机机油。

(2)用专用工具拆卸机油滤清器,如图6-6所示。更换时,注意清洗滤清器安装表面,否则安装上新滤清器后,会因结合处密封不良而引起漏油。

(3)安装新滤清器时,应在密封圈上涂上干净机油。如图6-7所示。如不涂机油,安装时密封垫会与结合面发生干摩擦,衬垫容易翘曲和损坏,造成密封不良而漏油。

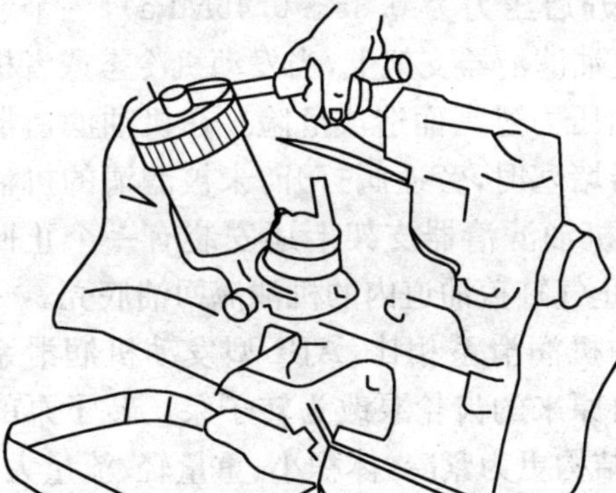

图6-6 拆卸机油滤清器

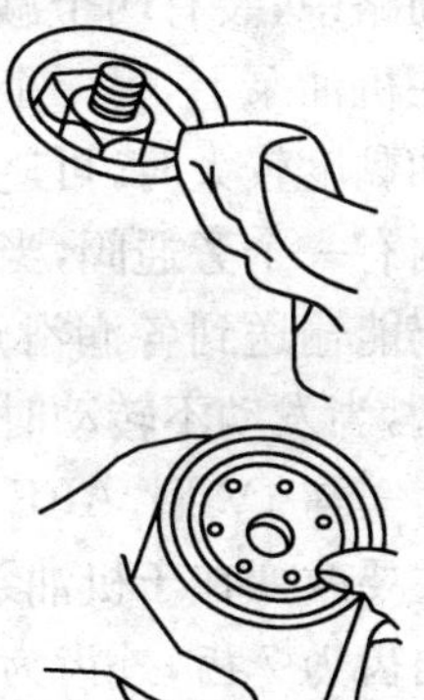

图6-7 密封圈上涂机油

(4)用手轻轻地拧进滤清器,感到有阻力为止;再用专用工具,拧紧机油滤清器 3/4 圈。

12. 机油压力开关的作用是什么？是怎样工作的？

发动机润滑系统有两个油压开关，一个设在油压输送路线末端 0.031MPa 低压油压开关(棕色绝缘)，另一个是设在机油滤清器上 0.18MPa 高压油压开关(白色绝缘)。

发动机点火后，油压指示灯即亮；当油压超过 0.031MPa 时，该指示灯熄灭。发动机低速转动(怠速)时，如果油压又回降到 0.031MPa 以下时，0.031MPa 油压开关指示灯就亮。当发动机转速大于 2150r/min 时，如果油压降到 0.18MPa 以下，油压开关触点断开，报警灯闪亮，蜂鸣器同时报警。

13. AJR 型发动机润滑系与 JV 型、AFE 型润滑系有什么不同？怎样检修 AJR 型发动机润滑系？

桑塔纳 2000GS 型轿车 AJR 型发动机润滑系如图 6-8 所示。机油泵从油底壳中吸取机油，经由机油滤清器，输送到发动机各润滑点。机油压力是安机油滤清器，输送到发动机各润滑点。机油压力是安装在机油滤清器支架上的两个油压开关监控的。在润滑油路中，装有两个减压阀(开启压力为 0.35～0.45MPa)，一个装在机油泵上，另一个装在机油滤清器支架上，当发动机冷态或者机油黏度较大时，可避免机油压力过高而造成危险。在机油滤清器内有一个旁通阀，当滤清器堵塞时，旁通阀打开，未被滤清的机油仍能输送到各润滑点。在机油滤清器支架上还安装有一个止回阀，当发动不转动时，能阻止气缸盖油道内的机油流回油底壳。

与 JV 型、AFE 型发动机润滑系相比，AJR 型发动机润滑系主要改变在于机油泵，它由原来的齿轮泵改为转子泵。转子泵的内齿为 7 齿，外齿为 6 齿，结构更为紧凑，体积小、重量轻、流量大。机油泵上有一个限压阀用来限制机油泵的出油压力。

JV 型、AFE 型发动机齿轮式机油泵由中间轴上的螺旋齿轮驱动，机油泵安装在气缸体底平面第三缸附件的平台 上，机油泵出口直接往上通向机油主油道，进入安装在气缸体侧面的机油滤

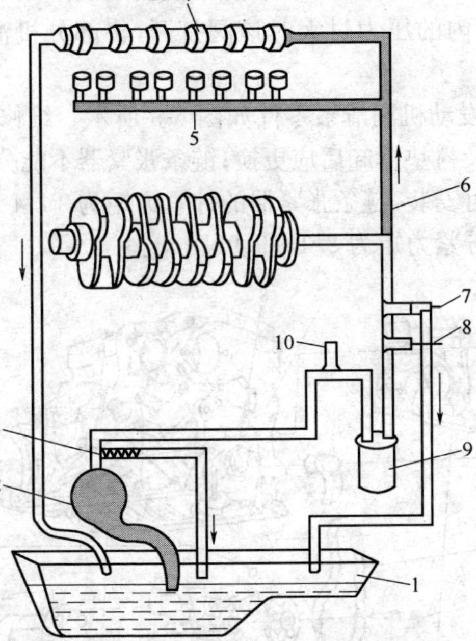

图 6-8　AJR 型发动机润滑系统示意图

1. 油底壳　2. 机油泵　3. 减压阀　4. 凸轮轴　5. 液压挺杆
6. 单向阀　7. 减压阀　8. 油压开关　9. 机油滤清器　10. 止回阀

清器支架。AJR 型发动机机油泵则直接由曲轴前端的链轮经过链条驱动。

AJR 型发动机机油泵的安装位置移到机体的前端底面，气缸体内通往机油滤清器支架的油道因此设计得较长，通过滤清后的机油在机油滤清器支架内分为三路：一路进入气缸体主油孔通往各连杆轴承，由连杆体上的油孔通往连杆小头衬套；第二路通过安装在机油滤清器的一个止回阀进入气缸体上的一个通向气缸体上平面的油道，经气缸盖上的第四个气缸盖螺栓孔进入气缸盖主油道，由此将机油分配到各凸轮轴轴颈和液压挺杆。止回阀的作用是在发动机停机时保持气缸盖油道内的存油，防止发动机再次起动时缸盖供油不足,导致液压挺杆不能正常工作;第三路通往一个限压阀,油道内的压力过大时该阀打开,将部分机油旁通流回油底壳。

AJR型发动机润滑系零件如图6-9所示。维修时应注意:所有的密封圈及衬垫拆卸后应更换;链条张紧器不能分解,安装时压下弹簧后即可安装,链条张紧器的拧紧力矩为14.4～17.6N·m;机油泵罩壳拧紧力矩为8.1～9.9N·m。

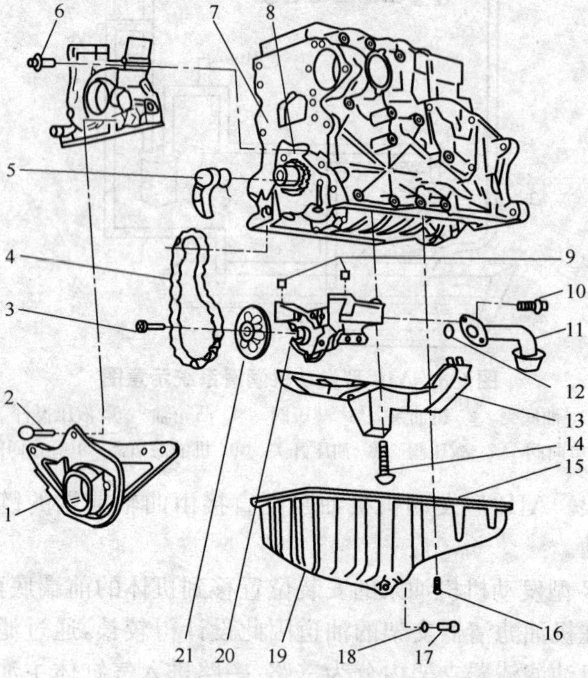

图6-9　润滑系零件分解图

1. 扭力臂　2. 螺栓(拧紧力矩25N·m)　3. 螺栓(拧紧力矩22±3N·m)　4. 机油泵传动链　5. 曲轴前油封凸缘　6. 油封凸缘固定螺栓(拧紧力矩15N·m)　7. 转换链条张紧器　8. 曲轴链轮　9. 销钉　10、14、16. 螺栓(拧紧力矩为14.4～16.6N·m)　11. KE IMG TP　12. O形圈　13. 挡油板　15. 衬垫　17. 放油螺塞　18. 放油螺塞密封圈　19. 油底壳　20. 机油泵　21. 机油泵链轮

14. 为什么机油消耗过多?

技术状况良好的发动机,润滑油消耗很少的。但在下列情况下,会出现机油消耗过多故障:

(1)活塞环因结胶卡死在环槽内,或活塞环磨损严重。出现此类情况,应及时检查并予以排除。

(2)润滑油选用不当,黏度过小。此时应更换润滑油,按原厂规定牌号选用。

(3)润滑油加得过多,超过了规定刻度。应按标准加注,放掉多余的润滑油。

(4)曲轴箱通风装置被堵塞,应经常检查与疏通。

(5)气门杆油封损坏,应更换气门杆油封。

(6)气门导管磨损严重,应及时更换气门导管。

15. 机油压力过低什么原因?

造成机油压力过低的原因及排除方法如下:

(1)润滑油不足。按规定补充润滑油即可排除。

(2)机油滤清器滤网堵塞。应清洗机油滤清器来排除。

(3)润滑油油管接头漏油或进入空气。此时应检修润滑油管路,排除管路中的空气。

(4)机油泵限压阀弹簧失效或调整不当,出现此类故障,应调整限压阀并更换失速的弹簧。

(5)连杆轴承或曲轴主轴承间隙过大。应检查连杆轴承和主轴承间隙,必要时更换轴承来排除。

16. 机油压力过高什么原因?

造成机油压力过高的原因及排除方法如下:

(1)机油泵限压阀弹簧压力调整过大。出现此类故障,应对机油泵限压阀弹簧压力进行调整,即可排除。

(2)选用润滑油牌号不合要求,黏度过大。按原厂家规定,正确选用润滑油即可。

(3)润滑油管堵塞。出现此类情况,应清洗润滑油管道进行排除。

(4)主轴承或连杆轴承间隙过小。出现此类故障,应对主轴承和连杆轴承的装配间隙进行调整,即可排除。

17. 机油消耗量过大是什么原因?

(1)故障现象:润滑油的耗油量比平时多,须经常加注机油。

(2)故障分析:润滑油消耗量过大,不仅造成浪费,污染环境,而且窜入气缸燃烧后的积炭,会玷污火花塞和增大气缸磨损。

引起润滑油消耗量过大的原因主要有:

①润滑油的渗漏损失发动机的各密封面紧固不严、油封老化损坏等,都会造成润滑油的渗漏。

②润滑油窜入燃烧室被烧掉润滑油窜入燃烧室有四种途径:

a. 气门挡油圈失效,不能防止过多的润滑油通过气门导管进入燃烧室;

b. 进气门杆与气门导管磨损严重,造成二者之间的间隙过大,在进气行程中,气门室罩中润滑油液就会沿该间隙吸人进气道进入燃烧室;

c. 活塞环和气缸壁之间的间隙过大。活塞或气缸磨损后,活塞环与气缸壁不能很好贴合,活塞环的刮油作用减弱,润滑油进入燃烧室,当活塞环断裂或活塞环粘结在环槽内时,润滑油也会窜入燃烧室;

d. 曲轴箱通风阀粘连。曲轴箱通风阀如果发生粘连而不能移动,将失去对通风量的控制,曲轴箱中过多的润滑油便通过曲轴箱通风管进入进气管。

③润滑油加注过多发动机曲轴旋转时将大量润滑油溅入气缸燃烧,不但增加润滑油消耗,而且使曲轴的运动阻力增大,减小发动机输出功率。

(3)故障诊断与排除:当润滑油的耗油量比平时多时,首先检查是否有渗漏。渗漏从发动机外部观察,察看的主要部位有:曲轴油封、缸盖罩密封面、放油螺塞、油底壳结合面、机油滤清器、正时链轮盖结合面等,看是否有渗漏,如有,应采取紧固或更换密封垫或更换部件等方法予以排除。第二,观察发动机的排气颜色,若冒蓝烟,表明有润滑油进入燃烧室。应按照前述的a、b、c、d四个途径逐一排查,气门挡油圈失效时更换挡油圈,进气门杆与气门导管之间的间隙过大时(磨损极限为0.80mm),可用专用工具铰扩气门导管,然后选加大气门杆尺寸的气门和加大的油封。若是活塞环和气缸壁之间的间隙过大,可通过测量气缸的压缩压力来判断,气缸内的压力正常值为900~1400kPa,如果测量的数值低于极限值750kPa,表明气缸、活塞或活塞环的磨损过大,应拆下分别检查和更换。对于曲轴箱通风阀粘连,应更换通风阀,为避免通风阀粘连给发动机的运转带来麻烦,应按生产厂保养规定及时更换通风计量阀。

18. 机油滤清器工作不良什么原因?

机油滤清器衬垫损坏漏油,又无补垫更换时,可用厚度相当的硬纸数层,按原垫形状剪出也可代用;机油滤清器滤芯过脏堵塞,又无新滤芯更换时,可将脏滤芯用汽油清洗干净,待其晾干后装复,即可继续使用。

19. 怎样正确选用润滑油?

发动机的润滑油可按黏度和性能来分类,前者是SAE(美国汽车工程师学会)的分类法,后者是API(美国石油学会)的分类法。这两种方法已在国际上通用。

(1)SAE黏度分类法是将润滑油按使用环境的不同分为两类:冬季用油和非冬季用油。冬季用油中,按在−18℃时润滑油黏度的大小分为5W、10W、15W和20W四个等级;非冬季有油中,按99℃时润滑油黏度的大小分为20、30、40和50四个等级,标号越高,黏度越大。能同时满足这两方面要求的称为多级润滑油。

(2)API质量分类中是将汽油机用润滑油分为SA、SB、SC、SD、SE及SF六个级别,这是由于不同的发动机对于所使用的润滑油要求不同提出的。SA 的润滑油为不加添加剂的直馏矿物油,适用于小功率、体积大及油温低的发动机。在直馏矿物油的基础上,添加各种不同的改善润滑油性能的添加剂,就可得到 SB 至 SF 级的各种润滑油。润滑油标号越靠后,质量等级就越高,越能满足现代汽油机提出的各种要求。

(3)对于装有曲轴箱通风和改善排放的废气再循环装置的发动机,应使用 SE 级的机油,这种润滑油比 SD 级的更能防止润滑油氧化和高温沉积;而对于装有废气催化装置的发动机,则选用 SF 级的润滑油。

(4)发动机在不同使用环境温度下,对其润滑油的黏度要求不同。机油的黏度级别可进行选择,当环境温度短时间内高于所示温度时,不必更换机油。

(5)桑塔纳轿车发动机使用的是优质多级机油,API. SF 或 SE;也可以使用改良润滑油 VW5000。

20. 怎样检查润滑油油面高度?

在每次出车之前,都要检查,发动机应熄灭一段时间后,待润滑油流回机油盘后再检查。检查时,车辆要停在平地上,然后抽出机油尺用干净的布揩净,重新插入再拉出机油尺,液面在 max 和 min 标记之间。最小与最大标志差额 1.0L。

21. 怎样更换润滑油?

(1)按桑塔纳轿车的维护要求,每 7500km 应更换 1 次机油。对于那些经常在粉尘较大等恶劣道路上行驶的车辆,还应根据实际情况需要,及时进行机油更换。

(2)一定要使用符合要求的机油。不符合要求的机油会严重影响发动机正常发挥,导致零部件的损坏。

(3)排放旧机油时,可以使用专门的抽油器,也可以拧下机油盘底部的放油螺塞,让机油流出。该螺塞的拧紧力矩为 30N·m。

(4)更换机油时,每次消耗量为 3L;如果机油滤清器一起更换,则需 3.5L。

22. 怎样保持正常油压？

发动机运转时，必须保持正常油压。如果油压过低，各摩擦表面得不到充分的润滑而使磨损加快；如果油压过高，易使油封油管压坏。汽车行驶时，润滑油压力一般应保持在 1.96～4.90kPa；发动机温度较高且转速较低时，油压应不低于 1.90kPa；当外界温度很低则发动机又未热起来时，油压应不高于 4.41kPa。

23. 怎样能够延缓润滑油变质时间？

润滑油在使用过程中，质量不断变化，润滑性能逐渐变坏，使发动机磨损增大并可能引起机械事故。

(1)润滑油变质的原因其及影响，主要有以下四个方面。

①润滑油受热氧化，会生成胶质和炭渣，阻碍活塞的运动，甚至使活塞环粘在环槽内引起密封不良和机件过热，造成严重磨损。

②发动机工作时，一部分燃烧生成物与气缸内冷凝水结合而生成碳酸性物质混合在润滑油内，对金属机件有腐蚀作用。

③空气中的灰砂、机件磨损下来的金属屑和燃烧后的炭渣等机械杂质混入润滑油内，会加速机件的磨损。

④由于混合气燃烧不完全、汽油泵膜片漏油或曲轴箱通风不畅，一部分汽油混入润滑油，使润滑油黏度显著降低而失去润滑性能；气缸垫密封不良；冷却液混入润滑油，也会影响润滑油性能，加速金属机件的锈蚀。

(2)为了延缓润滑油的氧化结胶，减少酸性物质的生成、并防止掺入机械杂质和混入汽油、水分，在使用中必须注意做到以下几点。

①把好清洁“三关”。要防止脏物杂质进入润滑系，润滑油在保管和加注时要注意清洁，空气滤清器、燃油滤清器的滤清效果要保持良好，加润滑油口盖要盖严；要定期更换机 油滤清器，将干净的发动机润滑油涂到新的机油滤清器衬垫上。用手轻轻地拧进机油滤清器，直到感到有阻力为止；要定期更换发动机润滑油，彻底清洗润滑油道。随着发动机使用时间的增长，润滑油质量逐渐降低。因此，必须定期检查，发现质量不合格时，应立即更换。对润

滑油的检查,通常是观察润滑油外观和油斑来确定润滑油是否继续使用。如从外观上发现润滑油中有大量呈黄白油乳,说明润滑油中已混入大量水分,使添加剂遭到了破坏,使黏度降低,不能起润滑作用,必须予以更换。更换润滑油时,应加热放出废润滑油、并拆下机油滤清器后进行。

发动机大修时,须彻底清洗疏通润滑油道。曲轴内油道可用铁丝缠布条蘸油捅洗,再用压缩空气吹净,不要使油道存有油污或纤维物;主油道清洗,应先拆下油道螺塞,用圆毛刷或缠有布条的细长铁杆蘸油插入主油道来回拉动清洗。

②注意通风散热。为缓润滑油的氧化变质,发动机的润滑油温度不应过高,一般应保持 70℃～80℃。为此,曲轴箱通风装置应保持良好,定期清洗各通风管、通风阀,以防止润滑油过热和汽油冲淡润滑油。

③防止润滑油上窜下漏。活塞环磨损严重或安装不正确、气门杆油封损坏等,应及时检修,使之保持良好的密封作用,以防润滑油进入燃烧室。同时还应防止燃烧气体进入曲轴箱而加速润滑油变质。

24. 怎样识别发动机润滑油中是否有水?

汽车发动机在使用中,常因使用与维修工作的失误和装配不当,引起冷却液漏入油底壳内。由于有水渗入,造成发动机磨损剧增。因此,在使用中,应经常检查润滑油质量是否有变化,如发现油中有水,应及时查明原因,更换发动机润滑油。识别发动机润滑油是否有水的方法如下。

(1)有水漏入油底壳后,油面明显升高。

(2)油中有水,润滑油被稀释呈乳白色,并伴有泡沫。

(3)油底壳内少量进水后比较难辨别,可先将发动机运转数分钟,用油尺把油底壳内的油滴在干净棉丝上,远离油箱,将棉线点燃,品质纯正的润滑油易点燃,而有水的润滑油点燃后则发出“吱吱、叭叭”的响声。

(4)将油底壳的油滴在白纸上进行识别。有水的润滑油滴在纸上很快扩散，而纯正的润滑油则不扩散。

25. 发动机润滑油面过高或过低对发动机有什么影响？

机油面过高时，连杆下端和曲柄臂达到油面高度而将机油甩到气缸壁上，使活塞不能防止机油掺入燃烧室和气缸内，必将造成气缸盖、气门及活塞顶部形成大量的积炭。使活塞环在槽内胶结，从而使活塞环所起的密封作用降低，影响发动机的动力，并因机油油面过高引起机油消耗量增加，排气管冒蓝烟。还会使发动机漏机油。

机油面过低，当机油低于机油泵滤网时，则有空气开始进入机油泵中，造成机油压力降低从而导致各部零件过热而加速磨损，甚至引起粘缸烧轴等机械事故。因此起动汽车发动机前必须检查机油的油平面高度。

26. 怎样及时更换发动机润滑油？

发动机润滑油在经一定时期使用后，必须及时更换。影响换油周期的因素主要如下。

(1)地区道路和气候情况。汽车在灰尘多的道路上行驶，润滑油易变脏；在寒冷地区，曲轴箱内易凝结水滴等，换油周期要相对缩短。反之，在清结的道路上，在干燥气候情况下和温暖地区使用的汽车，其换油期可适当延长。

(2)发动机的技术情况。新车或发动机刚大修后的汽车，在走合期换油期较短。走合期后，换油期可酌情延长。另外，汽车使用和维护情况不同，发动机换油周期也将不同。

27. 润滑油黏度过大或过小对发动机有什么影响？

润滑油黏度与发动机摩擦功率大小、运动零件的磨损量、活塞环的密封程度、润滑油及燃料的消耗量、发动机的冷起动性等有密切的关系。

润滑油黏度过大会带来以下几方面的不良影响：

(1)发动机低温起动困难——润滑油黏度大，起动时转动曲轴所需的力矩大,因而转速低,不易着火。

(2)起动过程零件磨损加剧——润滑油黏度大,在发动机起动时上油很慢。此时,零件表面最容易出现短暂的干摩擦或半干摩擦,引起零件表面的严重磨损。据试验,发动机起动到润滑油进入摩擦表面这段时间的磨损量约占总磨损量的1/3。随着润滑油黏度的增加。起动过程的磨损量还会成倍的增加。

(3)功率损失大——润滑油黏度大,不仅摩擦表面的阻力会增加,而且曲轴搅油的阻力也大,发动机的内部功率损失增多,输出功率减少,油耗相对上升。

(4)清洗作用差——黏度大的润滑油,流动速度慢,单位时间通过滤清器的次数少,不能及时将零件表面磨下的金属磨屑等杂质带走,因而清洗作用差。

(5)冷却作用差——黏度大的润滑油,循环流动速度慢,散热效能差,易使摩擦表面出现过热。

润滑油黏度过小,也会带来以下几大方面的不良影响:

(6)油膜容易破坏——黏度小的润滑油,在高温摩擦表面不易形成足够厚度的油膜,且油膜承载能力小,在载荷作用下很容易被破坏而流失,机件得不到正常润滑,因而磨损较大。

(7)密封作用差——黏度小的润滑油,密封效能差,气缸易漏气,不仅会降低发动机的功率,而且还会使大量的废气窜入曲轴箱,使曲轴箱的机油稀释、变质、结胶。

(8)机油耗量增大——黏度小的润滑油容易蒸发,特别是缸壁和曲轴箱的润滑油蒸发后会进入燃烧室,造成烧机油,不但增大了机油的消耗量,而且燃烧不完全,容易形成积炭,发动机冒烟,功率下降等。

可见,发动机润滑油黏度过大或过小都不好。选择发动机润滑油除了根据发动机工作条件选用不同质量等级的油口外,还必须根据季节和地区的气温情况,选用适当黏度指标的油品,这样才能保证发动机正常工作和良好的润滑条件。

28. 多级润滑油有什么特点？使用中应注意什么问题？

多级润滑油又称稠化机油，国外使用最广，美国载货汽车使用稠化机油已达40%以上，有些国家达到了60%～80%。稠化机油发展如此迅速的原因，是因为它能满足发动机寒区润滑及起动的要求，可以南北通用，冬夏通用。此外，它还能节约燃料和降低发动机的磨损。

在寒区工作的汽车，如果润滑黏度很大，冬季发动机就难以起动和保证良好的润滑，为此，应采用黏度小的润滑油。但是黏度小的润滑油，又难以满足发动机正常工作时气缸、活塞等高温机件的可靠润滑。所以，普通润滑油不能南北和冬夏通用，属单级润滑油。而稠化机油是由低黏度润滑油加入增粘剂及其他添加剂制成的。在低温下，增粘剂这一高分子化合物卷曲成小球状，使低黏度润滑油的黏度增加不多。而在高温下，润滑油黏度变小时，增粘剂却膨胀伸长，增大了润滑油的内摩擦，使润滑油黏度在高温下下降不多。因而能同时满足低温和高温下的使用要求。

多级润滑油在使用时，应注意以下几点：

①多级润滑油和其他润滑油不能混储，因混合后虽然能使用，但对低温使用性能有影响。

②使用时，发动机机油压力稍低，说明流动阻力小，循环畅通。如仍担心润滑不良，可将油压调高些。

③使用一段时间后，润滑油颜色变黑，这是加入的清净分散剂的使机件上沉积物分散于油中的结果，属正常现象。

④不同厂家生产的不同牌号的多级机油可以混用，但不能混储。

29. 汽油机润滑油有哪些牌号？

随着石油工业的迅速发展以及汽油机性能指标的不断提高，汽油机润滑油的品种不断增多，质量也有很大的提高。国产常用的汽油机润滑油的质量级别、牌号及使用范围如表6-1所示。

表 6-1　常用汽油机润滑油性能级别、牌号及使用范围

品质级别	牌　号	使用范围
QB级汽油机润滑油	6号 10号	北方地区冬季 南方全年或北方夏季
	15号	南方夏季磨损较大的汽车
QC、QD级润滑油	30QC、40QC、30QD、40QD等	除寒区、严寒区外，其他地区全年通用
QB、QD、QE、QF多级润滑油	5W/20QB 10W/30QB、10W/30QF	严寒地区冬季 －30℃以上寒区全年通用
	15W/30QB、20W/30QB 20W/30QD、20W/30QE	除严寒区外的地区可全年通用
	20W/40QD、20W/40QE	除严寒区外的地区重负荷汽油机汽车可全年通用

30. 发动机使用的机油为什么会变质?

(1)氧化变质。在正常的使用情况下，由于汽车发动机油底壳内的机油与空气接触及受热，所以会逐渐被氧化。随着油中的酸性物质、胶质、沥青质慢慢地增多，机油的颜渐渐变黑，黏度逐渐下降。因而到了规定的换油期，需换新油。

由于国产新型汽车对润滑机油的要求十分严格，所以选用什么润滑机油，何时更换，如何更换都应遵守厂方的规定。

目前世界各国对换油里程并无统一规定，都是由各厂家自己规定换油周期的。例如美国石油学会推荐的换油期冬季30天，夏季60天，一般不超过3200km。福特、通用等汽车厂制造厂建议换油里程是900km，美国实际换油里程是5300km左右。日本实际换油里程一般要求5000km左右，而我国则一般要求实际里程6000km左右更换润滑机油。

对发动机润滑机油使用到何时更换，具体换油指标如何，目前还没有定论，因而各国的规定只能作为参考。根据使用经验，国产新型汽车和引进汽车的换油期，在缺乏油料的情况下可适当延长。延长时间的长短，关键是判断机油在使用中的好坏。

(2)机油中有水。若有时换油不久，机油很快变质，颜色由深蓝变黄，或是先变黑，后突然变灰。这是因为油中渗入水分的缘故。油底壳中的机油渗入了水后，由于发动机的振动、运动机件的搅拌及发热等因素，使油水融合而变黄或变灰，大大地降低了机油的润滑能力。

机油中有水促进油泥的形成，加速机油变质。同时还会减弱添加剂的抗氧化物性能和分散性能，促进泡沫的形成，造成乳化，破坏了油膜。实验证明，当水分达到1%时，机件磨损率提高2.5倍。

(3)除上述原因外，机油很快变质的原因还可能是：

①使用不当。在使用中由于发动机窜气严重，致使带有油气的废气从胶管倒流入空气滤清器，会造成空气滤清器中的泡沫塑料滤网积满了机油。驾驶员有时出于无奈。往往将气门室罩后面与空气滤清器连接的胶管拆掉，直接用一根胶管从气门室罩后面引到外边，将废气直接排入大气。这样做带来的不良后果之一，是有可能使油底壳润滑机油很快变质。

这是因为汽车发动机曲轴箱通风采用封闭强制通风，在空滤清器旁边有一根胶管与气门室罩后端相连，空滤器中的新鲜空气经滤网过滤后进入气门室，再进入曲轴箱。曲轴窜上来的废气经气门室罩前而后胶管，进入化油器被重新燃烧利用。

如果把气门室罩后面的胶管引到外边排入大气，这样新鲜空气就无法进入曲轴箱，曲轴箱的通风装置将失去作用，必然会导致发动机在工作时，有一部分可燃气体和废气经活塞和气缸壁间隙窜入曲轴箱。燃油蒸气凝结后会稀释润滑机油，废气的酸性物质和水蒸气将侵蚀零件，使润滑机油性能变坏，稀化老化或结胶。

②保养不当。二级保养时应检查曲轴箱通风管路是否堵塞，各接头处有松胶和漏气。三级保养时，则应及时拆下通风管路进

行清洗和检修。

③清洗方法不对。在清洗发动机油底壳的过程中,如果机油滤清器和机油散热器较困难状态。气缸内活塞与气缸之间虽有活塞环密封,但发动机工作时,总不免有燃烧气体漏入曲轴箱内。若活塞环严重磨损,则此现象会更严重。这样一来,曲轴箱内的气体的压力会升高。若曲轴箱内压力高于外界大气压力时,就会对活塞运行有一定阻力,且会使机油由油底与气缸结合处向外渗漏。另外,由于泄露到曲轴箱的气体含有二氧化硫,故会使机油很快变质,缩短了机油的使用期。

(4)鉴别机油变质的方法,除了观察机油的颜色外,还可用下述之一的简便方法诊断:

①嗅觉法。闻油壳内的机油,如果汽油味很浓,说明大量未燃气油窜入油底壳内。

②对比法。在一张滤纸上分别滴上一滴新机油和使用过的机油,用放大镜检查油滴的品质。若油滴中黑点较少,颜色较浅,与四周浸润痕迹界线不明显,说明机油可用。反之,油滴中有较多的硬沥青质碳粒,且呈黑褐色,表明机油已变质,应及时更换。

③倾注检查法。取油底壳内的机油 200ml,当它从容器中慢慢地向外边倒时,应仔细加以观察。此时,若机油均匀很细,无混浊,表明油中无胶质和水分,机油可继续使用。

④过滤法。取油底壳中的机油 100mL,用 200 mL 无铅汽油将它稀释,然后过滤干燥,当杂质重量超过 2g 以上时,应换油。

(5)更换发动机内的机油时,应使发动机运转一段时间,停车后立刻将油底壳中的废油放出。因为这时机油的温度仍高,其中所含的机械杂质尚在悬浮状态,易与废油一同排出。与此同时,不要忘记放尽机油滤清器中的机油。

31. 机油浓比稀好吗?

有的人看书或听师傅讲,认为用黏度很大的机油比黏度小的机油好,如果机油油质薄,怕保不住油膜,觉得用黏度大的机油保险。这种看法是不全面的，因为机油的黏度大，流动性差，机油的内摩擦阻力也越大。由于机油的黏度选用偏大将在使用中造成燃料过分消耗、功率降低和发动机机件磨损增加等不良状况，所以在能保证机件的有一定厚度油膜的条件下，油的黏度选小的一点为好。黏度小的机油内摩擦阻力小，发动机刚起动时，旋转自如，发动机起动容易，散热良好，能保证发动机发出最大的功率。

32. 发动机机油液面为什么增高？

(1)气缸垫安装不当，水漏到油底壳中。

(2)气缸垫裂缝或气缸体裂缝水漏到油底壳中。

(3)水泵水封漏水时，由于水泵上的小孔被泥堵死，使机油渗到机体内。

(4)湿式气缸套密封圈损坏漏水。

33. 怎样测量机油黏度？

利用对比进行检验。用两个小勺用绳子连接在一起，把两种机油分别装入两个勺内，同时用同样的角度把油倒出，哪种机油流得的慢则哪种机油黏度大，另外一种则黏度小。

34. 机油主要质量指标及含义是什么？

(1)黏度——表示油料膜厚薄的程度。它是机油的主要性能指标之一。国产机油就是根据黏度进行分类。对于机油来说，随着气温、机器的工作温度、机械负荷和转速的不同，对黏度不同的要求。

黏度大小用运动黏度来表示。运动黏度是根据一定量的机油。在一定的压力之下通过直径与长度一定的毛细管所需的时间来确定。通过黏度计的毛细管时间越长，表示运动黏度越大。机油黏度随温度的升高而急剧下降，不同机油的这种性能差别很大。

(2)运动黏度比——机油在 50℃时的运动黏度数值随以在 100℃时的运动黏度数值而得到的比值，就是运动黏度比。一般情况下，要求这一数值范围不大于 79PI。如超过规定要求时，就表明温度上升时黏度会过多地下降；而温度过低时，黏度又增加过多,造成起动困难和润滑不良。

良好的机油能使发动机在运转过程中正确温度下保持足够的黏度,且当温度降低时,其黏度的增加也不应太大。即机油的黏度随温度的变化愈小愈好。

(3)凝点——油料平流动时的最高温度就称之为凝点(亦称为凝固点)。

(4)灰分——在相当高的温度下不能挥发灼烧的物质叫做灰分。如这一数值不符合规定要求时,将会使机件磨损加剧。

(5)水分——在油料质量指标中它常常用含水占油料总重的百分数或有无含水分的痕迹来表示。机油中含水时,除锈蚀金属机件外,还会使机油发生乳化作用,使润滑作用恶化。

(6)闪点——油料产生可燃气体的最低温度。闪点低,则火灾危险性就较大。

(7)酸值——它表示中和一克油料所需氢氧化钾的毫克数。因酸能氢氧化钾起化学作用将酸中和,如酸多则中和所需要的氢氧化钾亦多。因此当该数值比标准值大时,就表明该油料的酸蚀作用大。

(8)水溶性酸和碱——是指油料中所含有能溶于水的酸或碱类物质。它们对机件的磨蚀很强,所以在机油中规定不应含有这类物质。

(9)腐蚀试验——以铜片、钢片或铅片浸于油液内,在定时定温的情况下,观察其有无污点或变色现象的产生。油料中当性能良好时就不被腐蚀。

35. 限压阀的作用是什么?

为了防止润滑系油压过高而增加发动机功率的消耗,造成油路中密封连接处漏油等,在主油道和机油泵上设有限压阀。其作用是限制润滑系的油压,使其不要超过规定值。其工作原理是:当发动机润滑系油路中油压超过规定值时,限压阀被推开,多余的润滑油便流回油底壳或机油泵进油口,使油压降低,油压越高,限压阀开度越大，流回油底壳的润滑油越多，油压下降得越多。当润滑系油压降到正常压力时，限压阀在弹簧作用下便复位。

36. 行驶中的机油压力突然升高怎么办？

汽车在行驶时，发现机油压力突然升高，应立即停车熄火查明原因。否则将冲裂机油滤清器外壳盖或机油传感器，甚至烧毁轴瓦。引起机油压力升高的原因有：

(1)机油黏度过大。

(2)机油主油道有堵塞之处。

(3)缸体内有堵塞之处。

(4)机油滤清器堵塞。

(5)机油限压阀调整不当。

(6)新装配的发动机轴承间隙过小等。

因是在行驶中油压突然升高，所以首先应检查机油滤清器滤芯是否堵塞，旁通阀弹簧是否压缩过多过硬。汽车还应检查机油限压阀柱塞是否卡滞。经检查上述良好，则可能是润滑系油路堵塞。凸轮轴正时齿轮打碎后，其碎屑容易堵塞油道，烧毁轴瓦。对此必须清理油道，那种错误认为机油压力越高润滑效果越好的看法是不对的。对机油压力突然升高，必须及时检查，查出原因，清洗滤芯和油道，更换不合适的零件。

37. 行驶中机油压力突然降低怎么办？

行驶中机油压力突然降低，在有些车型装有油压报警器，压力过低时，报警器指示灯亮，驾驶人员应停机检查。

机油压力过低的原因有：

(1)曲轴箱缺机油。

(2)发动机温度过高。

(3)机油黏度太稀。

(4)轴承间隙过大。

(5)回油阀控制压力太低。

(6)指示仪表损坏。

(7)机油泵磨损或限压阀漏油。

机油压力突然降低,还可能是由于轴承螺钉松动、折断或烧瓦所引起的,这时可从机油口处听到曲轴箱内轴承发出的不正常的响声。确定故障原因后,应及时检修排除。

38. 机油尺油管向外漏油怎么办?

(1)发动机行驶中从机油尺油管处不断向外排机油。引起从油底顺油尺管向外窜机油的原因有:

①油底内的机油油面过高。

②油底内气压过高。对该故障可首先检查油底内的机油油面高度。如油面高度合适,则引起窜机油的原因肯定是油底内气压过高所致。

(2)引起油底内气压过高的原因有:

①机油温度过高。

②曲轴箱通风口堵塞,使油底内的废气及机油蒸气无处泄压。

③发动机气缸密封不良,气缸内的高压气体泄进油底。对油底内气压过高,应首先检查发动机温度和机油温度是否正常。如温度过高,可根据前面发动机过热故障的检查和排除方法予以解决。若发动机温度正常,应进一步检查气缸密封不良向下窜气。

(3)引起气缸向下窜气的原因有:

①个别气缸拉伤。

②个别活塞环不对口。

③活塞环胶死在环槽内。

④发动机磨损严重,气缸间隙过大。若气缸密封不良可参考前面气缸漏气故障的诊断方法予以检查排除。当气缸密封不良向下窜气而足以引起从油尺管向外窜油,如是个别的气缸则该缸肯定工作不良,发动机将有缺腿现象。若各缸都磨损使气缸间隙超限而引起窜气,则发动机动力性和经济性明显下降。诊断时结合这些故障现象综合进行分析。

发动机曲轴箱通风口的位置有些设置在气门室盖上,与加机油口共用;有的设有发动机的一侧。如通风口被油泥等物堵塞,曲轴箱内的气压就会增高,被曲柄连杆机构搅动飞起的油雾,在高压气体的带动下,就将从油尺管里喷出来,对此情况应清洗通气口,确保通风口的畅通。

39. 怎样清洗润滑油油道?

发动机在工作过程中,润滑油的作用显得非常重要,即除了起润滑减少摩擦的作用,还起到冷却以及清洁的作用,因此确保润滑油不间断循环流动的各条大小油道的畅通,亦显得非常重要。发动机的修理中,除必须对各润滑系的组成部分进行必要的检查和修理外,特别是在发动机大修后,装配前必须对各油道进行彻底的清洗和疏通,以保证润滑油的畅通无阻。

发动机润滑油道的清洗,一般方法是:

(1)用细铁丝缠上干净的布条,再蘸些干净的煤油,通洗曲轴上的油道,要保证曲轴上的油道都能互相贯通。对缸体上各隔板上油道,应用细铁丝缠上布条通洗。对其他各小油道,凡能用铁丝通洗的都应进行通洗,最后用压缩空气吹净,直到油道内已无油污及杂物时为止。

(2)气缸体上油道通洗,应先拆下主油道的油堵塞,用蘸上煤油的细圆毛刷插入油道内来回拉动疏通。对缸体上各隔板上的油道,应用细铁丝缠上布条通洗。对其他各小油道,凡能用铁丝通洗的都应进行通洗,最后用压缩空气吹干净。

(3)各连杆轴承油孔和活塞销衬套油孔可用煤油清洗,再用压缩空气吹净。如不具备压缩空气,也可用打气筒代替使用。

(4)油道全部疏通清洗吹净后,应重新安装好油道堵塞。装紧各油管接头并检查有无松动和漏油现象。

40. 曲轴箱为什么要设通风装置?

在活塞的压缩和膨胀冲程中,气缸内的一部分气体不可避免地会经过活塞环的间隙漏入曲轴箱中。如果没有通风装置会产生以下不良后果:

①曲轴箱内的气体压力增高,高于环境大气压时,会引起机油自曲轴两端处漏出以及油雾自油底壳密封面漏出。

②曲轴箱中的机油被漏气所污染。

③在曲轴箱中温度过高并存在有飞溅的油雾和燃气的情况下,遇到某些热源的引燃时,可能产生爆炸。所以,现代汽车发动机都采用曲轴箱通风装置,将可燃气体和废气串出曲轴箱。

曲轴箱通风管的位置应选在便于排除曲轴箱中气体但又不致将飞溅的油粒随气体排出的地方。四冲程发动机一般将通风管(呼吸管)设在推杆或气缸盖的罩盖上,管内往往装有滤清填料,既可防止外界尘土进入曲轴箱内,又可挡住机油油雾逸出。汽车发动机常将通风管出口朝向车辆行驶相反的方向,以便利用行驶速度将曲轴箱内气体抽出。

对汽油机来说,在压缩冲程中,少量工作混合气漏入曲轴箱内,不但损失了燃料,而且汽油蒸气凝结后还会使机油变稀、性能变坏。因此,必须将曲轴箱内的气体回收利用。大多数汽车用汽油机都将曲轴箱内的气体引入空气滤清器或化油器中,然后进行气缸燃烧。这种通风方式称为强制通风。

装于气门室盖处的抽气管将曲轴管与空气滤清器连通,而空气滤清器上部则有一吸气管与加油管相通。当汽油机工作时,利用空气滤清器的真空度将曲轴箱内的气体由抽气管抽出,经空气滤清器将胶质物沉淀后,再通过化油器的气体由抽气管抽出,经空气滤清器将胶质物沉淀后,再通过化油器不断地被吸入气缸中燃烧。而经空气滤清器滤清过的新鲜空气则经吸气管补充到曲轴箱内。气流在曲轴箱内不断进行强制循环,使曲轴箱内有少许真空度,可防止机油漏损。

41. 怎样处理机油泵发响?

机油泵发响多因齿轮磨损过甚或轮轴松动所致。诊断时,应在发动机温度正常情况下进行。用旋具触在机油泵附近,耳朵贴在柄处听诊,同时可反复改变发动机的转速,若听到异响并振动很大，则说明为机油泵发响。若听到均匀不大的响声，且无明显振动则属正常现象。也可从机油表的压力读数予以判断，如齿轮磨损严重发响，势必导致机油压力偏低。响声不大严重，可照常使用；严重时，应予以更换或修复。

42. 齿轮式机油泵常见故障有哪些？

桑塔纳、帕萨特轿车，均采用齿轮式机油泵。齿轮式机油泵常发生故障的部位是：

(1)驱动齿轮轴与轴孔的磨损。

(2)机油泵齿轮磨损，或泵盖磨损漏油，使机油泵泵油量减少，发动机机油压力下降。

(3)限压阀调节油压失效。

(4)机油泵进油管滤网堵塞。

(5)机油泵轴弯曲或轴向间隙过大。

43. 更换机油的周期怎样决定？

发动机所用润滑油(机油)，在经过一定时期的使用后，由于外界杂质(包括固体的和液体的杂质)的掺入，以及润滑油本身所产生的一些化学变化，将使润滑油渐渐失去它的润滑性能。因此，必须及时加以更换。

不同牌型的汽车，对于换油周期的规定，常有一定差异。决定换油周期的主要依据是：

(1)发动机所用燃料的种类——燃用柴油的发动机，较燃用汽油的易使润滑油冲淡，因此，换油周期便规定得比较短。燃用煤气的发动机，因为煤气体内常含有固体杂质，易使气缸壁上的润滑油变脏、含有杂质，因此也应较勤地换油。

(2)运转温度的高低——经常在寒冷地带使用的发动机，其燃油较易凝结混入润滑油中，因此，必须勤换油。反之，经常在温暖地带使用发动机，其换油周期可较长。

(3)负荷情况——在经常超负荷运转的发动中，进入气缸的润滑油被炽烈火焰烧掉，不易积炭和污损油质。反之，在经常超轻负荷运转的发动机中,进入气缸的润滑油不易烧净,常结成积炭,使润滑油变质。在后一种情况下,换油便应较勤。如果因为负荷大而金属磨损多,则应考虑缩短换油期。

(4)使用地区的道路和气候情况——在灰砂多的道路上,气缸壁表面的润滑油易变脏、含有杂质,因此,必须较勤地换油。在潮湿地区使用的汽车,曲轴箱内易凝结水滴。因此,也应勤换油。反之,若在洁净的道路上。在干燥的气候情况下使用汽车,则换油周期的可较长。

(5)发动机的技术情况——新(或翻新)的汽车,在走合时期内应较勤地换油,此后,换油期可酌情延长。

总之,由于各种汽车的设计和使用情况不同,它们发动机的换油周期也将不同。

44. 为什么冷车机油压力正常,热车机油压力下降?

发动机冷车发动时,机油压力正常,走热后压力逐渐降低,如果确已检查证明的机油压力表、机油泵和调压阀等无故障,应即检查机油的数量、质量、油路及发动机轴承的松紧程度。如曲轴箱通风不良,温度增高,机油黏度在热车时稀,若遇油管或接头处略有漏油现象,以及曲轴、连杆、凸轮轴轴承等处磨损较多超过规定的配合间隙,就能使油压降至很低。

45. 油底壳中的油泥是怎样形成的?

发动机工作时,曲轴箱中的温度虽没有像燃烧室中的温度那样高,但曲轴箱的温度根据发动机的工作情况,通常在70℃~90℃的范围内变动,润滑油对某些零件(如气缸壁、活塞环等)是靠飞溅方式润滑的。飞溅时的油雾造成了巨大的氧化表面,大量的空气,特别在曲轴箱有通风装置的情况下,经过通气管进入工作着发动机的油箱中。以上这些,就造成了润滑油被氧化的条件。

如果燃烧废气穿过活塞环,那么积炭、焦炭、及其他生成物将随废气自燃烧室进入曲轴箱中。含有水汽的气体和未加热的金属表面相接触,水汽就会被冷却,凝结成水。

在发动机起动时，气缸的温度是不高的，所以燃烧室中的燃料不能全部烧掉；它的未燃部分就窜入曲轴箱，和润滑油混合。经通气管而进入曲轴箱的空气，其中带有灰尘，也落到润滑油中去。发动机各摩擦零件磨损而生成的金属颗粒也落入了润滑油中。

落入润滑油中的水、燃料、灰尘和金属颗粒，大大地加速了氧化过程，也就是润滑油的老化。由于老化，形成了胶质、沥青质、半油焦质、碳青质、酸等。

落入润滑油中的金属颗粒不单是磨料，而且和积聚在油中的酸性氧化物互起化学作用，形成了所谓金属肥皂。它们很难溶于油中，就变成沉淀物（油泥）析出。

在发动机曲轴箱中，从润滑油里不断地析出油泥来，这种油泥积聚在机油盘中的壁上，附着在机油泵等其他零件上，并且大量地阻塞在粗细滤清器中。

根据发动机里形成油泥的原因，防止方法有以下几种：

①提高发动机润滑油和汽油的质量。

②加强发动机的保养。

a. 经常更换润滑油，并加注符合季节要求的润滑油。

b. 经常放出机油粗、细滤清器内的沉淀物，如污物过多，应进行清洗，并更换滤芯。

c. 定期拆洗曲轴箱和机油集滤器。

③改进发动机的结构。

a. 改进曲轴箱通风装置，使曲轴箱内的混合气和废气得以排出，并由化油器回收使用。既解决了曲轴箱的通风，又提高了汽车的经济性。

b. 改进风扇，更好地分布水套提高冷却强度，防止发动机过热。

46. 发动机起动后为什么要等温度正常时再起步？

因为发动机温度低时，润滑油黏度较大，摩擦阻力也大，润滑油不能畅流至各润滑部位，造成润滑不良。同时，低温使燃油雾化不良,未燃烧的燃油沿气缸壁流入曲轴箱,这不仅冲痰甚至破坏了气缸壁上的润滑油膜,而且稀释了曲箱中的机油,使润滑性能降低。此外,低温会加剧发动机的磨损,影响发动机使用寿命。因此,发动机起动后,必须运转到水温上升到 40℃以上时,方能起步。

47. 高速行车为什么费机油?

发动机在转速及负荷相同,则机油的消耗与运转的时间成正比;但如果转速及负荷不同,则发动机速度愈高,负荷愈大,机油消耗愈多。因速度高及负荷大时,发动机的运转温度较高,机油随温度的升高而变稀。稀薄的机油比黏稠的机油容易窜入燃烧室内。同时,发动机转速高,便有较多的机油溅在气缸壁上,油环来不及将气缸壁上的机油刮落,所以机油进入燃烧室的量也较多。因此在同样距离内用高速行驶,虽然时间较短,但机油的消耗却增多。

48. 发动机窜油时,能否堵住连杆喷油孔?

汽车发动机绝大多数都采用的是压力润滑和飞溅润滑相结合的复合式润滑。发动机工作时,润滑油一方面在油泵的作用下沿油管、油道及润滑系的各个装置最后流向那些载荷大、运动速度高,工作表面不外露的摩擦副,对它们进行可靠的压力润滑。另一方面,曲轴旋转激溅起来的润滑油也落到离曲轴较近、载荷较轻、运动速度不高、工作表面外露的零件,对它们进行有效的飞溅润滑。有些发动机为了通过压力润滑向局部气缸壁、凸轮工作表面及气门杆喷射机油,在连杆大头与杆身过渡处钻有一直径为 1～1.5mm 的喷油孔,曲轴每转一转,曲轴上的连杆轴颈的油道与喷油孔对准一次,即喷射机油一次。如将连杆旧的喷油孔堵住,则靠其喷油润滑的上述机件就会失去了润滑,使机件磨损加剧,表面拉伤或烧蚀、熔化等,这样会降低发动机的寿命。由此可见,连杆上的喷油孔绝对不能堵塞,而且在保养修理时还应使该孔畅通。

此外,大量实践证明,发动机工作时从连杆大头喷油孔喷到缸壁的润滑的油是在活塞环下方的气缸壁上,如果活塞环工作正常,会把这些油刮下，而不会上窜到燃烧室。发动机窜油，原因显然不在此油孔。

49. 废机油怎样再生处理？

废机油处理前，应先将其沉淀过滤，初步除去水分和杂质。再生处理一般利用蒸汽锅底部，起到剧烈搅拌作用，帮助蒸馏。当油温升高至 290℃左右时，就可将废机油中的柴油、汽油、水分全部蒸发出来。最后冷却，进一步沉淀，放出杂质。

50. 发动机磨合时，怎样使用机油？

经大修后的发动机，在磨合过程中，应大量供应黏度较小的润滑油（如 1 号或 2 号汽油专用磨合油，2 号或 3 号锭子油等），以使摩擦表面能有足够的润滑油，既能润滑和冷却摩擦表面，又能冲洗带走磨下的金属磨屑，防止过度磨损、烧蚀与抱轴等事故，并可加速磨合过程，缩短磨合时间。

为了减少磨合起动瞬间摩擦表面因缺油干摩擦而引起的剧烈磨损，可在磨合试验台上设置一套润滑油供给系统（该系统是独立的且与发动机润滑系并联）。发动机磨合起动前，先起动该系统使其工作，将足够的润滑油可靠地送至摩擦表面，然后再起动发动机。发动机开始运转后，应将该系统关闭，使其停止工作。此时，摩擦表面的润滑油由发动机润滑系自己供给。这样，可有效地减小磨合期零件的磨损量，延长发动机的使用寿命。

51. 润滑系在使用中应注意什么？

（1）要选用合格的润滑油。必须按说明书中的要求加注润滑油，加注的机油内不允许混入水、灰尘和杂质等。

（2）要经常检查油底壳油面高度，并保持油面高度不过高，也不过低。新修的发动机应加入略多的机油，经运转后，停车检查油面高度，多则放，少则添。

（3）发动机起动前，应检查地面上有无漏机油，然后再起动发动机。

（4）在运转中，应注意油压和油温，发现不良现象时应及时停车检查,并排除故障。

(5)注意观察并记载机油消耗量,当出现不正常情况应及时找出原因,并排除故障。

(6)定期清洗润滑系部件,保证润滑系经常清洁畅通。

(7)发现润滑油变质变色、油底壳沉积物过多或油中混入水、燃油时,应及时更换,并应严格执行冬夏交替的季节性换油。

52. 干摩擦的异响怎样诊断?

由于机油盘很少或无机油,发动机长期在缺少润滑的情况下工作,连杆轴承、曲轴轴承以及活塞与气缸之间由于干摩擦会产生轻微异响,高速时更为明显,按规定添加润滑油即可排除。故障虽容易排除,但切不可轻视,长期缺少润滑的发动机,各机件无谓地增大磨损,会降低性能,引发各种故障,缩短发动机使用寿命。

第七章　发动机综合类故障诊断与检修实例

1. 发动机出现故障怎样诊断？

(1)现代诊断法。

现代诊断法又称仪器诊断法。它是利用汽车检测设备和仪器对汽车诊断参数进行检测，然后与这些参数的标准值进行对比，从而做出判断的方法。这种方法能够对汽车技术状况进行定量分析比较准确可靠。随着汽车诊断技术的发展，汽车诊断仪器由简单到复杂，由单项检测到综合检测，某些豪华车型上甚至安装了自诊断系统。汽车故障诊断设备日趋完善，其应用也更加广泛。

(2)直观诊断法。

直观诊断法又称人工诊断法。它是通过诊断者的感观(视觉、嗅觉、听觉等)了解汽车的技术状况，再借助某些简单工具(或诊断仪器)将故障的表现放大或缩小，然后根据构造原理的实践经验作出诊断的方法。这种方法不需专门设备，但需要有丰富的经验积累，才能作出定性分析，诊断的准确性受诊断人经验和技能的制约。

人工直观诊断法概括起来主要是八个字：问、看、听、嗅、摸、试和诊断。

①问：就是调查了解发生故障的情况。除驾驶员在诊断本人所驾驶车的故障外，其他诊断者在诊断故障前，需向驾驶员询问近期的技术状况、故障现象和产生故障的有关情况。例如车辆已驶过的里程、近期的保修情况、故障发生前有何征兆，是渐变还是突变等。如果不问明情况，便盲目诊断，往往会影响排除故障的速度。所以事先问明情况，做到心中有数，对诊断排除故障大有益处。

②看：就是观察，即通过观察车辆上反映出来的现象，再结合其他情况来分析判断故障。诊断故障时要仔细观察检验故障部位

有无异样,排气烟色、机油颜色是否正常;有无燃油、水滴;油面高度是否符合规定;是否漏油及泄漏程度如何等等。

③听:就是凭听觉来辨别汽车的声响是属于正常声响还是异常声响,从而进一步判断故障发生的部位。

④嗅:就是凭嗅觉来查知汽车故障部位散发出的特殊气味,从而判断故障。如前面在故障的现象里讲到的橡皮臭味、焦烟味及生油味等。

⑤摸:就是用手触摸。可直接试出故障部位是否过热、颤抖、漏气等,但主要是用手触摸故障部位,根据感知温度来判断故障。如触摸散热器、制动鼓、变速器等等。

⑥试:就是试车验证。诊断者根据情况实车试验验证,避免诊断失误。但要注意,如要反映发动机在运转过程中,突然产生较沉重的异响而停车这一故障现象时,则不可再次开机进行听诊验证,否则可能引起发动机严重损坏。

⑦诊断:根据直观感触到的各种情况,采用单缸试火试验、换件对比试验等各种措施,使故障放大或暂时消除,以便进行正确的判断。

2. 发动机起动良好应具备哪些条件?

(1)点火系统正常。点火系统必须保证火花塞有强烈的火花。这种火花若在气缸外作跳火试验,发出火花的高压线帽与搭铁保持4～5mm距离,可发出天蓝色的火花,并发出强烈的啪啪声。

(2)燃油供给系统正常。燃油供给系统必须保证向气缸内输入一定量的可燃混合气,并根据性能要求,保证可燃混合气有一定浓度和燃油的质量。

(3)点火正时。根据发动机工作行程的要求,定时发出火花。

(4)密封性能良好,气缸内有足够的压缩力,气缸内的压缩压力是保证可燃混合气达到一定的压力,以满足燃烧的要求,而气缸良好的密封性能是达到足够压缩力的根本保证。

(5)润滑良好。对于发动机,须保证有良好的润滑性能,这是发动机工作可靠、动力不下降及延长使用寿命的可靠保证。

3. 汽车发生故障的原因有哪些?

(1)汽车本身内在质量。现代汽车结构相当复杂,零件数目多,相互联系紧密,如果设计有缺陷,制造质量达不到规定要求,装配质量差,在使用中就会较早出现故障,而且故障频率较高。这是设计、制造装配先天不足造成的,这和制造厂的设计、制造及管理水平有关。

(2)汽车自然磨损、腐蚀、变质、老化等。汽车在使用(或储存)过程中,随着时间的积累和行驶里程的增加,汽车的零部位将逐渐因磨损、腐蚀、变质、老化等原因而失效,这类故障为自然故障,这是汽车故障产生的原因,这类故障目前只能延缓它的发生,不能完全控制它的发生。

(3)汽车使用、保养、修理等原因。汽车的使用不当,保养不合理,修理质量等原因是造成汽车故障的重要原因之一,由此发生的故障是人为故障 。这类故障是可以预防和控制的。

(4)汽车的运行条件。汽车的运行条件主要是指道路条件及环境气候变化。汽车经常在不平整路面上行驶,将导致汽车各种连接件松旷和悬架、大梁等早期损坏。气温过高易使发动机过热,轮胎早期损坏、汽油发动机热起动困难等;气温过低会使发动机冷起动困难,润滑不良,磨损异常。空气中含尘量过大会导致空滤器堵塞,严重时会出现气缸异常磨损等。

以上四个方面归纳起来,第一、第三两个原因可归为人的原因;第二、第四两个可归为自然原因。只有不断地发挥人的积极性,提高使用管理水平,努力适应和完善汽车的运行条件,才能使汽车这一人造系统更好地为人类服务。

4. 汽车故障的一般现象是什么?

汽车发生故障后,就会表现出与正常工作状态相区别的现象,称为故障现象。故障原因不同,故障现象也不相同。一般故障原因可能有几种故障现象;一种故障现象也可能有几种故障原因;因此认真收集各种故障现象,对诊断故障有很重要的作用。归纳起来,常见故障现象有以下几种。

(1)运动异常。运动异常是指汽车在起动和行驶中所存在的不正常工作情况。运动异常导致汽车工作能力下降,不易起动,行驶无力,发动机熄火,制动失灵或跑偏,转向盘和前轮晃动。这种故障现象容易识别,但故障原因比较复杂,不易判断。

(2)声响异常。声响异常也称为异常声响。简称“异响”。“异响”是相对于正常声响而言的,是指不正常的金属敲击声,不正常的金属摩擦声及其他不应有的声音。异常声响存在说明有故障存在,应立即排除,有些异常声响故障还会酿成重大事故。所以凡遇有沉重的异常声响,并伴有明显的震抖时,应立即靠边停车,查明原因。

(3)外观异常。汽车发生故障时,也会从外表上反映出来,如漏油、漏水、漏气(俗称“三漏”)及排气颜色,各连接件松动或调整不当、损坏及丢失等。

(4)气味异常。所谓气味异常是可用鼻子嗅出的不正常气体,如电线烧着时橡皮臭味,离合器摩擦片、制动蹄片的焦烟味,以及排气气味等。对于异常气味不能掉以轻心,尤其在行车途中更应注意。

(5)温度异常。用手触摸时,便能感受到温度过高的现象。如变速器总成、驱动桥总成、制动鼓总成等在正常工作情况下,只能保持一定的工作温度,可以用手触摸一定时间而不烫手。如果用手触摸这些总成时,感觉滚烫灼手,难以忍受,便说明存有故障。温度异常多为润滑冷却不良,拧紧力矩过大或调整间隙过小等原因造成的,在使用中也不能掉以轻心。

上述故障现象虽然容易察觉,但是原因复杂,且往往是由渐变到突变,在诊断故障时,一定要认真分析,尤其是那些直接关系到行车安全的故障,一旦出现应立即停车检查,待修复后方可继续行驶。

5. 清洁工作可预防哪些故障?

清洁工作是保养作业的第一项工作，是提高保养质量，减轻机件磨损，降低油材料消耗的基础。清洁工作做得好，不但为检查、紧固、调整和润滑工作创造良好的条件，还可直接消除故障隐患，预防汽车故障的发生。

如空气滤清器、机油滤清器，是保证供给发动机清洁干净的空气和润滑油料，减少机件磨损，预防发动机早期损坏，延长其使用寿命的重要措施。

6. 检查工作可预防哪些故障?

检查就是通过检视、听诊、测量、试验和其他方法，来确定汽车以及各总成部位技术状况是否正常，工作是否可靠，机件有无异变和损坏，为正确使用和及时维修提供可靠的依据。汽车的大部分故障和故障隐患，都可以通过检查来发现，如异常声响、异常温度及异常外观等等。

7. 紧固工作可预防哪些故障?

由于汽车在运行中颠簸、振动、机件热胀冷缩等原因，将使各连接件的紧固程度发生变化，以致出现松动、损坏或丢失，因此紧固工作是保养工作中经常要做的一项工作。如缸盖螺栓必须按规定的扭力及扭紧顺序进行紧固，紧固不当，将使机件变形、漏气、冲缸垫等故障发生。

8. 调整工作可预防哪些故障?

随着汽车工作时间的延长，行驶里程的增加，各总成、部件之间的配合间隙也将发生变化，以致超过规定的技术要求，直接影响汽车的动力性、经济性和可靠性。因此调整工作是恢复汽车良好技术性能和正常配合间隙的重要工作，必须根据实际情况及时进行。如气门间隙调整，间隙过大会出现气门脚响、进气不畅、排气不净；间隙过小会出现气门密封不严、导致回火放炮等现象的发生。其他如风扇皮带松紧度、转向盘自由行程、制动踏板自由行程等都要调整适当。

9. 润滑工作可预防哪些故障?

根据不同地区和季节,适时更换、加注润滑剂,是减少磨损、延长车辆使用寿命必不可少的工作。润滑不良,可能造成烧瓦、拉缸、打齿及异常磨损等故障。反之润滑良好,可以防止上述故障的发生。

总之,要充分认识保养工作对预防故障的重要性,加强保养工作,消除故障隐患,最大限度地减少和避免故障,延长汽车的使用寿命。

10. 汽车故障判断的基本要素有哪些?

(1)熟悉汽车的结构与原理。汽车是由多个零部件组成的复杂的人造系统。判断汽车故障,首先应该熟悉该型汽车的构造与工作原理,然后结合所出现的故障现象进行检查分析,才能迅速准确地判明故障。例如,只有了解燃料供给系构造,当化油器浮子室无油时,才能很快分段查出油路堵塞、漏气或损坏的部位。因此,要想迅速、准确地判断故障,就必须在学习汽车构造和工作原理方面下一番功夫。这样判断故障时才能得心应手,不走或少走弯路,否则即使懂得了故障判断的方法,也只能是纸上谈兵。

(2)了解设计制造的影响。汽车制造厂在某一时间,由于设计制造方面还有某些问题未能解决,造成汽车的某种先天性缺陷,以致在某一时期某一部件损坏的数量较多。如某汽车制造厂生产的汽车,一度机油泵传动轴的插口处强度不够,在运转过程中容易断脱。了解这一情况后,若遇到发动机动力下降,机油压力低,就可以首先对机油泵传动轴进行检查。了解设计制造的影响在判断故障时就可以取得成功的效果。

(3)考虑汽车配件质量的影响。汽车配件的生产厂家众多,产品质量水平参差不齐,甚至相差悬殊。一般来说,原厂产品质量较其他配件厂的产品质量要好。汽车制造厂生产的节温器,通过采取一些措施后,寿命可达 50 万公里,而有些配件厂的产品只能使用几百公里。其原因往往是节温器主阀门不能打开,使冷却水不能实现大循环所致。如果装用这类产品，在行车途中如遇发动机温度突然升高，动力明显下降，水温表指示达100℃，但用手摸散热器加水口却感觉水温不高，应首先考虑节温器的故障。

(4)明确汽车燃油、润滑油品质的影响。选择适当的燃料、润滑油是汽车正常行驶的先决条件。使用规格不符合要求的燃油、润滑油，也是引起故障的重要原因之一。如使用低于规定牌号的汽油，将引起汽油机恶劣的燃烧工况——爆燃，动力下降，油耗上升，机件受损，排放超标等。再如使用双曲线齿轮油的减速器，若加入普通齿轮油，双曲轴齿轮的寿命将由原来的几十万公里缩短为几百公里。

(5)顾及环境条件的影响。在判断故障时要照顾到环境条件(主要是指道路、气候条件)的影响。如汽车在灰尘较大的环境下行驶空气滤清器就易堵塞；在雾天或高温度天气条件下行车，空滤器同样会被堵塞，如遇行驶中发动机动力下降，油耗增大，排气冒烟，就要重点考虑空气滤清器是否被堵塞，使空气供给减少，造成混合气过浓所致，此时取下空滤器若症状消失，即可证实此故障。又如汽车在高温天气(或海拔高度较高的山区、高原)条件下行驶，易发生油路堵塞故障，这时就首先应考虑是否发生“气阻”，若停车采取一定冷却措施后(尤其是冷却汽油泵)症状减轻或消失，则说明判断正确。

(6)重视人为因素的影响。汽车在使用、保养、修理过程中，由于操作人员技术不熟练或疏忽大意，很可能给有关机件的使用带来不良后果，造成人为故障。如驾驶员拆下分电器清洗、润滑装复后发动机不能发动，该驾驶员寻找故障花了很长时间，做了很多无效检查，最后查出是分电器凸轮装错了180°。又如驾驶员用高压水洗车后，发动机不能起动，这种情况往往是把水溅到点火系的有关部位造成短路所致等。

(7)注意汽车故障的检查顺序。在查找故障时，若一时不能作出准确判断，要按照合理顺序检查。一般应遵循“由易到难，由外到内,尽量少拆”的原则。这个原则对指导我们正确判定故障,省时省力,不走或少走弯路有重要指导意义,并可避免盲目拆卸现象。例如某发动机两相邻气缸不正确工作 ,怀疑是气缸衬垫冲坏所致,盲目拆下缸盖后,发现气缸密封良好。将缸盖装复后试车时,才发现两缸高压分线互相接错所致。

(8)掌握汽车故障的现象。汽车故障的判断是以故障的外部表现即故障现象为依据的。故障的一般现象在前边已经讲过,主要表现在发动机动力下降,燃油、润滑油消耗量增加,容易熄火或不能发动,仪表指示异常,油、水、气、电严重渗漏,温度升高、气味、排烟及外观异常等等。判断故障时通过仪器或人的感觉来发现故障现象,掌握得越全面、越具体越好。如:发动机排气管冒白烟往往是由于气缸内有水,排气管冒蓝烟往往因为烧机油所致。这时再结合汽车构造原理等进行分析、推理、判断,结果会更加准确。

11. 汽车声响的判断方法有哪些?

汽车是由多个零部件装配起来的复杂的人造系统。在使用过程中会产生各种各样的声响,一般来讲,汽车使用时(包括发动机起动和汽车行驶)发动机的排气声音以及风扇、正时齿轮、机油泵、轻微的气门脚响等声音,其他如轮胎行驶辗地声音、汽车颠簸声音和汽车行驶与空气摩擦声音等都属于正常声响。正常声响一般比较轻微而均匀。除上述正常声响以外的不正常的其他声响,都归入“异常声响”。如化油器回火放炮,排气放炮,气门脚异响,制动发出的刺耳声音,离合器等传动机件异响等等。

汽车发出的异常声响,是汽车故障的重要表现,也是判断汽车故障的主要依据。掌握和利用汽车声响的规律,是判断汽车故障行之有效的方法。

(1)汽车产生异常声响的原因。汽车异响原因很多,归纳起来,大概有以下几点:

①发动机燃烧不正常,如:突爆和早燃等。

②运动机件配合间隙过大,如:敲缸等;

③某些零部件紧固不牢，如：轴承紧固不好。

④某些零件损坏，如：气门弹簧折断等。

⑤调整润滑不当，如：气门间隙过大、过小等。

(2)影响汽车声响变化的因素。影响汽车声响变化的因素有温度、速度、润滑情况、负荷等，当然还有环境道路条件，这里就不过多介绍了。

①温度：汽车(尤其是发动机)出现的声响是随着温度的变化而变化的。一般声响是随着温度升高而增大的，也有一些声响是随着温度的升高而减弱或消失的；有些声响出现时伴有发热现象。用感官测量温度时，其做法是：将手放在机构总成外表面，人手能忍受机构总成温度10秒钟者，一般认为温度正常。如果用手摸总成表面，不能与之贴合或贴合忍受不了的温度，一般认为温度过高。

②速度：声响与速度有密切关系。有的声响在低速时明显，有的声响在中速时明显，有的声响随速度升高而增大，也有些声响随速度的升高而减弱或消失的。

③润滑：润滑不良时，一般的声响都显得更明显，更严重。

④负荷：有声响随负荷增大而增大，也有些声响是随负荷的增大而减弱或消失。

(3)判断声响的原则与方法。声响判断一般要注意把握声响发生的时机、变化的规律、声响特性和声响部位等。具体地讲要注意以下几点：

①要分清主机响还是附件响。在判断汽车故障声响时，首先要分清是发动机声响还是底盘声响。对于发动机的声响，要确定是主机响还是附件响。

如果将风扇三角皮带松开后响声消失，说明该响声与水泵或发电机及其旋转部件有关；松开空气压缩机三角皮带后响声消失，说明该响声与空气压缩机及其旋转件有关。若将全部三角皮带松开后响声仍不消失，应考虑是主机及其他部件发响，当然，如果能准确把握异响部位,上述步骤可以省略。

②要分清是良性响声还是恶性响声。在汽车所发出的异常响声中,根据对机械的危害程度,可分为良性响声和恶性响声两种。

所谓良性响声,是指在短期内不会对机件造成明显损失的响声,如:气门脚异响。所谓恶性响声,是指能很快造成机件严重损坏的响声,如:曲柄连杆机构、配气机构、底盘等部分所发出的沉重或振动较大的响声,一般属于恶性响声。若此种响声随温度、转速及负荷的增大而增大,应立即停车检查,防止出现重大机件事故。

③要分清连响还是间响。在四行程汽车发动机的有节奏响声中,有连响与间响之分。连响是指曲轴每转一周响一次,如活塞顶部与气缸盖相撞、活塞环响等都是连响。间响是指曲轴每转两周响一次,气门机构所发出的响声属于间响,活塞连杆组间隙过大发出的响声一般也是间响。

④要分清"上缸"还是"不上缸"。用旋具将某缸火花塞短路断火后,响声减弱或消失,称为该缸"上缸",俗称上旋具;响声没有变化,称为该缸响声"不上缸",俗称不上旋具;若响声增强,称为该缸响声"反上缸"。一般地讲,配气机构响声不上缸;活塞、活塞销、连杆衬套有轴瓦由于配合间隙过大所发出的响声一般"上缸";活塞破损、连杆螺栓松脱、连杆轴瓦合金严重脱落,容易造成"反上缸"。

⑤虚听与实听。虚听是不借助任何工具,只用耳朵听的方法;实听是借助听诊器(或上旋具等)抵住发响部位察听的方法。因为虚听往往引起错觉,所以判断中一般将两种方法结合使用。

⑥扩大或缩小声响。在故障诊断中,通过变换油门,使转速发生变化,使声响扩大或缩小,根据变化来判断故障部位,增加故障判断的准确性,这种方法称为"变速法"。

12. 怎样检修发动机不能起动故障?

要使发动机能顺利起动,必须具备如下条件,缺一不可:

(1)起动电机必须能发出足够的动力,以驱动曲轴达到最小起动速度。

(2)气缸中必须吸入足够浓度和数量的可燃混合气。

(3)可燃混合气在活塞压缩行程结束时,必须要具备足够的压力和温度。

(4)点火系统必须在合适的时刻发出足够的电火花。

发动机不能起动故障的速查方法,如图 7-1 所示

13. 怎样检修发动机起动困难故障?

发动机起动困难的故障原因和发动机不能起动基本相同,也应从油路、电路、气路和机械等方面去考虑,找出故障的具体原因并加以排除。

发动机起动困难故障的速查方法,如图 7-2 所示。

14. 怎样检修发动机动力不足故障?

发动机动力不足的故障原因和发动机不能起动基本相同,也应从油路、电路、气路和机械等方面去考虑,找出故障的具体原因并加以排除。

发动机动力不足故障的速查方法,如图 7-3 所示。

15. 发动机某缸不工作是什么原因?

如果发动机某一缸不工作,必然会出现发动机动力不足的故障。引起发动机某一缸不工作的原因较多,检查起来也较为复杂。

发动机某缸不工作故障的速查方法,如图 7-4 所示。

16. 发动机起动不来油时,怎样诊断排除?

(1)故障现象。

①发动机起动不着:向化油器内加入少量汽油(加油后将容器立即移开,注意安全,以免回火发生事故),或多次踏油门,可以起动,但不久就熄火。

②用油泵的手柄泵油后(观察是否能泵上油),发动机能起动但很快熄火。

③发动机运转中逐渐熄火。

(2)原因分析。

①油箱内无油。

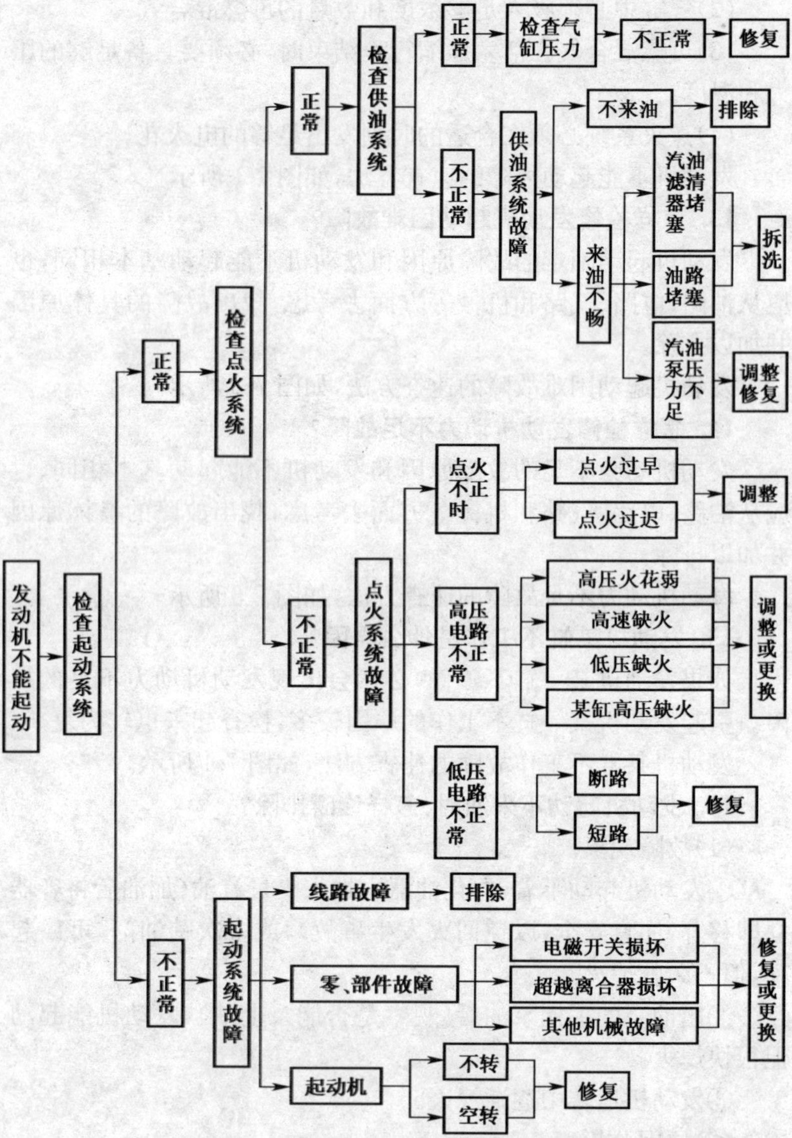

图 7-1　发动机不能起动的故障速查图

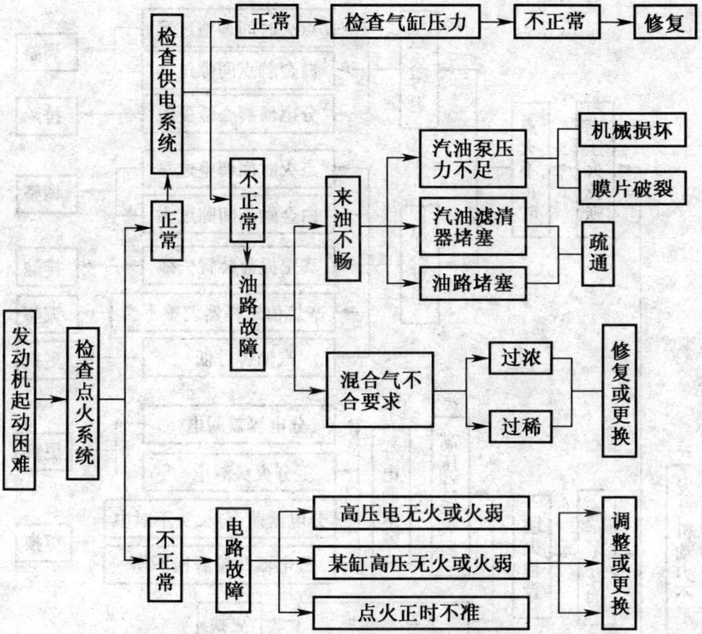

图 7-2　发动机起动困难速查图

②油箱盖进、排气阀堵塞，油箱内真空度超标致使汽油泵工作不良，不能泵油或泵油不足。

③油箱堵塞，油管碰瘪，汽油箱出油管堵塞或脱焊、裂缝。

④油管漏气漏油(如管头松动、喇叭口破裂等)。

⑤燃油泵损坏。

⑥汽油滤清器或化油进油管接头滤网堵塞。

⑦化油器油道堵塞或针阀卡死。

(3)检查判断。将油路分为甲、乙、丙三段逐步检查。步骤如下：

① 检查油箱内是否有油(看汽油表即可)，若有油，往下检查。

②将化油器连接管拆下，用起动机转动发动机观察；若没有油喷出，可以确定故障在油箱与汽油泵之间。若有油喷出，故障在化

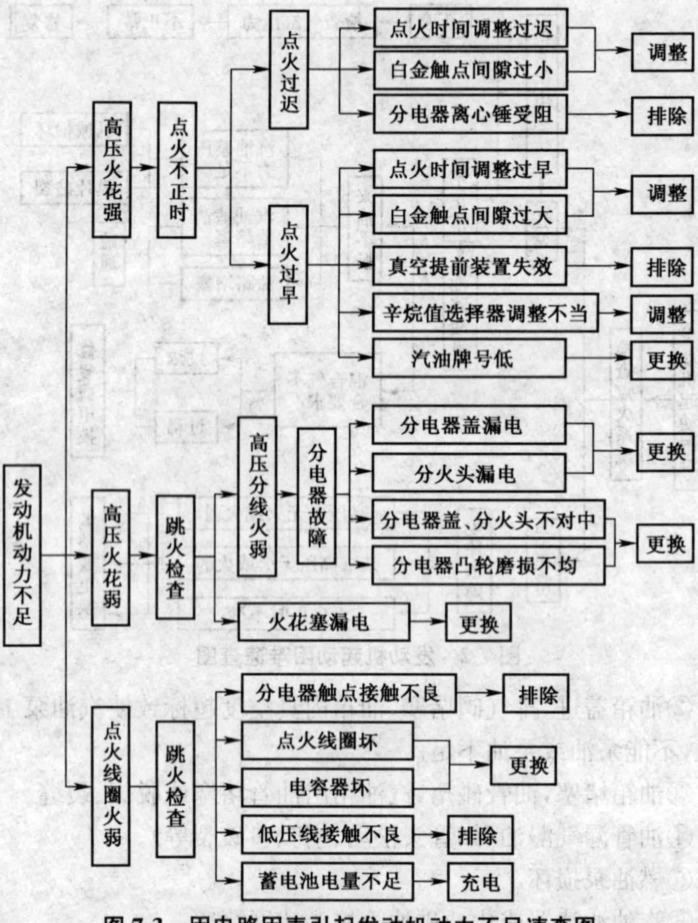

图 7-3　因电路因素引起发动机动力不足速查图

油器。

③将连接汽油泵的进油管头拆下，用嘴吸油(注意用嘴吸油时要特别注意安全，防呛肺和吸入胃中造成中毒，用橡皮球及或其他办法较好)；如吸不出或很费力，可确定故障在油箱与滤清器之间。

④将连接汽油滤清器的进油管接头拆下，用嘴吸油如吸不出或很费力，就可以判定故障在汽油箱、油箱盖、出油管之间。

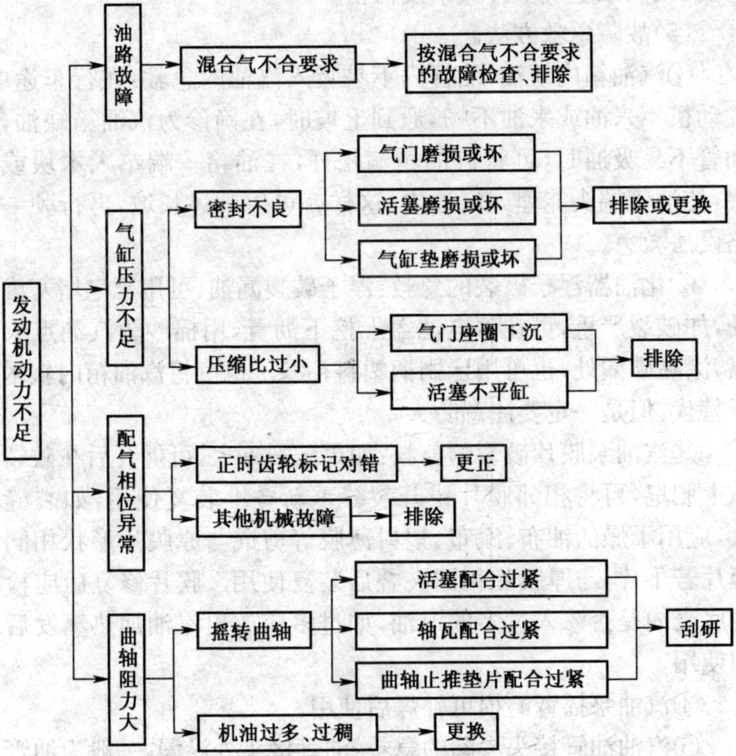

图 7-4　因非电路因素引起发动机某缸不工作速查图

(4)故障排除。不来油或者来油不畅属于燃料系比较综合的故障,牵扯着燃料系的各个零件和管路,这里只简单介绍:

①化油器故障排除:不来油部分检查进油接头滤网并用汽油清洗吹净。进油针阀卡死,可用旋具柄敲振针阀部位,如不行应拆卸调整。

②汽油泵故障排除:汽油泵膜片破裂、弹簧折断、摇臂间隙过大应更换或调整。

③汽油滤清器清洁:旋下放油塞,放出水分和杂质,并用汽油

清洗,用高压空气吹掉其中残留物质。

(5)故障急救方法。

①汽油箱内缺油,油管内不易吸入汽油的急救:在行车途中,发动机不来油或来油不畅,遇到上坡时,在确诊为汽油箱缺油,汽油管不易吸油时,可将汽油箱箍松开,在油箱一端垫入木块或砖头,使油管端头能埋入汽油内,这样就可以驶过长坡,再行驶一段路设法救急。

②化油器浮子破裂的急救:浮子破裂漏油,可用肥皂堵塞渗漏处,如破裂严重,可在蓄电池盖上挖下沥青,用棉纱蘸汽油点火加温,涂在破漏处,也可用牙刷柄塑料补漏。也可将汽油箱内软木浮子替代,但是一定要注意防火。

③汽油泵膜片破裂的急救:如果破裂不大,可拆开后在破裂处抹上肥皂,再将相邻膜片错开裂缝重新叠上装复使用,如裂缝较大,应用干燥的油布、漆布、塑料薄膜等剪成与原膜片形状相同的薄片若干片,与厚膜片相同夹叠后装复使用。膜片修复后应检查油底壳内是否渗入过多的汽油,如过多应放出汽油加热蒸发后装回使用。

④汽油泵摇臂磨损可补焊后使用。

⑤汽油油管接头渗漏的急救:油管接头处渗漏,一般为油管口(喇叭口)与油管螺母座口处不密封所致,是常见故障。可用棉纱缠绕于喇叭的下缘,再次螺母拧紧即可。

⑥油管破裂或折断急救:油管破裂可将破裂处擦净,涂上肥皂,再涂上肥皂的布条或胶布缠住,必要时用铁丝捆住,然后再涂上肥皂。

油管折断可找一根与油管直径相配的橡胶皮管或塑料管套接;如套口不紧应用铁丝扎紧,以防漏油。

行车时,特别是长途行车,除应备齐的随车工具外,也应携带一些数量的备用零件、易损件及电器件。上述急救方法为应急所用,待回场后应及时的检查修理,确保行车安全。

17. 怎样预防发动机供给系故障?

(1)油路堵塞故障的预防,油路堵塞常见部位主要是:

油箱油管、化油器进油接头滤网、主量孔喷嘴、汽油泵滤网、汽油滤清器滤芯、油箱盖空气孔等。但实际上整个油路都有可能被堵塞,所以应从整体上预防,注意以下三方面工作。

①预防油路故障最关键的一步,是把好"病从口入"关,保证汽油清洁及油路密封。

汽油要清洁,质量要合格。汽油中不得混入机械杂质和水分。机械杂质可堵塞油路,增加气缸磨损,水分遇冷冻结堵塞油路,或促使汽油胶质生成,降低汽油牌号。

加油时要求加注工具要清洁,最好采用密封管加注。用油筒加注时,一般应沉淀 48 小时以上,并取油桶内上半部汽油加注,不要将吸油管头插到桶底。油箱加油口滤网一定要完好无损,加满油后迅速盖好箱盖,并锁好。油箱要经常放污。

油箱加油一般加满,防止汽油与空气接触面积太大而氧化变质生成过量胶质,堵塞油路。

②油路应进行经常性保养,按规定适时进行油路清洁,顺通和其他有关保养工作。因为即使加注清洁干净汽油,由于汽油中含有不饱和烃,它在一定的温度、金属催化作用下很容易产生胶质(尤其是夏季),胶质超标就有可能堵塞油路。

③注意不要用瓶子、棉纱等物品去油箱取油,以免杂物、棉纱及其他易堵塞油路的物品进入油箱。保养清洗时一定要彻底,不要混入杂质,并注意不要使油管凹瘪。

若要从油箱内取回,可用干净胶管(或塑料管)从油箱内吸出,并注意周围环境的清洁,吸完后迅速盖好油箱盖。

(2)"气阻"的预防方法。"气阻"是油路堵塞故障的特例,气阻出现将使发动机供油不足或中断,从而造成发动机动力不足或熄火。

①注意汽油的选择:汽油由平原进入高原,由寒冷地区(或季

节)转入炎热地区(或季节),汽油会因为气压低、温度高等原因而在油路中蒸发产生“气阻”,所以要根据地势和气温的变化来选择具有合适蒸发性的汽油。

②在夏季行车时,应使油路远离热源或加强隔热,同时注意行车时发动机的温度不要过高,并加强通风冷却。

③途中停车,要避免阳光直射油箱。

(3)油路漏油、漏气故障的预防。油路漏油、漏气一般发生在下列部位:油箱上油管断裂、油管破裂、接头松动、汽油泵衬垫片漏气、汽油滤清器沉淀杯衬垫及中心螺丝栓处漏气。

分析以上各种的原因,主要是接头紧固不好,实衬不密封,以及硬性损坏等原因造成,故障预防主要是掌握正确的保养方法:

①管接头拆装得当。拆卸时要仔细小心,不要损坏油管“喇叭口”,安装时,螺丝要正,不得歪斜。如发现油管损坏或不密封时,应重铆、重焊或用棉纱在接头背后再拧紧。

②注意在行车途中检查,及时排除故障隐患,注意紧固、清洁。

③油管所经路线,不得有棱角机件、机件接触,以免磨损渗漏。有条件可在油管处绕上金属丝加以保护。

(4)油路机件损坏的预防。汽油发动机油路机件较少,没有柴油发动机那么复杂,机件损坏主要是:三角针阀损坏、浮子破裂、汽油泵损坏、节气门轴松旷、浮子破裂、汽油泵摇臂磨损等,其预防应从以下几方面入手:

①适时进行常规保养,尤其是汽油泵的保养,注意衬垫、活门密封、摇臂磨损、泵膜完好等。

②浮子室浮子破漏的预防,保养时仔细检查浮子的腐蚀、裂缝情况,发现问题及时更换或修复。

③节气门轴要经常检查,如有松旷及时更换或修理。

④其他部件的故障预防主要是空气滤清器的清洁安装。清洁的前面已讲过,安装时要特别注意密封和保护滤芯,以免滤清效果不好或堵塞造成供气不足。

18. 怎样正确起动发动机?

(1)低温起动。应根据当时当地的实际情况,对发动机进行预热。发动机不能在缺少和无水的情况下工作时间过长,否则容易使缸壁和活塞受热变形拉缸、粘缸。同时,突然加注冷却水,也易使受热机件骤然冷却而产生裂纹。

(2)常温起动。打开点火开关,起动发动机。起动时间一次不得超过 6 秒,再次起动隔离时间,不得少于 10～15 秒。发动机起动后,逐渐将油门关小,保持低速运转,逐渐升高发动机温度。发动机起动后,不得加大油门或猛轰油门,以免加剧发动机磨损。

19. 怎样检查调整可燃混合气浓度?

发动机是借助于可燃混合气燃烧,驱使曲轴转动而输出动力的。因此,可燃混合气工作时的状态,对于发动机输出动力的大小甚至能否输出动力,影响是很大的。混合气本身的浓度、充气量、雾化状况和燃料状况是否合乎要求,是至关重要的问题。这些方面出现问题,均会引起发动机发生故障,此时应从上述几个方面去寻找故障的原因并加以排除。

混合气不合要求故障的速查方法,如图 7-5 所示。

20. 发动机为什么怠速不良?

怠速不良,是指发动机在怠速运转时工作不良,其原因多在油路和电路方面。重点应检查化油器和点火元件,查明原因后应对其进行调整、检修或更换。

怠速不良故障的速查方法,如图 7-6 所示。

21. 发动机为什么加速不良?

加速不良,是指轿车需要加速时发动机工作不良,其原因也多在油路和电路方面。同样应重点检查化油器和点火元件,并进行调整、检修或更换。如图 7-7 所示。

22. 发动机为什么中途熄火?

中途熄火,是指运转中的发动机突然或逐渐熄火,其原因也多是油路或电路故障所致。中途熄火故障的速查方法,如图 7-8 所示。

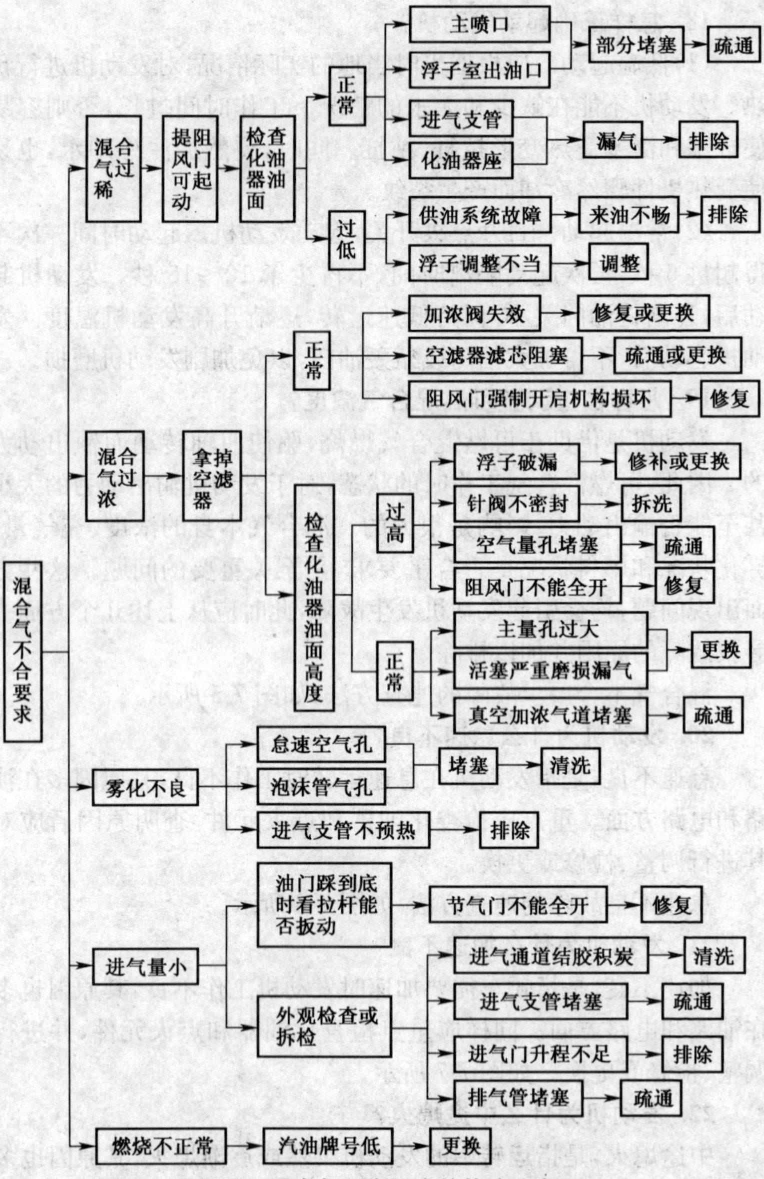

图 7-5　混合气不合要求的故障速查图

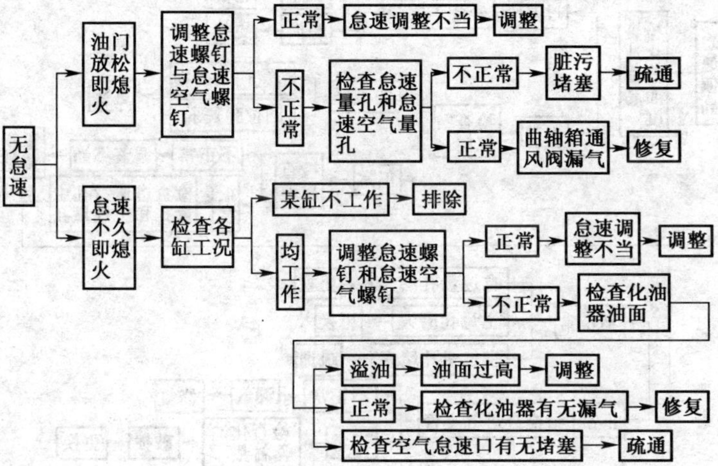

(a)

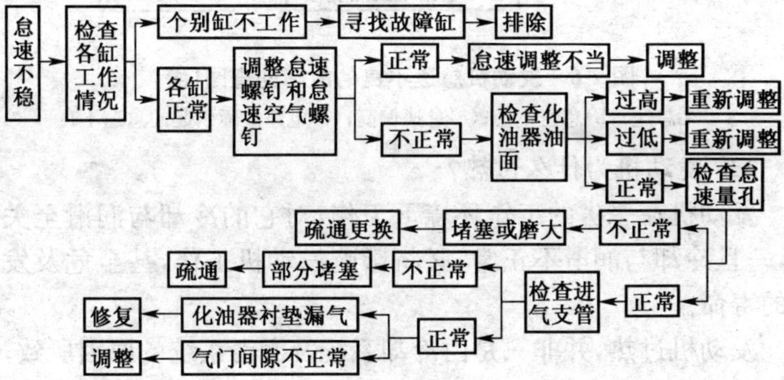

(b)

图 7-6　发动机怠速不良的故障速查图

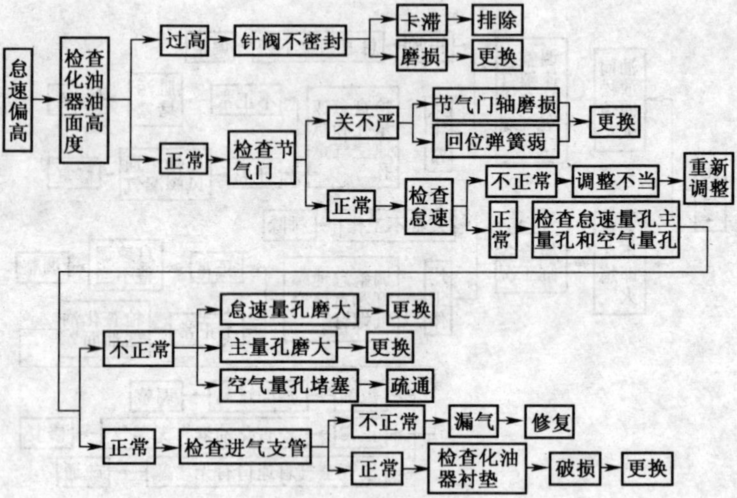

(c)

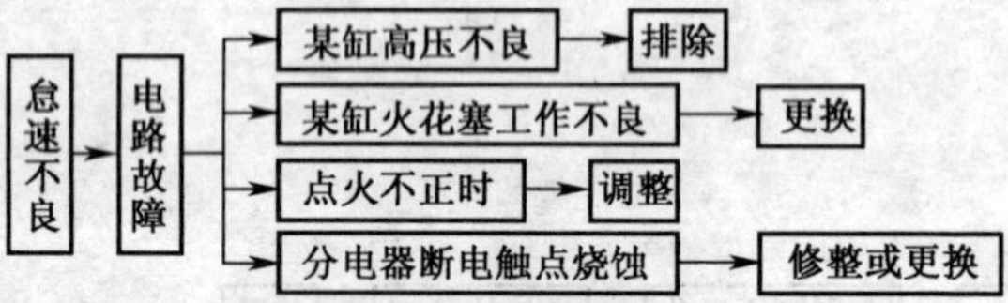

(d)

图 7-6　发动机怠速不良的故障速查图(续)

(a)无怠速;(b)怠速不稳;(c)怠速偏高;(d)电路故障引起的怠速不良

23. 发动机为什么过热?

发动机在恶劣的工作环境下工作,对它的冷却与润滑至关重要,一旦冷却与润滑不正常,必将影响发动机工作,甚至危及发动机的寿命。

发动机过热,并非只是由冷却系统及润滑系统的原因所致,而是与诸多因素有关。

发动机过热故障的速查方法,如图 7-9 所示。

24. 发动机为什么润滑不正常?

发动机润滑不正常,除造成发动机过热而影响发动机的工况

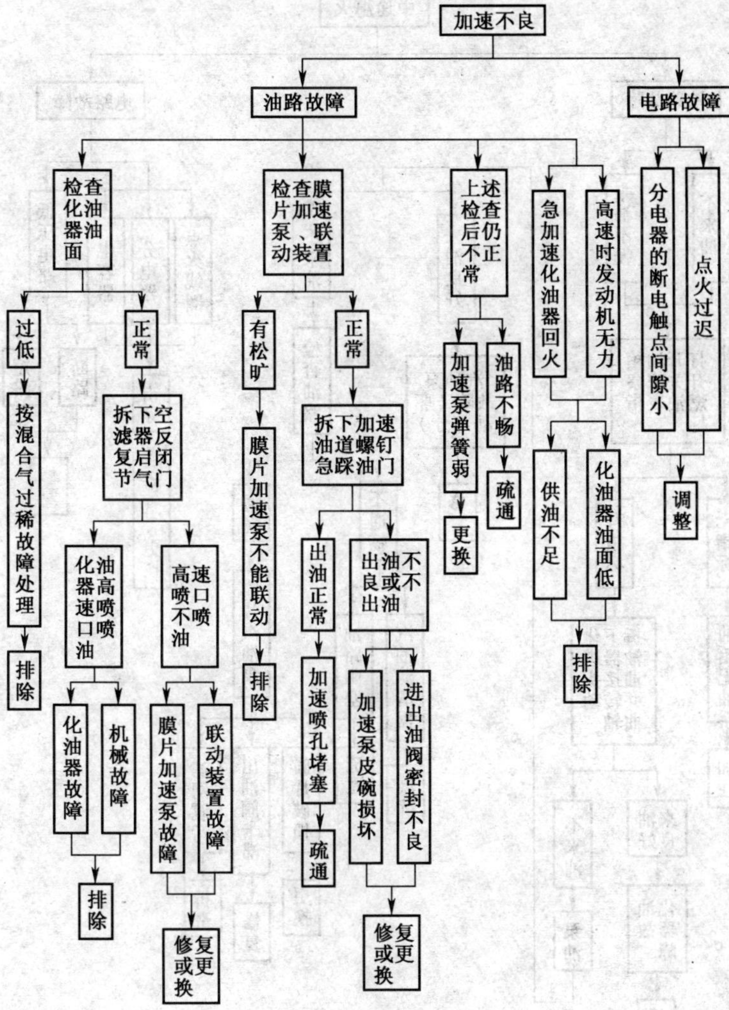

图 7-7　发动机加速不良的故障速查图

外，还会因摩擦零件的干摩擦而造成零件的过度磨损甚至损坏，往往会形成事故隐患，甚至造成重大的行车事故。

发动机润滑不良故障的速查方法，如图 7-10 所示。

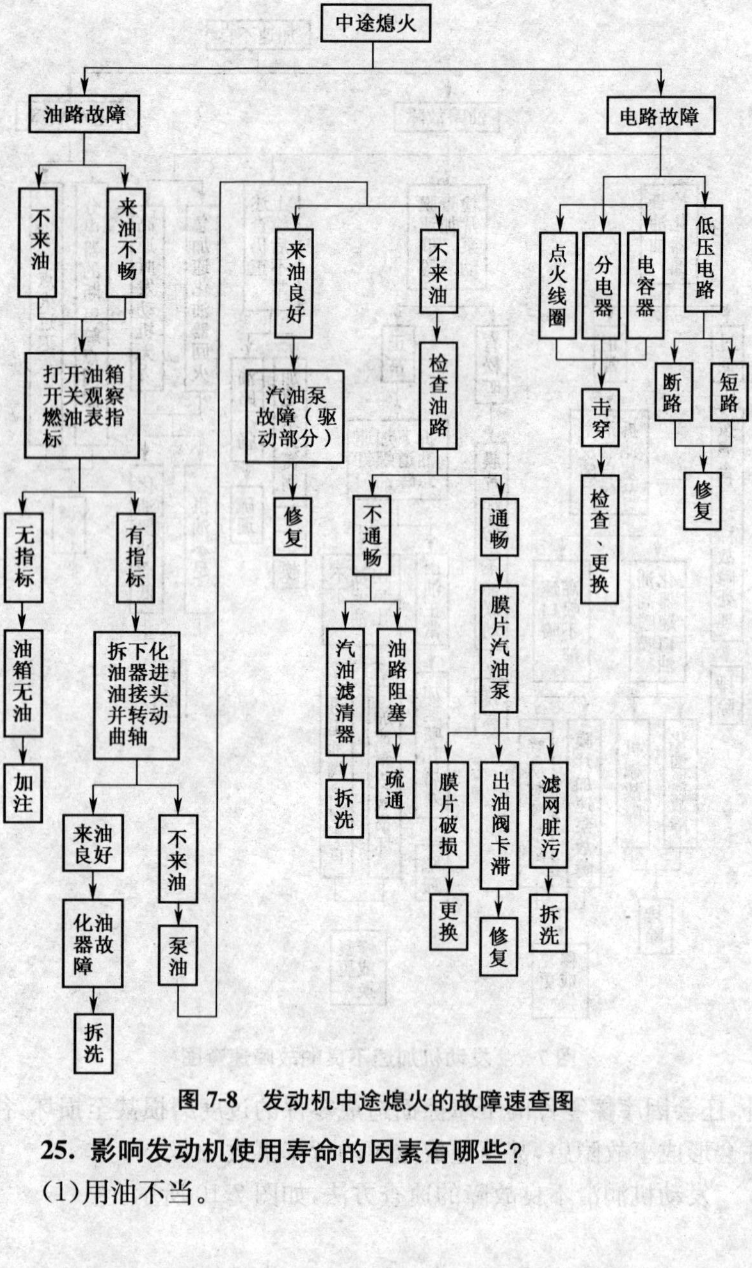

图 7-8　发动机中途熄火的故障速查图

25. 影响发动机使用寿命的因素有哪些?

(1)用油不当。

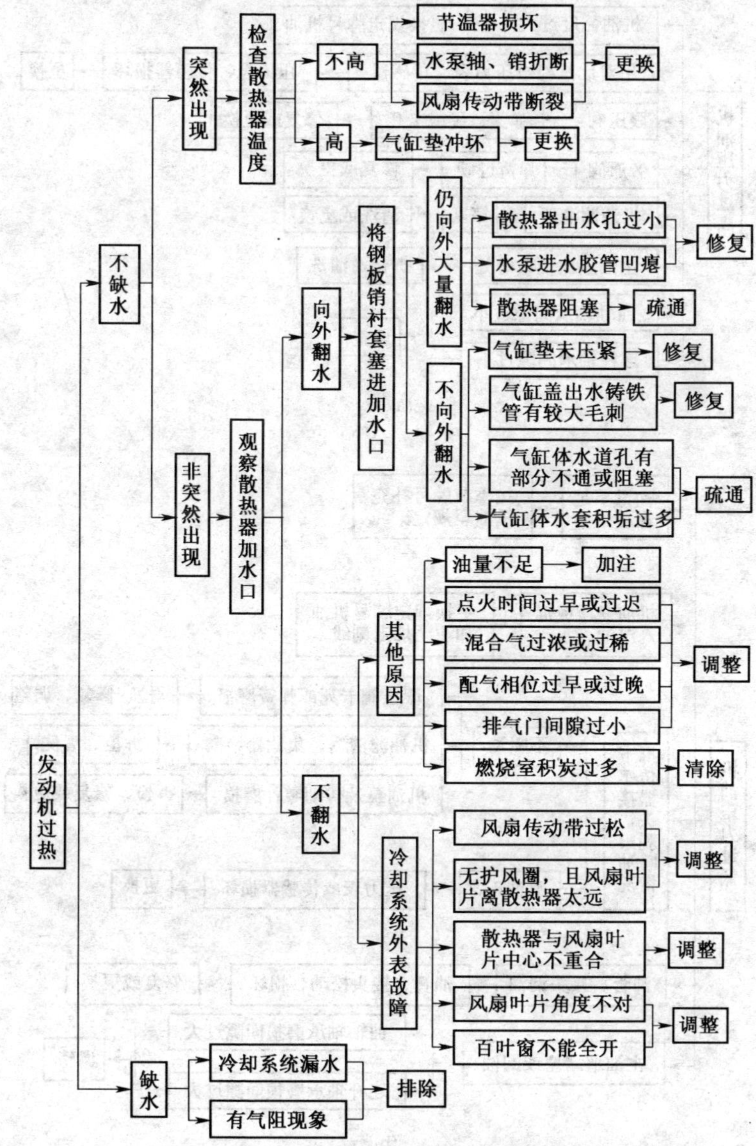

图 7-9　发动机过热的故障速查图

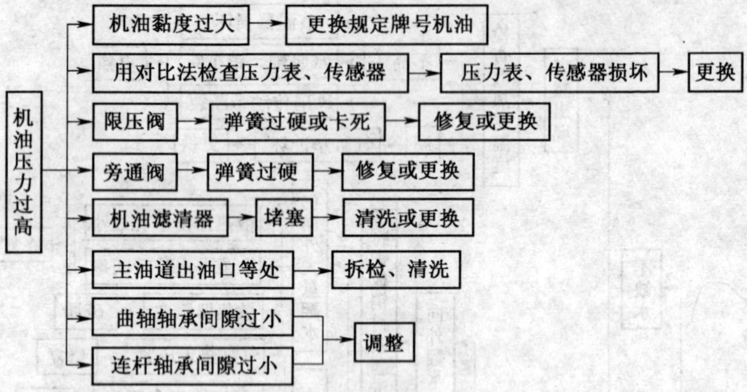

(a)

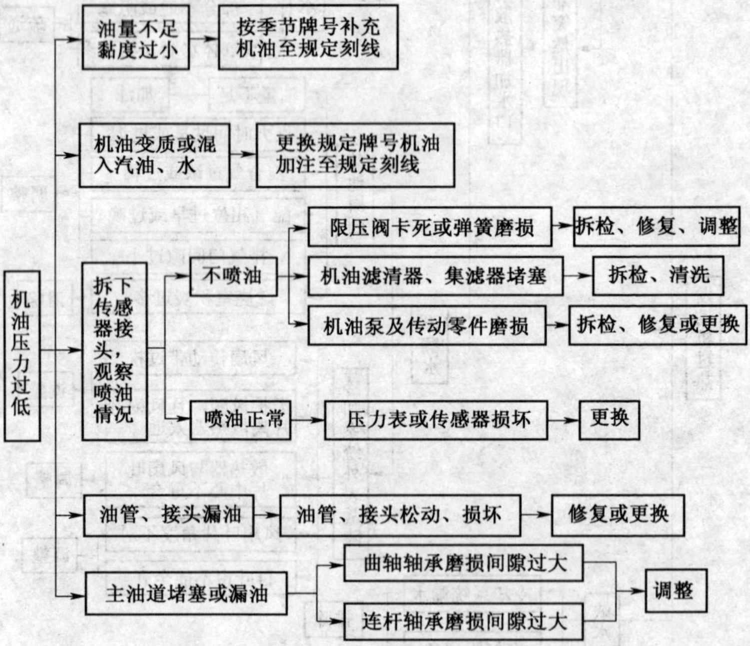

(b)

图 7-10　发动机润滑不良的故障速查图

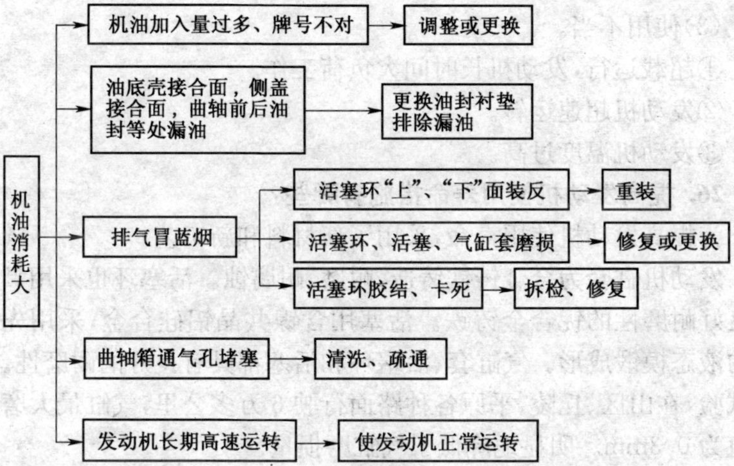

(c)

图 7-10　发动机润滑不良的故障速查图(续)

(a)机油压力过高　(b)机油压力过低　(c)机油消耗过大

①使用低辛烷值汽油。在一定压缩比的发动机,使用燃料的种类对爆燃发生的强度有决定性的影响。发动机压缩比高,按制造厂规定应使用 95 号汽油。若使用的汽油辛烷值低于规定的数值,则发动机工作时将发生爆燃。爆振现象发生时,除发动机的功率和经济性降低以外,对发动机的机件也发生严重的破坏作用。使发动机早期损坏。

②使用劣质润滑油。选用黏度不当的润滑油,不适合发动机的转速、负荷、轴承间隙大小等条件,不仅使发动机不能发挥应有的效率,而且会使发动机迅速损坏。发动机机械负荷和热负荷高,原厂规定必须使用汽油机润滑油。

(2)保养不当。

①点火提前角过早。点火时间过早,发动机容易产生爆燃。

②曲轴箱通风不良,润滑油变质,曲轴箱漏油。

③未按时更换发动机润滑油和机油滤清器滤芯。

④发动机润滑油不足。

(3)使用不当。

①超载运行,发动机长时间大负荷工作。

②发动机超速运转。

③发动机温度过高。

26. 提高发动机使用寿命措施有哪些?

为提高发动机使用寿命,采用了新材料和新工艺。

发动机缸套为合金铸铁铸造,耐磨、耐腐蚀。活塞环也采用具有良好耐磨性的铌合金铸铁。活塞用含镍共晶铝硅合金,采用先进的液态模锻成形。气缸套、活塞环和活塞都具有良好的耐磨性。据试验,在山区、丘陵、平原各种路面行驶6万多公里,气缸最大磨损值为0.3mm。明显地降低了气缸磨损量。

铜铅轴瓦内表面镀铅锡二元合金,承载能力高、耐磨性好。曲轴采用优质50号钢锻制,轴颈经高频淬火处理,增加其耐磨性,保证了质量,大大延长了使用寿命。

27. 发动机为什么发抖?

(1)曲轴、飞轮、离合器等零部件总成的动平衡被破坏。制造厂在组装曲轴飞轮、离合器都要经过平衡试验、调整。如离合器盖与飞轮连接螺栓装有平衡块,就是为了保证发动机运转均匀。如果拆装时不注意平衡块的数量,甚至漏装平衡块。离合器被动盘在高速转动时就会出现不平衡状态,产生抖动现象。

发动机转速高,各缸活塞连杆组应严格控制在原厂规定的允许范围内,否则也会导致发动机抖动。

发动机在修理中,如不严格掌握修理标准,分解总成时不作记号,任意乱装,必将破坏有关组合件的平衡。

(2)发动机前后三点支承的悬置软垫性能衰退或失效,它们的几何精度及各相关尺寸不符要求。应更换失效的软垫。

(3)检查离合器壳安装位置有无偏差,与气缸体连接是否牢固。离合器壳上起动机安装位置是否正确,精度是否符合要求。

(4)曲轴轴承和止推垫片严重磨损,合金脱落。更换轴承,抖动现象即可排除。

28. 为什么发动机起动困难?

检查汽车电路时,发现高压跳火正常。用手按紧化油器进气口,使用起动机时,手感化油器无吸力。为了找到故障的原因,曾在进一步详细检查过程中,试将曲轴通风单向阀取出,并用手堵住单向阀座进气口,随后再使用起动机起动,故障消失。至此,才弄清此故障是由于更换曲轴通风单向阀后引起的。因为更新后的单向阀弹簧太硬,所以当起动发动机时,曲轴箱通风单向阀不能被吸浮在阀座上,进入发动机的空气量,由于不能受到单向阀顶端中间小孔的限制,因此空气直接从单向阀阀座大孔进入进气管,降低化油器的真空度,导致化油器无吸力,混合气不易进入气缸,所以起动困难。

29. 为什么汽车停放一夜后起动困难?

在使用中常会遇到这样一种现象。即汽车在前一天的使用中技术状况良好,发动机很有劲,也节油。但是停了一天后起动却很困难,有时甚至不能起动。在检查中,发现此时起动装置无故障;分缸高压火花正常;再检查油路,化油器浮子室油面也正常。而且这类车辆还有一个普遍现象是:不踩油门起动,常有起动的现象出现。踩着油门起动,反而连现象也没有了。拆下火花塞检查,大多会发现此时火花塞电极间隙往往偏大,或是火花塞中央电极与绝缘磁芯沾满了油污,调整间隙或清洁油污后就又能很容易地起动了。

由于增大火花塞间隙能提高发动机的点火能力,可以使混合气燃烧迅速,从而使汽车达到节油的目的,所以,汽车驾驶员大都将火花塞间隙调得偏大。但当火花塞电极在长期的跳火中,因损耗使间隙过大时,遇到冷车起动,由于点火系低压电路电压降低,使次级电压降低,火花能量减小,或点火系稍有故障(如断电白金触点稍有烧蚀、潮湿等),火花塞就不能正常跳火引燃混合气了。

至于不踩油门会有起动的征象,那因为节气门开度小,气缸进气量小,压缩后混合气的密度相对较小,跳火就容易些,所以会有起动征象。

由于该汽车有四个缸,人们往往认为因火花塞的原因不会使四个气缸一齐有故障,故此这类原因常被忽视。即使拆下一个火花塞作跳火试验,由于在常压下气体密度小,也不一定能发现问题。我们就遇到过四个火花塞坏了三个的故障,故此,在实践中应注意这点。

除了以上原因外,若化油器加速泵有故障也可导致行驶一天的汽车,次日早晨却起动不着。判断加速泵的故障,首先观察化油器节气门与加速泵杆的连接装置是否脱落。然后把空气滤清器拆下,用硬纸捻成小纸棒,插入喉管,另一只手扳动节气门加速杆,拿出纸棒。如果纸棒未被淋湿,表明加速喷嘴不出油。此时可拆下加速喷嘴螺钉,用细丝轻轻拨动一下止回阀重块,再扳动节气门加速杆。若仍不喷油,表明加速泵皮碗损坏或者油道堵塞。有油喷出,则为止回阀磨损卡死,应更换零件。止回阀重新磨损后关闭不严,往往会使加速油道的汽油被气流自动吸出,使混合气过浓,不仅增加油耗,也往往不易起动着车。

30. 为什么热车怠速不稳,熄火后难起动?

在使用中曾发生热机怠速转动不平稳,且热车关闭点火开关后,仍继续着火。熄火后重新起动时,发动机又很难发动。

在此情况下通过调整化油器的油平面、怠速,以及点火装置仍无好转的前提下,判断该发动机的故障可能是电磁阀损坏所致。使阀门早开,故障果然排除。

31. 发动机为什么难以起动?且起动后发动机产生振动?

有一辆桑塔纳轿车经过二级保养后,起动困难。即使起动,发动机运转也极不稳定,好像有一两个气缸不工作,使发动机产生振动。

排除此故障时,开始怀疑是火花塞或高压线的故障。先检查火花塞、高压线、点火线圈和分电器，都没有发现异常。再检查汽油泵、化油器也没有发现问题。这说明发动机的油、电路均无问题，故障的出现必是因其他原因引起的。

经过认真分析检查，最后才发现有两只进、排气管螺栓没有紧固。由于更换新的进、排气管垫后，修理工忘记把全部螺栓拧紧，致使进、排气管与气缸体密封不严，造成漏气，使进入气缸内的混合气过稀，不能满足起动时所要求的较浓混合气，从而使个别气缸不工作，造成起动困难。发动机起动后，由于漏气，进入气缸内的混合气浓度不均匀，时浓时淡，故此使得发动机运转不稳定。

32. 发动机点火系统无高压火花是什么原因?

发动机点火系统无高压火花，不能发动的原因往往在于分电器短路或断路。

(1)分电器短路起动时，分电器低压接线柱上的火线有火，但点火线圈无高压电流输出。遇到上述情况，可以从分电器低压火线接线柱上卸掉电源线，接通点火开关后直接将该火线在搭铁处试火。若有火，说明是分电器短路，可接通点火开关点火挡，按以下方法作进一步检查：

①将分电器低压火线接头与悬置的电容器导线接头接触，若有火花，说明电容器被击。

②卸掉分电器火线接线柱与白金触点的连接线，再用低压线接头与分电器低压接线柱接触。若有火花，说明分电器低压接线柱绝缘垫圈短路。

③从连接线支架上取掉断电器白金触点弹簧片，将低压火线与支架螺钉接触。若有火花，说明连接支架绝缘圈短路。

④使分电器白金触点分开，再用低压火线与白金触点臂的弹簧片一端接触。若有火花，则说明活动触点臂绝缘垫圈短路。

(2)分电器断路不能发动汽车的现象是，除了点火系统无高压火花输出外，接通点火开关转动发动机曲轴时，若用分电器低压接线柱短路试火时，会有火花产生。

遇到上述情况,可接通点火开关挡用以下方法作进一步检查判断:

①使白金触点在开启位置,用一字旋具接触分电器低压火线接线柱,并使其在壳体上搭铁,作试火试验。若有火,可能是分电器内部某处断路。

②使白金触点在开启位置,用一字旋接触连接线支架螺钉,并使其在分电器壳体上搭铁。若无火,说明连接线处断路。

③若用一字旋具将连接线支架螺钉短路后,有火花出现。可能是白金触点不能闭合或严重烧蚀,使低压点火电流不能通过,导致发动机无法起动。

(3)汽车起动时高压断火,除了以上原因外,还曾出现过一种特殊现象。这就是有时接通起动机后,发动机光旋转不着火,而刚一回开关,汽车反而立即就发动起来。

拆下起动机,用万用表测量检查没有故障,线路也完好无损,而一装在汽车上此类故障又随即出现。经过进一步检查认为,起动起动机时,发动机能被带动旋转,这说明电机本身没有毛病。经测试,高压断火,分电器低压部分也无电。当测到起动机开关附加触点的电源线时虽有电,但电压降很大,而且导致线发烫,这说明该处有搭铁的瞬间惯性而点火。起动时,接通附加触点的接触盘已经搭铁了。之所以如此,驾驶员或修理工在修理开关时,没有处理好绝缘垫而造成的。故此时,只要将附加触点的接触盘垫好绝缘垫,故障即可排除。

33. 为什么发动机发动后一松点火开关立即熄火?

当点火线圈损坏,借用附加电阻的线圈时,起动发动机,起动机开关接触盘在接通起动机主电路的同时,也接通了短路附加电阻的电路点火系低压电,便由起动接线柱经辅助触点、短路附加电阻的导线,直接进入点火线圈的初级线圈,提高了初级电流,获得了足够的次级电压,使发动机顺利着火发动。这时附加电阻两端电压相等,搭铁电路消除。当起动完毕将点火开关退回一档时,搭铁电路重新接通，点火线圈被短路，发动机因无高压电而立即熄火。

34. 为什么发动机发动后一松油门就熄火？

发动机起动后，油门一放松就熄火，这种故障为什么无怠速。其主要原因有以下几种：

(1)发动机温度太低。

(2)化油器的怠速调整螺钉调整不当。

(3)化油器的浮子室油平面过高或过低。

(4)化油器油路堵塞。

(5)化油器转接座漏气。

(6)空气滤清器太脏或关闭阻风门。

(7)点火正时不对。

(8)白金间隙不当或弹簧片铆钉松动。

(9)火花塞间隙不当或火花太弱。

(10)点火线圈损坏及高压线有漏电之处。

(11)电容器损坏。

(12)汽油质量太差或机油密度过高。

(13)气缸压缩性差。

(14)气门烧毁、气门间隙过小或气门漏气。

(15)气缸垫漏气。

35. 为什么发动机起动越来越困难？

最初发动机起动性能良好，但经使用一段时间后越来越感到该车不好起动，起动机起动困难，且重载明显感到发动机动力有所下降。在继续使用的数月时间内，这种现象越来越严重，最后导致起动机起动无反应，拖车起动也相当困难。

经检查，油、电路均无故障，点火电路呈点火较晚现象，但调整点火正时至最大提前角时，此现象仍消除不了。

最后判断，凸轮轴正时齿轮有故障。经拆检，凸轮轴正时齿轮齿数完好，啮合间隙正常，齿轮表面无损坏。左右用力扳动齿轮轴正时齿轮时,齿轮轮毂与键间无松旷,但发现凸轮轴正时齿轮与齿毂不同步。在该故障的初期,由于凸轮轴正时齿轮与齿毂间松动的间隙较小,所以,对配气相位和点火正时影响也较小。随着凸轮正时齿轮的不断工作,作用在齿轮上的冲击力使齿毂和齿轮间的间隙越来越大,从而造成原配气相位位移,并改变了原有的点火正时角度,因而就出现了上述发动机起动越来越困难的情况。

36. 为什么发动机冷起动正常,热起动不正常?

汽车发动机冷车起动正常,但车跑热熄火后,再起动时却常起动不了。若再接通起动电动机时,只听到“哒”的一声响,就转不动了。如果反复起动,情况仍是如此。停车等温度下降后,再起动时又一切恢复正常。

对以上故障现象,经过反复检查起动机、蓄电池和搭铁线,都没有查出原因。再检查发动机飞轮壳体和法兰盘之间的固定螺钉,也没有发现有松动现象,飞轮齿圈完好,位置未移动,但用铁锤轻敲飞轮齿圈时,发现齿圈与飞轮配合不紧,有窜动现象。飞轮和齿圈按照工作要求,理应是热压装配得很紧的,如热压配合紧度不足,冷车时由于金属翻新的冷缩,尚可使齿圈和飞轮配合较紧,故冷车起动不窜位,所以起动机能正常起动。但汽车跑热后,由于热胀的原因,齿圈与飞轮的配合就会松动,驱动齿轮与飞轮齿圈啮合时,容易打滑,故热车无法起动。

另外一辆汽车在使用中也曾出现过上述故障现象,但通过检修,发现故障原因在于起动机使用时间较长,致使起动机驱动端盖轴承和电刷端盖总成上的铜套异常磨损。由于磨损严重,破坏了起动电动机转子总成和磁极线圈总成之间的应有间隙,以致造成转子总成的径向跳动量增大,加之汽车行驶中发动机温度的升高,转子总成和磁极线圈总成同时膨胀,破坏了转子总成和磁级线圈总成的间隙配合要求,使壳体与线圈接触产生摩擦,导致起动机无法工作。当停车休息时,起动机温度降低,转子总成和磁极线圈总成恢复了间隙,故此起动机又能工作一时。

37. 为什么发动机低速正常，高速不正常?

汽车高速断火的征兆是发动机声音沉闷，汽车行驶无力，消声器放炮。但是，中、低速工作往往正常。引起此故障的原因，多发生在以下几个方面：

(1)点火系高压线失效。它的高压线的芯子和一般国产的有所不同。国产高压通常是用金属导线做芯子，而这种汽车的高压线则是阻尼线，它用炭精粉末做芯子，线头采用一段金属导线做堵头，堵住了炭精粉末，使用中，若插分电器高压线的一小段金属导线遗落，致使炭精粉末少了，形成了一小段空心。即会导致发动机小负荷时，由于转速低，断电器触点闭合时间长，点火线圈断开电流值较大，触点张开时产生的次级电压较高。因此尚能击穿这段空心间隙跳火，维持发动机工作，但"吊火"检查时，由于跳火间隙更大，故此发动机小负荷时，也会出现高速断火。随着负荷的加大，发动机高速工作时更易出现断火现象，发动机工作不稳。所以汽车行驶中，在加油门时，即会有发抖的感觉。

这时，可把高压线头的金属皮插头取下，找一段比高压线空心直径稍粗一点的金属导线，一端往高压线空心口插进去，直接到炭精粉末为止。另一端留一定的长度，弯向高压线表面，再用取下来的金属皮包好卡紧，或用国产高压线代替排除故障。

(2)电容器损坏。电容器的作用是加速磁场消失，提高次级电压，并防止断电器触点烧蚀。电容器工作不良，有时发动机尚可起动，并能得到足够的次级电压，保持中、低速正常运转。但发动机转速增高后，由于通入触点的低压电流减少，再加上电容器工作不良，次级电压即会迅速降低，出现断火现象。

识别电容器好坏的方法很多，常用的方法是将点火开关打开，用旋具开闭断电器触点，同时用另一只手触摸电容器外壳，感觉是否麻手。如有麻手感觉，则说明电容器已损坏。

(3)点火线圈不良。在发动机运行过程中，当发动机热态时，出现高速工作不良现象的原因，多系点火线圈工作不良所致。之所以会使点火线圈出故障,又多因使用不当的结果。例如,将调节器的限额电压调得过高,或火花塞长时间的"吊火",以及低压线接错。当发动机运转走热后,加速点火线圈的过热,使线圈铜线电阻系数增加,导致次级电压的降低。当发动机转速增高后,初级电流值相应减少。此时的点火线圈次级电压满足不了发动机的要求,而出现断火现象。

(4)火花塞电极间隙太大或电极污染严重。火花塞的电极间隙过大,相应跳火的压力就要增大,使点火线圈处在超负荷状态下工作。当发动机转速增高后,就会出现高压断火的现象。若是火花塞电极被积炭污染,则此时相当于火花塞电极间并联一个分路电阻,使次级电路闭合,结果在触点分开时,次级电压还未上升到火花塞击穿电压时,就通过积炭(分路电阻)漏电,使次级电压下降,发动机转速越高,次级电压下降越大,就会出现高速断火现象。

(5)分电器不良。

①断电器触点间隙过大。这是因为断电器触点间隙的增大,低压电流通过触点的时间就相应地缩短,产生不了足够的高压,使得发动机点火困难。特别是当触点间隙过大,发动机又在高速运转时,极易出现因断火而导致发动机高速工作不良。

②断电器触点烧蚀。烧蚀后的触点,必会出现因氧化物增多,而使触点间的接触面减少,阻值增大的情况。我们知道,触点的接触面积和通入的低压电流成值成正比,氧化物的数量和通入的低压电流成反比,即氧化物越多,通入的低压电流就越小。所以,当发动机转速增高后,相应地通入的电流会更小,易出现高速断火现象。

③分电器凸轮磨损过甚,凸轮每边磨损不一致或凸轮磨损松旷。当高速运转时,凸轮产生的摆头现象,使触点既不闭合又不张开,而造成断火。

④分电器活动触点臂弹力不足,或使用过久弹力减弱。

(6)化油器油面较高或主量孔有滴油现象,汽油雾化就会受到影响。此时，有的气缸中混合气过浓，有的过稀。在过稀的气缸内便不能着火，而产生断火现象。

(7)配气相位不正时。为了保证定时配气，在装配曲轴和凸轮轴正时齿轮记号必须对正。若工作粗心，错对 1～2 个齿的话，发动机虽然能发动，但会造成的混合气进气不足和废气排出不及时，导致动力不足。这在发动机中、低速时感觉不明显，当发动机转速增高时，使没有燃烧完的混合气体引申到排气管处燃烧，导致排气管发出的断火声相似的"突、突"造成发动机高速工作不良。

这种故障原因较为少见，也不易判断。判断上述故障原因之前，应首先排除发动机的油、电路故障的可能性，再将发动机上的火花塞全部拆下，用气缸压力表检查各缸的气缸压力。如果在气缸和活塞配合间隙良好的情况下，每个缸压力若低于气缸的规定值，则可判断是正时齿轮没有对正，而导致发动机高速工作不良。

38. 为什么发动机低速正常，中高速易断火？

汽车行驶无力且油耗大，往往五档稍一减速就要换三档才能行驶。经检查发现发动机低转速正常，中高速有断火现象，逐缸断火试验分不出那缸好坏。检查油路和化油器均良好，低压电路也正常。检查分电器盖、分火头、火花塞都无问题。毛病会不会在分缸线上？

将高压线取下试火，每缸导线导电良好，找不出什么毛病。最后再次起动发动机，偶然发现某缸火花塞帽内向缸体跳火，抓住这一现象再仔细观察其他缸也有偶然跳火现象。取下高压线防尘套，发现皮套内壁粘有许多灰尘。经清除后再试，故障排除。

防尘套本身是绝缘的，是保护火花塞不致被水或油污侵蚀而安装的。但使用之后，橡胶会因老化而失去弹性。发动机工作时，空气中带油尘土通过火花塞帽间隙，而粘附在老化了的皮套内壁，而火花塞瓷体上很自然会粘上灰尘，连接成导源，高压火花通过它造成短路，致使发动机出现上述故障。

39. 发动机急加速为什么转速提不高？

急踏油门踏板突然加速时，若发动机转速不能及时升高，并出现“突、突”放炮声，甚至熄火。缓慢踏油门踏板时，尚能提高发动机转速，即说明汽车加速性能不良，常见的原因是：

（1）化油器座与进、排气支管口间衬垫漏气。

（2）化油器平面过低，以致混合气过稀。此时，若关小阻风门或用手盖住化器的中口，转速能随之提高。即说明故障原因，确是混合气过稀所致。

（3）化油器加速装置脱落。

（4）化油器加速量孔或油道堵塞。

（5）加速泵失效。其失效的常见原因多系加速泵进、出油阀不严密或被脏物堵塞，或是加速泵皮碗磨损、损坏或过紧等。诊断时，可将发动机停止运转，连续踏加速踏板，或用手连续扳动化油器节气门拉臂，使加速泵喷油，同时倾听声音。若此时伴随有“吱、吱”的喷油声，说明加速喷孔在喷油。否则，即有故障。

（6）化油器主量孔有局部堵塞。

（7）点火过迟。

（8）汽油泵压力低，管路有阻塞或漏气现象。

40. 发动机为什么中速以下易熄火？

有一辆经过大修使用不久的桑塔纳中速以上运转正常，大幅度轰油门也无异常现象。但奇怪的是中速以下运转时，时间不长就会从发动机内部传出尖锐刺耳的“吱、吱”声，同时发动机的转速也会骤然下降至熄火。

故障出现时机油压力、水温及其他仪表反映均正常。为此，从故障现象看既不是因某部位配合间隙不当，运转阻力过大，也不是因温度过高而造成活塞咬缸，或轴瓦抱轴。

经反复试验测定，发现故障出现时是在发动机转速为 1500r/min 以下，机油压力低于 0.4MPa。这说明故障原因和发动机的转速和机油压力的高低有着直接关系，所以随后又检查了润滑系统中的限压阀。其根据是发动机在中、高速时无论运转多长时间都正常，说明机油压力容易或较早地达到限压阀的开启压力，补偿和强化了曲轴前端正时齿轮及曲轴轴向限位装置止推片的润滑，故中、高速或大幅度轰油门时故障反映不出来。反之，如限压阀若有局部堵塞，则在发动机转速较低，机油压力达不到限压阀开启压力的情况下，必然易使曲轴前端的正时齿轮，以及曲轴轴向限位装置推片的润滑不良，甚至出现干摩擦。此时，即使曲轴轴向间隙符合标准，也将因急剧的摩擦生热膨胀，而将曲轴抱死，致使发动机易熄火。

经拆卸检查，故障原因果然是因限压阀孔内，被铁屑严重堵塞所致。经疏通后，故障立即消除。

41. 为什么汽车上坡时易熄火？

有时在上坡时会出现供油不足，甚至熄火的现象。发生供油不足的一般故障通常是：

(1)油管破裂、凹瘪、漏气或部分堵塞。

(2)燃油滤清器接头、补垫、放污处漏气或滤芯因过于脏污而堵塞。

(3)油管温度过高，产生气阻。

(4)汽油中水分过多。

但是，汽车只在上坡时才感到供油不足，显然不是上述原因所造成的。且每次熄火后，汽油管内有汽油，这又排除了汽油泵膜片渗漏、滤网太脏，或是进、出油阀关闭不严发生故障的可能。最后经过仔细分析，才确知该故障的原因在于汽油泵摇臂磨损过甚，以及汽油泵与气缸体之间的衬垫过厚所致。为此，在减少了衬垫厚度，故障即刻排除。

42. 为什么汽车行驶时突然提速？

汽车曾出现跳跃式前进的现象。停车后将发动机稳定在中油门位置时，电流表指示的充电电流值也不确定，作周期性忽大忽小的摆动。

这一故障的实质是发动机转速不稳(俗称“喘气”)，其主要原因又多为点火时间或混合气的供给量不稳定，在某一范围内忽大忽小地变动,导致发动机的转速也随之产生不稳定现象。

根据此故障只在发动机中速时才出现的特征,这是一个在发动机中速运转时,能产生共振故障的元件造成的,而这一元件又能控制点火时间或控制混合气供给量。通过对发动机各系统的构造及工作原理分析知,当分电器的点火提前角离心调节装置的飞锤销与销孔松动,或飞销弹簧的弹力不当时,在发动机进入中速运转区段后,飞锤的张开角度随着共振而作周期性的忽大忽小的变化,使点火提前忽早忽晚。此是外,如果化油器上的节气门松旷,当发动机中速运转时,在这一吸气流的冲击下,节气门在松旷范围内产生了共振,自动在一小范围内忽开忽闭,使混合气量的供给忽多忽少,也会引起发动机转速不稳。

为了确切找出真正的故障所在部位,可按如下步骤进行判断处理:

①将化油器的上半部分拆下,把脚油门稳定在相当于发动机起动的位置,然后用手晃动节气门(油门)。如果节气门能在一小区间内开闭,应设法消除松动,故障便可消除。

②经排除节气门无松动,可再拆下分电器盖,检查飞锤销与飞锤销孔是否磨损过甚。如磨损量不大,则应及时更换飞锤弹簧。

此故障经上述分析现象,并在更换飞锤弹簧后,发动机转速不稳的故障终于排除。

43. 为什么关闭点火开关后起动机还继续转?

汽车接通点火开关时,起动机能带动发动机运转。当关闭点火开关时,起动机仍然继续运转。一般遇到这种情况,都会认为是点火开关故障所致,于是卸下点火开关接组合电器的导线,故障现象还是没有消失。只好将蓄电池搭铁线拆下,断开总电源。

经过重新检查起动线路,发现组合继电器中的起动继电器触点表面严重烧蚀,其触点厚度远远小于 0.4mm,故障原因至此已很明显。这是因为当接通点火开关时,电流通过组合继电器的起动继电器使触点闭合,起动机运转。当关闭点火开关后,由于起动继电器触点严重烧蚀，触点被烧蚀的脏物粘合在一起不能张开。因此电流不经过点火开关的控制，与起动机电路直接形成通路，造成起动机继续运转。

排除此故障时，驾驶员一般最容易疏忽对组合继电器触点的检查，当汽车在行驶中遇到此情况时，若一时难找到新的继电器，可以用细砂纸将继电器的触点擦干净，也可应付行车。

除了以上原因分析外，如果起动机的电磁开关铁心不能回位，也可使起动机因与发动机无法脱开而继续运转。

电磁开关就是我们习惯上常说的吸拉线圈，它在起动电路中对起动电机的起动，以及起动电机与发动机的结合起开启和关闭开关的作用。使用已久的电磁开关常常会发生一种危险的故障。就是发动机着火后松开起动开关，电磁开关的铁心不能回位，起动机不能与发动机脱开，继续运转，发出惊人的叫声。有经验的驾驶员此时会立即拆开蓄电池搭铁线，否则时间长久后必会烧坏起动机。故障的原因多为：

①桥式触点在使用中严重烧损。

②回位弹簧的弹力太弱。

③电磁开关铁心移动发卡。

④铁心移动的行程过大。

其中前三个原因比较明显，而第四个原因往往不被注意。在使用维修过程中，由于桥式触点的不断磨修，致使动触桥和静触桥之间的距离增大，致使铁心移动行程也增大。

为什么此行程增大，就会发生这种故障呢？原因是电磁开关与分离结合杠杆之间是铰接，因而铁心移动路线为弧线。如果行程小，这种弧形运动现象可被铁心在线圈里发卡，使电磁开关断电后，铁心不能回位。解决的办法是，在静触点后面加垫或缠绕铜丝，使静触点和动触桥之间的距离减小，其距离不应大于3mm。

44. 为什么空气滤清器出现响声？

发动机在运行中空气滤清器产生异响，且响声越来越大，“砰、

砰”作响,原因多为:

(1)进气门间隙太小或与座贴合不严密。

(2)相邻气缸的过梁处气缸垫被冲坏。

(3)排气门间隙过大,而不能完全打开。

空气滤清器之所以产生“砰、砰”的声,是因高温、高压气体在进气管或空气滤清器里,快速冷却和膨胀的结果。进气门间隙或与座贴合不严密时,只能在空气滤清器里产生“噗、噗”的漏气声。相邻两缸过梁处的气缸垫被冲坏时,则会在空气滤清器处听到“噗、噗”的声音。当排气门间隙过大时,由于排气门的晚开、早闭,气门不能完全打开,致使部分高温高压废气不能及时排出。待到进气门打开时,这部分废气就从进气门中冲入空气滤清器,并与流向相反新鲜空气混合,温度迅速降低,体积迅速膨胀,从而产生既有“噗、噗”,又有“砰、砰”的打鼓声。

45. 空气滤清器为什么工作不良?

滤清器采用经过树脂处理的微孔滤纸滤芯,外套泡沫塑料。这种纸质滤芯具有重量轻、成本低、保养方便和滤清效果高等优点。但若使用保养不当,就会部分或完全失去过滤作用。

纸质滤芯不可用汽油或水洗涮,但可轻轻拍打取出的滤芯端面,最好用压缩空气由里向外吹,以清除滤芯上的尘土。

为使发动机在预热时,能向化油器供给加热过的空气。空气滤清器还设置了热敏开关,使进入的热空气能使化油器配出稍稀的混合气,降低碳氢化合物有害气体的排放。

空气滤清器恒温控制系统,由热敏开关、活动阀门、真空膜片及拉杆活门等零部件组成。通过一根空气软管总成,将空气滤清器与发动机前端的进气口连接起来。

热空气由软管通过气管活门进入进气管,进气管的开闭受进气温度和进气管真空度控制。当进气管真空度较大时,真空泵膜片向上运动,通过拉杆使活门打开。活门开度的大小,取决于进气管的真空度。在管路中串联热敏开关的目的,是当进气管中温度高于13℃以上时，热敏开关打开，使真空马达上方通大气。膜片向下运动，活门关闭，热空气不能进入进气管。

反向延迟阀的作用是，当进气管中的真空度较大时，能使活门立即打开，而进气管中真空度较小时，能使活门延迟1分多钟关闭。

使用中，当空气滤清器装置的恒温控制系统工作效果不好时，可进行以下检查：

(1)空气阀门功能的检查。

①关闭发动机，从空气滤清器上拆下进气软管，注意观察空气阀门的位置。阀门应完全打开，停止进入热空气。

②起动发动机，阀门应全部关闭，此时为进入热空气的位置。

③迅速打开节气门1/2～3/4位置，空气阀门应能短暂地保持静止，然后停止进入热空气的方向移动，最后又回到了热空气位置。

④将进气软管接到空气滤清器上，当发动机达到正常的工作温度，拆掉进气软管，空气阀门应在全开或半开位置，对化油器提供合适温度的空气。

⑤关闭发动机，把进气软管接到空气滤清器上。如果空气阀门上述功能失灵，则可能是进气通道阻塞卡住，真空软管松动脱开。或是热敏开关、反向延迟阀、单向阀、进气支管等有漏气现象。必要时应更换。

⑥如果空气阀门可以用手开启自如，也没有发现软管脱开和漏气。然后起动发动机。如果空气阀门闭合，说明热敏开关、反向延迟阀或单向阀可能有故障，必要时应予以更换。

(2)热敏开关功能的检查。

①从热敏开关上拆下真空软管。

②在热敏开关上接上真空泵和真空表。

③将47kPa的真空度施加到热敏开关上，在5℃以下时，应能保持真空。

④将热敏开关加热至13℃以上,通气阀门应能打开,真空度降到零。否则,应更换。

(3)活门功能的检查。

①拆下空气滤清器盖观察活门位置时,活门应关闭。当从进气支管上拆下真空软管,施加6.7～13.5kPa的外部真空源时,活门应打开。

②如果活门没有打开,可将真空管直接加到空气滤清器上。如果活门还是打不开,应检查是否是变形,必要时应进行修整。

(4)反向延迟阀功能的检查。在活门完全关闭之前,反向延迟阀应延迟1分钟以上。

①将反向延迟阀一端的真空软管拔下,用外部的真空源施加6.7～13.5kPa的真空度。

②使用记时器,记录延迟阀失去真空达到的大气压力所用的时间。若失去真空所用的时间小于4.5s或小于13.2s,则应更换反向延迟阀。

③安装新的反向延迟阀时,有色一端应朝向活门。

46. 猛加油门时水箱口为什么喷水?

发动机水箱喷口喷水就是冷却液从水箱加水口中喷出,这种故障多发生在汽车行驶一定里程之后。这是冷却系统中较难排除的一种故障,实践证明故障原因往往是过热、堵塞,或是气水窜通引起的。

当猛加油门时,有时发动机水箱加水口会突然出现像“开锅”一样冒气、喷水的现象。发动机转速越高,外冒的冷却水越多,似同“开锅”。但这里水温表却指正常温度范围内,且发动机熄火停车时,冒水喷水现象立刻消失。停车查看,也不开锅。经分析,其常见原因可归纳为以下几点:

(1)水箱工作不正常。修理水箱散热器时,破损的冷却管往往采用封堵的办法,即将冷却管的两端焊死。显然这种作法,必会大大减少冷却管总的水流通过面积,减少上贮水箱的出水量,容易产生水箱喷水现象。所以，封堵的冷却管的数量不宜过多，一般规定不超过冷却管总数的10%。

另外，当散热器被撞压，部分冷却管被压瘪，散热器下水管堵塞或挤扁等。如不及时修复，也会增加水流阻力，减少上水室的出水量，而产生水箱喷水的现象。

(2)水箱内水垢过多。若水箱散热器冷却管或出水管内沉积的水垢较厚，甚至局部堵塞。此时，必将使水流通过面积减少很多，致使水箱的上水室流出水流的阻力增大，水量减少，也易引起水箱喷水。此时，可用手抚摸水箱的温度，一般下水室稍低，上水室稍高，差别不太大。若有明显差别，可判断是水箱堵塞。这时要拆下水箱检查，由于汽车水箱散热器的管壁都很薄，因而捅洗时要特别注意防止损伤。水箱堵塞的部位，实践中发现多为上贮水室散热管进口处。

(3)气缸垫烧损或气缸盖、气缸套出现裂纹，使高压气体窜入水套。如果此时汽车全负荷、长时间地低速上陡坡，发动机就会因此而过热。当燃烧室外围边沿因此而温度过高，气缸盖水套接合处的气缸垫，将被相邻燃烧室的高温火焰侵蚀，最后将气缸垫冲坏。气缸内的高压气体从燃烧室进入水套，使循环水受压，造成水箱加水口突然会像“开锅”一样冒汽、喷水。

(4)水泵进水胶管过软。水泵进水胶管过软，发动机运转水泵所产生的真空吸力，会使胶管凹瘪。这样一方面会使冷却水循环时的截面积缩小，使发动机的温度增高。另一方面会使胶管的水容量减小，其减小的那一部分冷却水，将会从水箱加水口挤出。

47. 冷却风扇为什么折断变形？

冷却风扇由V带驱动。风扇的作用是吸动空气，使它从前向后穿过散热器芯子，以便加强水的冷却，同时也可以使气缸散热。

风扇在工作中常见的缺陷是叶片折断或变形，主要有原因是由于铆接不牢或碰撞散热器，以及风扇传动带折断并缠绕在风扇上所致。

叶片断裂脱落飞出,将会打坏散热器和其他机械。叶片变形则会影响风扇的平衡,引起噪声和振动,使风扇无法正常工作。风扇的振动和摆动,将加速水泵轴承的磨损,引起水泵轴的断裂,以及泵体及气缸体之间连接螺栓的松动。具体地说,以下原因均可导致风扇在使用中早期损坏:

(1)散热器安装位移过大。为了充分发挥风扇的扇风效率,风扇与散热器的轴向间隙都较小。如果安装时散热器位移过大,超过允许限度,既有可能使风扇损坏,也有可能导致散热器芯子损伤。

(2)水泵轴与轴承磨损严重。若风扇和带轮不平衡,或装配时水泵轴与水泵叶轮、带轮毂的同轴度和垂直度误差没有达到规定要求,在转速和负荷增加时产生晃动,即会引起水泵轴及轴承的磨损。在这种情况下,水泵在运转时就会发生松动现象,造成带轮和风扇等晃动,致使风扇和散热器产生机构损伤。若使用过程中,风扇传动带调整过紧或过松,冷却水泵轴承没有按保养周期进行保养,或没有及时加注规定牌号的润滑脂(俗称黄油),也会使水泵轴承早期磨损。

48. 怎样判断发动机点火系统的故障?

发动机不易起动或熄火的原因,确认是点火系统发生故障,可以根据以下情况进行判断。

(1)打开点火开关,仪表不动,说明低压线路断路。打开起动机开关,且起动机不转,表明起动机至蓄电池间断路。此时应逐项检查:蓄电池火线是否断路或松脱;连接蓄电池各单格的横铅条是否有断裂现象;总保险开关电线接头是否松动;起动机火线接柱是否松动,或蓄电池及起动机内电路是否有故障。

打开起动机开关,起动机转动,同时开灯不亮,按喇叭不响,则表明故障为起动机至保险仪表之间。此时,其检查步骤是应查看起动机至电流表间导线,是否有松动或断路;电流表或喇叭灯光线路是否有断路。

打开起动机开关,起动机转动,同时开灯亮、喇叭亮,但开灯时电流表指示放电。说明蓄电池至电流表间电路良好，而表明点火开关至分电器断电触点间断路。此时，应检查点火开关是否失效；点火开关至点火线圈间导线是否脱落或中断；分电器断电触点是否能闭合或接触是否良好；以及点火线圈的初级线圈是否烧断等。

(2)打开电门，起动机转动，表明蓄电池有电，再检查低压电路及点火圈至分电器断电触点之间有短路。此时应查看断电触点是否能张开，或间隙是否过小；分电器内部导线是否短路搭铁；电容器及点火线圈内部是否有搭铁短路现象。

(3)打开电门，起动机转动，再检查高压线路以前的低压电路正常。此时应检查中央高压线是否跳火。方法是：拔出火花塞上的一根高压分火线，使它离开气缸体任何部分约 3.6mm。然后开电门使起动机转动，或用旋具拨动分电器断电触点，看它有无跳火。若火花微弱或不跳火，问题在高压线路。其原因一般多为断电触点间隙太大或污染烧蚀；电容器损坏；点火线圈不良或中央高压线失效。

若高压线跳火，则故障的原因大多在于火花塞及点火时间不正常。

49. 怎样判断发动机晶体管点火器故障?

以桑塔纳轿车为例，发动机的点火系采用了霍尔电子点火装置，其接线方法如图 7-11 所示。

霍尔电子点火装置的工作重点，是应用霍尔原理，采用霍尔触发的形式，即磁场中电子的偏移来产生一个电势信号，磁场的出现使输入电流转变为方波的电势信号输出。经过整形、脉宽调节和输出电流调节等，依靠产生的霍尔电势信号，放大器未级切断点火线圈初级电流，次级线圈产生出高压。

霍尔传感器安装在分电器内部，由霍尔元件和磁铁组成，二者之间有微小的间隙。分电器轴上安装有一个叶片数与气缸数相同，可插入磁铁与霍尔传感器之间间隙的铲状转子。分电器轴转动时，当铲状叶片插入磁铁与霍尔传感器之间的间隙，霍尔元件输

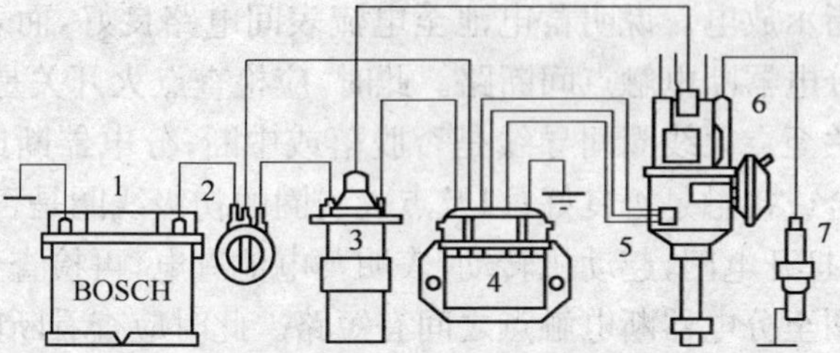

图 7-11　桑塔纳轿车发动机点火装置示意图

1. 蓄电池　2. 点火开关　3. 点火线圈
4. TCI 晶体管　5. 霍尔元件　6. 分电器　7. 火花塞

出低电平。反之,则输入高电平。铲状叶片插入气隙与否,霍尔元件输出电平的高低,决定着 TCI 晶体管的导通或截止,从而控制点火线圈初级电路的通断,使点火线圈次级产生高压电火花,完成点火动作。

当发动机由于晶体管点火系的原因,而运转不良时,可首先拔出分电器的高压线端头,使之靠近发动机的任一搭铁点,用起动机转动发动机,观察高压线端与搭铁点间是否跳火。若跳火,表明点火系完好。若不跳火,说明点火装置有故障。

在使用中点火系出现的故障,一般常为线路连接不良,这时应先按照 7-11 所示查线,而不要轻易更换元器件。

霍尔传感器的检测,可用电压表进行。此时,拆下 TCI 晶体管控制装置接线盒上的橡皮套(在发动机左边刮水器的下面),TCI 晶体管控制装置接线盒上标有 1、2、3、4、5、6 和 7 的号码,测量 6 号柱对 32 号柱(接地)的电压。接通点火开关,若此时转子叶片正在霍尔器和磁铁之间的气隙内,则电压表上应显示 9V 左右。而转子叶片脱离霍尔传感器和磁铁之间的气隙时,电压表上应指示为 0.4V 左右。在电源电压正常(5 号接柱对地电压为 10V 左右)的情况下,若电压表读数与上述不符,则说明霍尔传感器出了故障。

从分电器拨出插头,可用电压表直接测量 TCI 晶体管控制装置的输出接柱(1 号接柱)的对地电压。当分电器轴转动时,电压应在电源电压与零之间摆动。否则,即为 TCI 晶体管控制装置出了故障。

晶体管点火装置虽有较好的点火性能,工作也比较可靠,但在使用中应注意以下几个问题。否则,也容易出现故障。

①晶体管的使用性能和寿命受温度影响较大,因而使用中不得任意挪动,以保证远离热源,通风良好。

②搭铁极性必须与汽车搭铁性相一致。

③晶体管点火装置由于次级电压和高压火花能力大,因而可减小推迟点火提前角 3°～5°,火花塞间隙可调整为 1～1.2mm。否则,发动机功率会下降。

④因点火性能的改善,可燃混合气的燃烧速度快,故此可将化油器主量孔流量略微调小,用较稀的混合气降低油耗。

⑤蓄电池应有 8V 以上的电压,否则将不能正常工作。

⑥停车时,应立即关闭点火开关。否则,容易烧坏 TCI 晶体管。

⑦只有点火开关关闭后,才可拆除或安装点火线路。

⑧维修时,焊接晶体管所用的电烙铁不得超过 45W,且每次接触时间不要超过 10s。

50. 为什么桑塔纳轿车冷车起动困难?

故障现象:一辆桑塔纳俊杰轿车,该车空调不工作,发动机冷车起动困难。

故障诊断与排除:通过检查发现,该车的空调制冷系统确实不工作,但发动机怠速运转稳定,加速正常。接上诊断仪对发动机电控系统进行检测,读取到两个故障码:00577,爆燃传感器控制 1 缸超过调节极限(偶发性故障);00522,发动机冷却液温度传感器(G62)不可靠信号。对记录的故障码进行清除时,00522 号故障码不能被清除,说明是长期性的故障。

通过查看数据,冷却液温度为 65℃,与发动机实际冷却液温度大致相符。继续运转发动机,冷却液温度应升高,但其值恒定不变。再查看数据流第020组第3区的显示,表明已经有空调请求信号,且能随着空调开关的通断而变化。但第4区的空调压缩机工作信号却没有出现,显示的是OFF。再次清除故障码,00522号故障码仍然不能被清除。此时怀疑冷却液温度传感器存在故障,并导致发动机控制单元切断了空调系统。于是拔下冷却液温度传感器插头继续观察数据流,发现该值居然没有任何变化。测量到冷却液温度传感器的两根导线的对地电压,一根是4.8V,一根是0V,在正常范围内。接着拆下了冷却液温度传感器,并对其提供给发动机控制单元冷却液温度信号的两个端子进行了测量,发现两个端子不导通,说明传感器已经损坏,必须更换。但为什么插头拔下后显示值没有变化呢,难道是发动机控制单元出了故障?又想到数据流中的显示值可能是发动机控制单元设定的替代值。于是拆掉蓄电池的负极连线,在等待几秒钟后重新装复,打开点火开关重新查看数据流,冷却液温度显示为−39℃,但在起动发动机一段时间后温度值变为65℃,果然是发动机控制单元预先储存的替代值。

为进一步确定故障原因,开始检查空调系统。检查时发现,且装备了安全气囊、ABS等装置,但其空调控制系统依然与老款的时代超人相同,没有任何改进。空调系统的工作根本不受控制单元控制,空调系统仅仅只有把空调请求信号和空调工作信号提供给控制单元作为发动机的怠速转速修正信号而已。经仔细检查,该车空调系统的故障原因为温度控制器损坏。在将它直接短接后,起动发动机准备试一下空调,结果发动机居然不能够起动了,连续起动几次也没有任何能起动的征兆。

根据维修经验判定,冷却液温度传感器损坏不会严重影响发动机的起动,所以先检查了点火系统,并测量了燃油系统压力,但未发现异常。在拆下火花塞时,可以看到火花塞全部燃烧不好,明显发黑,还是湿润的,似乎没有点火。在将火花塞清理干净后装复，发动机仍然不能起动，于是决定检查喷油器的工作状况。随后拔下第1缸喷油器的连接器，连接好二极管试灯起动发动机，只见二极管试灯闪烁不停，证明喷油器工作。此时还出现了意外情况，发动机居然起动了，只是排出的气体中汽油味特别浓。立刻利用诊断仪观察数据流，发现怠速时的喷油时间居然高达5.9ms，若仅仅是冷却液温度传感器损坏不应该有这么大的喷油修正量。再观察决定喷油脉宽的空气流量计数据，也高达6.829/s。此时发动机加速迟缓，读取故障码，却依然只有冷却液温度传感器的故障码存在。怀疑空气流量计出现了问题，但当发动机温度上升后，空气流量计的数值又下降到了3.899/s，喷油时间也下降到了只有3.6ms，发动机恢复正常。于是将发动机熄火重新起动，发动机工作正常，经多次试验也正常。在检查了空气流量计的相关线路后没有发现什么问题，因此初步判定是冷车时空气流量计工作不良或存在间歇性故障。

为了排除冷却液温度传感器故障对发动机运行的影响，更加准确地判断该车的故障，使用了一个5kl.I的电位器临时代替冷却液温度传感器接在线路上，模拟冷却液温度传感器工作，并在温度固定为90℃(接近正常工作温度)时再次清除故障码，故障码被清除了。起动发动机后，发动机运转正常，各项数据流均正常。后来在发动机充分冷却后，将电位器调整到对应环境温度约25℃时再次起动发动机，结果发动机勉强可以起动，但混合气依然较浓。发动机抖动较为厉害。不等温度上升，人为地将电位器调节到90℃，运行状况没有什么变化，数据流与上次出故障时几乎相同。为此，排除了冷却液温度传感器故障的影响，可以肯定是空气流量计不良。认为是该车的空气流量计热稳定性不良，加之冷却液温度传感器损坏，最终导致该车冷车混合气过浓，起动困难。最后在更换了冷却液温度传感器、空气流量计及温度控制器后，发动机及空调系统均恢复正常。再观察数据流，空气流量计值3.69/s，喷油时间为3.1ms，全部在正常的范围内，混合气也正常。车辆运行

3个多月,故障再未出现。

51. 为什么桑塔纳2000轿车起动困难?

故障现象:一辆桑塔纳2000轿车(采用AJR四缸电控燃油喷射发动机),行程6万km。其发动机在熄火几小时后难以起动,早晨冷机时起动尤其困难,而且在起动后抖动严重。该车已经检修过几次,仍未能排除故障。

故障诊断与排除:接到该车修理时,认为此类故障很普遍,只要对油路及有关电路进行相应检修,故障应能排除。于是用V.A.G1552故障诊断仪对该车进行诊断,发现发动机电控系统无故障码储存。读取发动机怠速运转时的数据流,并对各组数据进行分析,以期从中分析出故障原因,但各组数据均显示正常。如点火提前角在12±4.5°范围内,节气门开度为0.5,发动机负荷为1~2.5ms,空气流量传感器信号数值为2.4g/s,进气温度值显示正常,氧传感器读数在0.1~1.0V频繁跳动。通过对以上各组数据流分析,可以断定该车电控系统正常。

因为若燃油系统在发动机熄火后不能保持一定的压力,也会导致发动机难以起动,所以就对该车燃油系统进行检查。把V.A.G1318燃油压力表串接在该车进油管中,打开燃油压力表开关,使发动机怠速运转,测得燃油压力接近250kPa;拔去燃油压力调节器上的真空管,燃油压力为300kPa;接上真空管后踩一下加速踏板,燃油压力表指针在280~300kPa间跳动;断开点火开关10min后,燃油压力保持在150kPa以上。从检查结果看,燃油系统工作正常。对该车发动机进气系统进行检查,未发现有泄漏的地方,空气滤清器也比较清洁。

发动机电控系统、燃油系统及进气系统经检查确认工作正常后,由于该车故障在放置一夜后才会表现得较为明显,于是将该车放置一夜。

第二天早上起动发动机,在发动机室前进行观察,在起动过程中,发现发动机运转声但高速无力,液压挺柱部位发出很大的噪声，感觉发动机气缸压力有异常。经测量发现各缸的气缸压力均在1.0MPa以下，低于标准值。在连续起动几次后，发动机勉强着火，但工作状况不好，抖动严重。发动机冷却液温度接近正常后，其工作状况趋于好转。熄火后重新起动，发动机工作一切正常。于是得出结论：该车故障是冷机时气缸压力低所致。更换发动机机油滤清器支架后，上述故障得以排除。

该车机油泵是由曲轴通过链条直接驱动的，链条由弹簧张紧机构保持一定张紧度，机油泵是转子式机油泵，在润滑油道中有两个减压阀，一个装在机油泵上，另一个装在机油滤清器支架上，其作用是当冷机或者机油压力过大时，避免机油压力过高造成的危险（冲坏气门）。在机油滤清器内还装有一个旁通阀，其作用是当滤清器堵塞时，旁通阀打开，未被滤清的机油仍能输送到各润滑点，避免损坏机件。在机油滤清器支架上，还装有一个极为重要的止回阀，其作用是当发动机不转时，阻止气缸盖油道内的机油回流到油底壳内。该车故障原因就是该止回阀工作失灵，在发动机放置一段时间后，气缸盖油道内的机油回流到油底壳，导致冷机时液压挺柱内的机油泄漏过多，使气门间隙增大，冷起动时气缸压力变小，造成发动机起动困难。

52. 为什么桑塔纳轿车无法起动？

故障现象：桑塔纳CNG出租车，因为无法起动送维修站维修。

故障诊断与排除：对该车进行了检查，起动发动机运转，但是该车无任何着车的迹象，然后拔掉分电器高压中线进行跳火试验，结果没有高压火，由此确定该车无法起动是点火系统存在一定故障。随后对该车的点火系统进行了进一步的检查，拔掉分电器上的三线插头，插上新的分电器，打开点火开关，转动分电器，可以看到仍然无高压火，但是可以听到燃油管路中电动汽油泵工作传来的燃油流动声音，由此确定点火系统中分电器已经将信号传递至发动机控制单元，指令油泵工作，说明分电器在中霍尔传感器至发动机控制单元的信号线路正常,故障应该在发动机控制单元至点火线圈的线路。随后使用万用表检查点火线圈初级和次级线圈电阻.初级线圈电阻为 0.6Ω 左右,次级线圈电阻为 5kΩ 左右,说明点火线圈正常。为了进一步验证检查结果,又将新点火线圈插上,起动车辆,依旧没有高压火,由此确定故障范围在发动机控制单元控制点火线圈的控制线路上。点火线圈相关电路如图 7-12 所示。

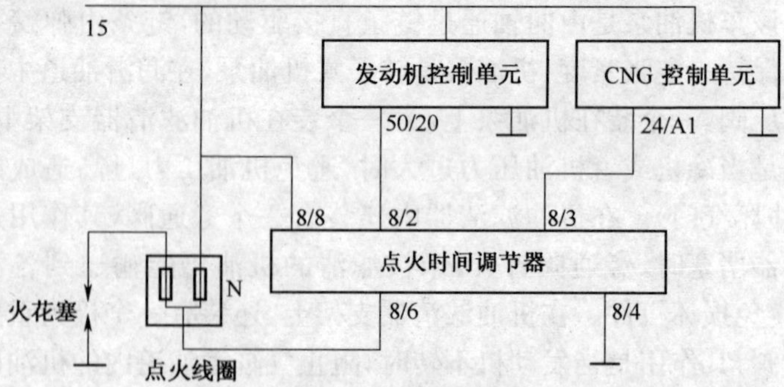

图 7-12　点火线圈相关电路

桑塔纳 CNG 车的点火系统与普通桑塔纳的点火系统和燃油喷射系统有较大的区别,在桑塔纳 CNG 轿车上,发动机控制单元控制点火线圈的驱动电压并不是直接来控制点火线圈的,而是将点火信号传递给点火时间调节器。当发动机切换到燃气状态后,GNG 控制单元会控制点火时间调节器,以发动机控制单元提供的点火时刻为依据做必要的调节,最终由点火时间调节器来控制点火线圈完成跳火工作。依据电路图检查点火时间调节器的供电和接地之间电压均正常;检查 CNG 控制单元至点火时间调节器信号线路连接正常,由此判断点火时间调节器损坏。由于没有配件,直接将点火时间调节器的点火输入和输出引脚短接,使发动机工作到燃油状态并起动发动机,点火正常,由此进一步验证了点火调节器损坏的故障判断结果。随后将车辆开回维修站,更换新件,顺利排除故障。

53. 为什么桑塔纳 2000 轿车发动机熄火后难起动?

故障现象:该桑塔纳 2000GLi,正常停车后就出现难起动的情况，勉强起动后不能够起步行驶，排气冒黑烟，发动机抖动严重。

故障诊断与排除：该车用诊断仪检测有故障码存储。故障码：100561，含义为混合气调整超过极限；00522，含义为冷却液温度传感器或线路故障。为防止人为故障码，清除故障码后再读故障码，诊断仪显示为正常。路试一段时间后也没有马上出现故障码。据驾驶员反映，此车出现易熄火难起动的故障现象已有多次，在其他修理厂已先后更换过点火线圈、高压线、火花塞和汽油泵，问题并没有解决。检测油压，怠速时为 250kPa，急加速时为 300kPa，油压正常。用正时枪检查点火状况，没有出现点火不良的情况（实践证明在没有示波器的情况下，用正时枪检查点火状况，不失为一种好的办法，只要是该缸不工作正时枪不闪亮，缺火也能显示出来，无论是高压线、火花塞或是喷油器的问题）。用真空表检测真空度为 55kPa，用缸压表测量缸压也都在 1000kPa 以上，说明缸压是没有问题的。查看数据，怠速时喷油时间在 4.0ms 左右，节气门开度为 8，氧传感器在 0.1～0.9V 之间变化，只是显示电压偏低，不开空调在 12.5V 左右，开空调和其他用电器时电压在 10～11V 左右变化（注：该车型电脑电压过低会出现加速不良、怠速过高等故障现象）。

用电压表检测发电机输出端和搭铁之间的电压正常，负载时不低于 13.5V，空载时为 14.0V 左右。检测蓄电池两端的电压偏低，为 12.5V 左右，经过清理搭铁线和更换蓄电池线后，再检测，诊断仪上显示的电压正常了，在负载时电压稳定在 13.5V 左右。冷却液温度数据符合实际冷却液温度的变化，与水温表的显示及电子扇的工作状况一致，当再看冷却液温度数据时突然发现冷却液温度降低到－18℃，此时发动机立即抖动，瞬间就好了，此时看数据也正常了，检查冷却液温度传感器线路没有发现有虚接的地方，于是决定更换冷却液温度传感器。经过这些处理后试车，一切正常。

在检修此车的过程中，摸索到修理该类故障的方法。①点火正时的粗略检查。如果正时过早，在打开空调的情况下，发动机转速表指针先降后升；如果正时准确，则转速表指针稳定在800r/min左右，在急收加速踏板时转速表指针下降缓慢，也就是急加速后松加速踏板，转速表指针不是很快下降到怠速状态。②作基本设定，即用诊断仪输入，进入基本设定功能后输入组号001，按确认键执行，在怠速自动升至1500r/min左右即为正常，否则就要检查怠速电动机是否脏堵，正时是否正确。在执行该功能时，要确保系统没有故障码(注：用正时检查正时的时候，需将点火线圈旁边一根绿色单插子的线接地)。

54. 为什么桑塔纳时代超人轿车发动机怠速发抖，加速无力?

故障现象：该车行驶了30万km的桑塔纳2000GSi轿车，装备AJR型发动机，采用BOSCH M38.2电控多点燃油喷射系统。

该车两个月之前由于烧机油曾进行了大修作业，在磨合阶段，发现该车冷车刚起动的时候，怠速有些抖动，当时认为该车磨合完后就会好了。但是随着该车的使用，故障愈发明显，并且出现急加速无力的症状。现在冷车起动后，怠速抖动严重，转速只有700r/min左右，并且有时会自动熄火，回修理厂检查，先后更换了缸线、火花塞、氧传感器及空气流量传感器，清洗了节气门，故障未见明显好转。

故障诊断与排除：接车后，先做基本检查未发现异常，连接故障诊断仪，打开点火开关，进入发动机电控系统，查询故障记录，发现记录有三个故障码，分别是：

①01165：节气门控制单元，1338基本设置错误；②900533：怠速调节超过自适应界限；③00668：30号线电压太低SP，清除故障码后，用“基本设置功能”对节气门控制单元进行匹配，显示匹配成功后，退出该系统。发现怠速依然抖动，重新进入系统查询故障码，显示该系统正常，无故障记录。用“测量数据块功能”读取发动机数据流，有以下几组数据：发动机转速700r/min，节气门开度2，点火提前角4.8°，冷却液温度85℃，进气温度34℃，发动机负荷

2.2ms(喷油脉宽),进气量3.19/s,氧传感器电压0.1～0.2V,燃油调整25%。上述数据显示混合气过稀,燃油调整已达极限。根据数据分析可能是燃油供油压力低,喷油器堵塞或进气管道有漏气。检查进气管路未发现漏气部位,连接燃油压力表测量燃油压力,怠速下油压为240kPa左右。拔下油压调节器上的真空管,油压上升为300kPa。关闭点火开关后,油压能保持在200kPa左右约10min,基本上可判断燃油系统供给正常。在检查的过程中发现怠速间歇性的发抖。配合数据流观察发现,在中负荷时,燃油调节为6%左右,氧传感器电压为0.2～0.7V,松开加速踏板怠速急剧抖动,氧传感器电压跳至0.1V,约0.5min后怠速逐渐稳定下来,燃油调节达到25%,使用基本设置功能,输入099关闭氧调节,怠速抖动严重。将燃油压力调高至350kPa时,怠速稳定,各项数值趋于稳定,但节气门角度却变为0,分析应该是节气门之后的进气管路漏气所致,将炭罐和制动真空助力泵的管路依次断开,未见明显反应。用化油器清洗剂对喷油器根部轻轻喷射,在喷射3缸和4缸的根部时,发动机转速有明显的波动,拆下3、4缸喷油器检查,发现两个喷油器的密封圈已扭曲变形且老化开裂。更换四个喷油器的密封圈后,发动机怠速稳定,各项数据流恢复正常,故障排除。

故障总结:该车在大修时,修理工未按规定将密封圈更换,安装时又操作不当,将密封圈扭曲装入,刚开始只是轻微漏气,故障不明显,但随着该车的使用,密封圈所处的恶劣环境(高温、振动),导致故障愈发严重,给车主带来不必要的麻烦。进气管路漏气对于采用不同的控制方式以及漏气部位的不同,故障现象也不尽相同。在判断此类故障时,要根据控制原理,对有关的数据进行科学灵活地分析,才能快速准确地找出故障所在。

55. 为什么桑塔纳时代超人冷车不易起动,起动后怠速不稳?

故障现象:该桑塔纳时代超人轿车,行驶里程8万km。该车冷车不易起动,起动后怠速不稳,热车后加速发闯,车速超过

20km/h 后很难再提高。据车主反映，以前故障只是偶尔出现，最近故障出现的频率越来越高。

故障诊断：维修人员首先进行发动机电控系统检测，位于连接变速杆下部的诊断插座，读取发动机电控系统故障码，显示故障码如下：00561—015，混合气自适应值超过调节界限下限；00561—012 混合气自适应值超过调节界限上限。

根据故障码的提示，首先应该检查氧传感器的工作状态，因为发动机控制单元是根据氧传感器的输出信号来判断可燃混合气的浓度。使发动机保持怠速运转状态，进入数据流中的 007 显示组，观察氧传感器 G39 的反馈信号电压在 0.1～1.0V 之间波动，但变化频率很慢。发动机的燃油系统和点火系统的工作状态都会对氧传感器的信号造成影响，因此接下来应进行基本检查。测量燃油系统压力，怠速状态油压为 250kPa，加速时油压表指针在 280～300kPa 之间摆动，进行保压试验，燃油系统压力始终保持在 160kPa。通过以上检查，可以断定燃油系统工作状况良好。检查点火系统，高压电强烈，为了可靠起见，维修人员更换了火花塞和高压线试验，路试故障现象消失。第二天早晨试车，发动机再次出现难以起动的故障，用示波器检查各缸高压电，发现 1 缸和 4 缸火花塞跳火较弱。

故障排除：1 缸和 4 缸共用 1 个点火线圈，更换点火线圈后，故障彻底排除。

故障总结：点火线圈工作不良造成 1 缸和 4 缸点火能量不足，导致混合气燃烧状况变差，这是该车故障的根本原因。由于点火线圈的原因引起的故障比较常见，但是点火线圈间歇性工作不良导致的故障就有一定的隐蔽性了，根据经验总结，对于随着温度的变化而出现或消失的故障，很多情况下是点火线圈引起的。在检修此类故障时，示波器是很好的辅助检修设备。

56. 为什么桑塔纳 99 新秀轿车急加速回火？

故障现象：该车 1999 年产桑塔纳 99 新秀轿车，行驶中急加速回火。

检查分析：车辆进厂后，维修人员检查故障原因是节气门位置传感器损坏，更换后故障排除。经过一段时间后，该车又出现同样故障。因为当时更换的节气门位置传感器不是原厂配件，所以维修人员怀疑还是原来的故障。再次更换节气门位置传感器后，故障依旧，用户反映该车早晨起动困难，行驶中换档车辆前后窜动，故障越来越严重了。

首先进行试车，感觉点火时间太晚。检查点火正时，发现点火时间确实过晚，但重新校正之后，发动机怠速升高到 1300r/min，而且不稳定。进行路试，发动机除了怠速过高之外其他都正常了。接上故障诊断仪读取故障码，显示系统正常。用 V. A. G1552 进入基本调整，输入 001，进行点火正时的基本调整，发动机怠速会随之变化。在正常情况下，点火提前角为 10°，对应的转速是 1500r/min。但是该车在点火提前角调整到规定值后，转速上升到了 1800r/min 左右。

将发动机熄火后重新起动，怠速转速仍然在 1500r/min 以上，且发动机严重抖动。将二极管试灯接入到喷油器的控制回路中，发现发动机进入了断油控制模式。将发动机熄火，拆下怠速控制阀，连接 V. A. G1552，执行元件诊断功能，对怠速控制阀进行测试，发现怠速控制阀不能完全关闭，大约有 2mm 的缝隙，这肯定是不对的。

故障排除：更换怠速控制阀再进行测试，发现怠速控制阀无论开还是关，都能达到最大或最小位置，关闭时没有缝隙。起动发动机，怠速转速下降到 1000r/min，冷却液温度达到正常温度，发动机怠速稳定在 800r/min。

故障总结：该车进厂时很可能存在两个故障，即节气门位置传感器故障和怠速控制阀故障。在维修人员更换完节气门位置传感器之后，发现发动机的怠速转速远高于规定转速，因此为了使发动机的怠速降到标准范围之内，人为地将发动机的点火时间向后推迟,事后证实,维修人员确实是这么做的。如果当时修理工能够对故障现象做出正确的分析和判断,该车就不会返修。

57. 为什么桑塔纳 2000 轿车怠速过高?

故障现象:该车桑塔纳 2000G 轿车,发动机起动后,怠速转速达 2000r/min 以上,且冷车热车均无变化。

故障诊断:该车发动机采用 D 型(压力型)电控燃油喷射系统,进气压力传感器信号为 ECI 接收的主要信号,它与转速传感器共同将进气量信号和转速信号传给 ECU,由 ECU 计算出发动机的基本喷油量,再根据其他传感器(如冷却液温度传感器、节气门控制器等各种检测发动机工况的传感器)传来的信号计算出修正喷油量。对于怠速居高不下的故障,一般多为进气真空系统漏气或怠速控制系统存在问题,造成进气信号或转速信号出现失误,影响了怠速时的正常供油。

故障排除:首先检查怠速控制阀。将怠速控制阀拆下后进行清洗,然后做通电试验,确认怠速阀性能良好。接下来连接真空表,测量进气支管的真空度。发动机转速在 2000r/min 时,其真空度不足 30kPa,正常情况真空度应为 57～70kPa,由此推断进气系统存在漏气现象。仔细检查各处真空管路,未发现损坏。当检查到节气门体时,发现节气门关闭不严。反复开关节气门,感觉节气门轴处有较大的间隙,于是更换了节气门体。更换后试车,发动机怠速恢复正常。

故障总结:该故障的主要原因是节气门关闭不严,导致进气压力传感器采集了错误的信号,ECU 接收到传感器传来的错误信号后,误认为发动机处于较大负荷工况,从而增大喷油量,使发动机出现怠速居高不下的故障现象。

怠速异常故障在电喷发动机上比较常见,修理人员在排除这类故障时,首先要了解与之相关的发动机工作原理,其次要善于运用真空表等基本检测仪器,以获取相关的实际技术数据,然后通过分析比较确定故障部位,从而达到解决问题的目的。

58. 为什么桑塔纳 99 新秀轿车怠速不稳,加速发闯?

故障现象:该车为 99 款桑塔纳新秀(Gli)AFE 型发动机,采用博世 M1.5.2 燃油喷射系统,行驶 190000km。早晨冷车时起动,需起动两三次才能着车,着车后发动机怠速轻微抖动,急加速回火,缓加速正常。热车后怠速好转,行驶中加速无力,急加速熸车。据了解,该车因为此故障已在某修理厂先后更换了三滤、正时带、高压线、火花塞、分电器、冷却液温度传感器、进气压力传感器、汽油泵,清洗了节气门、怠速控制阀及喷油器,之后也没见车辆好转。

故障诊断:接车后先进行了如下检查:新更换三滤,正时无误,火花塞间隙符合要求,高压线亦没问题,测量缸压都在标准范围内,检查进排气系统无泄漏。之后连接故障诊断仪进入发动机系统查询故障记录,结果显示无故障码。查询数据流如下:发动机转速 800r/min,节气门开度 50°,冷却液温度 92℃,进气温度 42℃,发动机负荷 2.6ms(喷油脉宽),氧传感器电压 0.1～0.9V,上述几组数据与正常车辆相比没有明显异常。连接燃油压力表,进行油压测试:怠速状态下油压为 250kPa,急加速时油压在 280～300kPa 之间摆动,关闭点火开关 10min 后,系统燃油压力能保持在 150kPa,油压值符合标准,说明燃油泵工作性能良好,油压调节正常。将喷油器拆下,喷油试验,发现四个喷油器呈线状喷射,并非圆锥形雾状,找一相同型号车辆,拆下喷油器试验,结果一样,证明故障原因不在喷油器。再次查阅数据流,发现氧传感器电压信号变化幅度较大且频率较慢(0.1～0.9V,每分钟约四五次),检查氧传感器加热电阻线路正常。将氧传感器更换之后试车,感觉有所好转,但急加速无力、熸车现象依然存在。再次观察氧传感器信号,与未更换之前一样,在急加速时信号先是停留在 0.1V 左右不动,有时为 0V,松开加速踏板时,信号跃至 0.9V 不动,随着发动机抖动几下之后,氧传感器信号便又恢复到 0.1～0.9V 之间缓慢变化。连接尾气分析仪,查看实际尾气排放情况,测量结果与氧传感器信号一致,证明氧传感器能够将发动机的实际燃烧情况反馈给发动机控制单元,工作是正常的。分析燃油压力正常,喷油器没问题,喷油脉宽符合标准要求,进排气系统密封良好无泄漏,怀疑进气管道积炭过多所致,拆下进气支管,发现进气道内有厚厚的一层积炭,尤其是进气门附近,足有3mm厚。手工清除进气道积炭后试车,起动一次着车,怠速运转平稳,急加速有力、不再矬车,故障排除。再次查阅发动机数据流,氧传感器信号在0.2~0.7V之间变化,约每分钟十几次。

故障总结:进气道中的积炭,尤其是进气门后部形成的积炭,严重影响发动机的最大进气量与瞬时进气速度,降低发动机的充气系数。另外,进气门后部的积炭多为孔状结构,在冷车急加速时,造成实际进入气缸内燃油过少,导致空燃比偏低、发动机动力不足,加速无力。当发动机从加速状态回到怠速状态时,由于进气门上的孔状积炭所吸附的燃油会不断挥发,导致混合气过浓,造成怠速短暂的抖动。而热车后,随着雾化条件的改善,故障症状会有所好转。另外,此车型所装配的喷油器也不利于燃油的雾化。

59. 为什么桑塔纳99新秀轿车怠速转速过低?

故障现象:该桑塔纳新秀轿车,怠速转速较低,行驶中有时踩制动踏板发动机即熄火;当车速达到60km/h左右时,感觉车速无法提升,但大约1min后一切又恢复正常。该车在几个修理厂修理过,都没能解决问题。该车的火花塞、高压线全是新换的,喷油器不但清洗过,而且更换过两个新喷油器,电动汽油泵、汽油滤清器和空气滤清器都换过了,仍不能解决问题。

故障排除:根据以往经验,此类故障原因多在油路或点火系统,在电控系统的可能性较小。但本着从简单到复杂的原则,还是先用汽车诊断电脑检查电控系统。经检查,电控系统没有问题。点火系统因火花塞、高压线都刚换过,应该不会有大问题。

装上油压表检查油压,怠速运转时的油压比正常值稍低,为220kPa(正常值为250kPa);行驶中车速达到60km/h时,油压有所下降（此时也正是汽车速度无法提升的时候），1min 左右后油压正常。

因油泵及滤清器都是新换的，故障应该在管路上。拆下油路中的橡胶软管检查，发现接头处的橡胶软管有脱皮现象。剪去脱皮的软管，重新安装后试车，一切恢复正常。

60. 为什么桑塔纳 2000 轿车熄火后连续多次才能起动?

故障现象：该桑塔纳 2000 轿车，发动机熄火后往往需要连续起动多次才可着车。

故障诊断与排除：用万用表测量蓄电池电压正常，用油压检测仪检查供油系统压力也正常。断开蓄电池负极连接线，释放燃油系统油压，重新连接油压表，并用一根导线短接电动汽油泵的两个检查插孔。打开点火开关，使油泵工作，发现油压表指示值为 285kPa，低于 295～445kPa 的规定值，且在点火开关关闭几分钟后，油压表上的读数迅速降至 210kPa，正常情况应不低于 250kPa。

检查输油软管及其接头，没有发现泄漏现象。检查汽油滤清器及汽油压力调节器，也都正常。用一根导线短接故障检测插座上汽油泵的两个检测插孔，打开点火开关，从油箱处能听到油泵运转的声音。用手握压输油软管，明显感觉输油压力不足。拆下油箱中的汽油泵，检查发现其单向阀关闭不严。更换新的电动汽油泵，故障消除。

故障总结：发动机熄火后，由于汽油泵不工作，如果单向阀关闭不严，油管中的燃油会倒流回油箱，使油路中无法保持下次起动时应具有的残余压力，因而再次起动时燃油不能及时供给，需要连续起动多次才可着车。

61. 为什么桑塔纳 2000 轿车有时出现起动困难?

故障现象：该车是 2001 年产上海大众桑塔纳 2000GLi 轿车，该车偶尔会出现难起动的故障，即使勉强起动后发动机也会严重抖动，排气管冒黑烟。

故障诊断：使用故障诊断仪调取故障码，共有两个故障码00561和00562，含义分别为混合气调整超过极限和冷却液温度传感器或线路故障，清除故障码，路试一段时间后没有再出现故障码。据车主反映，该车已经出现过几次难起动的故障，已经先后更换过点火线圈、高压线、火花塞以及汽油泵，问题都没有解决。

进行基本检查。检测燃油压力在怠速时为250kPa，急加速时为300kPa，油压正常。使用正时枪检查点火情况，各缸没有点火不良的情况（使用正时枪检查点火情况是一种好方法，当某缸因为缺火等原因导致不工作时，正时枪则不闪亮）。用真空表测量进气支管真空度为55kPa，用缸压表测量缸压都在1000kPa以上。使用故障诊断仪查看数据流，怠速时喷油时间为4.0ms左右，氧传感器在0.1～0.9V之间变化，但发动机控制单元的电源电压偏低，不开空调时为12.5V左右，使用空调和其他用电设备时，电压在10.0～11.0V之间变化。

根据维修经验，对于大众车系的很多车型，当发动机控制单元的电源电压偏低时，即使不会出现起动机转动无力的情况，有时也会出现怠速不稳或发动机突然熄火的故障。用万用表测量发动机的发电量，正常负载时不低于13.5V，但是测蓄电池的电压偏低。更换蓄电池后，蓄电池电压正常。

查看故障诊断仪显示的冷却液温度数值，符合实际冷却液温度，而且冷却液温度数值与散热器风扇的工作状况一致。正为没有找到故障原因困惑时，发动机突然出现抖动现象，此时查看故障诊断仪显示的冷却液温度数值，突然发现冷却液温度数值变成了－18℃，但是这种异常现象在很短时间内又消失了，发动机状态恢复正常，冷却液温度数值也恢复正常了。维修人员检查冷却液温度传感器线路，没有发现虚接和接触不良的地方，于是决定更换冷却液温度传感器。

故障排除：更换冷却液温度传感器之后，试车一切正常。进行后续跟踪回访，该车再没有出现类似故障。

62. 为什么桑塔纳轿车发动机机油面升高?

故障现象:该桑塔纳化油器车,该车在10天前因在发动机油底壳内发现汽油而更换过汽油泵,现在机油液面又升高了3cm左右。

故障诊断:拔出机油尺,看到机油液面高出上限3cm左右,而且有汽油味,说明新换汽油泵的泵膜又坏了。拆下汽油泵做泵油试验,看到汽油从摇臂处流出,证实了油泵的泵膜已破裂。将新的汽油泵安装到发动机上,起动后听到汽油泵发出"咕、咕"的异响。

故障分析:汽油泵吸入空气才会出现这种异响,空气与汽油在泵室中搅动会发出这种声音。询问用户得知:此前已更换过两个汽油泵,且每次更换后都有这种响声,两个汽油泵都是使用一周后就坏了。由此判断是由于漏气才使汽油泵过早损坏,由于空气在泵室中搅动而使泵膜损坏,而漏气位置可能在油箱内部的出油管,也可能在油箱外部的输油管路。

故障排除:经检查,发现发动机处的汽油管被磨出一个小孔,不把油管拿起来还看不到。虽然油管有小孔但是汽油不会漏出来,因为汽油泵工作时汽油管中是微负压,空气还能被吸入。更换汽油管,起动发动机,"咕、咕"异响消失。该车汽油泵使用正常,故障排除。

63. 为什么桑塔纳时代超人轿车大修后机油压力低?

故障现象:该桑塔纳时代超人轿车,搭载AJR型号发动机,该车在行驶途中突然熄火无法起动。经过现场检查,确定正时齿带断裂。随后该车被拖到维修站检修。

故障诊断与排除:维修人员接修该车后,进行初步检查,发现正时齿带并不是老化而断裂的,转动凸轮轴时,发现凸轮轴已经抱死无法转动。看来正时齿带断裂的原因就是由于凸轮轴引起的,同时通过司机得知,该车大修发动机时间并不长,大修发动机时曾经换过曲轴、机油泵及正时齿带等零件。首先,拆下气门室罩盖,检查凸轮轴抱死的情况。检查发现,凸轮轴的多道轴颈和轴盖已经因为润滑不良而导致高温粘结在一起,凸轮轴抱死说明该车的润滑系统存在故障。由于正时齿带断裂后发动机活塞运转的瞬间,气门有被活塞顶弯的可能,加之润滑不良,曲轴和轴承也可能被拉伤,考虑到这些因素,决定对该车发动机进行解体检查,希望找出润滑不良造成凸轮轴损伤的原因。分解发动机后,检查所有气门均没有被顶;检查曲轴的轴颈上多处被拉伤,同时多道轴承有不同程度的磨损;解体检查机油泵可以看到,由于油底壳被严重碰撞而变形,致使机油泵吸油口也轻微地变形。检查吸油口金属滤网没有堵塞,凭经验判断机油泵泵油应良好,检查缸体上的油道也没有发现任何堵塞和泄漏的情况。

经过以上检查,没有找到任何可疑原因,看来凸轮轴的抱死原因只能确定为油底壳严重变形,影响机油泵吸油,发动机高速运转时,缸盖上的机油压力过低,不能良好润滑凸轮轴,导致其与轴承抱死,同时也造成曲轴轴承拉伤的严重后果。随后,按照技术要求对发动机进行了大修,更换了所有的轴承,处理了轻微拉伤的曲轴轴颈,更换了凸轮轴和缸盖,按要求装配完发动机和其他附件后,发动机顺利起动,开始进行热磨合,推动气门的液压挺杆由于机油没有充满,发出的"嗒嗒"声应为正常。但是令人料想不到的是发动机运转 5min 后,机油警告灯逐渐开始闪烁报警,这时拧开机油加注盖,可以看到被凸轮轴甩起的油滴,由此说明机油已经传到缸盖的凸轮轴上,只是机油压力过低。为了验证机油压力是否偏低,拆掉机油高压开关,将机油压力表连接于此处测量主油道压力,起动发动机怠速运转,观察机油表。可以看到机油压力上升至 200kPa,然后瞬间回落到 20～30kPa(正常压力为 200～300kPa)左右,提高发动机转速,机油压力没有达到要求,由此验证机油报警是正常的。

为了查明机油压力过低的原因,首先了解该车型发动机的润滑系统,机油高压开关安装在机油滤清器入口,直接测量机油泵输送到主油道机油的压力,如果此处压力过低,主要有以下几种可能:①机油泵损坏或吸油堵塞。②机油泵到机油滤清器支架的主油道有泄漏或堵塞。③曲轴轴颈与轴瓦严重泄油,或者油道泄漏。为了排除上述可能原因,维修人员分别拆下与缸体相连的机油滤清器支架、油底壳和机油泵进行检查,没有任何泄油和堵塞;同样经过检查确定了机油泵到机油滤清器之间这段缸体上的主油道也没有存在任何泄漏的情况。那么,另外一个原因就是曲轴轴颈和轴承及其相关油道存在泄油的可能了,因为所有的曲轴轴承和连杆轴承都已经换为新件,而且机油低压报警是在本次大修之后出现的。加之维修中可能存在装配失误或配件问题等原因,综合上述多方面原因,决定对发动机再次进行解体,检查缸体中的油道是否存在泄油,希望查到机油压力异常的原因。

拆下并分解发动机后,重点检查各个油道以及曲轴与轴承之间的配合间隙,结果还是没有发现任何问题,但是撬动曲轴时,却无意间发现旷量较大,安装在曲轴前端的机油泵驱动链轮竟然可以在曲轴上打滑转动,这将导致凸轮轴抱死,正时齿带裂的原因终于找到了。

最后,将该车以前换过的曲轴上的旧链轮拆下,牢固地压入曲轴上,重新完成发动机的装配工作,试车一切正常。

故障总结:由维修该汽车机油压力过低的过程可以看出,分析故障原因不是很全面,维修经验左右了正确的维修思路,将故障原因确定在油道的堵塞和泄漏上,而忽视了机油泵传动的机械问题。

64. 为什么桑塔纳 3000 轿车高速时膨胀水箱溢水?

故障现象:该桑塔纳 3000 轿车,据驾驶员反映,此车自从买回来以后,如果车速不超过 20km/h 行驶时,发动机冷却系统无异常出现,冷却液温度指示也在正常范围,但是只要车速超过 130km/h 时行驶一段时间,不管车辆在行驶中还是停止行驶,发动机膨胀水箱盖都会往外溢水,似有开锅现象出现,等到液位指示灯一亮,停车检查,散热器内总是缺少许多冷却液,而此时发动机怠速运转,但无开锅现象,风扇 1 档运转正常,发动机上下水管温差相差无几。

故障诊断:开始以为膨胀水箱盖有问题,但是通过检查与仪器测试,其密封性能在正常范围。于是接上 V. A. G1552 进入发动机 01—08 读取发动机数据流,进行路试,行驶了约 50km,故障果然又出现,而此时发动机冷却液温度在 102℃,没有达到沸点,液位指示灯却点亮,冷却液少了很多。当打开散热器盖时发现冷却系统内压较高,有大量冷却液溢出,而此时电子风扇一直在 1 档运转,却没有 2 档运转模式,由于出现该现象,以为故障已找到,就重点对风扇控制系统进行了检查。根据电路图,影响风扇 2 档运转的零件有:F18 散热风扇温控开关、J293 空调控制器、F129 高低压开关以及电子风扇自身线路等。通过短接 F18 温控开关与 F129 高低压开关,风扇都有高速档运转模式,此时诊断陷入困境。因此,准备先分解气缸盖总成,当在拆卸气缸盖上 10 个螺栓时找到了故障,发现气缸盖后侧靠近排气支管的一个螺栓跟其他螺栓拆卸力矩不一样,力矩较小。经过分解检查,原来问题出在缸体上,由于缸体加工差错,在出厂时也没有及时发现这个问题,经过测量与其他螺孔对比,发现这个螺孔牙矩比其他牙矩相差 8~10cm,只有上半段螺孔有螺纹。大众公司规定这种发动机缸盖螺栓紧固力矩为 40N·m+90°,正因为规定的预紧力矩比较小,所以在组装时很难发现它是否达到规定力矩,这也使得它造成一种紧固假象,从而也就使得车辆在高速行驶中缸内气体进入冷却水道,形成了一时难以发现的故障。

65. 为什么帕萨特轿车冷车起动困难?

故障现象:一辆帕萨特 B5GLI 型轿车冷车起动困难,但起动机运转正常。若用脚稍踩住加速踏板,连续起动几次,可将发动机起动。如果此时稍微松一下加速踏板,发动机马上就会熄火。若使发动机保持这种状态运行 10 几分钟后,发动机则工作正常。

故障原因及诊断:首先使用上海大众公司提供的故障诊断 V. A. G1552 对发动机电控系统进行检测,键入地址词 01,进入 01

查询故障功能，查得故障码为：17916 P1508 035，故障含义是到达怠速调整系统理论上限值。键入 05 清除故障码后，关闭发动机。然后，重新起动发动机再次检查，故障码 17916 P1508 035 仍然存在。利用 08 功能对数据组进行检查，未发现其他异常情况。经询问驾驶员，了解到该车已行驶 20000km 没换过空气滤芯。打开空气滤清器，只见滤芯粘满污物，将其更换并对进气管路进行了清理。再次用 V. A. G1552 清除故障码。根据对故障现象的分析，可能是空气流量计热膜上粘附了粉尘造成进气质量信号失准所致。

故障排除：用压缩气体对热膜清洁后，故障排除。

66. 为什么帕萨特轿车不能起动？

故障现象：该帕萨特轿车，装备 AEP 直列 4 缸电喷发动机，排量 1.8L，行驶里程 12 万 km。车主反映该车几天前就因为不着车在特约维修站更换过汽油泵，换过泵之后发动机运转正常。但又出现了其他故障：在路上正常行驶时突然灭车了，等车略凉一些，又能重新起动。

故障原因分析：根据车主反映的情况，维修人员起动发动机，但发动机无法起动。凭以往的经验怀疑是电控元件的问题。连接故障诊断仪 V. A. G1552，进入地址码 01——发动机控制单元系统，但设备显示无法进入。也许是测试设备出了故障？于是将 V. A. G1552 连接至其他车辆上，很顺利就与电控单元取得了联系。将其重新与故障车进行连接，刚才那一幕又重现。接下来，打开转向盘下方的保险盒盖，用手摸 30 号继电器有点烫手。打开继电器壳，观察里面的焊接点有轻微烧蚀的迹象。另外，还有一个焊点有细微的裂缝。

为什么一个继电器出了问题，发动机就不能起动了呢？这是由于该继电器为发动机控制单元的供电继电器如图 7-13 所示，它损坏以后，导致蓄电池不能向控制单元正常供电。由此，发动机出现这个故障也就不难解释了。

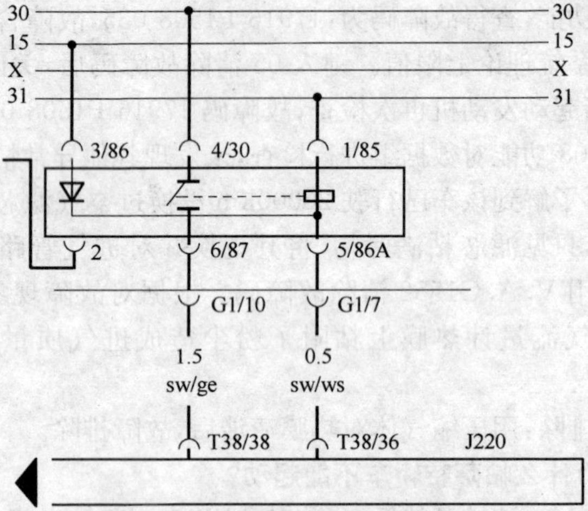

图 7-13　控制单元供电继电器线路

故障排除：更换一个新的继电器后，连接故障诊断仪 V. A. G1552，打开点火开关，进入 01——发动机控制单元系统，这次成功进入。选择功能码 02 查寻故障存储，屏幕显示存在一个发动机临时闭锁的偶发故障。用功能码 05 清除故障存储后，按功能码 06 退出检测系统。起动发动机，一切恢复正常。进行路试，灭车现象再也没有发生。

67. 为什么帕萨特 B5 轿车不易起动？

故障现象：该帕萨特 B5 轿车，装配 AEP 发动机，因不能起动而进修理厂。

故障原因分析：首先连接上 V. A. G1552，显示无故障码，拔下高压线做跳火试验，结果没有高压电，查高压线及点火线圈总成，也没有故障显示。接着再检查控制端是否有故障。

拔下发动机电控单元(ECU)接头，从 ECU 插头处测电源及搭铁正常；发动机转速传感器 G28 也正常。它打开时油泵继电器吸合，说明发动机 ECU 已收到转速信号，命令喷油和点火，此时有油而没有高压电，产生高压电的执行元件正常。于是，怀疑发动机 ECU 有故障。

故障排除：更换 PASSTB5 发动机的 ECU 系统，它采用的是西门子(SIEMENS)4S 系统。更换后起动顺利，故障排除。

68. 为什么帕萨特轿车起动困难加速无力？

故障现象：该帕萨特轿车，更换电动燃油泵后，火花塞总是被淹，致使起动不顺利，加速无力。

故障原因诊断：火花塞被淹，加速无力，说明混合气太浓了。虽然此故障是在更换电动燃油泵之后出现的，如果更换的是同种规格的电动燃油泵，安装也无误（回油管与通气管勿接反）。那么，此故障现象与电动燃油泵无直接关系。因为旧的电动燃油泵供油压力低，喷油量相对新电动燃油泵而言要少一些，所以故障现象应不太明显，这说明燃油供给和电控方面存在问题。所以应从以下几个方面进行分析：

(1)连接燃油压力表，检测燃油压力。不起动发动机，正常值应为 300kPa；怠速运转，其燃油压力的正常值为 250kPa 左右。若燃油压力过高，首先应检查回油管路是否有折弯和堵塞的现象。若回油管路正常，应检查燃油压力调节器工作是否良好。另外，喷油器的喷油量也需检查，但重点检修喷油器有无泄漏的现象，必要时予以清洗或更换。

(2)还应检查电控系统是否存在故障。帕萨特采用 SIEMENS 多点燃油喷射系统，同时也具有自诊断功能，诊断插口在仪表板右下方，使用 V. A. G1551 调取存储故障码，依据所得故障信息进行维修。排除故障后，再清除故障码，试车再次调取有无故障码存在，可使用 08 数据功能，通过数据分析，查找故障点。

根据以上原则，先连接燃油压力表，不起动发动机，发现表上的读数已超过 300kPa。在检查燃油压力调节器之前，先看了一下回油管路，发现有一处有些打折，打折处里面还有些堵塞物，初步判断以上故障可能是回油管路不畅所致。

故障排除将打折的回油管进行清洗，清洗时，发现打折处不容易恢复，索性换一个回油管。装复后，起动发动机，起动顺利，加速时情况也回复了正常。

在排除此类故障时,人们往往想到是喷油器或燃油压力调节器等部件出了故障,而往往忽略回油管路折弯堵塞这些小的因素,诊断故障时就会出现功率不足,因此检查故障点时应按照由表及里、由易到难、由简到繁的原则来进行。

69. 为什么帕萨特轿车加不上油,急加速就回火?

故障现象:该帕萨特 B5GSi 型轿车,行驶中慢慢加速时发动机工作正常,而急加速时,发动机加不上油,回火。

故障原因诊断:原地加油检查,发现发动机加油时,转速可上升到 4000r/min,然后又回到 3000r/min,再继续加油又升到 4000r/min,然后又回到 3000r/min,如此反复。感觉发动机提速至 4000r/min 时,发动机就加不上油了。

连接故障阅读仪 V. A. G1551 读取故障码,显示发动机有 5 个故障码,均为偶发故障:00561 表示混合气调整值超过调整极限值;01249 表示 1 缸喷油器 N30 断路或短路;01250 表示 2 缸喷油器 N31 断路或短路;01251 表示 3 缸喷油器 N32 断路或短路;01252 表示 4 缸喷油器 N33 断路或短路。

用仪器将 5 个故障码清除,再起动发动机试验,故障码仍存在。

再用故障阅读仪读取故障码,这时剩下一个故障码 00561,为偶发故障。

故障码 00561 的含义为混合气调整值超过极限值,可能的故障原因有:

①燃油系统压力过低。

②燃油泵工作压力过低。

③喷油器堵塞或失效。

④空气流量计 G70 有故障。

⑤活性炭罐电磁阀 N80 卡死。

⑥至三元催化器的排气管路堵塞。

首先观察各传感器的数据显示，输入 01——发动机系统，输入 08——阅读数据块的 002 组，显示区域为空气流量计的信号，正常值为 2.0～4.0g/s，怠速时数据正常，加速一段时间后，再看空气流量计的数据，有时超出范围。

经检查燃油系统的压力正常，说明燃油系统燃油泵正常。检查活性炭罐电磁阀 N80，也正常。看来故障是由空气流量计 N70 引起的。

故障排除：更换空气流量计 N70，试车，故障排除。

70. 为什么帕萨特轿车起动后自动熄火?

故障现象：该帕萨特轿车，该车起动一会儿便突然自动熄火，熄火后不能立即起动，稍等数分钟后又能起动，如此反复。

故障原因诊断：初步断定点火系统故障，但点火线圈电阻值正常，用随车电源给初级线圈通、断电和高压跳火，结果良好，检查与点火直接有关的霍尔传感器工作电压为 0V(正常应为 5V)。该传感器工作电压由发动机控制单元直接提供，检测控制单元到传感器导通良好，更换控制单元故障现象依旧。说明控制单元没问题，但不能排除控制单元的电源线有故障。于是将点火开关转到"ON"位置，用数字万用表测量控制单元的电源线电路有故障，故障点一定在继电器上。

故障原因是控制单元控制电器为常开式，继电器线圈通电后触点闭合，为发动机控制单元供电。在继电器中与线圈反向并联一个二极管，作用是消除线圈的感应电势。刚着车温度低、二极管工作正常，工作时间一长，二极管温度升高到一定高度时因热击穿(如同短路)，线圈中没有电流通过，因此继电器触点断开，发动机控制单元断电，自然熄火，等几分钟后二极管降温，工作恢复正常，所以出现此种情况。

故障排除：换一新继电器后试车，故障排除。

71. 为什么帕萨特 GL 型轿车油路电路故障并存?

故障现象：一辆帕萨特 GL 轿车熄火后就不能起动，第一次是在没电更换蓄电池不能发动,到厂后没等维修故障自行消失了,驾驶员便将车开走,故障原因没有查清。时隔一天故障再现,多次起动都是发动后立即熄火。

故障原因分析:检查有高压电,油压正常。用电脑解码器调取发动机系统故障码①17978 发动机控制单元;②00515 霍尔传感器 G40 信号超过容限。清除故障码并进行基本设定后再次起动发动机。第一次很吃力,但随后有好转并逐渐趋于正常。但转速始终不能超过 5500r/min,再次调取故障码,①②重新出现且多次反复仍然不能清除。

检查霍尔传感器的供电电压及传感器至 ECU 的线路均正常,故怀疑霍尔传感器有故障,更换一新的霍尔传感器后,清除故障码并进行基本设定,起动后故障码不再出现。起初试车效果良好,怠速平稳,加速有力,最高转速可达 6500～7000r/min。但后来的几次试车发现,每当行驶一段时间后偶尔还出现熄火现象,稍候再起动故障消失,但运行一段时间后还可能再现。检查自诊断系统显示系统正常。至此,虽然车可以发动,但故障的隐患并未全排除,也就是说随时都有可能再次熄火。检查工作陷入困境。

终于在一天晚上的路试时抛锚,反复起动无效,无奈拖回厂里检查。第二天检查时,自诊断仍然显示系统正常。说明点火系统的故障已彻底排除,出现此类的故障可能油路又出现了问题。因为前几次的检查侧重点火系统,未对油压进行跟踪测量,想再次起动在故障状态下检查系统油压时,一起动故障又消失了。

这种情况下决定拆下油泵检查,打开油箱上盖板取出油泵,仔细检查油泵及滤网发现油泵底部滤网边缘的塑料壁处一缺口。从附着物的颜色看,回油滤网内有不少细沙石颗粒。油泵仍可以工作。

故障排除:将油泵接上电源,用干净的汽油反复清洗油泵后,将缺口用一塑料片封好,将滤网及油箱清洗干净,装好油泵,同时更换汽油滤芯,又反复试车没再出现。

修过此车后，仔细分析故障的成因，原来是油路和点火系统故障交替出现，所以使人一时难以琢磨，甚至会对排除故障的判断产生怀疑。

因为点火系统的霍尔传感器工作不良，接收的错误信息始终存在于自诊系统中，再加上更换蓄电池，导致基本设定紊乱，点火系统出现故障。更换霍尔传感器并进行基本设定后这一故障排除了，接连又出现故障，这看起来很棘手，难道是故障判断失误吗？但仔细分析更换霍尔传感器前后的故障现象，不难看出它们的不同之处。更换以前的熄火是在发动后立即熄火，即使勉强着火加油也不畅，转速不能超过 5500r/min；而更换后的熄火故障间隔时间变长，有时一两天不出现，熄火后稍停一会又可以起动，一旦起动正常便可以高速度运转，而且故障出现的时间不定，这极可能是油泵间歇性不工作造成的。当油泵内的砂石使电刷接触不良或油箱内的沉积物将油泵滤网堵塞时，油泵停转，油压骤然下降导致熄火。过一段时间，随着沉积物和砂石的回落，油泵就又可工作了。

分析故障现象抓住故障前后变化的特点，最终就可找到所有故障的根源。

72. 为什么帕萨特轿车更换正时皮带后发动机工作不稳?

故障现象：一辆帕萨特 B51. 8 L(手动挡)轿车，在一家汽车修理厂更换正时皮带后，出现发动机工作不稳的现象。

故障原因分析：连接故障阅读仪 V. A. G1551，进入发动机控制单元，读取故障码，结果无故障码显示。

询问上次维修人员，更换正时皮带时动过什么部件，其回答说只拆过发动机前部部件，其余地方没动过。检查更换正时皮带时可能动过的部件，没发现问题。

重新检查点火正时，凸轮轴和曲轴标记均对得很正，没什么偏差。

动过的部件没发现问题，只好再找其他部件的原因。更换火花塞、高压线、点火线圈，甚至连发动机控制单元都更换了，故障也没排除。

这时想,会不会是机械方面的故障呢?进行气缸压力测试,2、3、4缸的压力均符合标准,在900～1400kPa之间,而1缸压力只有700kPa,说明故障出在1缸。分析很可能是在上次装配过程中将气门顶弯。再询问维修人员得知,在拆卸正时皮带前没做好记号,在装配时为找正时记号,曾转动过凸轮轴,并将换挡杆放在4挡位置推动车辆,以此来转动曲轴,看来问题就在这里。

故障排除:让维修人员将气缸盖拆下,经检查发现1缸两个进气门被顶弯。更换1缸两个进气门后,发动机工作平稳。

该车在装正时皮带时,强制转动曲轴和凸轮轴,将1缸两个进气门顶弯,导致气门密封不严,引起发动机工作不稳。

对于帕萨特B5轿车而言,若发动机的气门与活塞装配不当,则极易引起干涉,并顶弯气门,因此装配时应注意以下几点:

①拆卸时应提前将正时记号对准。

②装配过程中不能随意转动曲轴和凸轮轴。

③更换正时皮带时,还应检查正时皮带张紧器的状况,若有故障,也应更换。

④更换气门或液压挺杆等部件后,不要立即起动发动机,应等待30min以上,使液压挺杆和链条张紧器充满油。

⑤在安装好配气机构后,应就地将曲轴转动两圈,保证起动时气门不与活塞干涉。

73. 为什么帕萨特轿车发动机热车怠速不稳并熄火?

故障现象:一辆帕萨特B5GSi型轿车,发动机冷车时工作正常,热车时工作不稳,易熄火。

故障原因分析:首先使用故障阅读仪V. A G1551进入发动机电控系统,读取故障码,显示故障码为16496,说明发动机进气温度传感器G42有故障。既然显示为进气温度传感器有故障,那么就应再进入阅读数据块,观察一下进气温度传感器的数据,进入08—003组的第4显示区,发现进气温度传感器数值为－46℃。

进行消除故障码操作，发现故障码不能消除。

仪器检测完毕，还需要用万用表查找进气温度传感器的故障。拆下进气温度传感器，测量其不同温度下的电阻值，与标准值相等。

此时分析故障原因可能有两种，一是线路有故障，二是发动机控制单元有故障。

决定首先检查线路。对照线路图，发现进气温度传感器的线色不对。是该车线色改变了，还是其他原因？在进气温度传感器附近查找，发现进气支管转换阀的插头线色与线路图上标注的进气温度传感器线色一致，而目前接在进气温度传感器上的导线线色，显然应为进气支管转换阀的。

故障排除：将进气温度传感器与进气支管转换阀的插头对调，用 V. A. G1551 清除故障码，再试车，发动机工作正常。

进气温度传感器有故障，发动机控制单元将设定进气温度信号为 19.5℃，根据此温度信号，发动机控制单元控制喷油器喷出较多的油，使混合气过浓，冷车时发动机尚可正常工作，而热车时便造成发动机工作不良，易熄火。

74. 为什么帕萨特轿车发动机出现异响？

故障现象：帕萨特领驭轿车，发动机型号 BGC1.8T，手动档，行驶 3000km。驾驶员发现发动机有异响。当时维修人员打开发动机盖，发动机外围没有漏油痕迹，机油不缺。初步听诊，发动机内部有异常，在发动机 1200r/min 时有轻微嗒嗒的清脆敲击声，到 1800r/min 时敲击声更明显。

故障诊断：修理厂接车后，首先连上 V. A. G1552，进入 01—02 故障查询，有一串故障码，进入 05 清码，再进入 08 读数据流，基本正常，怠速稳定在 760r/min，没有异响。慢加速到 1200r/min 左右时，敲击声开始再现，随着加速踏板踏下，异响越来越明显，到了 2000r/min 时，异响声频率加快，声响就不太明显了。将发动机转速稳定在 1500r/min，拔掉 1 缸喷油器插头，异响有变化，敲击声变小,其余三缸异响变化不大。从以上诊断,可基本锁定异响在1缸部位,仔细听敲击声在缸内,比较清脆,像金属相互碰撞发出的声音,究竟是缸体的上半部,还是下半部,还需进一步确认。在上部用听杆听,像气门在撞击活塞而发出的声响,但气门在撞击活塞顶部时的异响在怠速时也应该能听到。再听下半部,不像连杆瓦响,其敲击响声是比较轻的,会随着发动机转速增加而变响,此声响像活塞敲击声,当活塞与气缸壁间隙过大,其在气缸中左右摇摆而产生。因为是新发动机,间隙超差不大可能,但连杆如果不对会引起活塞销孔与凸台碰撞,当连杆(小端)孔与活塞销孔凸台接触时,就会被误判断为活塞的敲击声。拆检过发动机,发现2缸连杆方向装反,有一侧偏移不对中从而产生异响。如果活塞销响,应该是极明显的尖锐金属二重敲击声。为了进一步查明,先从外围入手,打开正时罩盖,检查正时传动带及正时记号和张紧轮安装位置,没异常;拆下1、2缸火花塞只见1缸活塞顶平面有湿的机油,火花塞中心电极黑,分明是1缸工作不良,机油上蹿,难怪有失火故障码,2缸活塞和火花塞中心电极正常;用电子内窥镜将探头从火花塞孔处伸近1、2缸缸筒内,看气门是否撞击活塞,没有发现异常。拆下油底壳,在机油壳底部发现一个活塞销卡簧,检查1缸活塞销已从活塞销孔中向后伸出,顶在缸筒一侧,活塞在上、下运动时,活塞销不断与缸壁产生摩擦,连杆受力起了变化,连杆不对中,会引向一侧偏移,导致连杆小端与活塞销孔凸台碰撞,产生异响,同时引发了机体的爆燃故障,活塞环与缸壁不能形成适当的面接触,活塞的磨损不均匀,造成机体缸壁出现擦伤和划痕,这就是我们常说的"困缸"现象。

故障总结:上述这个故障,以前很少遇到过,但通过一步步的分析、推断,才找到最终结果。现在确定发动机内部异响部位是有一定困难的,并且异响强度和频率有所不同,异响声是很难用语言来描述。尤其是现代高转速、涡轮增压大功率发动机,活塞、连杆设计轻量化,各部分精密的配合,要考虑温度、润滑、压力等因素。

75. 为什么帕萨特轿车高速无力?

故障现象:驾驶员反映,发动机在大负荷时加速无力,油耗较大,且有时难起动。

故障诊断与排除:接车后进行路试,当车辆加速到 80km/时,再加速,明显无力,甚至有后锉感。

用诊断仪器调取故障码为:00515,霍尔传感器 G40 与正极断路或短路;16506,节气门电位计 G69 信号太小。

查阅维修资料得知,这两个故障码的出现,也就是这两个故障部位的出现,引起的故障现象正好与该车故障现象相吻合。

故障码 00515 的故障现象为:①满负荷时发动机无力;②排放值不正常;③油耗增加。故障码 16806 的故障现象为:①加速时少数缸缺火;②在收油门时有颠簸。

拔下霍尔传感器 G40。第 3 针插头如图 7-14 所示。用万用表测量端子 3 与搭铁间电阻,为导通;再测量端子 1 与 3 电压,在点火开关打开时,为 0V。而维修资料上规定,端子 1 和 3 间的电压,在点火开关打开时不小于 4. 5V。

拔下节气门部件 8 针插头,如图 7-15 所示。先用万用表电阻档测量端子 7 与地,为导通。再用万用表电压档测量,当节气门完全关闭时,端子 3 和 7 间的电压为 5V,而端子 4 和 7 间的电压始终为 0V。而它本应为 5V。

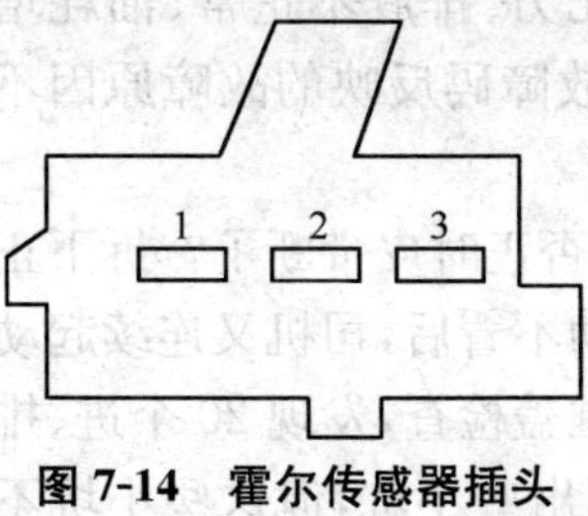

图 7-14　霍尔传感器插头

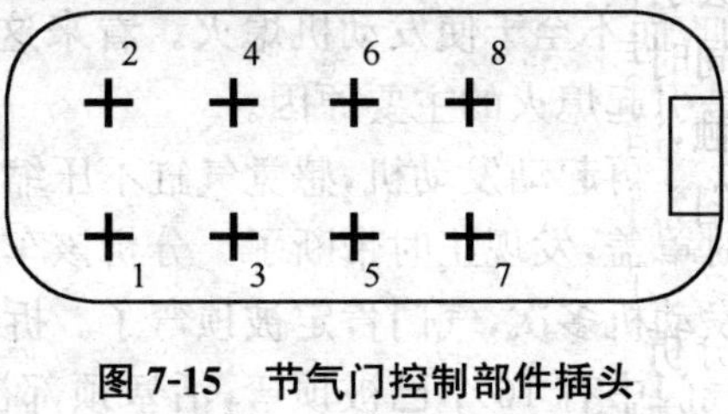

图 7-15　节气门控制部件插头

在扒开两传感器插头线束侧护皮时,发现 G40 和节气门控制部件J388的线束内部有一根绿/紫线，且正好是G40的端子1和J338的端子4。用万用表测量，此两端子相通。至此，这两端子实测电压均为0V。而要求电压均为5V，它们可能均应为5V电源线，从何而来呢?

阅电路图，此电源应从发动机控制单元J220的T80/62端子来，如图7-16所示。而在发动机室线束内有一连接点D101。是否连接点断开呢?用万用表测量G40端子1和J220端子T80/62，电阻无穷大。顺着线束查找，在一膨胀处找到了接点D101，发现从G40和J338来的绿/紫线相连着，而与J220来的绿/紫线断开了，以至于J220提供给G40和J38的5V电源失去了，从而使G40正极断路，J338上的G69信号太小。重新用烙铁焊好此接点。最后用诊断仪消除两故障码，试车故障完全消失。

76. 为什么帕萨特轿车行驶时发动机突然熄火?

故障现象：该帕萨特B5GSi型轿车，行驶过程中突然熄火，驾驶员起动了很长时间，直至蓄电池亏电，也没能再将汽车起动起来。

故障原因诊断：用故障阅读仪V. A. C1551检查，故障码为00515，含义为：霍尔传感器(340对正极断路/短路)。

产生此故障码的可能原因有：①霍尔传感器40失效。②霍尔传感器40传感片扭弯。③线路有故障。

霍尔传感器有故障使发动机加速无力、排放不正常、油耗增加，而不至于使发动机熄火。看来这一故障码反映的故障原因不是引起熄火的主要原因。

再起动发动机，感觉气缸不压缩，是否正时皮带断了?拆下正时罩盖，发现正时带断了。分析该车起动不着后，司机又连续起动发动机多次，气门肯定被顶弯了。拆下缸盖检查，发现20个进、排气门中有16个已被顶弯，活塞顶部被顶出些小坑，但这些小坑不妨碍继续使用。

故障排除：更换气门，并更换正时皮带，故障排除。

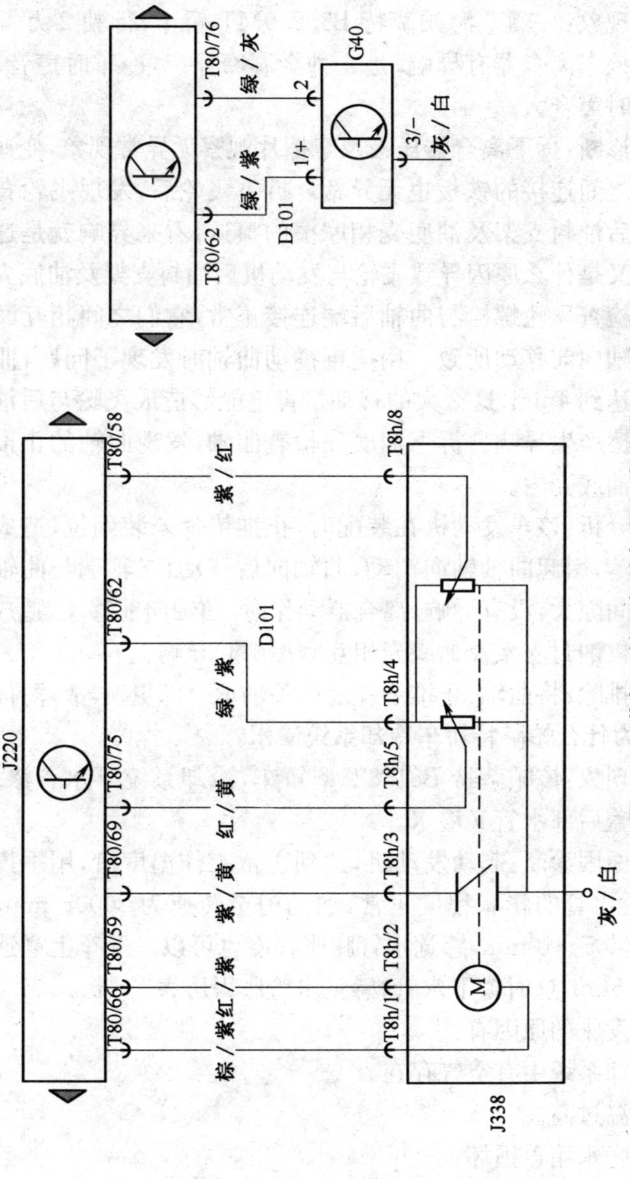

图 7-16　节气门控制部件与霍尔传感器 G40 电路

77. 为什么帕萨特轿车曲轴止推片脱落踩离合器时产生异响?

故障现象:一辆上海帕萨特 B5.2.0MT 轿车,行驶 2 万 km。用户反映该车离合器有异响,是一种金属摩擦声,冷车时声音小,踩离合器时声音大。

故障诊断:拆下离合器压板及摩擦片观察无异常现象,变速器与发动机之间连接的铁板也无异常。拆下飞轮后,发现飞轮背面与发动机后油封支架及油底壳相摩擦的痕迹,看来异响就是这里产生的。又是什么原因导致飞轮与发动机后油封支架及油底壳相摩擦呢?检查飞轮螺栓与曲轴后端连接正常,它们之间相互摩擦只能是曲轴向前移动所致。用撬棍撬动曲轴时发现了问题,曲轴轴向移动达到 4mm,这么大的移动量肯定能够造成飞轮与后油封支架相摩擦产生异响。拆下油底壳检查曲轴,发现曲轴的止推垫片脱落在油底壳内。

故障分析:该车发动机在装配时,止推垫片未装到位,造成止推垫片脱落,引起曲轴轴向窜动,曲轴向后移动,飞轮端与曲轴后油封支架间隙大,没有异响;离合器动作时,曲轴向前移动,造成飞轮与发动机油封支架及油底壳相互摩擦引起异响。

故障排除:将曲轴、止推垫片及相关轴承全部更换,故障排除。

78. 为什么帕萨特轿车冷却系统渗水?

故障现象:该帕萨特 B51.8T 型轿车,冷却系统下水管渗水,紧固后缸盖后部水管又渗水。

故障原因诊断:起动发动机,达到正常工作温度后,用手摸上水管,感觉水管的膨胀程度正常,加油门至转速为 2000r/min,让发动机运转 5～10min,感觉水管膨胀程度也可以。开车上高速公路行驶约 5km,这时摸下水管,感觉水管胀得厉害。

水管发胀的原因有:

①冷却系统中有空气存在。

②水温过高。

③膨胀水箱盖损坏。

④缸垫冲坏。

从该车的仪表显示及试车时的动力性来看，可以排除水温过高和缸垫冲坏的可能性，而冷却系统中有空气存在，还应伴有水温过高现象，所以也可排除。通过以上分析可知，故障原因是膨胀水箱盖损坏。

将膨胀水箱盖测试仪（编号为 V. A. G1274）及管接头（编号为 V. A. G1274/9）接到膨胀水箱盖上，测试限压阀的开起压力，为 250kPa，说明膨胀水箱盖损坏。

故障排除：更换膨胀水箱盖，上高速公路行驶 60km，摸下水管，膨胀程度合适，冷却系统也不渗水，故障排除。

膨胀水箱盖限压阀的作用是保持冷却系统内的压力恒定，其开起压力为 140～160kPa。而该车膨胀水箱盖开起压力过高，造成冷却系统内压力过高，冷却水管膨胀，部分冷却液从管接头处渗漏。

79. 为什么帕萨特轿车工作异常尾气排放超标？

故障现象：一辆帕萨特轿车，配三元催化转换器。驾驶员反映该车在测量尾气排放时，排放指数严重超标。

故障原因分析：根据该车的故障现象，首先检查火花塞，发现火花塞间隙偏大，更换后，尾气排放情况略有好转，但未得到明显改善。然后连接故障诊断仪 V. A. G1552 对发动机电控系统进行检测，调出了 1 个氧传感器的故障码。按照故障码的提示检查氧传感器至发动机电脑连接线束，但未发现短路、断路现象，于是将氧传感器更换。随后试车继续测量尾气，然而尾气排放指数依然偏高，但发动机电控系统已无故障码显示。

利用燃油压力表测量喷射系统压力，发动机怠速运行时油压值为 250kPa，急加速时为 300kPa，系统保持压力为 200kPa，以上各项数据均正常。接下来拆下喷油嘴进行超声波清洗，测量其电阻值为 15Ω，也符合标准。连接压力机观察喷油嘴雾化状态良好检查喷油嘴连接线束也无短路、断路现象。继续检查点火系统，用万用表测量点火线圈、高压线电阻均正常。将发动机恢复后试车故障依旧。用 V. A. G1552 查故障存储器,仍然没有故障码出现。在读取测量数据时,观察到氧传感器信号电压在 0.2～0.8V 之间变动正常,氧传感器修正值在±10%之间调节正常。进气压力传感器的数据也符合标准,于是怀疑三元催化转换器有问题,将其更换后试车,尾气排放依然超标。

在这种情况下,先考虑到了配气相位的准确性,但检查正时标记正确。又怀疑到了汽油质量的问题,于是清洗了油箱及管路系统并更换了优质汽油,可情况不见好转。

在故障排除的过程中,经过仔细观察发现:如果起动发动机后怠速运转不进行路试,尾气排放基本合格。路试约 2km 后尾气排放指数升高,若每次起动间歇时间超过 30min,怠速测量基本合格。根据上述情形,决定更换发动机电脑,但将电脑更换了也无济于事。看来该车的故障部位的确太难判断了。此时,拆下排气支管进行检查,并与新的排气支管进行比较,发现该车装氧传感器的排气取样孔偏小。

故障排除:装上新的排气支管进行尾气检测,可以明显看出各项指数显著降低。对该车进行路试后,尾气排放依然合格。然后恢复该车所替换下的其他配件,继续试车,尾气排放始终未超标。

可以判定该故障部位就是在于排气支管上的氧传感器排气取样孔。由于从气缸内排出的废气处于高速流动状态,行至氧传感器取样孔处时形成涡流,导致排出的废气不能及时在此处更新。使氧传感器不能准确地向发动机电脑反馈同步信号,造成发动机电脑不能根据实际工况对喷油脉宽进行正确修正,最终出现了发动机工作异常,尾气排放严重超标的故障。

80. 为什么帕萨特轿车发动机怠速不稳,加速不良?

故障现象:该帕萨特 B5GSi 型轿车,仅行驶 8000km,发动机就出现怠速时抖动的现象,且加速时感觉加速无力,车辆有耸动的现象。有时急加速时,排气管还有放炮现象。

故障原因诊断：连接故障阅读仪 V. A. G1551 读取故障码，发现无故障码。

观察发动机怠速时抖动的现象，好像是发动机缺缸造成的。进行断缸检查，发现 4 缸不工作。

单缸不工作的原因有：

①火花塞工作不良。

②带功率终端极的点火线圈有故障。

③喷油器有故障。

④气缸压力不足。

⑤喷油器或点火线圈线路有故障。

⑥发动机控制单元有故障。

该车仅行驶了 8000km，所以气缸压力不足或发动机控制单元损坏的可能性不大，应从简单的方面着手检查。

判断和排除此类故障的最好方法是替换法。首先将 3、4 缸的火花塞互换，断缸试验，仍是 4 缸不工作。再将 3、4 缸带功率终端极的点火线圈互换，断缸试验，发现 3 缸不工作，看来故障出在带功率终端极的点火线圈上。经仔细检查发现点火线圈的皮柱有裂口。

故障排除：更换带功率终端极的点火线圈后，故障排除。

帕萨特 B5 轿车的发动机每缸有一个带功率终端极的点火线圈，点火线圈终端极接收发动机控制单元的信号，控制点火线圈初级绕组的通/断电，在点火线圈的次级绕组上感应出高压电，并传递给火花塞。该车点火线圈皮柱有裂口，高压电不能传递给火花塞，而直接与缸体搭铁，使 4 缸不工作，发生故障。

帕萨特 B5 轿车带功率终端极的点火线圈损坏是一个较常见的故障。

81. 为什么帕萨特轿车发动机加速不良?

故障现象：该帕萨特 B5GLI 型轿车，已行驶了 25000km。该车发动机加速至转速为 3500r/min 时，转速不能继续上升，越加油门,转速越下降,好像发动机有限速器似的。

故障原因诊断与排除:用故障阅读仪 V. A. G1551 读取故障码,无故障存在。观察各传感器的数据显示,冷却液温度传感器、节气门位置传感器、氧传感器、空气流量计等的数据均正常。

检查燃油系统的压力,正常。检查喷油嘴、高压线、火花塞,也正常。检测气缸压力也正常。

可疑的部件都检查了,故障原因还未找到。是检查不仔细,还是另有原因呢?连接故障阅读仪 V. A. G1551,读取发动机在转速为 3500r/min 时的数据块,发现转速为 3500r/min 时,空气流量计的数据只能达到 12～13g/s,不能继续上升。由于手头资料中无此数据。所以不知检测数据是否正确。

以前修过一辆桑塔纳 2000GSi(时代超人)轿车,那辆车的故障是急加速时回火,经检查也无故障码,数据块也正常,怠速时空气流量计的信号值为 2～5g/s,慢加速时可升至 12g/s 左右,急加速时只能达到 15～17g/s。松开加速踏板时却能达到 40g/s 左右。那辆车加速时的标准数据在资料中也找不到,所以找来一辆工作正常的同型号的桑塔纳轿车,经检测发现怠速时空气流量计的信号值为 2～5g/s,慢加速时为 14g/s 左右,急加速时能达到 40g/s,更换有故障的桑塔纳 2000GSi 轿车的空气流量传感器,故障得以排除。

该帕萨特 B5 轿车的故障是否也是由于空气流量计有故障而引起的呢,更换该车空气流量计,故障排除。

帕萨特 B5、桑塔纳 2000GSi 时代超人等车用的空气流量计的结构是一样的。这 2 种车的空气流量计损坏,均能引起对进气量计量失准或不计量的现象,造成发动机加速不良、回火、冒黑烟等故障。

第八章　汽车维修基础知识

1. 怎样正确使用修理工具?

(1)旋具。使用时头部一定要确实嵌入螺钉的槽中。旋转时其中心线一定要与螺钉的中心线在一条轴线上。

使用旋具时,不要将零件拿在手上进行拆装。如果旋具滑出,很可能会弄伤手。如果需要用手拿着,要谨慎操作。

不能把旋具当作橇杆或扁铲来使用,也不能用扳手或手钳来进行加力拧螺钉,以防损坏,如图 8-1 所示。

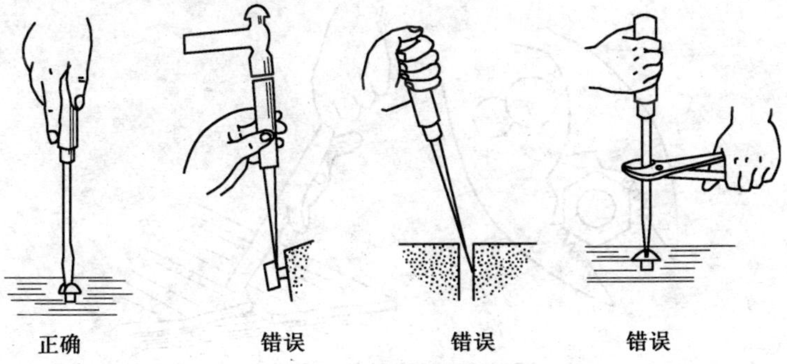

图 8-1　旋具的用法

(2)呆扳手、梅花扳手。使用时,扳手的平面一定要和螺帽平行,而且用力应适度。扳手的工作部分一定要和螺帽配合好,否则不是扳手损坏,就是螺帽损坏。

在使用扳手遇有过紧的螺栓时,用力不可过猛。还应注意扳手运动的方向有没有尖锐的物体,以防螺栓突然松脱,握扳手的手会撞到尖锐物体上。这种在修车中伤手的事情是经常发生的,应在开始就养成好的操作习惯。

(3)活扳手。活扳手的使用之处很多。在使用时,首先要将扳手的开口尺寸调整到螺帽的尺寸,然后再正确嵌入。扳手开口的固定一侧要在用力的一边,活动端要在支持的一侧。否则,容易损坏活动扳手，如图 8-2 所示。

(4)手钳。使用手钳时，应以四指和大拇指分别握住手钳的两端，将工件夹牢后再用力操作。在夹持较大的工件时，可入大钳口。

不能用手钳代替扳手来拧紧或拧松螺栓或螺帽，以免损坏螺栓或螺帽的棱角。也不能把手钳的钳柄当做橇杆使用。以防损坏。如图 8-3 所示。

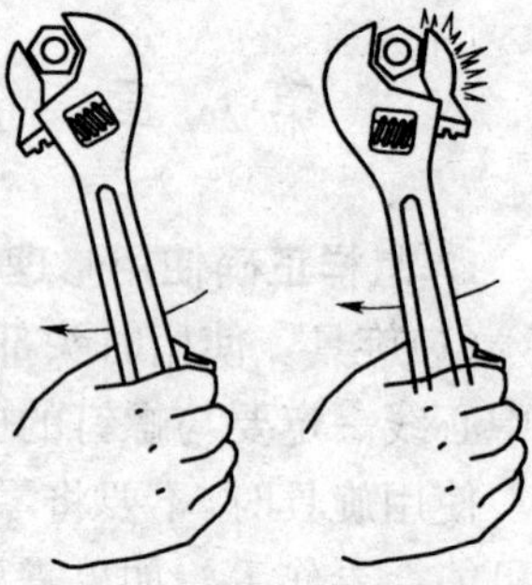

图 8-2　活动扳手的用法

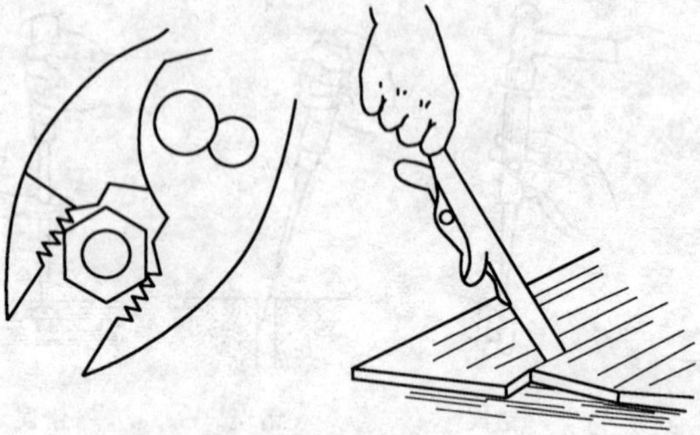

图 8-3　手钳的错误用法

(5)手锤。手锤的正确握法是握在手柄的尾部，握时要松紧适度，这样在锤击工件时，才能使用灵活。捶击动作要靠手腕的运动，眼睛应注视着工件，锤头应和工作面平行，才能使锤面平整地击打在工件上。

使用手锤时，应检查锤头与手柄是否松动，以防锤头脱出伤人。使用手锤时，还应将手柄和锤头上的油污清理干净，以防手锤从手中滑脱伤人或损坏零件。

(6)火花塞套筒。火花塞套筒在使用时，一定要确实对准火花塞并套牢后才能扭动。如果扭动时阻力很大，应查明原因后再动手。不要用大力拆装，转动时另一只手应稍微压住套筒的另一端，以确保操作的安全。一旦损坏火花塞螺孔，修理工作是非常麻烦的。

2. 怎样正确使用修理量具？

(1)量尺(也称钢尺)。量尺是一种简单量具，精度只能达到0.5mm。规格有150mm、300mm、500mm、1000mm、2000mm等。用来测量工件长度、宽度、高度以和进行划线等工作。

(2)万能角度尺。万能角度尺是一种组合角尺，用于较精确地测量各种角度。配装附件时可有几种不同的用途。其结构如图8-4所示。

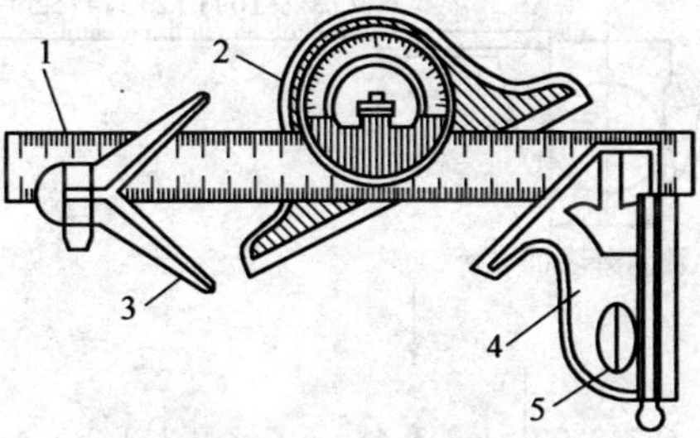

图8-4　万能角度尺

1. 钢尺　2. 活动量角器　3. 中心规　4. 角规　5. 水准器

万能角度尺主要由四部分组成：

①钢尺。是万能角度尺的主要件。正面有刻线，背面有一长槽，用来安装其他附件。

②活动量角器。有一转盘，上面有0～180°的刻度，将它装在钢尺上，可以在0～180°范围内成任意角度。

③中心规。两边成90°角，装上钢尺后，规边与钢尺成45°角。当规边骑在圆柱端正截其直径，再变换位置，两个直径交点即为此圆面的中心。

④角规。有一长边，装上钢尺后成90°角，另一余边与钢尺成45°角。在长边的一端插一根划针可作划线用。

(3)游标卡尺。游标卡尺由主尺、副尺、固定卡脚和活动卡脚组成,副尺下部与主尺刻线相接处刻有游标线,如图 8-5 所示。固定卡脚和主尺是一体,活动卡脚和副尺是一体,上卡脚用来测量工作内表面,下卡脚用来测量工件外表面。有的卡尺在主尺背面加一深度尺,与活动卡脚一起移动,可测量槽和不通孔的深度。

游标的刻线原理(以准确度 0.1mm 的游标卡尺为例):

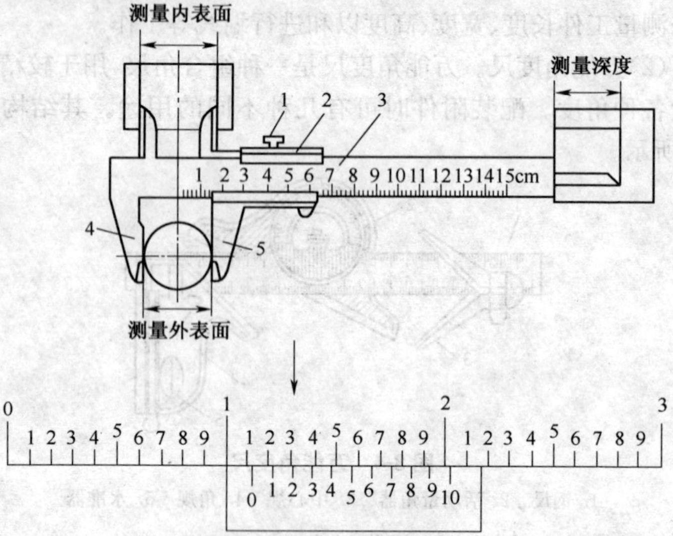

图 8-5 游标卡尺

1. 螺丝 2. 副尺 3. 主尺 4. 固定卡脚 5. 活动卡脚

主尺每一小格是 1mm,一大格是 10mm。副尺上是将 9mm 等分成 10 分。读数时先看副尺的零线指在主尺的位置,再看副尺上与主尺刻线对得最齐的一条线。副尺零线所指主尺刻线的地方读出毫米数量,副尺、主尺对齐的刻线为 1/10 毫米数。

使用游标卡尺时,应先将卡脚内表面和工件被测表面擦干净。测量时先将卡脚张开,再缓慢推动副尺使两卡脚与工件接触,禁止强拉硬卡。

(4)分厘卡。分厘卡(又叫千分尺)是一种精密量具。测量精度可达 0.1mm。按用途不同,有内径分厘卡和外径分厘卡两种。结构原理基本相同。以外径分厘卡为例，如图 8-6 所示，其规格按测量范围有 0～25、25～50、50～75、75～100……275～300mm 等多种。

分厘卡的螺杆 3 后面有精密螺纹，螺距是 0.5mm。螺杆旋转一周，即前进 0.5mm。在固定套管 5 上，每隔 0.5mm 刻一条直线，而在活动套管 7 的一周也刻有 50 条等分线。固定套管 5 上的刻线相当于主尺，活动套管 7 上的刻线相当于副尺。活动套管每转过一条线，相当于螺杆 3 前进或后退 0.01mm。

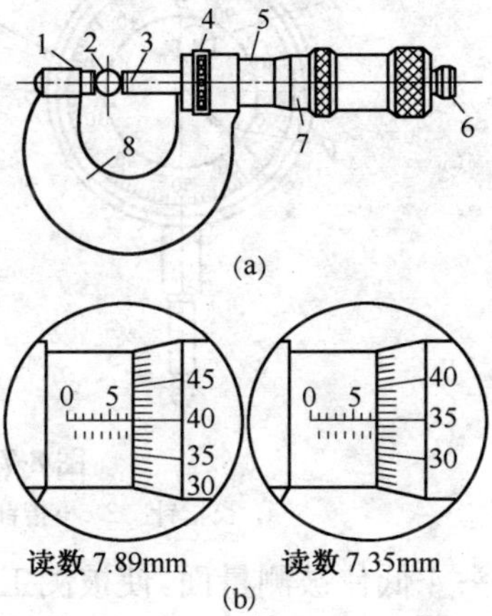

图 8-6　外径分厘卡

(a)外径分厘卡各部名称　(b)读数示例

1. 砧座　2. 工件　3. 螺杆　4. 制动环　5. 固定套管　6. 棘轮　7. 活动套管　8. 弓架

分厘卡使用要点：

①测量前必须校正零位，否则读数不正确。

②测量前必须擦净度量面，防止污物影响测量精度。

③禁止将分厘卡当卡规或量规使用。

④禁止甩动尺架和测量粗糙的工件。

⑤用后擦净并涂油保管。

⑥定期交计量站或期它检定单位校验。

(5)百分表。百分表(也称千分表)是一种精密量具，可用来测量零件的平面度、圆度、锥度及配合间隙等，是一种比较量仪。

百分表的表盘刻度如图 8-7 所示。一般为 100 格，每 10 格用数字 10、20、30 等标记。长指针转动一格，即表示 0.01mm；当长指针 1 转动一周时，小指针 2 转动一格，表示 1mm。

百分表的使用与维护方法：

使用百分表则量工件时，应将百分表固定在支架上，以杆端的

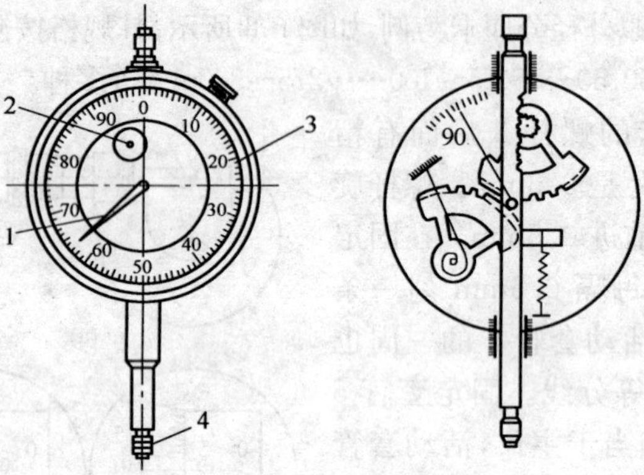

图 8-7　百分表

1. 长指针　2. 小指针　3. 表盘刻度　4. 量头

量头 4 低住被测量面，使被测工件按一定方向移动，再从表盘上观察表针摆动范围，从而确定工件的尺寸偏差。

使用百分表时，测杆的轴心线应垂直于被测工件表面，否则会使测量结果不正确。

百分表不使用时，应解除所有的负荷，擦净表面，并在容易生锈的表面涂一层工业凡士林，然后装入盒内。

(6)量缸表。量缸表(也称内径百分表)用来测量发动机气缸的圆度、圆柱度和磨损情况。

量缸表由百分表、表杆、活动测杆和接杆等组成，如图 8-8 所示。表盘放刻度为 100 格，指针转动一格为 0.01mm，转动一周为 1mm。

量缸表的使用方法：测量时首先气缸直径选择长度适当的接杆 6，然后安装在接杆座 3 上。将气缸擦净，把量缸表放入气缸内并前后摆动。当接杆处在垂直于气缸壁的位置时，转动表盘，使表盘上的零位与指针对齐。取出量缸表，用外径分厘卡测量测杆的全长(从量头到接杆尾端)，应使百分表的指针仍回零位，此时分厘卡的读数即为气缸直径。

将量缸表上下移动，可测得气缸锥度；在同一平面内转动，可量得气缸的圆度误差,量缸表用完应涂油放回盒内。

(7)塞尺。塞尺由多种厚薄不等的钢片组成。每片上刻有数字,表明钢片的厚度。测量机件的间隙(如气门间隙、断电触点间隙)时,将钢片插入间隙中,如有松动,则改换较厚的钢厚的钢片试插,一直到松紧度适当为止。所插钢片的厚度或同时插入钢片的总厚度即为所测的间隙。使用时,每试插一次都必须擦净钢片,以免出现测量误差。

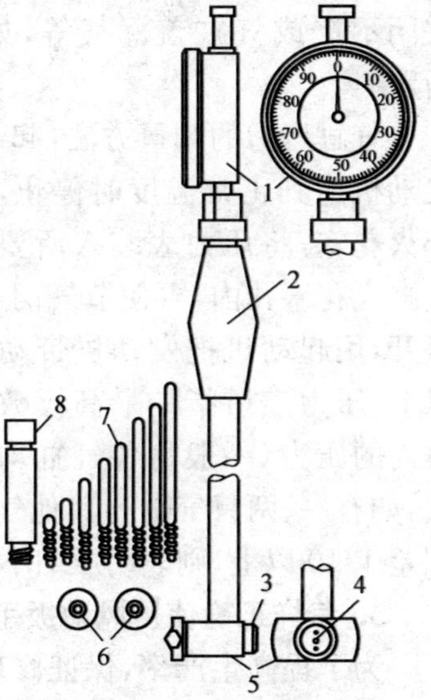

图 8-8　量缸表

1. 百分表　2. 绝热套　3. 接杆座　4. 活动测杆　5. 支撑架　6. 接杆　7. 固定螺母　8. 加长接杆

(8)密度表。测量蓄电池内电液密度用的仪器。它是一根直径 30mm、长约 300mm 的玻璃圆筒,筒的下边装有胶皮嘴,上端装有空心橡皮球,玻璃圆筒内装有浮子,浮子上刻有 1.10～1.50 的密度读数。

使用方法:先取下蓄电池上的加液孔盖,然后将密度表下端插入蓄电池内,手捏密度表上端橡皮球,慢慢放松橡皮球,即能产生吸力,把电液吸入玻璃管内,使浮子浮起。由浮子的密度可读出读数(观察时,液面与视线应取平)。

(9)轮胎气压表。轮胎气压表是用来测量轮胎气压的仪表。使用时,应将它紧压到气门芯上,气门芯被压进,胎内空气即冲出,推动表上的指针。指针上所指示的读数为轮胎的充气压(kg/cm^2)。

(10)气缸压力表。气缸压力表是用于测量发动机气缸压力的仪器。根据气缸压力的大小,可以了解气门和活塞环的工作情况。

如压力过低,则证明活塞环漏气、气门关闭不严或气缸盖漏气等,如图 8-9 所示。

气缸压力的测量方法:起动机,当发动机达到正常温度时停止,拆下全部火花塞,将压力表装入所要测试的气缸火花塞孔内,再使节气门、阻风门全开,用起动机把发动机带动约 5 转以上,压力表所指的最高读数即为气缸内的压力(一般将各气缸均试测一次,如有一、两只气缸与其他气缸压力相差 1/10 以上,则表明压缩不良)。

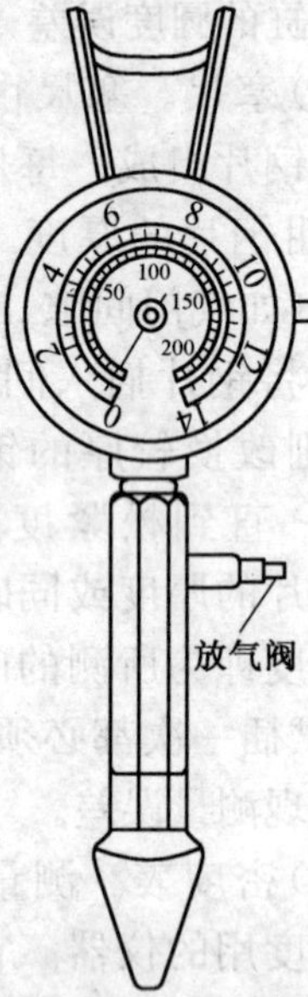

图 8-9　汽油机用气缸压力表

3. 怎样正确使用风动扳手?

为了提高生产率,保证修理质量,减轻工人的劳动强度,可采用风动扳手拆装螺栓或螺母。当按动扳机时,压缩空气从空气接头经换向阀作用到叶片上,使转子受到扭力矩。力矩传到冲击块上,转化为冲击力矩再传到扳手轴上。不同规格的套筒与扳手轴相连。

使用风动扳手时,要选择与所旋螺栓或螺母规格一致的套筒,套筒应与螺栓头或螺母完全吻合。并且握牢手柄,放以适当压力再按压开关。当已感到打滑时,说明螺栓或螺母已被旋紧。

4. 怎样正确使用电动扳手?

电动扳手比风动扳手工效更高,更省力,有电即可用,无需压缩空气。使用电动扳手必须有保护接地。即使如此,操作者亦应注意安全。双重绝缘单相串激电动扳手系列,在操作手柄上装有两只开关,一只是电源开关,用于电动机起动和停止;一只是正反转开关,用于控制正反转。因正反转开关的开断容量较小,不宜在接通电源开关时使用,一般情况下,当需要反转(即拆卸螺母)时,应切断开关后，再转动开关。

5. 拆装紧配合零件的机具有哪些?

（1）小型压床。小型压床的工作能力一般在100～300t之间，多用于紧配合零件的拆卸。

（2）齿轮拉器。齿轮拉器。常用于齿轮、皮带盘等紧配合零件拆卸之用。该类型拉器有两爪、三爪和大小等多种型号。

（3）转向球头拉器。转向球头拉器，专用于特定车型转向球头的拆卸工作。

（4）气缸套拉器。气缸套拉器。专用于特定的发动机，当发动机需要更换气缸套时，用该拉器可以方便地拆装气缸套。

6. 修理举升设备有那些?

（1）千斤顶。车上使用的千斤顶种类较多，小型车多用机械式的，大型车多用液压式的。在维修车间里使用的千斤顶多为卧式。使用千斤顶一定要注意顶车的位置和支车的高度，以保证安全。

在使用千斤顶时，千斤顶要放置在坚硬平坦的地面上，以免支车时下陷或车体歪斜，使你无法工作。必要时，应在千斤顶下面垫一厚木板或类似物品。千万不要使用砖头或易碎的物品来垫千斤顶，否则，当砖头突然破碎，汽车降落下来是很危险的。最好将拆下的车轮掩住，以防溜车。

（2）双柱举升器。电动柱举升器的举升总重一般在3000kg左右，多用于轿车和微型汽车，如图8-10所示。其使用方法，详见举升器的使用说明书。

（3）四柱举升器。电动四柱举升器的举升总量多为4000kg左右甚至更高，通常用于轿车和微型车，如图8-11所示。其使用方法，详见举升器的使用说明。

7. 修理常用起重吊车有哪些?

起重吊车能将重物（如总成、车架、车身等）吊起来，并运送一定距离或转移一定方位再放下来。常用吊车有门式、悬臂式、单轨

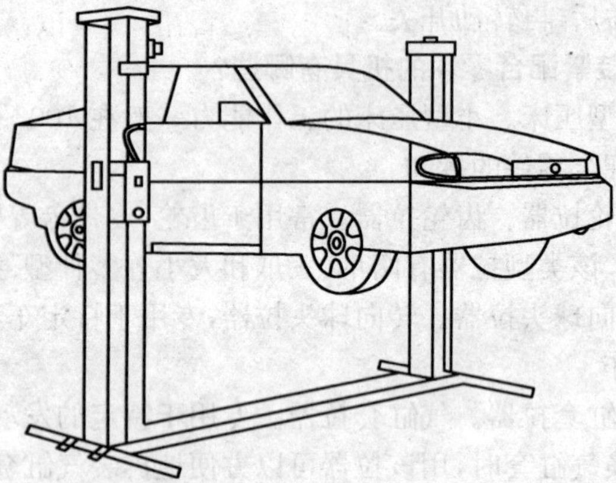

图 8-10　电动双柱举升器

图 8-11　四柱电动举升器

式和梁式等四种车型。

(1)门式移动吊车。这种吊车如图 8-12 所示。门架横梁上装有链滑轮作起重用。使用时将门架移跨在汽车的适当部位,用起重钩将总成吊起来,然后将汽车推离门架,再将吊挂的总成落成放在运输小车上。这种吊车不宜重移动。

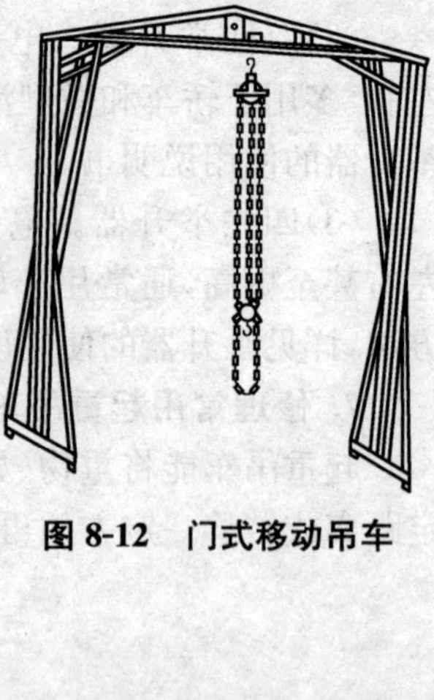

图 8-12　门式移动吊车

(2)悬臂式吊车。这类吊车式样较多,分机械式和油压式两大类。图 8-13

所示是机械(绞盘和棘轮等)传动的悬臂吊车,可以吊挂起重物作短距离移动。图 8-14 所示是液压传动的悬臂吊车,油压装置使悬

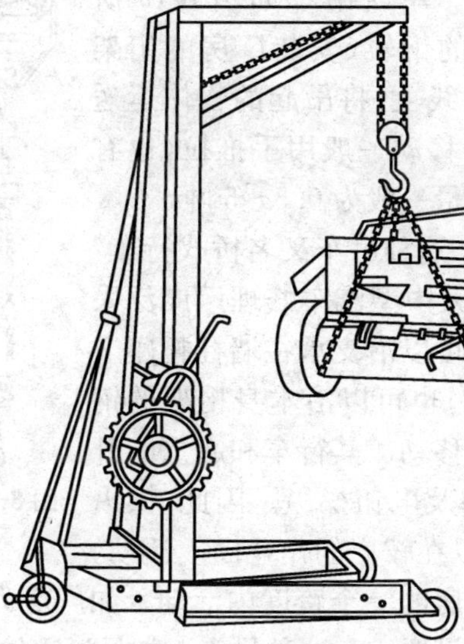

图 8-13　机械悬臂式移动吊车

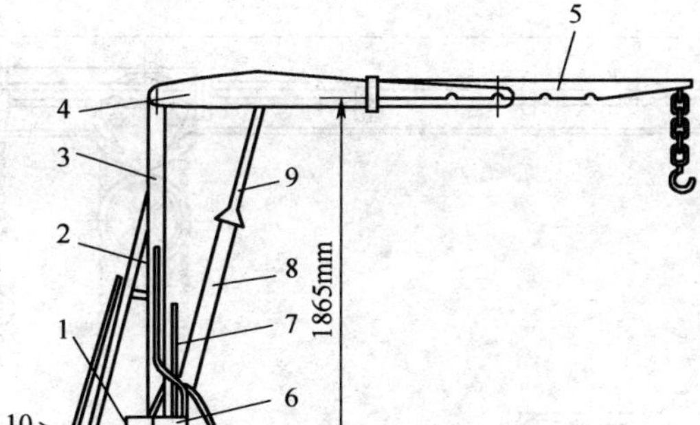

图 8-14　液压悬臂式移动吊车

1. 底架　2. 放油阀　3. 主柱　4. 悬臂　5. 接长臂
6. 油泵　7. 转换摇臂　8. 工作油缸　9. 顶杆　10. 车轮

臂可以上下摆动,悬臂的长短是可以调节的。这种吊车也可以作短距离移动。

(3)单轨吊车。单轨吊车如图 8-15 所示,可以沿工字形的钢轨(安装厂房的桁架上)移动,能在一条线上,将吊起的物体运送一定距离。吊车的移动一般用手推拉(也有用电动的),其起重量一般为 0.5~5 吨。

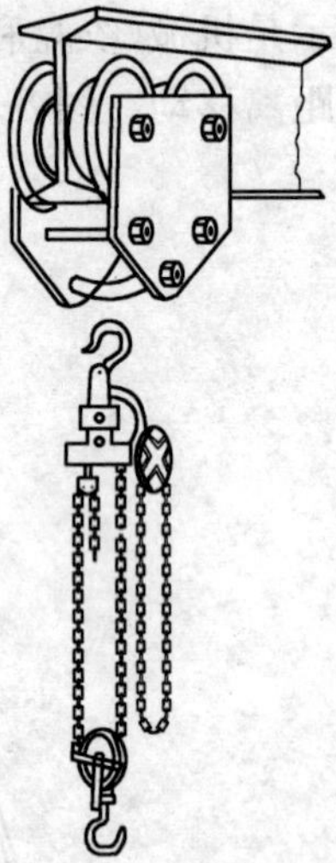

图 8-15 单轨吊车

(4)梁式吊车。这种吊车又名桥式行车,如图 8-16 所示,在大中型汽车修理厂广泛采用。该吊车的桁架可以沿支承在墙柱托座上的钢轨作纵向移动,也可以沿本身桁架的钢轨利用小车作横向移动。其行车和起重的升降都是用电力驱动及电钮操纵。因此,操纵轻便,吊运物件可以在较广的作业面上活动。但此吊车只能在厂房的一个跨度内活动。如厂房为多跨建筑,必要时应在每一跨内设置一套这种吊车。如吊运物件须要转移到另一跨时,应配备其他运输设备(如旋臂吊车或运输小车)。

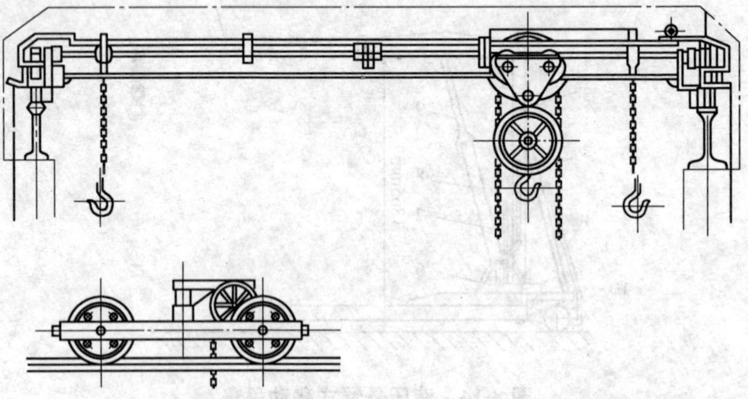

图 8-16 梁式吊车

8. 怎样正确使用钢锯？

须用手工锯割断金属材料时，应将工件夹紧在台钳上，并使被锯割的地方尽可能靠近台钳的夹口，以防抖动。

锯条装在锯弓上，锯齿向前，锯弓可以调节，其拉紧程度以工作时锯条不致弯曲为止。如需要锯宽槽时，可把两根锯条装在锯弓上一起使用。

锯条用碳素工具钢或合金工具钢制成。锯割软金属物时用粗齿锯条，锯割硬金属物或较薄钢板时用细齿钢条。

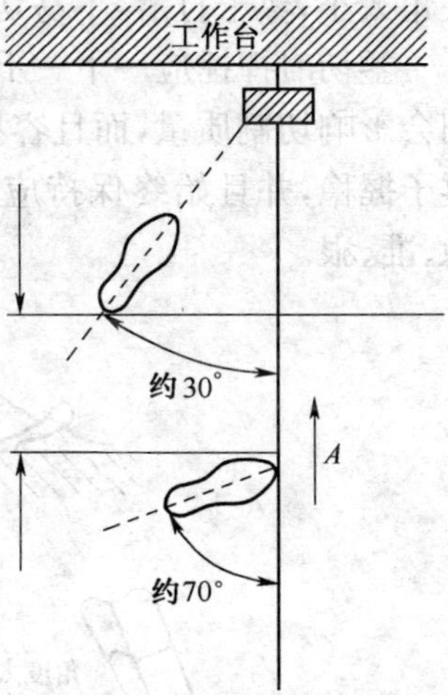

图 8-17　锯割的站立姿势

锯割时，右手握住锯柄，先从棱边倾斜开始锯割，然后左手握锯弓锯回行时不加压力，并将它稍稍抬起。锯割时的站立姿势如图 8-17 所示，右脚伸直，左腿稍弯，身体稍向前倾，重心落于左脚，这样能使全身不易疲劳。

9. 怎样正确使用錾子？

在修理过程中有的物件需要錾切。应把物件夹紧在台钳上，錾切刃应和台钳口平行，便于切割。

錾切时，左手握住錾身，用中指、无名指与掌心握持，大拇指与食指自然地接触盖，錾子顶端露出 15～25mm，如图 8-18 所示。顶端露出过长或握得太紧，锤击时容易打在手上。操作时站在台钳左侧，站立姿势与锯割姿势相似，錾子的后刃面与工件表面形成的夹角一般在 5°～10°，如夹角太大，錾子切入工件太多，加工面不易平整；反之

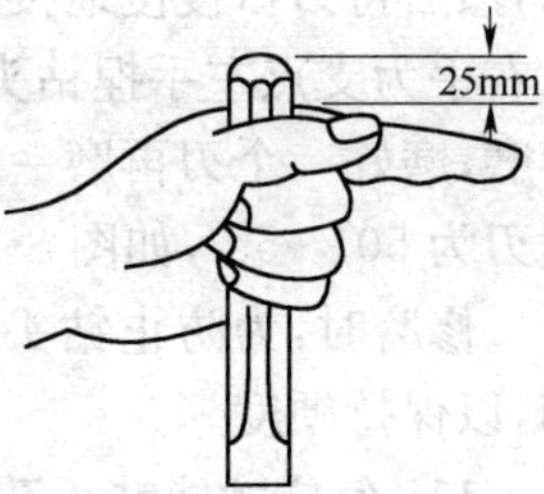

图 8-18　錾子的握持姿势

夹角太小,錾子打滑,不易切入工件,如图 8-19 所示。

錾切时挥捶应一下一下有节奏准确地进行,不可过于着急,否则会影响切割质量,而且容易疲劳和打手。錾切过程中,左手应将錾子握稳,并且始终保持应有的角度,不准变样,右手锤击时,应稳、准、狠。

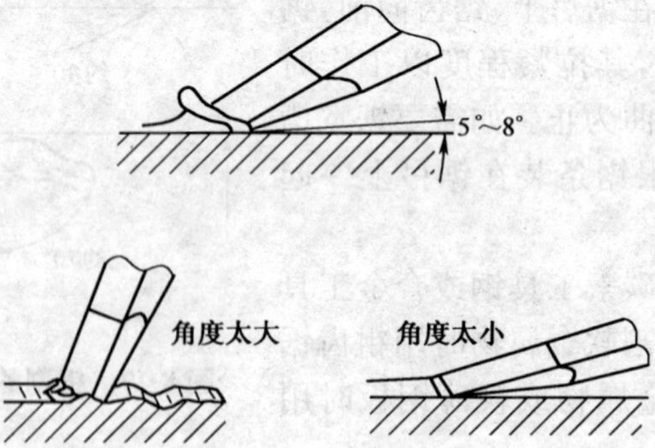

图 8-19　錾切的方法

10. 怎样修磨钻头?

钻头使用的时间长,则钻头的刃部切割性能就差,产生热量多、温度高,因此需要修磨。刃面成 45°～60°的夹角,如图 8-20 所示,然后持刃口慢慢地接触砂轮,此时向顺时针方向转动钻头,并以右手为支点左手捏钻头尾部,向左下方移动 8°～14°,经过反复刃磨,磨好一个刃再磨一个刃,磨完后钻头的夹角成 118°～120°,横刃为 50°～55°,如图 8-21 所示。

修磨时,为防止钻头过热而退火,应经常将钻头浸入水中冷却,以保持硬度。

11. 怎样才能钻正孔?

钻孔时,先检查一下钻头修磨的角度是否端正,然后夹好钻头。刚操作时慢慢使钻头尖端对准工件中心的冲眼,钻一个大小约为孔径 1/4 左右的浅窝,随后提取钻头,检查浅窝是否端正。如有偏斜,可用錾子或尖冲子在孔偏移相反的一边錾三条槽或打个

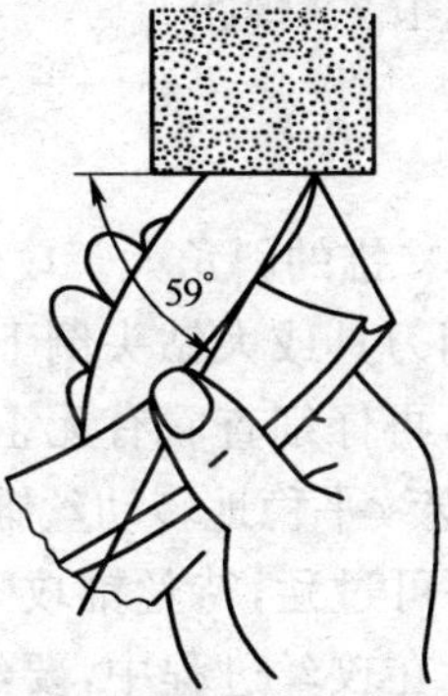

图 8-20 钻头的修磨方法

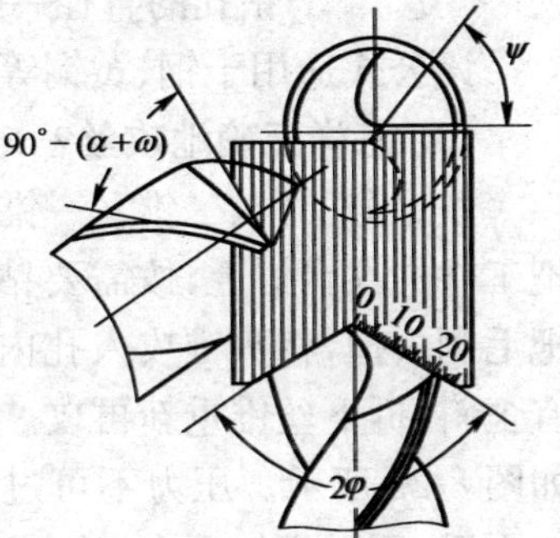

图 8-21 标准钻头

冲眼，当然也可用木片将工件向偏的方向垫起，然后再试钻，直到修正好以后再去掉木片。如用手电钻钻孔，也可以倾斜将手电钻找正孔后，再直立起动电钻。

12. 攻丝时需钻多大的孔？

在维修汽车时，有的需要钻孔后攻丝，有的旧螺纹损坏需要加大。如孔钻大了，螺纹接合太少，无力；如钻小了攻丝不进。标准的公制螺纹应钻孔的大小，如表 8-1 所示。

表 8-1 公制螺纹的钻孔直径 (单位：mm)

螺纹外径 M	钻孔直径 d	螺距 P	螺纹外径 M	钻孔直径 d	螺距 P
3	2.5	0.5	10	8.4	1.5
4	3.3	0.7	12	10.1	1.75
5	4.1	0.8	14	11.8	2
6	4.9	1	16	13.8	2
8	6.6	1.25	18	15.3	2.5

用计算公式计算也很方便，常用公式有：

钻孔的直径＝螺纹外径－1.1×螺距

该计算公式适用于生铁、青铜等。

钻孔的直径＝螺纹外径－1.2×螺距

该公式适用于钢、黄铜等。

13. 怎样正确地攻丝?

丝锥分一锥、二锥。一锥的斜角小,二锥的斜角大。攻丝时应把工件夹在台钳上,按需要钻好孔后,用刀具或大钻头倒下孔角,把毛刺去掉,将头锥攻入孔内一至二圈,再仔细查看有无歪斜,如有歪斜,拆下丝锥重新再攻。纠正后再继续平稳地转动丝锥把柄,如图 8-22 所示。压力不可过大,搬动不可过猛,待丝锥攻入二至三圈后,不需要加压力,让其自动攻入。在攻丝过程中,要经常反转一下,使切屑折断,便于排出铁屑,如攻钢件,要加润滑油冷却液,以减少摩擦、提高丝锥的使用寿命和螺纹的表面粗糙度。

丝锥攻完退后,把二锥旋入孔内待拧不动时按上述要求攻丝。在较硬的材料上攻丝时,应用一锥和二锥交替进行,以防锥折断。

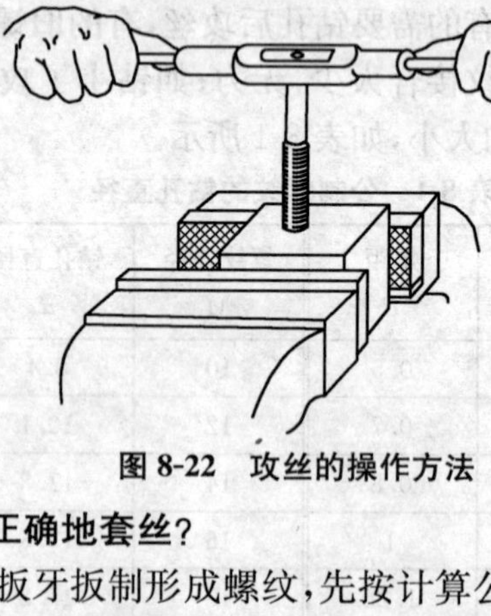

图 8-22　攻丝的操作方法

14. 怎样正确地套丝?

套丝是用扳牙扳制形成螺纹,先按计算公式选择好圆杆的直径(圆杆直径＝螺纹外径－0.13×螺距)。把选择好的圆杆头用砂轮或锉倒角,约 15°～40°,倒角要超过螺纹的深度,这样容易对准和切削。

把倒角的圆杆夹紧在台钳上,但要靠近台钳的夹口,防止抖动。

将扳牙装在扳牙架上，扳牙套进圆杆后，应垂直于圆杆中心，不能歪斜。对扳牙加适当的压力均匀地扭转，不得用力过猛。套进几圈螺纹后，就不再施加压力，只要扳动扳牙旋转就可以了，每转一圈或 1/2 圈应加转一下，以便切屑折断排出。

套丝时，要经常用机油或柴油冷却润滑，以减少摩擦，延长扳手的使用寿命，提高螺纹的光洁度。

15. 钻头折断的原因是什么？怎样预防？

(1)钻头工作部分折断原因如下：

①用钝钻头工作，切削力大大增加。

②进刀量太大，而切削速度却不高，后角又磨得较小，致使实际后角小于 0°，后角与切削表面产生很大摩擦。

③钻轴在轴承内间隙过大。

④钻屑塞住钻头的螺旋槽。

⑤孔刚开始钻穿时，由于进刀迅速降低而增加了进刀量，使钻头所受扭转力矩大大增加。

⑥工件松动。

(2)预防钻头折断方法如下：

①磨锋钻头。

②减少进刀量，适当增大后角，合理地提高切削速度。

③检查钻轴的间隙并调整之。

④钻深孔进钻头要退出几次，使钻屑向外排出。

⑤孔将钻通时减少进刀量。

⑥可靠地固定工件。

16. 怎样取出断头螺栓？

螺栓断在机体内须取出时，要设法使螺栓能承受扭转力矩，一般采用如下方法：

(1)如断头与机体齐平或低于其表面，可在断头端面中心钻出适当孔，在孔内改反扣螺纹用反扣螺栓拧出断头。

断头在机件内连接不太紧,可用淬火的多棱锥头钢棒,敲入断头端面的预制孔内,拧动钢棒可以拧出断头。

(2)如断头高于机件表面,可将伸出的端头锉成方形或焊接一螺母,然后拧出断头。

(3)如断头为非淬火钢,且螺孔允许扩大时,可用大于螺孔的钻头钻掉,重新攻丝,配制台阶螺柱或镶配螺纹套,以恢复原来螺孔尺寸。

(4)如断头为淬硬钢,且螺孔较小,须用电火花在断头端面钻成方孔再拆。

17. 怎样识别汽车螺栓的松紧方向?

汽车上的螺栓、螺母很多,在不同的地方和不同的角度上都有螺栓、螺母。在松螺栓时往往搞不清方向,有时想松螺栓却往往是在紧固,而想紧螺栓时往往却是在松。

我根据多年的实践经验总结出一种识别松紧的好方法,叫右手式拳,如图8-23所示。当要想松开某一个螺栓时,不知旋松的方向,则对右螺纹,把右手伸出攥拳,沿着食指旋转的方向是松,沿着大拇指旋转的方向是紧;也可以理解食指劲小越拧越松,大拇指劲大越拧越紧。而左螺纹则伸左手攥拳。

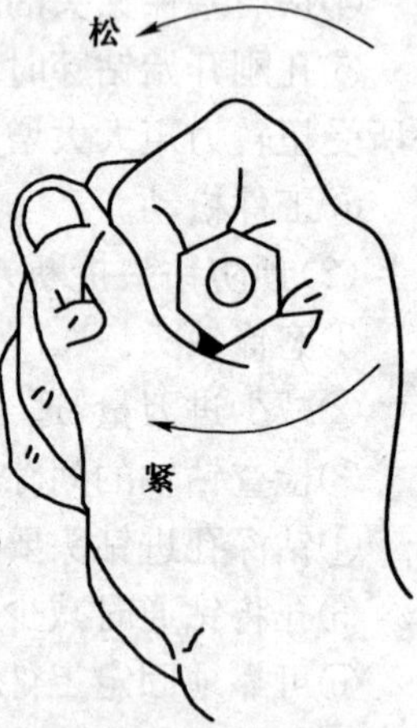

图 8-23 右手式拳

18. 怎样鉴别修理中常见的金属材料?

火花鉴别。在用砂轮磨削钢材时,根据飞出的火花来识别钢材种类,如图8-24所示。

①碳量在0.2%以下的低碳钢,火花长而明亮,端部有两个小节点。

②碳量为0.5%的碳钢,火花呈黄色,从第一个节点爆裂出大批淡黄色芒线。

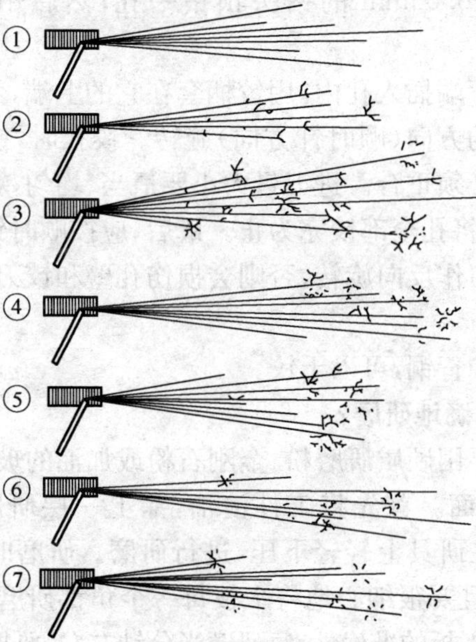

图 8-24　用火花鉴别钢种

③含碳量在 0.8%以下的钢，从第一个节点爆裂出大批淡黄色芒线。

④锰钢(含锰量为 10%～14%)，从第一个节点爆裂出芒线，并且芒线上带有小星花。

⑤铬钢，火花上带有红色的小花。

⑥钨钢，火花呈深红色并呈断续状，端部有明亮节点。

⑦镍铬钢，火花呈黄色。

19. 怎样正确使用铰刀?

为了提高孔的表面光洁度和精确度，以及孔和轴的精密配合，用铰刀进行精加工，称铰孔。

铰孔的主要工具是铰刀。有圆柱形铰刀和圆锥形铰刀；圆柱形铰刀又分为固定式和可调式两种。

铰孔工艺如下：要获得精确的孔眼时，应首先用小于铰孔眼规定尺寸 0.03～0.05mm 的钻头预钻一孔，然后用铰刀将孔眼铰光。

将铰刀的下端插入孔内，用铰柄套在它的上端，然后用轻轻的压力顺着刀刃的方向(顺时针方向)旋转。铰孔时，铰刀的中心线与孔的中心线必须重合。进刀量大小要适当、均匀，并不断地加冷却润滑剂，直到将孔全部铰完为止。最后，应按顺时针方向旋出铰刀。不可将铰刀作反向旋转，否则会损伤孔壁和铰刀，铰出的孔不圆、尺寸不准。

对于生铁和青铜，可以干铰。

20. 怎样正确地研磨?

研磨表面要用硬质研磨粉、金刚石粉或加油的玻璃粉。

(1)研磨平面。首先将工件清洁，涂上一层研磨粉(不宜太多)，把工件放在研具上轻轻下压，进行研磨。研磨时工件运动方向成 8 字形，并且要很细心地将平板每一个角都研磨到，使平板磨耗均匀，以保持平板的准确性，每研磨半分钟左右，要把工件旋转 90 度，这样使工件磨耗均匀，不倾斜。研磨时，压力和速度不宜过大过快，避免工件发热变形。在刚停止研磨时，不应立即测量尺寸。

(2)研磨锥孔。研磨锥孔的时候，把研磨棒或相配合的锥体插入孔内，用手顺着同一方向旋转，大约每转 3～4 次后，必须把研磨棒捎微拔出一些，然后再推入研磨。锥孔表面全部研磨到后，换用细质研磨粉再轻轻研磨。最后将工件擦净涂上一层机油，再研磨几分钟就可以了。

研磨是一种最精密的加工方法。工件经过研磨后，表面粗糙度可达到 10～14μm；尺寸精度可控制到 0.005～0.001mm 或更高，几何形状可以更加理想。

研磨在汽车修理工艺中经常用到，如活塞环的研磨、气门与气门座的研磨、气压制动阀的阀门与座的研磨等。

21. 怎样正确地锡焊?

锡焊是用焊锡把两个金属联结在一起，一般用软焊锡(锡和铅的合金)。焊接可用铜烙铁或电烙铁。烙铁尖端不要烧红,以免把焊锡烧坏,一般锡和铅合金熔点 180℃～300℃之间。

焊接时,先用锉刀、钢丝刷或砂布把工件的氧化表面除掉,并用焊水(盐酸和锌)擦净。为了避免焊锡在焊接过程中氧化,则须利用焊剂,常用的是氧化铵或松香。

锡焊工艺是:

(1)将工件准备妥善后,把烧热的烙铁尖端在砖石上擦净;

(2)蘸上氯化铵(或松香),把烙铁靠拢焊锡;尽量用烙铁多到一些焊锡放到焊缝上;

(3)缓慢的沿着焊缝的四周用水冲洗干净,除掉残存的酸性物质。焊好后,要把焊缝和焊缝的四周用水冲洗干净,除掉残存的酸性物质。

22. 怎样正确地铆接?

用铆钉来连接两件或两件以上的工件叫铆接。在各种组合的金属结构(例如汽车车架)的生产中,以及固接制动蹄摩擦衬带和离合器被动片的摩擦衬片时,都要用铆接工艺,因此铆接的方法在汽车修理工艺中被广泛地应用着。

铆钉的种类很多,常用的有半圆头铆钉、埋头铆钉和平头铆钉。此外还有特种铆钉如空心铆钉等。

铆接工艺如下:

将铆钉杆穿过在工件的联结部分钻好的孔,并用顶模从下面将钉铆代头紧压着,然后将铆钉的向上凸出部分予以锤击,而后再用上适应的罩模将它锤平,由此可得到第二个铆钉头。

进行大件铆接时,有时是将铆钉预热至 1150℃的温度进行热铆,所有尺寸的铜铆钉、铝铆钉和直径在 4mm 以下的钢铆钉则用冷铆,铆钉孔必须用埋头钻进行扩钻。铆接时,可将连接的板,一块拱在另一块上,或者用一块盖板进行搭接。在后一种情况中,被铆接的板,用一块盖板,或者从两面用两块盖板予以连接。当进行铆钉头外露的铆接时,铆钉杆伸出的长度应为直径的 1.5 倍,当进行埋头铆钉的铆接时,则这个长度应为直径的 0.7 倍。

铆接的好坏,可以用在铆钉附近轻敲的方法来进行检查。当铆接得好时,就听不到震响的声音。如果听到震响的声音,则应在铆钉的周围,用敛缝锤予以锤击。敛缝锤如錾子的形状,并有一个钝圆的锋口。

23. 怎样錾制衬垫?

用纸錾制衬垫的方法是:将纸放在需要衬垫的零件上,用一只手紧紧压住纸张,另一只手在零件锐利的楞上按紧,印出零件的轮廓来。然后不变更纸张和零件的位置,用冲子或小铁锤轻轻地在螺栓孔或楞上敲打。在两个相对的位置方位上,用上述方法做好两个螺栓孔,把螺栓插进孔内以免纸垫活动,而后用上述方法做好其他各孔。圆孔用冲子,方孔和内、外缘用铁锤轻轻锤出。

用厚纸做纸板衬垫,应先画好轮廓后再用剪刀或切纸刀剪切。做金属衬垫时,先做好纸样板。然后再用剪刀剪裁。

做厚金属螺栓垫要用錾子、冲子,然后用锉刀加工,但须先把螺栓孔钻好(或冲好),因为小螺栓垫钻孔时不易夹紧。

24. 怎样清洗汽车零件?

(1)金属零件的清洗。冷洗法:用煤油、汽油做清洗剂,需用设备极简单,用筛子篮子和洗件盆,操作方法简便迅速;清洗后用压缩空气吹干。但此法成本较高,而且容易引起火灾。

(2)非金属零件的清洗。橡胶类零件的清洗,如制动皮碗、皮圈等,应用酒精或制动液清洗。不得用煤油、汽油或碱溶液清洗,以防发胀变形。

离合器摩擦片和制动蹄摩擦片不能用碱溶液煮洗,应用少许汽油刷洗或擦干净。

皮质零件(如油封的皮圈等)一般用干布擦净即可。

(3)清除积炭的方法:

①用刮刀、铲刀(或用竹制)、金属刷等刮除。

②用化学溶液加热至 80℃～90℃,将积炭浸泡软经后,用毛

刷或旧布擦拭干净，清除积炭后，铝合金零件还应用热水将化学溶液清洗干净。

25. 怎样检验汽车零件?

汽车零件在清洗后，应进行零件的检验与分类。进行零件检验的目的是为了把零件正确地分类，分为堪用、待修、报废三类。

堪用——是符合大修技术标准要求，不需再进行修理，而能继续使用的零件。

待修——经过修理后能够达到大修技术标准要求的零件。

报废——零件已损坏，不能修复，以及没有修理价值的零件。

零件检验的基本方法，大致可分以下三种：

(1)检视法。这是一种不用仪表，光凭眼看、手摸、耳听来检验和判断零件技术状况的方法。这种方法简单易行，在实践中应用较广，汽车上差不多一半以上的零件检验，可用检视法确定其技术状况。

①用目视的方法：对于表面损伤的零件，如表面毛糙、沟槽、刮痕，明显裂纹、剥落(脱皮)、折断缺口或破洞等损伤，以及零件的重大变形、弯曲、严重磨损、表面退火式烧蚀，橡胶零件材料的变质等等，都可以通过眼看式借助于放大镜观察，检验和确定其是否需要修理式报废。

②用敲击方法：对于汽车部分壳体及盘形零件，是否有不明显的裂纹；用铆钉连接的零件有否松动；轴承合金与钢片的结合情况等等，可用小锤轻轻敲击听其响声，如发出的金属声音清脆，说明零件的善是良好；如果发出的声音沙哑，可以判断零件有裂纹、松动或结合不良。

③用比较的方法：用新的标准的零件与被检验的零件作比较，从对比中鉴别被检验零件的技术状况。

(2)测量法。零件因磨损或变形而引起尺寸和几何形状的变化，或者因长期使用引起技术性能的降低，一般应通过量具和仪器测量其现有的技术尺寸或数据，对照允许使用限度的技术标准，以确定零件的损伤程度。

汽车修理中常用的量具有量缸表(内径量表)百分表、分厘卡、游标卡尺、塞尺、卡钳、测齿卡尺、专用样板等。常用的检验仪器有连杆校正器、弹簧检验器、活塞环检验器、前轮定位仪等。

用量具和仪器检验零件,一般能获得较精确的数据。但在使用时,必须认真检查量具本身的精确度,测量部位的选择,读数的正确等。

(3)探测法。对零件隐蔽缺陷的检验,特别是在汽车上的曲轴、转向节等重要零件的细微裂纹的检验,对于保证修理质量和行车安全,具有十分重要的意义,必须细心认真进行。检验隐蔽零件缺陷的方法,有常用的浸油锤击检验法;有用探伤仪器(如磁力的、荧光的和超声波)探伤的。一般以浸油锤击和磁力探伤的较多。

①浸油锤击:这是一种探测隐蔽裂纹的最简便的方法。检验时,先将零件浸入煤油或柴油中片刻,取出后将表面擦干,撒上一层白粉(滑石粉或石灰),然后用小铁锤轻轻敲击零件的非工作面,如果零件有裂纹时,由于振动,使浸入裂纹的油渍溅出,使裂纹处的白粉呈现黄色线痕。

②磁力探伤:磁力探伤法是属于物理方法,是借助探伤器零件磁化,撒以铁粉末,在裂纹处发现零件表面和埋藏在表面下(1.5～2mm)不深的缺陷。

26. 怎样检查轴承的磨损?

汽车上的滚动轴承包括球轴承、滚子轴承、圆锥滚子轴承及滚针轴承。它们经常处于在高速、重载的条件下工作,承受着相当大的交变载荷。因此,滚动体与滚道往往会产生严重磨损、疲劳剥落、破裂、烧蚀(即高温退火,严重时,颜色呈紫黑,类似发蓝)等现象。

滚动轴承是一个组合件,一般不分解检查每个零件的损坏情况。检验时,先把轴承清洗并擦净,通过外表检视,空转试验和必要时测量内部间隙,即可鉴定其质量。

(1)外表检查。在检验中,如果发现下列损坏现象时,一般应及时更换:

①在滚动体(钢球、圆柱滚子、圆锥滚子、滚针)和内外滚道上因烧蚀而变色。

②在轴承内外滚道上,发生撞击痕迹、伤印和擦伤;在轴承内外滚道、滚动体(钢球、圆柱滚子、圆锥滚子、滚针)上发生裂纹、金属脱层、鳞状剥落及大量(一般在面积的三分之一以上)黑斑点。

③在保持架上有穿透的裂纹及缺少铆钉或铆钉松动。

④保持架装滚子的槽口磨损过甚,滚子能自掉出。

⑤由于圆锥滚子磨损,其小端的工作面凸出于轴承外座圈端面。

⑥圆锥滚子轴承内环大端内端面缺口和金属剥落。

在滚动轴承的检验中,如仅发现轴承上有细微腐蚀性黑斑点,保持架轻微缺陷,而不影响轴承转动,一般可以继续使用。

(2)空转检查。该项试验主要看轴承旋转是否灵活,有无噪音,有无卡住等现象。轴承旋转的不均匀性,可从手上的感觉来判断(旧轴承允许有轻微响声)。

(3)内部间隙检查。内部间隙的测量,球轴承的磨损情况,可以测量它的径向和轴向间隙加以判定,方法如下:

①轴向间隙检验:是将轴承外座圈放置在两垫块上,并使内座圈悬空,再在内座圈上放一块小平板,将百分表触针抵在平板的中央,如图 8-25 所示,然后上下推动内座圈,百分表指示的最大与最小的数值差,就是它的轴向间隙。轴向间隙的最大允许值为0.20～0.25mm。

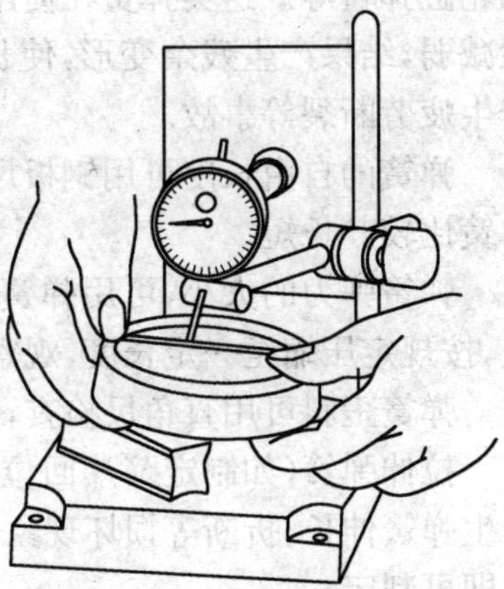

图 8-25　测量轴承轴向间隙

②径向间隙检验：将轴承放在平板上，使百分表的触针抵住轴承外座圈，如图 8-26 所示，然后一手压紧轴承内圈，另一手往复推动轴承外圈，表针所摆动的数字即为轴承的径向间隙。径向间隙的最大允许值为 0.10～0.15mm。

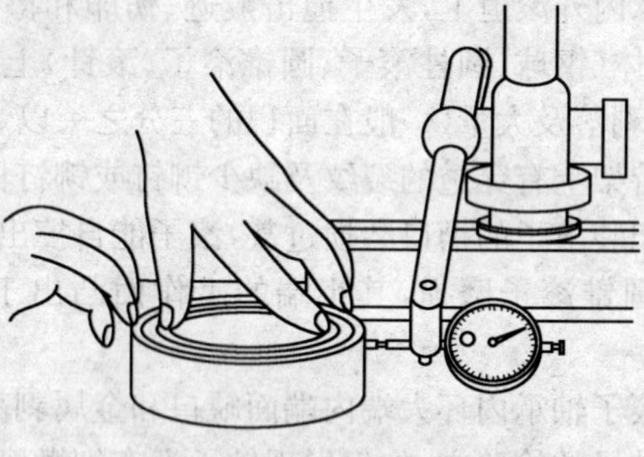

图 8-26　测量轴承径向间隙

27. 怎样检查弹簧？

螺旋弹簧按受力情况可分为：压缩弹簧、拉伸弹簧和扭转弹簧三种。

汽车上应用的压缩弹簧有：气门弹簧、离合器弹簧、制动主缸和轮缸弹簧等。这类弹簧在使用中，由于受热退火或疲劳损坏，弹性减弱，结果产生残余变形，使长度缩短或歪扭变形，有时还可能产生疲劳断裂等事故。

弹簧的自由长度可用钢板尺测量，看其是否合乎规定，或与新弹簧比较其长短。

弹簧弹力的大小，可用弹簧试验器检测。将弹簧装到试验器上，按规定压缩至一定长度，观察其弹力是否合乎规定。

弹簧歪斜可用直角尺检查，歪斜超过 2°时，必须更换。

拉伸弹簧（如制定蹄片回位弹簧）由于经常受拉伸作用，可能产生弹簧伸长、折断等损坏现象，其技术状态从外表检视和测量长度即可判定。

28. 滚动轴承的代号表示什么?

滚动轴承的基本型号用七位数的数字代号表示。

从数字的右向左数第一、二位数,表示轴承的内径。用 00 表示内径为 10mm;用 01 表示内径为 12mm;用 02 表示内径为 15mm;用 03 表示内径为 17mm。

从右数第三位数字,表示轴承外径系列,用以区别同一类型、同一内径而外径不同的轴承。数字 1 表示特轻系列;2 表示轻系列;3 表示中系列;4 表示重系列;5 表示轻宽系列;6 表示中宽系列。

从右数第四位数字表示轴承类型。数字 0 表示单列向心球轴承;1 表示双列向心球轴承;2 表示单列向心短圆柱滚子轴承;3 表示双列向心球面滚子轴承;4 表示圆柱滚子轴承或滚针轴承;5 表示向心螺旋滚子轴承;6 表示向心推力轴承;7 表示圆锥滚子轴承;8 表示推力轴承或推力向心轴承;9 表示推力滚子轴承或推力向心滚子轴承。

从右数第五、第六表示轴承结构的形式,例如"00"为单列,"11"为双列等。

当表示外径系列、轴承类型、轴承结构型式和轴承宽度系列的代号,从左往右依次均为"0"时,则因首数为"0"不标注,故代号可由七位数字减少为三至四位数字。

29. 滚动轴承是怎样分类的?

滚动轴承一般由滚动体、内座圈、外座圈和保持架等部分组成。

滚动轴承按照承受载荷方向的不同,可分为向心轴承,推力轴承和向心推力轴承三种类型。而按照滚动体的形状,又可分为球轴承、滚子轴承和滚针轴承三类。球轴承和滚子都可以做成单列或双列的型式。

滚动轴承的基本类型和特点见表 8-2。

30. 汽车用滚动轴承的技术条件是什么?

(1)轴承的精度等级:轴承按基本尺寸精度和旋转精度分为 C

表 8-2 滚动轴承的基本类型及特点

类型名称及类型代号	特 点
单列向心球轴承 0	主要承受径向载荷,也能承受一定的轴向载荷,适用于高速、高精度外,要求与之配合的轴有较大的刚度,且与前后轴承孔有较好的同轴度
双列向心球面球轴承 1	用于承受径向载荷,也能承受微量的轴向载荷,外座圈的内表面是以轴承中点为中心的球面,可以自动调心,可用于轴的刚度较弱或轴承孔的同轴度较差以及多支点轴的支承上
单列向心短圆柱滚子轴承 2	用于承受纯径向载荷,不能承受轴向载荷,承载能力比尺寸相同的球轴承大,可用于高速,工作时内座圈可有小的相对轴向位移,对轴的偏斜很敏感,要求轴有较大的刚度和轴承孔有较好的同轴度
双列向心球面滚子轴承 3	用于承受径向载荷,也能承受较大的轴向载荷,外座圈的内表面是以轴承中点为中心的球面,滚动体是球面滚子,允许内外座圈轴线有较大的偏斜,可用于轴的刚度较弱和轴承孔的同轴度较差以及多支点轴的支承上
滚针轴承 4	用于承受纯径向载荷,不能承受轴向载荷,承载能力较大、高速、低速都可使用,一般没有保持架,也可不带内、外座圈,适用于径向尺寸受限制,受力又较大处
向心螺旋滚子轴承 5	只用于承受径向载荷,有弹性,可以减少冲击和振动,汽车上很少采用
向心推力轴承 6	用于承受径向载荷,或单向的轴向载荷,球和外座圈的接触角有 12°、26°和 36°三种。α 角越大,承受轴向力的能力也越大,通常成对使用
圆锥滚子轴承 7	用于承受径向载荷或单向的轴向载荷,承载能力比向心推力轴承大,要求极限转速低,成对使用,反向安装
推力球轴承 8	用于承受单向轴向载荷,极限转速要求低
推力向心对称球面滚子轴承 9	用于承受大轴向载荷,并能承受一定的径向载荷。能自动定心,允许转速较高

级、D级、E级和G级。精度等级按汉语拼音字母顺序排列,C级精度最高,G级精度最低。

(2)各类轴承的制造精度:各种结构型式轴承,均可制造成G级精度,精度高于G级的轴承,应按国家规定的标准制造。

(3)轴承的基本尺寸精度和旋转精度:轴承的基本尺寸精度是指轴承套圈的内径、外径和宽度的精度。轴承旋转精度是指内圈、外圈和紧圈的径向跳动,内圈端面侧摆,内圈和外圈的滚道侧摆。内圈两端面平行差,紧圈和活动圈的轴向摆动。

(4)轴承各项精度的允差:轴承的各项精度的允差是指轴承的内径、外径和宽度的允差以及允许的径向摆动、端面侧滚道侧摆、两端面平行差和轴向摆动。

(5)轴承的配合表面和端面的粗糙度符合规定。

(6)G级精度轴承的装配表面允许镀铬,但铬层不应剥离或脱落。

(7)轴承套圈和滚子不允许有用磁力探伤器检查可发现的裂纹。

(8)轴承的噪音和旋转灵活性应符合轴承制造主管部门的规定。

(9)轴承须经退磁,残磁强度不应超过轴承制造主管部门的规定。

(10)轴承的径向游隙和轴向游隙应符合规定。

(11)外径小于40mm的单列圆锥滚子轴承及分离型单列向心推力轴承(6000型),其外圈及带整套滚动体的圈应能互换。

31. 拆卸轴承有哪些准备工作?

设备或部件拆卸前要做好相应的准备工作,禁止盲目地拆卸。

拆卸前,要很好地熟悉拆卸设备或部件的构造以及零件与零件间的相互关系,牢记需拆卸零件或部件的位置和作用。

在进行拆卸前,要根据结构的情况,研究并确定拆卸的方法和步骤。有时为了拆下一个零件或部件,需要预先拆去一系列的其他零件。因此,必须根据零部件所在的位置、连接和固定情况,事先确定拆卸的方法和拆卸步骤,以保证设备的零部件的完好和拆卸工作的顺利进行。

在进行拆卸前,必须在互相接合的两个零部件上,用同样字头打上印记,或用其他方法作好记号,以便按原位置装配,避免错乱。打印或作记号的位置应该醒目,但应注意避免在机械加工的配合表面上打印。

在进行拆卸前,还应根据确定的拆卸方法,准备好需用的机械、工具和材料,这些都是保证拆卸工作顺利进行的重要条件。

32. 怎样用锤击拆卸轴承?

击卸是一种最简单、最常见的拆卸方法。它是借锤击的力量,使相互配合的零件产生移动而相互脱离,以达到拆卸目的的一种方法。机件结构比较简单,零件坚实或一些不重要的部位,大多采用这种方法拆卸。拆卸前,为了减少摩擦力,常在连接处用润滑油浸润。击卸是一种简单易行的拆卸方法。但是,如果使用不当,或者操作不正确,也常会打坏零件,甚至达不到拆卸的目的。

击卸常用的工具是手锤,即普通钳工手锤,重量为0.5～1kg。有时也用木锤、铜锤或大锤(8磅、10磅、12磅等;1磅=0.4536kg)。另外,击卸还常用冲子和垫块。冲子用钢料制成,受锤击的顶部加工成球形,使锤击的力量保持在冲子的中心点;与工件接触的一端通常镶以软金属,如铜、铝等,并做成平的或适合工件的形状,以保护工件表面不受损伤。工地上一般常用紫铜棒(直径$\phi20 \sim \phi35$)代替冲子。锤击时常用软金属铜、铝块或木块作垫块,用来保护被锤击的零件表面。

击卸时,应根据不同的机件结构采取不同的方法和步骤,分述如下:

(1)装配在轴上的零件的击卸。用静配合装配在轴上的零件,较为典型的是皮带轮、联轴节和滚动轴承等。这些配件的击卸方法是将成套配件(皮带轮、联轴节、滚动轴承)从轴上打下来。

图 8-27 所示表示滚动轴承从轴上卸下来的情形。锤击的力量必须集中在滚动轴承的内圈上。如果锤击的力量落在轴承外圈上，就可能使滚珠在滚道上产生压痕，而损坏轴承。图 8-28 所示是用冲子打击的情形。这时锤击的力量加在轴承圈的一边，因此，打击的力量不能太大太猛，而且每打一次后，就应该将冲子移动到另一个位置，使内圈四周都受到均匀的打击力量，而将轴承卸下来。否则，会使轴承发生偏斜卡牢或损坏轴径。

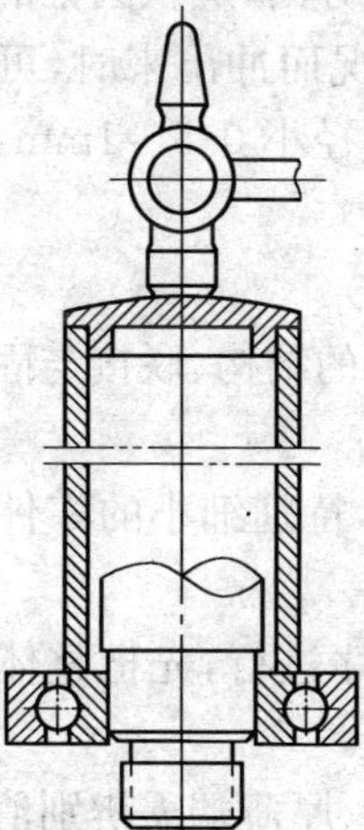

图 8-27　滚动轴承的击卸

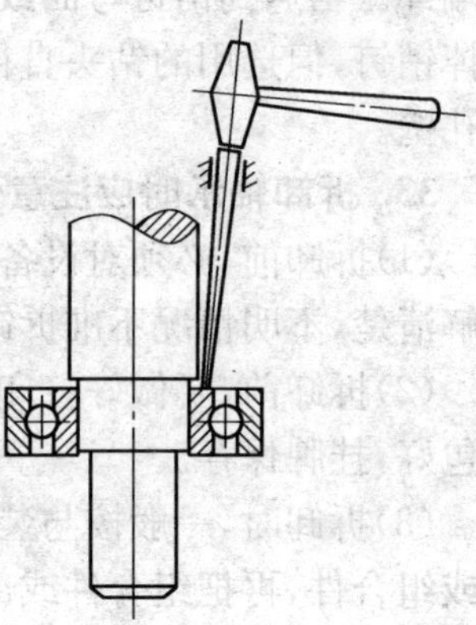

图 8-28　用冲子卸滚动轴承

(2)衬套在孔中的击卸。

滑动轴承衬套和滚动轴承。轴承外套在孔中都属过盈配合，从孔中取它们，也常用击卸的方法。衬套比起主体件总是小得多，惯性也小，所以在击卸时，锤击的力量总是打在衬套上，衬套被锤击的端面应该垫上块击卸小直径的衬套时，最好使用阶梯冲子，冲子的小直径正好与衬套的内孔相配合，冲子的大直径比衬套外径约小 0.5mm。对于大直径的衬套和滚动轴承的拆卸，多采用套管，如图 8-29 所示。

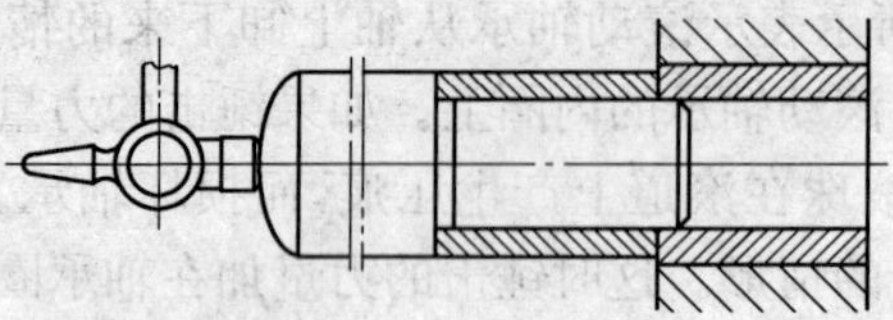

图 8-29 使用套管击卸

(3)销钉的击卸。

拆除圆柱销钉时,只要用冲子猛力冲击销钉,就可将销钉从孔中打出。拆除圆锥销钉时,必须注意冲击方向,应从圆锥的细端向粗端冲。当遇到销钉弯曲或其他损坏情况而冲出来时,可用钻头钻掉销钉,但选用的钻头直径应比销钉直径小 0.5～1mm,以免钻伤孔壁。

33. 拆卸轴承时应注意什么?

(1)拆卸前,必须对设备、部件和零件的结构、联接与固定方式了解清楚,不明情况不准拆卸。

(2)拆卸前,要做好打印记号等工作,特别细小的零件应用油纸包好,挂牌保存。

(3)拆卸时,一般按与装配相反的顺序进行,先把整体拆成部件或组合件,再把组合件或部件拆成零件。

(4)拆卸时,零件回转的方向、大小头、厚薄端需辨别清楚。

(5)拆下的零件,应根据零件的开头和特点,分别采用适当的方式保存好,不要乱堆乱放。放在地面上的零件,应用油布或塑料布盖好;放在架子上的零件,例如螺栓、垫圈、螺母等,应尽量装在一起,以免丢失。

(6)在拆卸过程中,如果不可避免地损坏了一些零件,应注意保存价值较高、质量较好、制造较复杂或较贵重的零件。

(7)拆卸时,要特别注意安全,工具必须牢固,操作必须准确,对较高或较长的零部件,拆卸时应防止倒塌或倾覆,以免发生事故。

(8)可以不拆卸,或者拆卸后能降低连接质量的零部件,应尽量不拆卸，如密封联接、铆接、焊接等；有些电器设备或零件标有不准拆卸的标记时，则禁止拆卸。

34. 怎样正确装配轴承？

滚动轴承是由内座圈、外座圈、滚动体和隔离罩等四部分组成的。内外座圈和滚动体是由高碳铬钢制成，并经过精细的加工（磨光或抛光），隔离罩常用软钢冲成，也有用黄铜制成的，近代则多用塑料制造。

滚动轴承按所能承受负荷的方向可以分为三类；第一类是径向轴承，主要用以承受径向负荷；第二类是止推轴承，主要用以承受轴向负荷。如图 8-30 所示。

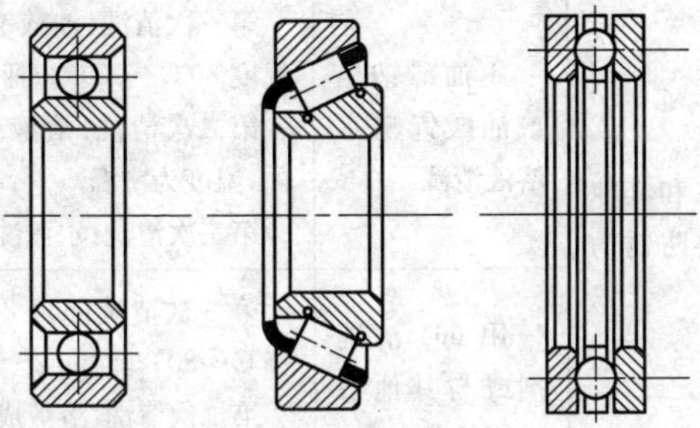

(a)　　(b)　　(c)

图 8-30　滚动轴承

(a)径向轴承　(b)径向推力轴承　(c)推力轴承

滚动轴承与滑动轴承的根本区别是：滚动轴承用滚动摩擦代替了滑动摩擦。因此，滚动轴承比滑动轴承有许多优点：第一，它的摩擦系数较小，摩擦损失少，因此效率较高；第二，润滑油的消耗量比滑动轴承少得多；第三，轴承宽度比滑动轴承小，因此轴承在轴向长度上所占的位置较小。由于滚动轴承有如此多的优点，所以它在国民经济各部门中得到了广泛的应用。但是，滚动轴承有一些缺点，这就是：滚动轴承的直径比滑动轴承大；大部分滚动轴承不能分解，安装较困难，且安装精度要求较高；承受冲击载荷和动载荷的能力差，制造成本高，寿命较短。

(1)滚动轴承的安装。滚动轴承在安装前应清洗得非常干净。清洗的方法与步骤面已经讲过。根据轴承防锈方式的不同,也可按表 8-3 所示进行清洗。

表 8-3　清洗滚动轴承的方法

轴承的防锈方式	清洗剂	清洗工艺
用防锈油封存的轴承	汽油或煤油	多次清洗直到干净为止
用原油或防锈油脂防锈的轴承	轻质矿物油(如 10 号机械油或变压器油)	将轴承浸入 95℃～100℃轻质矿物油中,摆动 5～10min,使原有防锈油脂全部溶化,从油中取出,待矿物油流净冷却后,再用汽油或煤油清洗
用气相防锈水和其他水溶液防锈材料防锈的轴承	用油酸钠皂或油酸钾皂水溶液清洗	第一次清洗:油酸钠皂 2%～3%,温度 80℃～90℃,时间 2～3min 第二次清洗:溶液成分和操作同前,温度为室温 第三次清洗:水漂洗
	用 664 清洗剂或与其他清洗剂混合清洗	第一次清洗:664 2%～3%,温度 75℃～80℃,时间 2～3min 第二次清洗:溶液成分和操作同前 第三次清洗:水漂洗

注:1. 涂有防锈润滑两用油脂的轴承和两面带防尘盖或密封圈的轴承,无不正常现象时,可不清洗。

2. 6501 清洗剂:十二烷基二乙醇酰胺;105 清洗剂:含聚氧乙烯脂肪醇醚 24%,聚氧乙烯烷基苯酚醚(OP-7 或 OP-10)12%,烷基醇酰胺 24%,水 40%;664 清洗剂;含 105 清洗剂 50%,油酸三乙醇胺 50%;6503 清洗剂;含十二烷基二乙醇酰胺磷酸脂。

滚动轴承在安装前要弄清它的工作情况,即弄清是内圈转动,还是外圈转动。因为转动座圈的配合,要比不转动的座圈的配合紧一些。滚动轴承与轴和轴瓦套的配合多为过渡配合,维修当中对于过滤配合的轴承一般采用手工锤击法和在热油中加热法。

锤击法操作简单方便。在轴颈轴承内座圈的内表面上涂一层润滑油后，将轴承在轴端用手锤和紫铜棒对称而均匀地打入，直到内座圈与轴肩靠紧为止，如图 8-31a 所示。采用这种方法，不论敲击时如何仔细，实际上轴承的受力是不对称也不均匀的，所以这种方法只用在过盈很小或者没有过盈的情况下。

图 8-31b 所示为常用的一种采用套管装配滚动轴承的方法，它仍然用锤击法，但借套管作为传递力量的工具。套管的端面要平，将轴承装到轴上时，套管应压在轴承内座圈上。若将轴承装在轴承套里时，套管端部应压在轴承的外座圈上。假如需将轴承的内外座圈同时装在轴上和轴承套里，则可采用如图 8-32 所示的垫环，同时压往轴承的内外座圈，使轴承的内外座圈间避免受到轴向力，没有轴力位移，保证滚珠(柱)和滚道不受损伤。在有压力机的情况下，应用压入法替代锤击法。

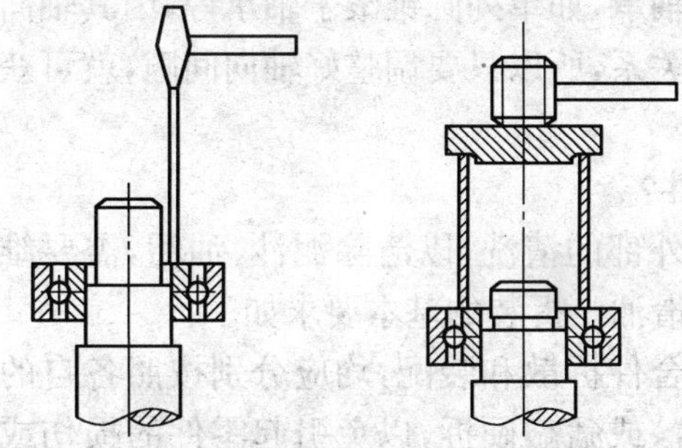

(a)　(b)

图 8-31　锤击法安装滚动轴承

(a)使用紫铜棒　(b)使用套管

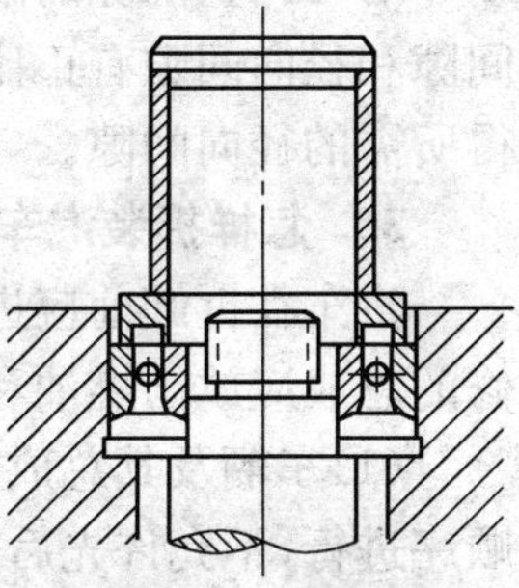

图 8-32　用垫环安装

轴在热装时，将轴承放在机油箱内加热。加热时间根据轴承大小而定，一般为 10～30 分钟左右(温度不超过 100℃)，然后迅速取出套装到轴上。在热机油箱中加热轴承时，轴承不要与箱底接触，可在箱中入一铁箅子撑住，或将轴承吊挂在箱中，以免局部过热，引起退火。

滚动轴承径向有一定的游隙。轴承装配以后，由于自重的关系，其最大间隙位置应在上面，且向两边逐渐减小。当轴承座上盖压紧后，其间不应有变化。在拧紧螺栓前后，手轻轻转动轴承时，应当同样轻快、平稳。

轴承装配好后，应按规定涂上运转时所需用的油，但油量也不宜过多，以免运转时轴承发热。轮鼓轴承座两端的油毡、皮胀圈等密封装置必须严密，端盖左压盖应盖正压紧，转动体与非转动体与之不得接触。

(2)滚动轴承的间隙。滚动轴承的间隙也分为径向间隙和轴向间隙两类。间隙的作用在于保证滚动轴承滚动的正常运转、润滑以及作为热膨胀的补偿量。滚动轴承间隙的正确与否，会直接影响轴承的正常运转和使用寿命，因此，滚动轴承的间隙调整是一个很重要的问题。

对可调整间隙的滚动轴承，如单列圆锥滚子轴承等，因其轴向间隙和径向间隙有正比例关系，所以只要调整好轴向间隙，就可获得所需的径向间隙。

35. 怎样拆装汽车零件?

汽车在拆卸前应进行外部的清洗，以清除泥沙、油污，需要维修的总成应放出燃油和润滑油。拆装的基本要求如下：

(1)车辆及其总成、组合件拆散和装配，均应分别按照各自的顺序进行，不允许先后倒置，或猛敲硬拆，以免引起零件的损伤或变形。拆卸总成时，应按分解的顺序进行，先外后内，先附件后主体。对有公差配合要求和不许互换的零件，在拆卸时应检查有无记号，如果没有记号应做好记号。

(2)维修作业中，应正确使用工具，遵守安全规程。拆装螺栓、螺母，应尽量使用套筒、开口或梅花扳手，不允许使用钳子夹持螺栓、螺母进行拆装。扳手的尺寸与螺母、螺栓头的六方尺寸应相互一致，不应过大；使用活动扳手时，转动方向应正确，不允许用活动扳手代替手锤敲打，不允许用旋具代替錾子或撬棒来錾撬机件。凡有规定拧紧力矩和拧紧顺序的螺栓及螺母，应用扭力扳手按规定力矩和顺序拧紧。

(3)拆装衬套、销子、齿轮、皮带轮和滚动轴承等紧配合零件时,应使用专门的拆装工具或合适的拉、压器,避免损伤机件工作面。不准硬敲乱砸,禁止用钢锤和冲头直接敲击工作面,必要时用木质、橡皮手锤或软合金冲棒进行操作。

当机件锈蚀不易拆卸时,可用柴油(或煤油)浸润或加热后,再进行拆卸。

(4)对某些不可互换、有装配规定的零部件,如各主轴承盖、连杆及轴承盖等,在拆卸时应作好记号,不要搞乱。对某些调整垫片,如主减速器轴承调整垫片拆散时应做好记号,分别保存。

对有平衡要求的旋转零件,如飞轮、曲轴、离合器压盘等,拆卸时也应注意记号。没有记号的应做上记号,以防装错,避免增加进行静、动平衡的工作量。

对一些要求保持原配合或运动状态的部位,在分解时应做好记号,以便于按原位装复,不致破坏原啮合或平衡状态。

(5)在选配螺栓、螺母时,对重要螺栓、螺母不得有螺纹缺损、滑丝、变形和螺杆拉长现象。一般螺栓、螺母,凡有螺纹缺损或滑丝 2 牙以上者也不得装用。各部螺栓、螺母配用的垫圈、开口销及锁紧垫片等,均应按规定的规格选用,并装配齐全有效。

(6)各零件经检验合格后方可安装。相配零件的工作表面在装配时,应涂抹润滑油(脂)。

(7)不要用粘有油的手触摸电气件和橡胶零件。制动器摩擦片及离合器摩擦片等,不应接触油类。

(8)油封的安装。油封要保持干净,其工作刃口和工作表面应无任何刮伤损坏痕迹。因此,将凸缘、心轴或座圈装入油封之前,应仔细检查零件工作面是否有毛刺、尖角、锐边存在。橡胶油封安装前,可在油封的压配表面涂上机油。同时在工作刃口和工作表面涂上润滑脂,如图 8-33 所示。若为双刃口油封,则应在两刃口腔内涂入相当于 1/2 容积的润滑脂。牛皮油封安装前,应在温机油中浸泡软后，再进行安装。压装油封时，要均匀加力把油封压到底，避免装歪或用力过猛而损坏油封。不要用锤棒等其他工具直接在油封表面上敲打。装配时，注意油封的自紧弹簧不要掉出、漏装。喷漆涂胶时，漆液不要沾到油封的工作表面。

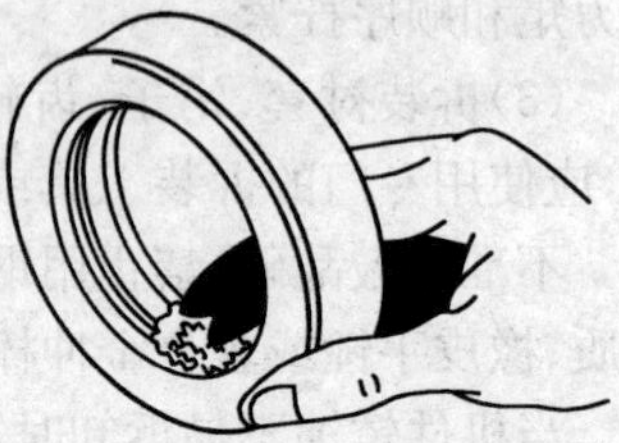

图 8-33 对油封涂抹润滑脂

36. 汽车零件的修理方法有哪些？

(1)机械加工。机械加工的修理尺寸法就是将零件机械加工至修理尺寸。如气缸、曲轴等，都具有修理尺寸。如果一个零件加工至修理尺寸，则另一与其相配合的零件也必须有相应的修理尺寸，以便使这两配合件之间具有一定的标准间隙。

附加零件法就是将零件磨损的工作面加工至可以安装附加衬套的尺寸。一般用于表面磨损较大的零件，如气门座、变速器壳轴承等。

零件局部更换法，是从零件上除去磨损的部分，制造这一部分的新品，并使其与零件的余留部分焊接在一起，如半轴、变速杆球面磨损的更换。

(2)压力加工。压力加工法可分为墩粗、冲大、缩小、伸长和压花。它是将零件非工作部分的金属转移向磨损处，如墩粗气门工作表面和青铜衬套；如冲大活塞销、十字轴；如缩小空心零件的内径(青铜衬套)；如各种拉杆和气门杆的少许伸长；如轴表面压花(辗花)会使轴的工作表面个别区域向外挤出稍许加大而恢复了必须的配合尺寸等。

(3)浇铸加工。重新浇铸和重浇铅青铜合金的方法，是先除去已磨损的合金，做好零件的浇铸准备工作，然后浇铸新合金。再将浇铸了合金的零件加工至标准尺寸或修理尺寸，如同曲轴轴承、连杆轴承合金的重浇铸。

(4)焊接。气焊(乙炔-氧焊)是利用可燃气体(乙炔气)处在氧气中燃烧时产生的热能,将焊件和焊丝熔化而焊接金属。其特点是简单易行,加热过程比较平稳、缓慢,热量也比较分散。它可以焊修缸体、后桥壳、齿轮的裂缝以及其他零件裂损等。

电焊(电弧焊)是利用电极间或电极与焊件产生的电弧焊所用的金属焊条是电极又是填充金属。它操作方便,被广泛地应用。在汽车修理中修复裂纹、破裂和折断等损坏的零件。

振动堆焊是一种新的堆焊方法。它的特点是焊层厚、联结强度高、耐磨、受热影响小、变形小。汽车上用得最多的是堆焊曲轴、凸轮轴等。

(5)电镀。电镀是将金属工件浸入电解质(酸类、碱类、盐类)的溶液中,并以工件为阴极通入直流电,当电流通过电解质的溶液时,使发生电解现象,溶液中的金属析出,在工件表面上形成一层金属镀积物,这样一个过程叫做电镀。

目前用来修复磨损零件磨损金属电镀有镀铬、镀钢、镀铁、镀铜等。汽车修理中镀铬用得最多,它最适合修理磨损的零件,特别是恢复磨损不大的零件如活塞销、转向节和主销、凸轮轴轴颈、曲轴轴颈、气门杆以及其他零件等。

镀铬只适于修复磨损量较小的零件。但是汽车上有许多零件的磨损往往是比较大的(如曲轴轴颈),所以在镀铬层下面须衬以比较容易镀积的镀层(而且经济)并能和基体金属以及铬镀层牢固联结的底层。因此,先镀钢而后镀铬,可达到这个目的。

采用不对称交流—直流电低温镀铁,是一种修复汽车零件的新工艺,它具有镀层厚、硬度高,结合力强,耐磨,无毒,成本低,省电,质量稳定,简便易行等优点。

镀铜和镀铬一样,也是在镀铬层下面衬以一层镀积基体。汽车修理中主要用来修复内径,以及已用压力方法修复的青铜衬套的外径。

(6)金属喷镀。金属喷镀在汽车以及其他机械修理方面应用甚广,已有多年的历史。它主要用于曲轴、凸轮轴、转向节、半轴套管以及填补零件不重要的裂缝(如气缸体和气缸盖外表面上的裂缝)等。与焊接比较,它具有喷层厚、受热变形小,温度低(低于70℃),不会破坏零件的热处理组织性能。另外,喷镀层还具有硬度高、耐磨损的特点。

金属喷镀就是把熔化的金属用高速气流喷镀在已经准备好的零件的表面上。

用电弧熔化金属的叫电喷镀,用乙炔火焰熔化金属的叫气喷镀。电喷镀设备简单,成本低,使用方便。

(7)电火花加工。金属电火花加工的特点是直接利用电能来除去金属或覆盖金属层。它是以电蚀作用为基础的。在电路中两电极(触点)之间产生的火花往往会破坏电极(触点)的表面,破坏是不均匀的,而且金属微粒由阳极移向阴极而焊接在阴极上,形成金属转移的现象,这种现象称为电蚀。

利用火花放电的特点和电蚀的作用,使用它来修复汽车磨损或损伤的零件。电火花加工方法有接触法与非接触法两种。接触法是工具电极作往复运动并周期地和工件接触;非接触法的工具电极与工件之间保持一定的间隙。当将汽车零件作为火花放电中的阳极时,即可从零件上取去金属;当将零件作为火花放电中的阴极时,即可将阳极(工具极)上的金属镀盖到零件(工件)上来。

(8)粘结胶补。粘结胶补是利用胶补剂与零件间所起的化学结合作用,来粘结零件的套筒、配合面,或填补裂缝等缺陷的一种修补工艺。

木精胶是部分聚合成浓甘油状糖浆的木精。常用于绝缘零件、气缸体、水套、摩擦片等的胶结。

环氧树脂是由二酚基丙烷与环氧氢丙烷在氢氧化钠中合而成。有防水、抗酸碱、粘结性好等优点,不仅能粘结金属材料,而对非金属材料也能适用。

37. 维修作业安全要求有哪些?

(1)对场地的要求。开展汽车维修的场地,应设在具备防尘条件、有足够作业面积的室内或工棚内。汽车维修场地还必须具备消防等安全设施,以保证汽车维修工作的需要。场地照明应有足够的亮度,工作灯等照明用电电压,应不高于36V。维修使用的设备,应保持技术状况良好并装配漏电保护器等劳动保护装置。

(2)对人员的要求。参与汽车维修的人员,除必须掌握维修的技能外,还必须掌握安全用电、人身防护等基本知识和技能。作业时应穿好劳动护具(工作服、工作鞋等),严格执行汽车维修方面的安全操作规程,确保作业的安全。

①作业者应穿戴耐磨、适体的工作服不可过于肥大,以防作业时挂碰机件引起意外伤害和事故。维修时穿用的鞋子,最好是帆布鞋,这样行动方便,又能有效地保护脚部。不准穿凉鞋。在拆装车辆和进行底盘维修时,应佩戴手套,为了安全应选择织线较厚的长手套。

②车下作业时,应佩戴护目镜,以防车上小物体或泥沙坠落的伤害。

③喷漆作业时,必须佩戴防尘、防毒口罩。

(3)对工具、设备的要求。由于汽车各部装配方法不同,部分零件需要专用工具才能拆装。部分大总成比较沉重,因此,汽车维修作业应具备:汽车整车大型举升器、小型举升器、变速器总成安装托架、驱动桥总成安装托架、专用维修工具和检测设备,以及常用的机械加工设备(如空压机、砂轮机、小型钻床等)。

(4)维修作业的安全要求。

①汽车拆卸前应进行外部清洗,以清除泥沙、油污、并放尽润滑油和其他液体。

②拆卸前,应使用的支架或举升设备稳固地把车架牢。用千斤顶支车时,千斤顶要放置平稳,禁止在支撑点垫砖头等易碎物体。

由于轿车等小型车体结构轻薄的特点,在架车时应按该车规定的支撑要求进行架车,否则将损坏车身。例如捷达轿车架车部位。在捷达轿车的纵梁装饰板的前后端各有一个盖板,打开盖板就可以看见纵梁垂直加强板,千斤顶即可支撑在此处。保证安全,架车时千斤顶下部应坚实的地面(例如水泥地面等)。

③拆装发动机或底盘各总成时,应选用适宜的起重设备。吊装及运输过程中,应避免吊件和人身的安全。

④在拆卸汽车零部件时,应选用合适的工具或专用设备,以防损坏部件。

⑤在起动发动机前,应注意变速器的档位情况,以防汽车误动伤人。

⑥在发动机罩下工作时,应让其他人离开驾驶室,以防发动机突然转动或他人操纵机构动作,造成误伤。

⑦使用电动工具、设备时,工具设备应绝缘性能完好。操作时,应严格遵守安全操作规程。

(5)车下作业的安全要求。

①如果需要在车下作业时,应设置明显的标志,并将汽车掩木掩好。如果维修制动系统,应同时拉紧手制动器。

②在安装总成时,千万不要用手试螺孔、销孔等以免轧断手指。

③试验发动机时,不得在车下作业。

④在车下工作时,不要直接躺在地上,应尽量使用卧板。

⑤对于千斤顶支起并卸下车轮的汽车,不许在车上或车下作业。落下千斤顶前,应检查周围是否有障碍物和有否压着自身的危险。落下千斤顶时应缓慢下降以确保安全。

(6)汽车路试的安全要求。

①试车时,汽车各部状况应能保证安全停车和转动转向盘有效。

②路试的汽车必须有明显的试车标志。

③试车时人员必须乘坐安全，并在专门的或指定的试车道上进行。

(7)作业中安全注意事项。

①注意对旋转机件的防护。在发动机运转时，注意手、衣物和工具必须离开旋转的风扇和风扇皮带(最好取下佩戴的戒指、手表和领带等物品)。

②防止烫伤。刚刚熄火的发动机，由于发动机的各部(水箱、排气管道、动力转向液箱和火花塞等)温度都比较高，必须少接触，以防烫伤。

如果发动机温度高，千万不要直接取下水箱盖或松开放水开关，以防烫伤。

③注意防火。在油箱和蓄电池附近，不要吸烟，以免导致火焰的发生。因为油箱逸出的可燃气和蓄电池逸出的氢气是很容易引燃的。

④制动液损坏作用。制动液对汽车的漆膜有损害作用，制动液能很快地溶解漆膜。制动液对眼睛是有害的，如果制动液溅入眼睛，必须用清水立即冲洗干净。

⑤注意对工作场所的清理。在关闭发动机舱盖或其他总成盖时，应检查有无工具、抹布和拆下的零件等物品是否遗忘，然后才可以关闭上述部位的舱盖。

(8)安全用电规则。

①严格遵守使用各种用电设备的安全操作规程，不准违章操作。

②使用设备前，应认真检查设备线路等是否完好，如有故障，应修复后再用。

③使用移动用电设备(手电钻、打磨机等)时，电缆线不得靠近火炉、暖气管等高热源，以及易燃、易爆物品，以防漏电时，不伤使用者。

④电气设备使用中，应随时注意设备的运转情况，严防过热、

超负荷运转。

⑤检修设备时应切断电源。在无安全措施的情况下,严禁带电操作。

⑥用电设备的各接线应当牢固、可靠;更换熔丝时,应按规定进行。

⑦用电设备应经常保持清洁,严防潮湿、浸水。

⑧车间内拉设临时照明线路时,必须按照规程施工。工作灯照明用电电压不准高于36V。

38. 机械制图在汽车修理中的作用是什么?

机械制图是工程机械界的语言,它是机械车辆设计、制造、检验、维修、管理等必需的基本资料。机械图纸在生产过程中起指导作用。机械制图是从事维修工作人员必须掌握的一门基础知识,否则汽车修理质量难以保证。

39. 怎样看机械图?

一般一幅图用好几个视图来表示零件的结构形状,因此,在看图时应将各视图联系起来,根据它们的投影关系,采用相互补充和分析的方法,确定出整个物体的形状。例如,看图时先从主视图入手,配合其他视图,用对称线找投影就是利用"长对正、高平齐、宽相等"的投影关系分析图,它是看图的重要依据,必要时用尺子量一下投影图。对于较复杂的零件图,还可以采用投影分析法,分成一些简单的形体,看懂它们的形状,然后进一步弄清各简单形体的相互位置,零件尺寸,弄清零件大小和零件加工检验时的基准。要仔细分析图纸上标注的符号和技术要求,弄清零件表面粗糙度、尺寸偏差、热处理及文字说明,从而确定加工工艺和方法,以保证零件质量。

40. 什么是机械零件的不平衡?

如果一个回转质量的总重心不与回转轴线重合,那么它的平衡就要受到单面作用的离心力的破坏。这种平衡的破坏就称为不平衡。

不平衡会给旋转的机器零件增加负荷。不平衡会引起附加的弯曲力，从而增加轴承的负担，还产生振动和噪声，并导致材料的提前疲劳。在齿轮、皮带轮、轴和皮带上，不平衡可能由铸造缺陷（缩孔）、加工不精确、装配缺陷或单面磨损等引起。

41. 什么是机械零件的静态不平衡？

当一个盘形机器零件的重心不在其回转轴线上时，便产生静态不平衡。把要检验的机器零件装在与之无隙严密配合的芯轴上，一同摆在两条水平的平行刀口上。机器零件与芯轴转动，直至重心准确地位于回转轴线之下为止，这时物体取得了稳定平衡的位置。

不平稳可以通过在不平衡的一侧钻掉、割掉或铣掉适量材料，或在相对一侧附加配重的方法加以消除。机器零件必须在任意位置都能保持静止不动（随遇平衡）。

42. 什么是机械零件的动态不平衡？

当圆柱形零件（含曲轴）在高转速下产生离心力时，就会发生动态不平衡。离心力的力矩会使物体偏离其轴线位置。这种机器零件可能不产生静态不平衡，力矩只有在增大转速（离心力较大）之后才起作用。动态不平衡的位置和大小必须在平衡机上进行测定。

不平衡量通过附加平衡配重或去掉材料的办法来消除。添加去掉材料的各点之间的距离和平衡平面的位置可以任意确定。

43. 什么是公差与配合？其配合形式有几种？

公差：指允许尺寸变动量，是最大极限尺寸与最小极限尺寸之差值或上偏差与下偏差的代数差值。例如：

$120^{+0.09}_{+0.01}$，则上偏差为＋0.09，下偏差为＋0.01；公差为0.09－0.01＝0.08。

配合：公称尺寸相同的“轴”装入相同公称尺寸的孔，称为配合。两零件配合在一起的作用和要求不同，装配后的松紧程度也不一样，国家标准根据不同的松紧程度将配合分为三大类，即按配合时两配合件的紧度分为间隙配合、过盈配合和过渡配合。

间隙配合：两零件相配合，如果孔的实际尺寸总是大于轴的实际尺寸，装配后轴可以在孔内自由转动或滑动，这种配合叫间隙配合(又称动配合)。活塞与缸套的配合，活塞销轴与连杆小端衬套的配合等，均属间隙配合类。

过盈配合：两零件配合，如果轴的尺寸总是大于孔的尺寸，装配后两零件不能作相对运动，则这种配合叫过盈配合(又称静配合)。

过渡配合：两个配件松紧程度介于间隙配合和过盈配合之间的一种配合，叫做过渡配合。轴和孔的实际尺寸之间可能产生间隙，也可能产生过盈，但间隙和过盈都较小。

这三大类配合中，由于松紧程度不同，又分成静配合六种，过渡配合四种，动配合八种(公称尺寸 1～500mm 的动配合只有六种)。配合松紧程度按规定用汉语拼音字母(a、b、c、d、e、f)顺序来表示，依次渐松。

44. 各类配合有哪些特性?

静配合：只有过盈而无间隙，结合固定，不需要辅助件就能承受一定的扭力推力，其最大过盈不应使零件材料遭到破坏，而其最小过盈应保证结合件受载时不发生相对滑动。

过渡配合：过盈和间隙都有可能发生，但过盈量和间隙量都不大，因此这种结合有较高的同心度，便于拆卸。传递力矩时，需加辅助紧固件(键或固定螺钉等)。

动配合：只有间隙而无过盈，结合时要有最小间隙来保证配合面之间具有足够的润滑油层，补偿因热胀而引起的误差和补偿零件制造装配误差。

45. 什么叫公差？与偏差有什么区别?

在实际生产中要使加工出来的零件达到规定的配合性质，尤其在成批生产中要达到零件能互换，就要求加工的零件做得非常准确。但由于机床、夹具、刀具、量具的制造误差和磨损以及操作熟练程度等各种原因，使加工后零件的尺寸不可能绝对成规定尺寸。对各种不同配合等级来讲，要求加工的准确程度有很大差别，因此为了能最经济地生产出符合配合要求的零件，可以根据配合要求把零件尺寸限制在一定的范围之内，在这个范围内都能获得规定的配合，尺寸变动范围就叫公差。在数值上，公差是最大极限尺寸和最小极限尺寸之差。

公差和偏差有什么区别呢？所谓偏差是极限尺寸与公称尺寸之差。由于极限尺寸有最大和最小两个，所以偏差也有两个，即上偏差和下偏差。上偏差是最大极限尺寸与公称尺寸之差，下偏差是最小极限尺寸与公称尺寸之差。由于极限尺寸大于、小于或等于公称尺寸，因此，偏差的数值可以是正、负或零。但是，公差在数值上是最大极限尺寸和最小极限尺寸的差值，所以公差始终是正的，公差也不可能是零。

公差(数值)＝(尺寸上偏差)－(尺寸下偏差)。

(例)轴 $\phi 40^{+0.015}_{-0.01}$ 的公差＝＋0.015－(－0.01)＝0.025

即这轴的公差数值是 0.025mm。

46. 什么叫基孔制和基轴制？

从上述可知，在轴与孔的配合中，如果轴比孔小，是有间隙的动配合，如果轴比孔大，是有过盈的静配合；可能轴比孔小，也可能轴比孔大的是过渡配合。因此要获得预期的配合效果，可以有两种方法：一种是以孔径的极限尺寸作为基准，仅仅改变轴径的尺寸来获得各种不同的配合，称为基孔制；另一种是以轴径的极限尺寸作为基准，仅仅改变孔径的尺寸来获得各种不同的配合，称为基轴制。

基孔制中的孔称为基准孔，基轴制中的轴称为基准轴。

通常加工中小尺寸的孔都要使用定尺寸刀具，如钻头、铰刀、拉刀等，并且要用塞规来检验孔径。采用基孔制可以减少定尺寸刀具和塞规的规格。更重要的是加工轴要比加工同等精度的孔容易，成本也较低，因此在机器制造中一般都采用基孔制。

47. 怎样计算间隙和过盈?

孔的实际尺寸大于轴的实际尺寸,则产生间隙。当孔做成最大极限尺寸,轴做成最小极限尺寸,装配时就得到最大间隙。当孔做成最小极限尺寸,轴做成最大极限尺寸,装配时就得到最小间隙。计算公式为:

$间隙_{最大}=孔_{最大}-轴_{最小}=$孔的上偏差−轴的下偏差;

$间隙_{最小}=孔_{最小}-轴_{最大}=$孔的下偏差−轴的上偏差。

轴的实际尺寸大于孔的实际尺寸时,产生过盈。过盈同样有最大值。计算公式为:

$过盈_{最小}=孔_{最大}-轴_{最小}=$孔的上偏差−轴的下偏差;

$过盈_{最大}=孔_{最小}-轴_{最大}=$孔的下偏差−轴的上偏差。

48. 什么叫做表面粗糙度?

在机械加工中,由于刀痕、切屑分离时产生的塑性变形、工艺系统中的高频振动及刀具与被加工表摩擦等原因,致使被加工表面产生微小的峰谷。这些微小的峰谷和间距组成的微观几何形状称为表面粗糙度,亦称微观不平度。

49. 金属材料的机械性能是什么?

在设计制造汽车时,合理选用金属材料,并充分发挥其潜力,减轻零件重量,节约金属材料,已成为生产中的重要课题。

汽车零件的过量变形、过量的磨损断裂,都会影响其正常工作。但是如果掌握了变形、磨损和断裂的规律,采取必要的措施,就可以延长汽车的使用寿命。金属零件材料的机械性能主要有:强度(抗拉强度以、抗压强度、抗弯强度)、硬度(布氏硬度、洛氏硬度)、塑性、韧性、弹性、耐磨性等。

50. 什么叫碳素钢?按含碳量分类有哪几种?常用于哪些方面?

含碳量在2%以下的铁碳合金,叫碳素钢。

碳素钢价格便宜,产量大,并具有优良的锻压性、焊接性、切削加工性等工艺性能,是现代机器制造工业中应用最广泛的金属材料。

按含碳量分三种：

(1)低碳钢；含碳量在0.25%以下，常用于制造冲压力不大的零件及渗碳零件。

(2)中碳钢：含碳量在0.25%～0.6%之间，常用于制造螺栓、齿轮、轴类等结构零件。

(3)高碳钢：含碳量大于0.6%，常用于制造各种工具，如刃具、模具及一些易磨损零件。含碳量小于0.04%的钢称为纯铁。

51. 什么叫合金钢？按用途可分为哪几种？

钢中除含有铁、碳、硅、锰、硫、磷等元素外，还含其他合金元素(如镍、铬、钨、钼、钡、钛等)的钢，叫做合金钢。

52. 油封分哪几种？油封代号的含义是什么？

油封有橡胶油封、骨架式自紧油封、铁壳牛皮油封、铁壳毛毡油封等。代号用$d \times D \times B$(mm)表示。d表示油封内径，D表示油封外径，B表示油封宽度。

53. 什么叫热处理？钢铁件为什么要进行热处理？

把钢铁零件加热到一定的温度并保温一定时间，再以不同的速度将其冷却，这种综合工艺叫做热处理。热处理的任务是改变钢的组织及结构，使零件具有所需要的性能，而不改变外形。

54. 钢件的热处理方法分几类？预备热处理与最终热处理的目的是什么？

热处理一般分普通热处理和表面热处理两大类。

钢的热处理就是单纯用控制加热、保温和冷却的方法来改变钢的组织和性能。根据加热量度、冷却方法的不同，可分为退火、正火、淬火、回火、调质、表面淬火、渗碳、氮化等热处理形式。

汽车有许多零件在制造过程中都要经过热处理，其中有的是预备热处理，有的是最终处理，预备热处理的目的是为冷加工和最后热处理作好组织准备(如退火、正火)。最终热处理是使钢满足使用条件要求(如淬火、回火、化学或表面热处理)。有的钢材退火或正火后，就能满足使用性能要求，此时退火或正火也就成为最终热处理,如汽车发动机连杆的生产工序:坯料锻选正火或退火—机械加工—淬火、回火—校直—精加工—装配。其中正火就是为了改善锻造时因温度控制不严而造成晶粒粗大现象,高速硬度以适于切削加工,满意为后续的淬火、回火做组织准备,属于预备性热处理。而淬火、回火则属于终热处理。

55. 什么是退火、正火、淬火、回火、渗碳?

(1)退火:把钢件加热到临界温度,使钢中内部组织发生变化,再以较慢的速度冷却下来,以降低钢件的硬度,改善切削加工性能,增加韧性和消除内应力。

(2)正火:退火的一种特殊形式,将钢件加热到一定温度,在此温度停留一段时间后,在空气中冷却。

(3)淬火:将钢件加热到临界温度以上 30℃~50℃后,放在水里或油里进行急剧冷却,使其增加硬度,提高耐磨性。

(4)回火:将淬火的钢件加热到临界温度以下,并保持一段时间,再在空气中以较慢的速度冷却下来,以降低淬火件的硬度与脆度,消除它的内应力。

(5)渗碳:在高温下将碳原子渗入钢件表面,以增加表层的含碳量,提高钢件的表面硬度、耐磨性和保持较高的内部韧性。

56. 装配的基本步骤是什么?

一般来说,装配工作的基本顺序,与拆卸工作的基本顺序相反,即先拆下的零件后装配,后拆下的零件先装配。因此,可以这样看:装配工作的顺序基本上是由小到大,从里向外进行的。一般可按下列步骤进行:

(1)首先要熟悉图纸资料和设备构造。装配工作开始前,必须了解设备各部件、零件或组合件的作用,各零件之间的相互关系,即零件与零件之间的相对位置和连接方式,如拆开清洗零件。应参照拆卸的顺序,制定装配方法,准备装配时用的各种工具和材料。

(2)零件的收集和检查。根据图纸或装配工艺表,把所需零件收集一起，进行严格的检查。

(3)清洗零件并涂上润滑油(脂)。

(4)组合件的装配。把两个或几个零件组合在一起，成为一个组合件。每装一个零件时都应察看一下它的质量和清洁程度，以确保装配质量。组合件装配后应进行检查或试验，不合格的应进行调整。

(5)部件的装配。把零件或组合件组装成设备的一部分。在部件装配时，要检查零件和组合件的质量，对零件和组合件之间的相对位置和相互关系进行仔细地调整，需要定位的零件或组合件，在校正或调整后应及时定位。

(6)总装配。把零件、部件组装成整台机械设备，总装成的机械设备必须符合有关技术条件的规定。

(7)试运转和检查调整，总装配后的机械设备应进行试运转，对试运转中发现的问题，应及时调整和处理。

57. 怎样清洗油孔?

油孔是机械设备上润滑油的通道，在清洗中应引起特别注意。

油孔在清洗前，首先应根据图纸加以核对，油孔的直径、位置是否正确，油孔应畅通无阻，如不合乎要求，应即时处理。

对于通道不长的油孔，清洗时可用铁丝带着沾有汽油的布条，在油孔中通几次，把内面的铁屑、油污等除掉，再用干净油布通一次，然后注入洁净的汽油冲一遍，最后以压缩空气吹净。

对同孔通道较长的油孔，可首先用带布的铁丝尽量通，然后以压缩空气吹除，待出口端吹出的空气干净后，再以干净的汽油冲洗，可以得到较好的清洗效果。

清洗后的油孔，应用沾有干油的木塞堵住，以免杂物灰尘等侵入。若油孔中进入大的东西能堵塞油孔，阻断润滑油的流通孔道，小的尘埃污易被润滑油带入进零件的摩擦面，使零件受到损伤或加快磨损。

清洗油孔时应该注意：首先应对油孔进行检查，油孔的数量、尺寸与图纸相符,油孔的加工质量应符合要求,带有螺纹的油孔,其螺纹应完好无损;清洗油孔时,应使用棉布、丝绸布等,禁止使用棉纱;当铁丝通不过时,应查明原因,及时处理,应防止铁丝断在油孔中或布条遗留在油孔中;油孔一旦被堵塞时,应即时处理;掉入的物体应设法取出,取不出的金属物体或坚硬物体可用钻头钻出,可燃物体可用烧红的铁丝烧掉。经处理过后油孔要彻底清洗干净。

58. 发动机装配工作的重要性是什么?

装配是设备安装工作中不可缺少一道工序,装配工作质量直接影响设备的性能和使用寿命。因此,装配是一项十分重要的工作。

现代的机械设备,大多是相当复杂的,往往由几个、几十个、乃至上千个零件组合而成,要把它们正确地装配在一起,使组装成的机械设备符合一定的技术条件,满足使用上的要求,这并不是一个简单的问题。所谓装配,就是将众多的机械零件进行组合、连接或固定,一方面保证相连接的零件有正确的配合,另一方面保证零件与零件之间保持正确的相对位置。

零件之间的相互配合,由于相互配合零件的工作情况不同,要求也不同:在某些情况下,零件之间必须留有一定的间隙,构成动配合,例如轴与滑动轴承的配合;在另外一些情况需要过渡配合。如果零件的配合不能符合规定的技术要求,那么机械设备的正常工作便不可能实现。

零件之间、部件之间和机构之间的正确相对位置,也是保证机械设备正常工作的重要条件之一。零件之间的相对位置不正确,常常使它们的连接成为不可能,或者使它和有关的零件工作不正常。

由此可见,装配工作是机械设备安装过程中一个极为重要而不可忽视的工序,装配精良的机械设备,可以保证设备的正常运转,保证加工件的质量或产品质量,减少磨损,提高工作效率;反之将会降低生产能力,使消耗的功率增多,或者使产品质量不合格等。

59. 装配的原则和要求是怎样的?

(1)汽车装配时,应先检查零、部件与装配有关的外表形状和尺寸精度,确认符合要求后方可装配。

(2)各零件的配合摩擦表面不许有损伤。如有轻微擦伤,在不影响使用性能的前提下,允许用油石或刮刀修理。

(3)在装配前对所有零、部件表面的毛刺、切屑、油污等脏物必须清除干净。

(4)在装配时,对零件相互配合的表面必须洗擦干净。并涂以清洁的润滑油。

(5)装配时,必须符合图纸规定的要求:固定联接零件联接处不允有间隙;活动联接零件联接处,必须保证联接处的规定间隙,并能灵活地按照规定的方向运动。

(6)工作时有振动的零件联接,应有防止松动的措施。

(7)各种垫、密封件等,安装后不得有漏油现象。

(8)在装配弹簧时,不准拉长或切短。

(9)螺栓、螺母与机体的接触面,不许倾斜留有间隙。

(10)带槽螺母的开口销穿入后,必须将尾部分开,其分开角度应大于90°。

(11)润滑管道应清洗干净,在装配时,应用压缩空气吹净管内的所有堵塞物,所有管件不得有凹痕、揉折、压扁和破裂等现象,装配后,必须清洁畅通,将管路通入润滑油,管路末端均流出清洁的润滑油后,方准许润滑油管与润滑点联接。

(12)各种零件,其本身不得有缝,密封处不得有漏油、漏水和漏气等现象。

(13)装配后,必须先按技术条件检查各部分联接的正确性与可靠性,然后才可以进行试运转工作。

60. 螺纹连接是怎样装配的?

螺纹连接在机械设备中使用极广。使用螺纹连接既简单又可靠,可以随时拆装,又能达到牢固连接或密封的要求。

螺纹连接最普通的形式是螺栓与螺母配合使用。拧紧螺母时,通过螺纹的相互作用将螺栓锁紧,达到紧固两零件的目的。有时为了阻止振动时螺纹之间摩擦阻力减小,锁紧的螺母自动退回,常采用止退垫圈、弹簧垫圈、锁紧开口销等防松止动装置。

螺纹连接件装配时,螺栓头、螺母与连接件均应接触紧密。检查是否接触紧密的方法可用手锤击听音法时,声音破裂者为联接不紧密,敲击时注意不得损伤螺纹。

螺纹孔中心线和螺栓孔中心线对零件接触面的不垂直度不应大于0.5/100,对超过规定的螺纹孔或螺栓孔,应使用斜垫圈调整。

一般螺纹连接中,在装配时,为润滑和防止生锈,在联接的螺纹部分均使用润滑油(脂),不锈钢螺纹的连接部分,应加涂润滑剂。

在螺纹连接中,螺母必须全部拧入螺栓的螺纹中,螺线外面应留有1.5～5个螺距。

在拧紧螺栓时,要根据螺栓头的大小和形状(常用的螺栓头开头有外六角、内六角、四角和半圆头等),选用合适的工具,不得选用过大或开口不符的扳手,以防将螺纹破坏,将螺栓头折断或将螺栓头的棱角滚圆。

对于双头螺栓的安装,因为拆卸时要求只能松下螺母,而不能拔出双头螺栓,故安装时要求双头螺栓在螺孔中必须连接牢固(通常双头螺栓的直径略大于螺孔的直径工而有盈,另外,双头螺栓末了几圈的螺纹加工的浅些)。

装配机械设备时,往往必须安装成组的螺栓,便于盖子的紧固,部件的安装等,成组螺栓的紧固顺序必须遵循一定的规矩,防止一边紧,一边松。例如,圆形件上的螺栓组紧固时,不能按圆周一个接一个地来拧紧;方形件上螺栓组的紧固应按顺序进行,应对角交叉地拧紧,不能紧完一边紧另一边。对螺栓组的紧固,切不可一下子完全拧紧，因为这样往往在紧其他螺栓时，使先紧的螺栓产生过载现象，或者使零件发生弯曲变形因而，在拧紧螺栓时，除了要按照上述的顺序进行外，还必须对螺栓分成几次来拧紧。

61. 键连接是怎样装配的?

键的作用是用来把轴和套装在轴上的零件(如皮带轮、齿轮、联轴节等)固定在一起，以便传递力矩。键的种类很多，大体可以分为平键、斜键和花键三大类。

(1)平键可分为普遍平键、导向平键和半圆三种。它们都是依靠侧面传递力矩，对中性良好但不能传递轴向力。因此平键在装配时，它的两侧必须有一定的过盈量，而顶面与轮毂键槽必须留有一定的间隙，装配方法如下：

①清除键槽的锐边，以防装配时造成过大的过盈。

②修配键与键槽的配合精度，平键与半圆键与键槽的配合，应符合《平键与半圆键公差与配合 GB 1100—72》的规定。

③一般键在轴端的为平头，键在轴中间的为半圆头。

④键装配在轴键槽上时，键必须与键槽底面接触。将键装到键槽底的方法一般可用虎钳夹紧或与手锤敲击两种方法。

⑤轮毂在轴与键上装配，过紧可再进行修整，但绝不能产生松动现象。

(2)斜键可分为普通楔键、钩头楔键和切向键三种。斜键靠键的上下面传递力矩，键本身有1:100的斜度，工作面上受有预紧力的挤压作用，因此斜键可用于受单向轴向力的键连接中。但斜键连接的对中性不如平键联接的对中性好，常用在同轴度要求不高的连接中。装配方法如下：

①清除键槽键边。

②修配键与键槽的配合精度，并用涂色法检查楔斜面与轮毂键槽的斜面，对切向键(切向键均成对使用)的两余面，均应相吻合；普通楔键和钩头楔键的上下两面应与键槽的上下两面紧密配合，两侧面应留有间隙；切向键两侧而与键槽紧密配合，顶面应留

有间隙。

③普通楔键与钩头楔钩的打入浓度的应适当,钩头楔键装配后,其钩头与轮毂端面间应当留出约等于键高的间隙,使于拆卸。

④切向键装配时,打入方向要正确,松紧程度要适当。有两组切向键时,两组切向键的紧力应相等。

花键联接比单键联接有许多忧点,其中比较突出的优点是:由于花键的齿数多,承载能力大,对中性好,导向性好,而且对轴的削弱小。花键联接多用于滑动配合中,故花键通常以滑键形式出现。在装配过程中,首先应清理花键及花键轴孔上的毛刺和锐边,然后在花键轴上涂一层机油,将轴轻轻推入花键轴孔中,并以手转动花键轴,度其啮合情况。滑协配合的花键以轴向移动轻快,回转无冲击为良好。

62. 销连接是怎样装配的?

销一般用于连接、锁定零件或作装配定位用,也可作为安全装置的零件。销根据外形可分为圆柱销、圆锥销、开口销和销轴等几种。

圆柱销靠过盈固定在孔中,传递动力或作定位件。由于圆柱销靠过盈固定在孔中,一经拆卸就会损坏配合精度性,故不宜多次拆卸。圆柱销作定位连接时的安装是在被连接的零件上钻孔,然后用铰刀来进行铰削,以提高销孔的加工精度和光洁度,再将销子敲入。装配时应注意销子在销孔中的松紧程度,受较大冲击负荷或精密的设备上装配的定位销,销与销孔间的接触面积不应小于65%,销装入孔的浓度应符合规定。

圆锥销都用来作定位销,它的优点是可以在一个孔中安装几次,而不致损坏连接质量。圆锥销多装配于透孔中,当在不透孔中装配时,为防止取出困难,多采用螺尾锥销。圆锥销的装配与圆柱销基本相同,但圆锥销装入后应能顺利取出。销装入孔后,需重新调整连接件时,不应使销受剪力。

开口销为扁圆材料对合而成,它的两腿长短不齐,以便分开。

开口销多作为防松止退零件用。开口销装配后两腿必须扳开，扳开角度应不小于 90°。

销轴为圆柱销的一种特殊形式，常用作活动连接的枢轴。销轴装配时，销轴与销孔的配合必须是动配合。为防止销轴脱落，销轴两端一般均装配垫圈，无挡盘端装入开口销。

63. 汽车常见有哪些故障？

汽车的各种故障均根据表现症状和特点来进行判断，汽车常见故障虽然复杂但可分为以下几种现象。

(1)工作异常。汽车在行驶中突发异常现象，例如：发动机功率突然下降，行驶无力等等。如此类故障的症状较为明显，易于察觉，但其成因较为复杂，而且往往由渐变到突变，直至失效。因此诊断时必须认真分析突变前有无可疑症状，判明故障原因。

(2)异常响声。某些故障往往会引起汽车某个部位发出不正常响声，此类故障一般可及时发现，如若不及时排除可能酿成大的机件事故，因此务必特别注意。经验证明，凡声响沉闷，并伴有明显震颤现象时，表明汽车可能存在恶性故障，此时应立即停车关机，查找原因，判明故障部位，异常响声因故障部位不同，而各部位诊断时应仔细查听，根据响声特征，正确诊断故障部位及原因。

(3)过热现象。汽车在正常工作过程中，无论何时，均应保持一定的工作温度。例如发动机过热，说明冷却、点火系统有故障，如果不及时排除，就会引起早燃、突爆、行驶无力等症状。

(4)渗漏现象。这是一种比较明显的故障，仔细观察就可以发现。参漏一般指燃油、润滑油、冷却液等的渗漏。渗漏容易使零件过早磨损、烧结以及导致机件失灵等后果。

(5)排气颜色不正常。发动机排气管排出的废气，在燃烧不正常的情况下，排气的颜色也不正常，可能变黑、变蓝、变白。对汽油机而言，正常的废气应无明显的烟雾，如果气缸烧机油，废气呈蓝色；如果燃烧不完全，废气呈黑色；燃油中含水，则废气呈白色。

(6)燃料、润滑材料消耗异常。燃料、润滑材料如果消耗过多，这也是故障。机油消耗过多,除了渗漏原因以外,多数是由于发动机存在故障,这时常伴有加机油口处大量窜烟或脉动窜烟,废气颜色也不正常,其主要原因是活塞与气缸壁的配合间隙过大。如果发动机在工作中,机油容量增加,则可能是冷却水或汽油渗入。所以燃料、润滑材料的消耗情况是发动机工作是否正常的重要标志。

(7)异常气味。若发动机过热或烧机油、离合器片打滑严重等,都会散发出一种煳味。电线烧蚀、电路短路搭铁时也有臭味,行车中一旦发觉有异味。就应立即停车查明故障所在。

64. 怎样诊断常见故障?

汽车随着行驶里程的不断增加,其技术状况逐渐下降,出现动力不足、经济性变差和可靠性降低等现象。这是必然的变化过程。但是如果能按一定的使用周期和行驶里程检查整车技术状况,并采取相应的维修措施,就能延长整车使用寿命。

汽车常见故障诊断及检查方法分为两种:一种是凭人工经验诊断,另一种是靠仪器设备检测。

(1)人工经验诊断。人工经验诊断(也称之为直观诊断),不需要什么设备或条件,检验人员凭实践经验和一定的理论知识,在整车不分解或局部分解情况下,借助简单工具,用眼看、耳听、手摸和鼻嗅等手段,对汽车技术状况进行定性分析和判断。这种方法因不需要专用仪器或设备,可在任何场合下进行。缺点是对复杂故障诊断慢,而且诊断的准确性在很大程度上取决于诊断人员的技术水平和经验。

(2)仪器诊断。即仪器设备检测法,这是在人工凭经验诊断的基础上发展起来年现代检测方法。发动机故障主要领先专用的检测仪来判定。用仪器或设备可测试发动机性能和故障的参数、曲线或波形,甚至能自动分析、判断发动机性能差。用这种方法检测速度快,准确性高,能定量分析并易于掌握,但需要的仪器和设备多,因此投资也大。

通常,上述两种方法常常结合应用。但无论哪种方法,都要正确掌握和熟悉汽车的构造、工作原理及其他有关技术理论。即使利用检测设备、仪器和工具进行诊断，其信号的输入、输出以及传感器的模拟形式都离不开这些相关基本理论知识。

(3)汽车电子监测自诊断系统。在一些高档汽车上，采用电子计算机及各种传感器实现发动机、变速器等进行电子控制的同时，还可在汽车工作时对汽车进行动态监测，当可能出现故障时，能及时在显示器上提供出不同的故障码信息，以便及早发现及排除即将出现的故障。

65. 怎样除去车身铁锈？

汽车行驶时间一长，受各种因素的影响，车身表面不可能不出现铁锈。铁锈对车身的危害很大，可导致车身的腐蚀、穿孔甚至报废。因车身铁锈的氧化程度不同，其铁锈又可分为红锈和黑锈。当铁锈黑色时，说明侵蚀还深入到铁板内部，这时应及时用研磨粉或细砂纸将其擦拭掉，因为铁锈由黑色即表明铁锈已侵入铁板内部，这时再要消除就很困难了。若不及时处理红锈，红锈则以每年深入 1mm 的速度腐蚀金属，这对厚度仅有 1.4mm、0.8mm、0.6mm 等各种规格汽车铁板来说是非常严重的，少则半年，多则 1～2 年，就腐蚀坏铁皮，如发现红锈就应立即去除红锈，再用防锈喷漆加以处理，防止车身被锈蚀。

66. 怎样保护电镀件？

轿车多使用电镀件，电镀件可以是金属的，也可以是塑料的。电镀件美观经济，但通常是一两年后就失去原有的光泽。电镀件因日晒雨淋，长期暴露在空气中，其防锈的能力会迅速下降。电镀件表面上看起来虽然富有光泽，但电镀表面还是布满了许多微小的孔洞。当电镀表面受水侵蚀时，水分就会钻进这些小孔洞，引起电镀层下的金属生锈。

为了防止电镀件锈蚀和电镀层下金属生锈，常用的预防手段是在电镀零件的表面上涂薄薄一层光蜡。汽车水箱栅柜及车身旁之螺帽等塑料制品的电镀件，则不存在生锈的问题，因而在擦拭塑料电镀层时要小心轻擦,以免电镀层剥落。

67. 汽车上的电镀生锈怎么办?

目前,较好的轿车上已使用一些不锈钢件,如车身上的灯框、车门把手、车轮挡泥板等。这些电镀零件是在金属或塑料表面镀银或其他金属电镀而成的。初用时电镀层光亮耀眼,毫无锈迹,非常漂亮,但用久后电镀层的表面就可能有生锈的现象,这是因为电镀层下的金属生锈了。锈物夹在金属与电镀层之间,会使电镀层剥落和开缝,电镀零件上一处生锈,常会使周围一片都生锈。因此,电镀零件生锈时,如果面积不大,可以自行处理,首先要把四周部位都清理干净,并做好涂蜡防锈处理,防止锈蚀处蔓延。如果面积较大,可以清洗后,再重新做电镀处理。

68. 怎样修补车身油漆?

汽车表面的油漆会因种种原因脱落,如时间较长后,车身表面油漆会自然老化。如果车辆被碰撞、被撞或擦伤,车身上的条纹伤痕度已使油漆脱落或铁皮暴露时,应及时修补油漆。如果面积不大,可以自己动手修补。

修补上漆前一定要做好准备工作,否则新涂上的修补漆层会迅速剥落。先用汽油或石油溶剂将需修补部位的残余油漆除去对已露出铁皮的擦伤部位,则先涂以铅粉或表面剂,打好底子,然后再涂上油漆。

补涂车漆时,也可采用喷漆,但喷漆以后需经过一天表面才干燥固化,而内部并未完全硬化干透。如果上蜡大约经过一个星期才可进行,否则喷漆就会因没干透而受损。

如果是大面积脱漆,或是年久油漆老化,应该到专业修理厂全面重新喷漆。

69. 日常保养有哪些内容?

日常保养指每天出车前或汽车回场后所做的保养工作。具体作业项目如下:

(1)检查转向器、纵拉杆、横拉杆、传动轴钢板弹簧、球销总成、拉杆总成、悬臂总成、悬臂螺栓的紧固情况，必要时予以紧固。

(2)检查轮胎气压，检查车轮紧固情况。

(3)加足冷却液，检查油、水、电有无渗漏现象。冬季要定期检查防冻液量及浓度，必要时应补加和调整浓度。

(4)接通点火开关一挡，检查灯光、仪表、刮水器工作是否正常。

(5)检查离合器、变速机构、制动系、转向系的工作情况，必要时予以调整。

(6)擦洗汽车外表面。

70. 一级保养有哪些内容?

一级保养规定汽车行驶 1500～2000km 时进行。具本项目如下：

(1)重复日常保养性作业项目。

(2)清洗空气滤清器。

(3)清洁分电器，检查触点间隙。

(4)清除火花塞积炭，必要时，调整间隙。

(5)检查风扇皮带的松紧度。检查散热器盖内阀门是否工作可靠。

(6)检查制动器，加足制动液量。

(7)放出汽油箱沉积的水垢。

(8)清洗蓄电池，检查电解液面高度及电解液浓度。疏通通气孔，并在蓄电池桩头上涂凡士林或润滑脂。

(9)检查、调整离合器踏板自由行程。

(10)按全车润滑点进行润滑。

71. 二级保养有哪些内容?

二级保养在汽车行驶 6000～7000km 时进行。作业项目如下：

(1)进行日常保养和一级保养的全部作业。

(2)清洗或更换汽油滤清器。

(3)检查发电机和起动机,必要时更换炭刷并润滑各轴承。

(4)检查气缸压力。如压力不足,应检查原因,排除故障。

(5)检查离合器,润滑分离轴承。

(6)检查前轮轴承,更换润滑脂。

(7)检查橡胶弹簧、摆杆橡胶、钢板弹簧销胶套等橡胶件,必要时予以更换。

(8)检查调整制动器,更换损坏零件。

(9)检查球销间隙,必要时予以更换。

(10)检查前轮前束,必要时进行调整。

(11)检查前后减震器及转向节。

(12)视情况清洗、润滑离合器和制动器拉线。

(13)进行轮胎换位。

(14)更换发动机润滑油(每行驶 6000km 更换)。

72. 三级保养有哪些内容?

三级保养在汽车行驶 30000～36000km 时进行。作业项目如下:

(1)完成日常保养二级保养的全部作业。

(2)清洗汽油泵和机油泵。

(3)检查前缓冲弹簧、钢板弹簧,必要时予以更换。

(4)检查传动轴,必要时检修。

(5)检查、调整转向器间隙。

(6)检查差速器,调整各部间隙并更换损坏零件。

(7)清洗发动机缸体、缸盖、冷却水套和散热器。

(8)检查水泵、节温器,必要时更换。

(9)检查修复驾驶室、车厢、车架,必须时补漆。

(10)更换变速器、转向器、差速器内的润滑油。

73. 夏季保养有哪些内容?

夏季也应结合二级保养或三级保养,对汽车进行一次夏季季节性的保养。汽车夏季的季节性保养方法,与汽车冬季的季节性保养的许多措施刚好相反。其保养的一般项目如下：

将空气滤清器进气导管上的阀杆置于“夏天”位置，此时进入发动机的空气为外界空气。调整燃料系减少出油量，降低化油器浮子室油面高度和加速泵行程，从面适当降低混合气浓度。放出冷却系中的防冻液，拆去节温器，将水从正常水循环相反方向压入，冲洗散热器和气缸水套，除去水垢和沉淀物。检查节温器和水温表的工作情况，以防冷却水循环不畅，造成发动机在行车中过热。对发动机，变速器、分动器、转向器、主减速器更换夏季润滑油。对轮毂轴承更换融点较高的润滑脂。在夏季汽车用电少，为避免蓄电池过量充电，可调节发电机调节器，把充电电流和电压适当降低。

74. 冬季保养有哪些内容？

北方地区冬季寒冷，南方有些地区气温也偏低，在进入冬季之前，应进行冬季季节性保养，以保证汽车在冬季顺利运行。保养的一般项目为：

全面检查汽车全部技术状况，增添防寒设备，以防冰冻。将空气滤清器进气导管上的阀杆置于“冬天”位置，检查冷却系的所有总成和机件，并根据不同地区的温度，在水箱里添加耐寒程度不同的防冻液，防止冷却系冰冻。将轮毂轴承换用低点润滑脂，不能用机油稀释的润滑脂。发动机、变速器、主减速器、转向器全部换用冬季润滑油。

另外，在冬季还可以将化油器浮子室 的油面高度知当升高，增加加速泵行程，使混合气适应在低温下工作。冬季蓄电池放电较多，因此应该提高发电机充电量，以补充蓄电池的电量不足，这可以用调节发电机调节器的节压器来实行。一般说来，充电电路上的电压应较夏季提高 0.6V。

75. 驾驶员保养汽车有哪些基本要求？

(1)定期换用新火花塞。用新火花塞就可节油 3%。确认火花塞的型号是正确的，发火间隙是合适的。检查火花塞导线是否有裂纹或已烧坏,绝缘是否破裂,有裂纹的高压线由于不能传导充足的电压到火花塞,而会增加油耗。确认点火正时是按说明书调准了的。如果汽车上不是用电子点火系统,则要按说明书检查保养分电器中的触点、分火头、分电器盖。

(2)定期更换空气滤清器。空气滤清器脏污会使空气汽油混合气变浓,增加油耗10%。要按说明书要求的时间更换汽油滤清器。确认怠速和化油器的混合气是按说明书正确调整好了的。使用规定黏度的机油以减少摩擦。使用规定黏度的后桥和变速器润滑油。

(3)按期检修冷却系。检查水箱盖是否有裂纹,衬垫 是否损坏,如果水箱盖封闭不严,冷却系就不能正常工作。确认节温器工作是否正常,如果节温器呆滞、延长不打开的时间,也将延迟发动机升温,而冷发机的油耗等于温热发动机的两倍。

(4)确认轮胎压力正常。充气不足的轮胎增加油耗,充气时压力稍大一点可以省油,但不可超过车胎侧面标准的最大压力值。确认驱动皮带正常(特别是风扇皮带),将其调整合适。确认蓄电池充电充足,易于起动。确认所有的轮胎是正确地平衡好了的。确认前轮是正确校准了的。

76. 为什么汽车必须定期检查?

定期检查是使汽车经常处于良好状态、延长汽车使用寿命、节约修理费用的有效办法。汽车使用一段时间后,必然发生磨耗,甚至有损坏的现象,失去原有性能。按时检查,将每个零部件的标准状态相比较,若超过极限,必须进行维修或更换。这些维护保养和修理以及更换,有的须送修理厂由专业修理工进行。汽车制造厂定出了必须检查的项目,使用者可根据具体情况和维修条件,或者自行检查,或者送修理厂检查,通过维修,使汽车恢复到良好状态。

77. 汽车保养有什么重要性?

现代汽车制造工业已经相当成熟,汽车已经成为大众化的交通工具。由于汽车制造技术和工艺日新月异,但要注意的是,尽管汽车可以“粗放”,但它同时也是非常“娇贵”的交通工具。不仅高档车要精心保护,更需要细心养护,由于汽车的构成比较复杂,它的正常运行需要数百上千个零件的良好配合,所以应该对汽车上众多的机构和无数的零件进行适当的保养。

汽车的保养是现代汽车使用技术的组成部分,也是一种预防故障的积极手段。如何与消除汽车隐患和防止技术状态恶化有密切的关系。正确保养可以使汽车经常保持完好的技术状态,随时能够出车,满足运行要求。也可使汽车各总成技术状态保持均衡一致达到最高的大修间隔里程。如果保养合理,车辆中途不会因机件突然损坏而停车,也极少发生安全事故。

汽车的良好保养还会降低燃料、轮胎及机件的损耗。汽车的发动机系统是汽车的心脏,它的性能、汽车的行驶阻力和汽车的百公里油耗与车辆的保养调整关系极大。因此,平时应经常清洗和清除发动机的空气滤清器、消声器的脏污和燃烧室、火花塞的积炭,正确调整气门间隙、点火时、火花塞、化油器,确保发动机发挥最大功率,尽量减低油耗。另外,保养调整底盘得当,制动器摩擦片与制动鼓间隙正常,汽车前轮定位正确,轮胎气压合适。会降低油耗、提高动力。如果上述部件保养调整不当,发动机运行不良,就会增大汽车行驶阻力,油耗就会上升。当然,如果各相对运动零件配合间隙恰当,表面光滑润滑良好,汽车行驶阻力就会减小,也会大大增加汽车滑行距离,这样油耗就可以降低了。因此,保养与调整直接影响到汽车的使用水平和寿命也不为过。

当然,若不进行汽车保养,汽车在使用过程中其零部件技术状态及整机性能都会逐渐变化,如出现机件磨损,润滑剂、冷却剂变质、失效和漏损,零件表面有污垢,橡胶、塑料等非金属件老化、裂纹或破损、螺纹件松动,金属件锈蚀、疲劳破坏或变形等一系列问题。这些都可能导致严惩的恶习后果——交通事故。

怎样才能作好汽车的保养呢?即怎样才能使汽车处于良好的运行状态,一旦有了故障时怎样迅速排除呢?简便易行的方法是驾驶汽车的人为汽车使用保养作资料记录。

由于现代汽车的技术情况复杂,驾驶员要随车带一笔记本,将每日汽车的使用保养情况和汽车的异常现象(如声响、气味、振动)记录下来,备以后查找。分析故障及总结经验之用。例如,从对轮胎气压变动的记录,可查出轮胎的技术状态,是否慢漏气。从每次加油时作出的记录可计算汽油的消耗量,当汽油的消耗量增大时,则表示发动机的效率不高。若润滑油经过一定的行驶距离后耗油量大增,则表明发动机或变速箱发生故障。这些每日的记录,往往可以预测到将来的大故障,以便及时排除隐患,减少事故。此外,利用车载收录机将发动机排气声音等声响用磁带录制下来,播放磁带,分析、总结、寻找故障原因,也是保养车辆和预防故障的好办法。

78. 怎样延长汽车的大修里程?

汽车使用寿命的长短,很大程度上取决于对车辆的正确使用和维护。要严格遵守使用规定,认真执行保养制度,以减缓零件的磨损。

(1)搞好汽车的走合期。走合期对车辆使 用寿命的长短关系极大。搞好走合期,就能减少零件的磨损量,改善表面质量,提高耐磨性,为延长汽车使用寿命打下良好的基础。

(2)正确起动。起动的磨损约占发动机总磨损的50%。停车时间越长,起动磨损越大,发动机温度越低,起动磨损越大。

(3)保持发动机正常工作温度。水冷发动机正常工作温度为80℃~90℃。发动机零件磨损最小。因此,应保持散热器和水套的清洁,保持冷却水数量充足,保持冷却系各部机件、装置正常工作,保持节温器工作正常,正确使用保温装置。

(4)坚持中速行驶。

(5)防止汽车过载。

(6)防止发动机产生爆燃。

(7)加强使用中的保养。

79. 使用条件对汽车寿命有哪些影响?

使用条件主要包括燃料品质、润滑油料品质、道路状况、气候条件和维修质量等。

(1)燃料品质:汽油牌号(辛烷值)低,汽油易引起爆燃,使发动机功率降低、经济性变差,而且会使曲柄连杆磨损加剧。燃料中的硫含量对机件有腐蚀作用。

(2)润滑油料品质:为保证汽车得到良好的润滑,应根据季节、气温的变化,选用黏度合适的润滑油。

(3)道路状况:道路影响对汽车基础零件(如汽车缸体、变速器壳、后桥壳和差速器壳等)变形加大,破坏了零件间的正确配合位置,造成使用寿命缩短。如当气缸轴线对曲轴轴线的不垂直度在200mm长度为0.18mm时,发动机使用寿命将降低30%。同时因汽车行驶中档位变换频繁,加剧了机件、离合器从动片及弹簧、变速器齿轮、制动鼓及蹄片的磨损。

(4)气候条件:高温会使润滑油黏度降低。加速润滑氧化变质,同时也会引起发动机爆燃或早燃。这些都将加剧机件磨损。低温会使润滑油变粘,同样也会造成机件的磨损加剧,而且还将使发动机功率下降,油耗增加。

(5)维修质量:汽车必须及时并按要求进行润滑、检查、调整、紧固等工作,有故障应及时排除,否则将会使零件性能下降,磨损加剧,发动机功率降低和经济性变差。

80. 怎样用直观法诊断汽车故障?

直观诊断法是先搞清楚故障的基本现象或特征,再根据汽车的构造和原理深入思考,具体分析和推理可能产生故障的部位,然后遵循先易后难、由表及里的原则,按系统分段进行检查。检查时,可采用先查两头,后检中间,逐渐逼近的方法,最后得出正确的结论。

直观诊断法可概括为六个字:问、看、听、嗅、摸、试。

问:在进行汽车故障诊断时,首先要调查清楚故障特征,即故障发生前有何预兆,故障是突然发生的,还是逐渐发生的等等。若未搞清上述情况便盲目乱拆瞎卸,不但不能及时排除故障,而且还会造成不必要的损失。

看:驾驶员要对汽车的工作情况仔细观察。观察发动机消声器的排气颜色;观察各结合面有无漏油现象;观察运动部件有无伤痕或异常磨损等。根据观察到的现象,再结合其他情况全面分析,便可做出较为准确的诊断。

听:靠听觉器官来判断汽车的声响,并确定产生异常声响的部位,再通过深入思考和具体分析,就能初步确定故障发生的原因。

嗅:靠嗅觉器官来判断汽车的特殊气味,从而找到故障的根源。

摸:用手触摸有关零部件的表面,直接感觉到该零部件的温度和振动情况。例如,用手接触发动机曲轴箱,可以判断是否正确。

试:通过试车来进一步证实判断是否正确。

直观诊断六个方面,既相互依赖,又相互独立。对于不同型号汽车发生的故障,不能千篇一律地死搬硬套。要养成善于思考和分析问题的习惯,并根据具体情况灵活运用。同时,在故障排除后,要及时总结经验,只有这样,诊断故障的技术水平才能逐步提高。

81. 发动机常用术语有哪些?

发动机常用基本术语,见图 8-34。

(1)上止点。活塞在气缸内作往复直线运动时,活塞 向上运动到最高位置,即活塞顶部距离曲轴旋转中心最远的极限位置,称为上止点。

(2)下止点。活塞在气缸内作往复直线运动时,活塞向下运动到最低位置,即活塞顶部距离由轴旋转中心最近的极限位置,称为下止点。

(3)活塞行程。活塞从一个止点到另一个止点移动的距离,即上下止点之间的距离称为活塞行程,一般用 S 表示。对应一个活

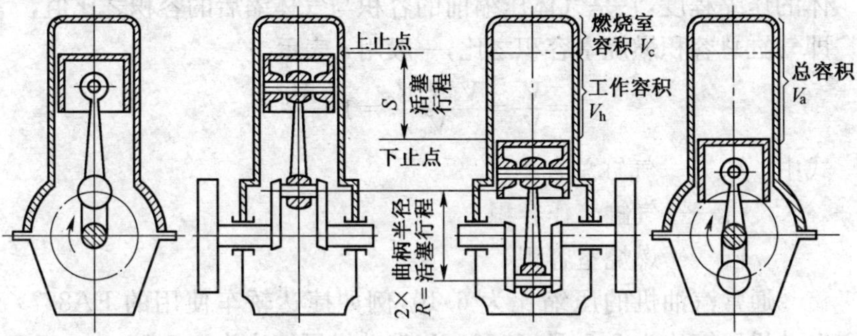

图 8-34　发动机基本术语示意图

塞行程，曲轴旋转 180°。

(4)曲柄半径。曲轴旋中心到曲柄销中心之间的距离称为曲柄半径，一般用 R 表示。通常活塞行程为曲柄半径的两倍，即 $S=2R$。

(5)气缸工作容积。活塞从一个止点运动到另一个止点所扫过的容积，称为气缸工作容积，一般用 V_h 表示。

$$V_h=\pi/4D^2\cdot S\times10^6$$

式中　D——气缸直径，单位 mm

S——活塞行程，单位 mm

(6)燃烧室容积。活塞位于上止点时，其顶部与气缸盖之间的容积称为燃烧室容积，一般 V_C 表示。

(7)气缸总容积。活塞位于下止点时，其顶部与气缸盖之间的容积称为气缸总容积，一般用 V_a 表示。显而易见，气缸总容积就是气缸工作容积与燃烧室容积之和，即 $V_a=V_c+V_h$。

(8)发动机排量。多缸发动机各气缸工作容积的总和，称为发动机排量，一般用 V_L 表示。

$$V_L=V_h\times i$$

式中　V_h——气缸工作容积

i——气缸数目

(9)压缩比是发动机的一个非常重要的概念，压缩比表示了气体的压缩程度，它是气体压缩前的容积与气体缩后的容积之比值，即气缸总容积燃烧室容积之比，一般用 ε 表示。

$$\varepsilon=\frac{V_a}{V_c}=\frac{V_h+V_c}{V_c}=1+\frac{V_h}{V_c}$$

式中　V_a——气缸总容积

V_h——气缸工作容积

V_c——燃烧室容积

通常汽油机的压缩比为 6.10，例如捷达轿车使用的 EA827 发动机压缩比为 8.5，EA1131.6L 发动机压缩比为 9.3。

(10)工作循环。每一个工作循环包括进气、压缩、作功和排气过程，即发动机完成进气、压缩、作功和排气四个过程叫一个工作循环。

(11)四行程发动机。曲轴转两圈(720°)，活塞上下往复运动四次，完成一个工作循环的发动机，称为四行发动机。

(12)二行程发动机。曲轴转一圈(360°)，活塞上下往复运动两次，完成一个工作循环的发动机，称为二行程发动机。

82. 四行程发动机的工作原理是怎样的?

四行程发动机是按照如图 8-35 所示的顺序，即进气行程、压缩行程、作功行程及排气行程不断循环往复进行运转的。

(1)进气行程。如图 8-35a 所示，由于曲轴的旋转，活塞从上止点向下止点运动，这时排气门关闭，进气门打开。进气过程开始时，活塞位于上止点，气缸内残存有上一循环未排净的废气，因此，气缸内的压力稍高于大气压力。随着活塞下移，气缸内容积增大，压力减小，当压力低于大气压时，在气缸内产生真空吸力，空气经空气滤清器并与化油器供给的汽油混合成可燃混合气，通过进气门被吸入气缸，直至活塞向下运动到下止点。在进气过程中，受空气滤清器、化油器、进气管道、进气门等产生的阻力的影响，进气终了时，气缸内气体压力略低于大气压，约为 0.075～0.09MPa，同时受到残余废气和高温机件加热的影响，温度达到 370～400K。

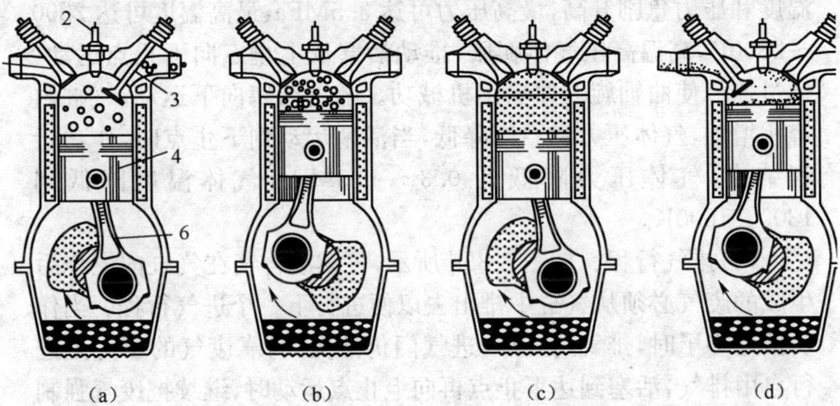

图 8-35　四行程发动机的工作原理

1. 排气门　2. 火花塞　3. 进气门　4. 活塞　5. 曲轴连杆

实际上，汽油机的进气门是在活塞到达上止点之前打开，并且延迟到下止点之后关闭，以便吸入更多的可燃混合气。

(2)压缩行程。如图 8-35b 所示，曲轴继续旋转，活塞从下止点向上止点运动，这时进气门和排气门都关闭，气缸内成为封闭容积，可燃混合气压力可达 0.6～1.2MPa，温度可达 600～700K，其大小随压缩比的大小而定。

压缩比越大，压缩终了时气缸内的压力和温度越高，则燃烧速度越快，发动机功率也越大。但压缩比太高，容易引起爆燃。所谓爆燃就是由于气体压力和温度过高，可燃混合气在没有点燃的情况下自行燃烧，且火焰以高于正常燃烧数倍的速度向外传播，造成尖锐敲缸声，会使发动机过热、功率下降、汽油消耗量增加以及机件损坏。轻微爆燃是允许的，但强烈爆燃对发动机是非常有害的。汽油机的压缩比一般为 6～10。

(3)作功行程。如图 8-35c 所示，作功行程也称作燃烧和膨胀行程。在这一行程中，进气门和排气门仍然保持关闭。当活塞位于压缩行程接近上止点(即点火前角)位置时，火花塞产生电火花点燃可燃混合气，可燃混合气燃烧后放出大量的热使气缸内气体温度和压力急剧升高，最高压力可达 3.5MPa，最高温度可达 2200～2800K，高温高压气体膨胀，推动活塞从上止点向下止点运动，通过连杆使曲轴旋转并输出机械功。随着活塞向下运动，气缸内容积增加，气体压力和温度降低，当活塞运动到下止点时，作功行程结束，气体压力降低到 0.3～0.5MPa，气体温度降低到 1300～1600K。

(4)排气行程。如图 8-35d 所示，可燃混合气在气缸内燃烧后生成的废气必须从气缸中排出去以便进行下一个进气行程。当作功接近终了时，排气门开启，进气门仍然关闭，靠废气的压力先进行自由排气，活塞到达下止点再向上止点运动时，继续把废气强制排出到大气中去活塞越过上止点后，排气门关闭，排气行程结束。实际上，汽油机的排气行程也是排气门提前打开，延迟关闭，以使排出更多的废气。由于燃烧室容积的存在，不可能将废气全部排出气缸。受排气阻力的影响，排气终了时，气体压力仍高于大气压力，约为 0.105～0.115MPa，温度约为 900～1200K。

曲轴继续旋转，活塞从上止点向下止点运动，又开始了下一个工作循环。可见四行程汽油机经过进气、压缩、作功、排气四个行程完成了一个工作循环，这期间活塞在上、下止点间往复运动了四个行程，相应地曲轴旋转了两圈。

83. 桑塔纳轿车技术指标是多少？

采用 YP 型发动机(1.6L)的上海桑塔纳轿车整车技术指标如下：

总长×总宽×总高	4545×1695×1400(mm)
轴距	2550mm
前轮距	1400mm
后轮距	1408mm
离地间隙	145mm(空车)
最小转弯半径	5.5m
最大总质量	1440kg

最大载质量	485kg
整车整备质量	955kg
油耗(90km/h)	6.6L/100km
(120km/h)	8.8L/100km
加速(0～80km/h)	8.6s
(0～100km/h)	13.1s
最高车速	166km/h

采用 JV 型发动机(1.8L)上海桑塔纳轿车，整车技术指标如下：

总长×总宽×总高	4546×1690×1407(mm)
轴距	2548mm
前轮距	1414mm
后轮距	1422mm
离地间隙	127mm(重车)
最小转弯半径	5.43m
最大总质量	1460kg
最大载质量	475kg
整车整备质量	985kg
油耗(90km/h)	6.3L/100km
(120km/h)	8.3L/100km
加速(0～80km/h)	9s
(0～100km/h)	13.5s
最高车速	175km/h

桑塔纳轿车发动机特性，如图 8-36 所示。

84. 桑塔纳轿车整车调整参数是多少？

整车主要调整参数如下：

(1)气门间隙。早期生产的桑塔纳轿车发动机使用的是机载式桶形挺杆，气门间隙要进行调整。热车时，进气门间隙为 0.25mm，排气门间隙 0.45mm。冷机时，进气门间隙 0.20mm，排

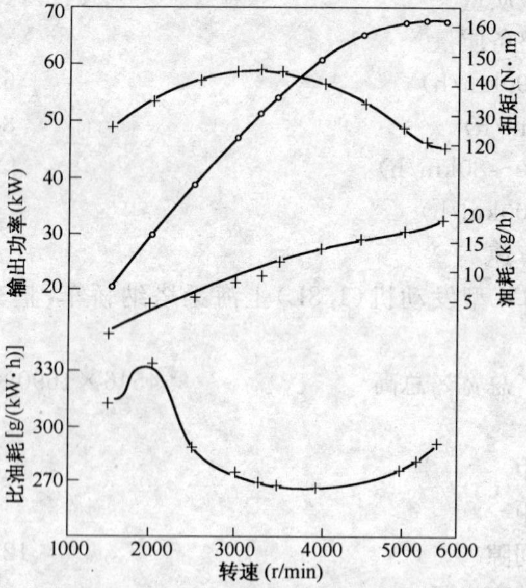

图 8-36　桑塔纳轿车发动机特性图

气门间隙 0.40mm。

自底盘号 32CW193833 起,改用液压挺杆,它可以长时间保持气门工作的精确、准时,不需要对气门间隙进行调整。

(2)气缸压力。JV 发动机标准气缸压力为 1～1.3MPa,磨损极限压力为 0.75MPa;各缸间最大压力差为 0.3MPa。

(3)皮带张紧度。可用拇指下压的方法进行检查,其下压量为 10～15mm 时,则皮带张紧度正常。

(4)机油压力。发动机转速 2000r/min、机油温度 80℃时,机油最低压力应为 0.2MPa。

(5)发动机怠速。JV 型发动机为 850±50r/min,YP 型发动机为 950±50r/min。

(6)节温器。检查节温器工作是否正常,可将其放在热水中观察。当水温为 87℃±2℃时开始打开,在 102℃±3℃时升程应不小于 7mm。

(7)火花塞间隙。JV 型发动机，有触点点火系统和无触点点火系统的火花塞间隙均为 0.7～0.8mm。

(8)离合器踏板自由行程为 15～25mm，总行程为150±2mm。

(9)离合器压板翘曲度最大不超过 0.2mm。

(10)离合器摩擦片。主要检查摆差，在离外边缘 2.5mm 处测量，最大值为 0.40mm。

(11)制动摩擦片。前制动摩擦片的厚度为 14mm，其磨损极限为 7mm，测量时应包括底板厚度在内。后制动摩擦片磨损极限 2.5mm，测量时只需测量摩擦片厚度即可。前制动盘厚度为 12mm，磨损极限为 10mm。

(12)真空助力器。一般情况下，在发动机怠速时产生的真空度为 56kPa；在全开节气门时真空度为 10.1kPa；在抬起加速踏板，踩下制动踏板时真空度为 81kPa，此时真空助力器增强系数为 3.0。

(13)转向柱开关与转向盘的间隙为 3mm。

(14)转向横直拉杆球头无间隙即为合适。

(15)轮胎压力。上海桑塔纳轿车装用的是低压胎。前轮半载时应为 0.18MPa，满载时应为 0.19MPa；后轮半载时应为 0.18MPa，满载时应为 0.23MPa。

85. 桑塔纳和桑塔纳 2000 底盘配件哪些可以通用？

桑塔纳和桑塔纳 2000 离合器所有零件通用，变速器普桑只分 4 速和 5 速；桑塔纳 2000 都是 5 速；普桑电动升降器和桑塔纳 2000 通用；普桑中消声器和桑塔纳 2000 通用；装化油器桑塔纳和电喷桑塔纳底盘件通用；“世纪新秀”桑塔纳的三角臂及前刹车盘片和桑塔纳 2000 通用。

桑塔纳和桑塔纳 2000 底盘通用的有：下球头、三角臂、锁紧板、前减振支柱套筒、稳定杆、前刹车盘前刹车片、后刹车毂、后刹车片。

附　录

附录一　桑塔纳 2000 型轿车的维修基本要求

除了汽油喷射系统以外，上海桑塔纳 2000 型轿车各部分机件的修理方法与传统的上海桑塔纳轿车基本相同，其维修基本要求如下。

1. 发动机机油及汽油

(1)机油。油底壳中机油油面应位于机油尺最低和最高(min 和 max)标记之间，油面过低时，应及时添加，以防润滑不良。加注润滑油时，不同牌号的机油不可混合使用，且必须使用 API 标号 SF 级、SG 级和 SG 级以上的机油或改良润滑油 VW50000。机油更换周期为 7500 公里，容量为 3.0 升(更换机油滤清器)或 2.5 升(不更换机油滤清器)。更换机油时，如果不是用大众 1307 吸油机抽除发动机内机油，应更换放油螺塞密封环，并将放油螺塞以 30N·m的力矩扭紧。

(2)汽油。发动机燃油箱的容量为 60 升，应使用 90 号或 90 号以上汽油。化油器式发动机及汽油喷射式发动机燃油滤清器，其更换周期分别为 3 万公里(化油器式)和 8 万公里(汽油喷射式)。更换时，应保证燃油的流动方向与滤清器上的箭头方向相一致。燃料系管路、软管及软管接头出现渗漏、擦伤、松动及损坏时，应及时予以修复。

2. 冷却液

车辆冷态时，冷却液的液面高度应在储液罐(膨胀水箱)上的 min 和 max 两标记之间，不得高于 max 标记，以防发动机受热后，冷却液因膨胀从散热器盖上的阀中溢出。液面过低时，应加入相同浓度的冷却液进行补充，不可随意加入不干净的水或不符合“上海大众”要求的劣质冷却液。冷却液的浓度应与地区的寒冷程度相适应，一般采用含冷却液添加剂(G11)40%(含水 60%)的冷却液，其防冻能力为－25℃。寒冷地区应使用含冷却液添加剂50%(含水50%)的冷却液，其防冻能力为－35℃。冷却液建议每年更换一次，使用冷却液型号应为N052774BO或N052774CO。冷却系出现渗漏时应及时修复。

3. 点火正时及点火顺序

上海桑塔纳2000型轿车的点火顺序为“1－3－4－2”。化油器式发动机的点火提前角为6°±1°；汽油喷射式发动机的点火提前角为12°±1°(在控制器第39号插片接地时)。

4. 化油器式发动机怠速调整

怠速转速应为900±50转/分；一氧化碳含量(怠速时)为(1.0±0.5)%。

5. 火花塞

车辆每行驶1.5万公里(长效火花塞为3万公里)应对火花塞进行更换。

6. V形和齿形皮带

(1)V形皮带。V形皮带出现明显的侧面磨损、裂痕及油渍应予更换。皮带张紧度不符合要求时，可拧动发电机张紧器张紧螺母进行调整。用拇指进行按压检查时，在交流发电机处压入深度应为12mm；在水泵处压入深度应为10mm；在转向助力泵处则为5mm左右。

(2)齿形皮带。齿形皮带的使用周期为10万公里。其张紧度要求是：在齿形皮带中间位置用拇指和食指应能将皮带扭转90°。不符合要求时，可通过其张紧轮进行调整。

7. 离合器和变速器

(1)离合器。离合器踏板自由行程应为15～25mm。

(2)变速器。变速器所用齿轮油的规格为API.GL5、SAE75W.90，注入量为2.0升。使用中齿轮油无须更换，油量减少时可适当添加。

8. 转向系和制动系

(1)转向系。转向器及转向横拉杆球头处均为无间隙啮合。转向助力泵所用液压油的商业牌号为G00200。等速万向节等处防尘套出现破损,均应更换。

(2)制动系。上海桑塔纳2000型轿车制动系所用的制动液,型号为N052776XO,制动液的液面应与储液罐液面标记相平齐,液面下降时应及时进行添加补充。制动踏板的自由行程应不大于最大踏板行程的1/3;使用中感觉制动踏板行程突然增大,可能是双管路制动系统中一条管路出现破裂或松脱,应及时进行检修。

每隔2年或虽不到2年但行驶里程已超过5万公里,应更换一次制动液。

前轮制动器摩擦片的磨损极限为7mm(包括底板厚度),后轮制动器摩擦片的磨损极限为2.5mm(仅测量摩擦片厚度);磨损严重时,应及时予以更换。更换摩擦片时,同一车轴上必须装用型号及质量等级相同的摩擦片,后轮制动器摩擦片的型号为461FF,前轮制动器摩擦片的型号为PD951。制动总泵、真空助力器、制动压力调节器、制动钳或后轮制动分泵出现损坏或渗漏时,应及时进行修复。驻车制动器的无效行程应不大于2齿,否则应予调整。

9. 前轮定位

上海桑塔纳2000型轿车空载时,前轮前束值应为$20' \pm 10'$(1～3mm);前轮外倾角为$30' \pm 20'$,左、右两前轮外倾角允差为$15'$。轮胎花纹出现毛边,表明前轮前束不正确;轮胎单边磨损,一般是外倾角不当引起的,此时应及时对前轮定位进行检查调整。

10. 轮胎

轮胎出现严重擦伤、单边磨损、裂纹或轮胎上的磨损指示条已磨去,应立即调换轮胎。修理过的或新的车轮,使用前必须进行动平衡试验,达到平衡要求后再装车使用,而且同一车轴上必须使用规格、花纹相一致的轮胎。轮胎气压应符合标准要求,见附表1-1。

附表 1-1　轮胎气压

轮　胎		轮胎气压(Pa)
空载、半载	前	1.8×10^5
	后	1.9×10^5
满　载	前	1.9×10^5
	后	2.4×10^5
备　胎		2.5×10^5

11. 车身

车身表面各部位应经常用相应的清洗剂进行清洗，以去除其表面附着的盐、尘埃、工业废物、昆虫及鸟类粪便等，并尽可能地经常进行上蜡维护，以保持车身外表的光泽。车身尽可能不要进行抛光处理，除非油漆表面已无光泽，且不能通过上蜡来恢复(皱纹漆表面及塑料部件均不可上蜡或抛光)。擦洗后窗玻璃时，擦洗方向应与电热丝的方向平行，不得竖擦，以免损坏加热元件。车身漆面出现伤痕时，应在金属开始生锈前及时补漆。

12. 蓄电池

蓄电池的液面应位于其外壳侧面上的 max 和 min 标记之间。液面太低时，应加注蒸馏水进行调整，不得添加补充液或不干净的水。在点火开关关闭状态下用电压测试仪器测量，蓄电池两极之间的电压应等于或高于 12.2 伏；测量电解液的密度时，其值不应低于 1.20。否则表明蓄电池存电量不足，应进行充电。

13. 灯泡

车辆各灯泡损坏应予更换。更换灯泡前应先将该灯的开关切断。更换灯泡时，必须换装与原来型号相同的灯泡，且不得用裸手直接接触灯泡玻璃。各灯泡的更换操作方法如下：

(1)前照灯。打开发动机罩，将前照灯后盖锁紧钢丝扳向一边，取下盖帽，拔下灯泡上的接线器，按下灯座的弹簧夹，取下坏灯泡，使灯座上的定位凸块与映光上的凹槽啮合，装上灯座弹簧夹，插上灯泡接线器,重新盖上盖帽,将锁紧钢丝扳到的后盖的中心凹槽内,最后进行灯光的检查与调整。

(2)小灯。小灯(停车灯)灯泡在前照灯总成内,更换灯泡时,先打开发动机罩,将前照灯后盖锁紧钢丝扳向一边,并取下盖帽,拔下小灯灯座上的 2 只插件,接下灯座,将坏灯泡左旋取出,装入新灯泡,再将灯座塞入橡胶灯座内,重新插上 2 只插件,盖上盖帽,并将锁紧钢丝扳回。

(3)雾灯。取下雾灯正面 2 只安装孔塞,旋出 2 只雾灯固定螺灯,旋下雾灯后盖,拔下灯泡上的插件,打开弹簧夹取出灯泡,装入新灯泡,使灯泡盘的定位凸块与灯泡座上的凹槽啮合,扳回弹簧夹,将导线插件插至灯脚上,再将后盖旋入灯座,将雾灯装入保险杠内,并对灯光进行检查调整。

(4)尾灯。打开行李箱盖,将灯座后盖两候车室锁钩同时向内捏紧后向外拉出,再按下灯泡并转动一定角度取得坏灯泡,装上新灯泡并向右拧足(如果装入灯泡后无法向右拧转,应将其取出,转过 180°重新装入)。

(5)前转向灯。打开发动机盖,将灯座向右转一角度后向外拉出,取下坏灯泡,装入新灯泡,将灯座重新塞入灯体内并向左转一角度。

(6)后转向灯。用一字旋具将灯体小心地撬下并拉出,将灯座转动一角度后抽出灯泡架,取出坏灯泡装入新灯泡,再将灯泡装入灯体并转一角度,然后将装入灯泡架一侧的灯体先插入车体孔中并推入灯体。

(7)发动机舱、行李箱、杂物箱灯。将一字旋具插入灯与车身的缺口内,小心地撬下灯体,将灯体拉向撬下的一侧取下灯体,取出坏灯泡,装入新灯泡,将有插件的一侧先插入缺口孔中,然后向上推入。

(8)牌照灯。拆下灯玻璃,将坏灯泡旋到左边取出,再装入新灯泡并向右旋足,装好灯玻璃(密封圈应放置妥贴,灯玻璃的凸块应与灯座上的缺口啮合,灯玻璃螺钉不可拧得过紧)。

附录二　主要螺栓螺母的拧紧力矩

①上海桑塔纳 2000 型轿车主要螺栓的拧紧力矩见附表 2-1,维修时各螺栓必须按规定力矩拧紧。

附表 2-1　主要螺栓的拧紧力矩

项　目	拧紧力矩（N・m）	项　目	拧紧力矩（N・m）
气门室盖至气缸盖	10	独立悬架至车身	60
火花塞至气缸盖	20	转向横拉杆至独立悬架	30
油底壳放油螺塞	30	后减振器至后轴	70
机油滤清器凸缘至气缸体	20	后减振器至车身	35
油压开关至气缸盖	25	转向盘至转向柱	40
水泵至气缸体	20	车轮螺栓	110
散热风扇温控开关	25	刮水器臂至轴	4～6
驱动轴至凸缘	45	交流发电机支架至发动机	45
变速器至发动机	55	气缸体支架至交流发电机	20

②帕萨特发动机主要螺栓螺母拧紧力矩见附表 2-2。

附表 2-2　发动机主要螺栓螺母拧紧力矩

拧紧部位		拧紧力矩/N・m	拧紧部位	拧紧力矩/N・m
一般螺栓螺母	M6	10	前排气管与前排气支管	30
	M8	20	变速器与发动机	65
	M10	45	发动机支架与副车架	45
	M12	60	发动机支架与支撑	45

附录三　车辆维护项目表

①桑塔纳 2000 轿车的维护项目见附表 3-1。

②帕萨特轿车的维护项目见附表 3-2。

附表3-1　桑塔纳2000轿车维护项目

维护项目	里程(km)	
	7500	15000
照明、警告闪光装置、喇叭:检查性能		●
刮水器和清洗装置:性能检查,必要时注入清洗液		●
离合器:检查行程,必要时调整		●
蓄电池:检查液面高度,必要时添加蒸馏水		●
发动机:目测有无渗漏(机油、防冻液、燃油及空调系统)	●	●
冷却系统:检查防冻液液面高度及防冻能力,必要时进行添加、调整,并进行压力测试	●	●
V形带:检查静止状态张紧度,必要时调整或更换		●
火花塞(非长效火花塞):更换		●
空气滤清器:清洗外壳,更换滤芯		●
燃油滤清器(柴油机):排水	●	●
发动机盖:上、下部润滑(包括搭钩)	●	●
门盖合页、门拉带:润滑	●	●
机油:更换	●	●
机油滤清器:更换		●
操纵:检查波纹管有无渗漏与损坏		●
制动装置:目测有无渗漏与损坏	●	●
排气装置:检查有无损坏		●
转向横拉杆头:检查间隙、固定程度及防尘罩。转向助力系统液压泵各接头是否渗漏	●	●
传动轴:检查防尘罩有无损坏		●
变速器/主传动/轴护套:目测有无渗漏及损坏	●	●
制动摩擦块:厚度检查	●	
驻车制动:检查无效行程,必要时调整		●
凸轮轴传动带:检查张紧度,必要时调整	30000	
化油器式发动机燃油滤清器:更换	30000	

续附表 3-1

维 护 项 目	里程(km)	
	7500	15000
底板保护层:目测有无损坏	30000	
汽油喷射发动机燃油滤清器:更换	80000	
λ传感器:更换	80000	
轮胎:检查磨损程度及轮胎气压(包括备用胎)		●
制动液状态及摩擦衬片磨损程度检查		●
车轮固定螺栓:根据扭矩检查		●
点火提前角:检查并进行必要的调整		●
怠速(r/min):检查,必要时调整		●
怠速时一氧化碳含量:检查并调整		●
前灯灯光:检查,必要时调整		●
行车及驻车制动、开关操纵及空调:性能检查		●
每行驶 2 年或不到 2 年但行驶里程超过 5 万 km,应更换一次制动液		

附表 3-2　帕萨特轿车维护项目

维 护 项 目	行驶里程(km)	
	15000	30000
灯光、转向信号、危险报警灯和后备箱照明灯:检查功能	●	
内部灯和杂物箱照明灯、报警灯和喇叭:检查功能	●	
驾驶员和前乘员安全气囊:检查安全气囊外部有无损坏	●	
风窗清洗/刮水系统和大灯清洗系统:检查功能,必要时调整喷嘴	●	
风窗刮水器片:检查停止位置,必要时调整;如果刮水器片运动时抖动,检查角度,必要时调整	●	
自诊断:用 V. A. G1551 读取车辆系统的故障码	●	
维护周期显示:复位	●	
车门限位器和固定销:用油脂润滑	●	
蓄电池电解液:检查,必要时加注蒸馏水	●	

续附表 3-2

维护项目	行驶里程(km)	
	15000	30000
发动机(从上部):直观检查有无泄漏或损坏		●
风窗清洗/刮水系统:加注清洗液	●	
冷却系统:检查冷却液液位和防冻功能,必要时加注冷却液/防冻液	●	
空气滤清器:清洁罩壳,更换滤芯	每 24 个月或 60000,以先到为准	
火花塞:更换	60000	
动力转向系统:检查液压油液位,必要时加注液压油	60000	
灰尘及花粉过滤器:更换滤芯	6000	
V 带:更换	120000	
发动机润滑油:抽出或放出	●	
发动机(从下部):直观检查有无泄漏或损坏	●	
锲形带:检查	60000	
变速器、主传动和万向节保护罩:直观检查有无泄漏和损坏	●	
变速器/主传动:检查润滑油液位,必要时加注		●
主传动:检查润滑油液位,必要时加注(对装有自动变速器的车辆)	60000	
制动系统:直观检查有无泄漏或损坏	●	
前后制动片:检查厚度	●	
车底防护:直观检查有无损坏		●
排气系统:直观检查有无泄漏或损坏以及固定情况	●	
稳定杆:检查间隙和稳定性	●	
万向节:直观检查万向节套有无泄漏或损坏	●	
轮胎(包括备胎):检查磨损花纹,检查花纹深度(包括备胎)	●	
轮胎压力(包括备胎):检查,必要时调整	●	
发动机润滑油:更换	●	

续附表 3-2

维护项目	行驶里程(km)	
	15000	30000
自动变速器:检查自动变速器油液位,必要时加注	60000	
制动液:更换	24 个月	
制动液液位:检查(根据制动片磨损程度)		●
维护标签:维护标签上填写下次维护的日期(以及更换制动液的日期),并将标签贴在仪表板侧面或门柱上	●	
进行路试	●	